Linda

avec

Jean Arcelin

L'ANGE DE PIGALLE

XO ÉDITIONS

ISBN : 978-2-37448-209-5

Pour mon ange
Pour ma fille
Pour toutes les femmes asservies

Linda

Première partie

1

Je suis née sous le ciel lourd des Ardennes, pendant la guerre, en 1943, dans une maison de pierre carrée, perdue entre un champ immense à flanc de colline et une forêt dense où j'aimais flâner.

À l'étage de ce bloc de murs nus, mes frères dormaient collés à moi dans une grande pièce humide, sans chauffage, qui nous servait de chambre.

Je n'étais qu'une fillette, sœur aînée de deux et quatre ans, mais mon petit Raymond et mon petit André ne pouvaient s'endormir que dans mes bras. Plus que mes frères, ils étaient mes bébés. Depuis leur plus jeune âge, ma mère me les avait confiés, car les cris, les turbulences d'enfants l'insupportaient. Ils la coupaient de ses rêveries où souvent elle se perdait. J'ai le souvenir de ma mère regardant fixement pendant des heures à travers la fenêtre, comme si sa vie était dehors, au bout du champ, derrière les collines, en haut du chemin de terre, mais pas entre nos murs, pas avec nous.

J'avais, paraît-il, le don de calmer mes frères. Je ne faisais pourtant rien de particulier. Je les caressais, leur disais les mêmes mots en chuchotant et, s'ils pleuraient, je léchais leurs larmes en les chatouillant du bout de la langue. De mes caresses, de la chaleur de leurs corps d'enfants qui recherchaient ma chaleur, je puisais quelque chose qui m'était nécessaire et m'apaisait aussi. Nous vivions en circuit fermé d'affection.

Mes frères et moi étions la suite naturelle d'un mariage à vingt ans de deux êtres qui s'étaient trouvés à Givet, petite ville encaissée de cette pointe des Ardennes entourée par la Belgique, un soir de printemps, sur les bords fleuris de la Meuse, dans un de ces bals musettes clandestins qui donnaient, le temps d'une nuit, des airs de fête à la vie. Prénommés Georges et Alice, mes parents, sans être méchants, ignoraient la tendresse et la protection qui nourrissent les enfants. Il est difficile d'offrir ce que l'on n'a pas reçu. La guerre et la France occupée avaient miné leur jeunesse, l'insouciance leur était inconnue et tout, autour de nous, la terre dure, les pierres anthracite, l'usine métallurgique et l'hiver qui mangeait les saisons, tout revêtait une forme d'hostilité.

Je m'occupais de Raymond et d'André comme une petite mère. C'est d'ailleurs comme ça que l'on m'appelait : pas ma fille, pas ma chérie, ni même Paulette, mon vrai prénom, mais Petite-Mère. Pour mes frères, j'étais Lolette.

Le soir, je racontais à mes bébés des histoires qu'ils me réclamaient comme un besoin de douceur, une sucrerie. D'une voix murmurée, ménageant des effets de suspens, j'énonçais ce que j'avais découvert dans la forêt ou observé sur le chemin de l'école où je me rendais à pied, quel que soit le temps, d'un pas cadencé de bon petit soldat, jusqu'au village éloigné de notre maison de quelques kilomètres.

Dans mes jours monotones, quand rien ne se passait, j'inventais, je jouais des saynètes parfois à la bougie, aux fins toujours heureuses, jusqu'à ce que mes frères emportés, rassurés, ferment les yeux. Leur sommeil était ma récompense. La bouche entrouverte, le souffle léger et régulier, leurs bras fins entremêlés sur mon torse, Raymond et André devenaient mes poupons, mes chatons. Je m'imaginais telle la chatte fière de ma grand-mère, blanche et rousse, qui n'avait pas de nom, et dont la dernière portée m'avait fascinée. J'aimais ce sentiment. Dès l'enfance, j'ai voulu être mère.

Au-dessus de nos têtes, dans le grenier où nous avions l'interdiction d'aller, se passaient des choses suspectes. À la nuit tombée, un ballet incessant de pas minuscules provoquait des bruits inquiétants. Des êtres agités, zigzagants, faisaient tinter leurs petites pattes griffées sur le plancher de bois. Sans les voir, je pouvais suivre leurs courses sur le plafond.

Un soir d'hiver très froid, j'eus l'impression qu'ils étaient des centaines à chahuter là-haut. D'un moment à l'autre, ils allaient percer les lattes, dont certaines vermoulues étaient ajourées, pour envahir notre chambre et nous manger.

Me sentant frissonner, mes frères s'étaient réveillés.

« C'est quoi, Lolette ?

— Je ne sais pas. Ce n'est rien, dormez... »

Au matin, j'interrogeai ma mère qui n'aimait guère parler : « Dans le grenier, il y a des bêtes, elles ont faim, je crois qu'elles veulent nous manger. » Après un rire surprenant, ma mère eut une grimace de dégoût : « Ce sont les rats, Petite-Mère ! Ils viennent de la grange, ils ont froid, c'est tout. Faudrait qu'on prenne un chat... »

Je n'avais jamais encore vu de rats, cet animal de l'ombre qui aime le noir au contraire des enfants. J'étais souvent allée dans la grange chercher du bois ou de la paille pour le poulailler mais les rats se reposaient le jour pour mieux me livrer bataille la nuit au-dessus de mon lit. J'en faisais des insomnies, je tremblais sous leur raffut en revoyant la bouche déformée de ma mère prononçant « ce sont les rats ». J'envisageais notre triste sort jusqu'à pleurer certains soirs, réveillant mes bébés. En bonne Petite-Mère, il me fallait préparer une action, ma contre-attaque. J'étais prête à grimper jusqu'au toit pour chasser ces bêtes, ces monstres invisibles, même s'ils constituaient une armée. Je parviendrais peut-être à parlementer, car je m'adressais toujours aux animaux que je croisais. Que ce soit une biche, un hérisson, un lapin ou la chatte de ma grand-mère, je leur disais toujours des mots humains. Fillette volubile, en quête d'amis à qui parler, je menais de vraies conversations avec ces êtres joyeux et distrayants qui paraissaient m'écouter. Dans ma tête, j'entendais leurs réponses.

Fanette, c'est le nom que j'avais donné à la biche tachetée rencontrée dans la forêt à côté de la mare où elle venait boire. À chaque fois que je l'apercevais, c'était magique. Une apparition dans mon monde enchanté. Dieu que Fanette était jolie ! Je restais accroupie à l'observer en chuchotant, lui parlant comme à mes bébés. Plus que tout, je voulais qu'elle reste là à me regarder, immobile, les oreilles dressées, fragile et pourtant si rapide sur ses pattes en brindilles.

Si je pouvais apprivoiser les animaux de la forêt, transformer une biche sauvage en amie, je pourrais parler à ces misérables rats !

C'est ma grand-mère, Man-Nini, qui nous a sauvés en m'évitant un acte héroïque à l'issue incertaine. Un dimanche de redoux, après une semaine de neige drue qui avait transformé notre paysage en désert arctique, Man-Nini m'a montré, dans un coin de sa grande maison face à l'église du village, des chatons blanc et roux, de quelques jours, ressemblant à leur mère, qui faisaient en miaulant des roulades rigolotes dans le panier à bûches.

« Prends-en un, Petite-Mère ! Je te le donne. Il fera fuir les rats. » Et Marcel est entré dans ma vie. Mon Marcel, mon chat, mon sauveur. Dès le premier soir où je l'ai posé sur notre édredon, si petit fût-il, les bêtes au-dessus l'ont reniflé. En l'apercevant à travers le plancher, les rats se sont calmés.

L'histoire de mon Marcel, mon premier compagnon, mon bel ami, heureuse, puis tragique, me bouleverse toujours, soixante-dix ans après.

Je dois avouer mon amour immodéré, passionnel, grandissant pour les animaux quels qu'ils soient. Dans une autre vie plus clémente, j'ai dû être des leurs. Notre lien est instinctif, vif, unique. Je ne peux pas écraser une araignée, chasser un pigeon de mon balcon. Les animaux m'ont aidée à vivre, ils m'ont montré l'amour, l'attachement, la loyauté, et ils m'ont protégée. Je peux vivre seule, comme je le fais depuis des années, mais pas sans eux.

Je dois aux hommes mes heures barbares, et aux animaux mes souvenirs les plus tendres, les plus lumineux, ces moments d'émerveillement qui m'ont fait aimer la vie. Si Dieu existe et « s'il est amour » comme le sermonnait le curé du village, qui salivait à chaque fois qu'il me regardait, il n'est pas dans le Ciel ou dans le cœur des hommes mais tout près de nous, à portée d'une caresse. Dieu est un animal qui nous observe.

2

« Marcel ! Mais ce n'est pas un nom d'animal ! » s'était écriée ma mère.

Elle avait raison, c'était le prénom de mon instituteur. Un gentil monsieur énergique, bien qu'il semblât avoir cent ans, barbu, doux et patient, sorte de Père Noël habillé de gris, dont le visage agité par des tics faisait rire la classe. Mais pas moi. Parce que Monsieur Marcel, c'était mon héros. Passionné de poésie, il enseignait la lecture avec Arthur Rimbaud et Victor Hugo. Pour nous encourager à lire ces vers que nous ne comprenions pas, il clamait : « Les mots sont des trésors, c'est l'or des hommes ! »

Chaque matin, en marchant vers l'école sur le sol verglacé, dans le vent froid qui faisait pleurer mes yeux, c'est à Monsieur Marcel que je pensais, à ce trésor qu'il m'avait offert : ma première sensation de fierté. De sa voix qui portait, il m'avait dit ces mots, que personne après lui ne m'a répétés, mais dont l'écho subsiste en moi jusqu'à ce jour : « Tu es intelligente, Paulette ! »

Alors mon chat, mon brave chasseur de rats, méritait bien l'honneur de porter le nom de mon instituteur. Grâce à Marcel, les bêtes furieuses ont quitté le plafond de notre chambre. Mais le froid, le papier peint sans dessin qui tombait en lambeaux, les murs tellement humides qu'ils en étaient mouillés, et tout le décor de notre logis sont restés.

J'ai grandi dans une maison nue, d'un autre temps, sans eau, sans électricité, sans cabinet de toilette, où les courants d'air traversaient les portes et les fenêtres qui fermaient mal. Nous devions faire nos besoins dans un pot qui puait, ou dehors, sur une planche trouée dans un coin de la grange. Au rez-de-chaussée, il y avait un poêle qui peinait à chauffer toute la maison que je caressais presque autant que mes frères.

« Faut pas se plaindre ! Nous avons un toit, il y a pire misère », répétait mon père. Ses mots étant rares, ils se sont gravés en moi. J'ai toujours eu un toit et je ne me suis jamais plainte. Quant à la « pire misère », peut-être l'ai-je connue.

Je suis la fille d'un père qui s'épuisait à l'usine pour un piètre salaire et d'une femme au foyer qui rêvait de s'en échapper. Ma mère était un mystère et une inquiétude. J'avais peur qu'elle nous quitte. Même absente, emportée par ses contemplations au bord de la fenêtre, j'avais besoin de sa présence. Je lui demandais : « Pourquoi tu regardes dehors ? » Surprise, sans répondre, elle m'observait, un sourire posé sur ses lèvres fermées, puis elle tournait la tête.

Trop jeune, sans volonté, voyageuse mélancolique de ses pensées, ma mère oubliait souvent de nous nourrir. Il y a deux sortes de pauvreté, avec ou sans la faim.

Une foule de soirs, comme une éternité pour un enfant, je me suis endormie le ventre vide, sans savoir si le lendemain, mes frères et moi aurions quelque chose à manger. Ces nuits de doute forment des trous noirs dans ma mémoire. Au matin, s'il y avait du pain sur la table, des œufs ou du lait, je nourrissais Raymond et André avant moi.

Quand on ressent la faim, on ne grandit pas comme les autres. L'ambition de la vie, c'est d'avoir du pain. On ne veut pas s'élever, on veut manger. On ne rêve pas de sommets mais d'un champ de blé. Et quand on gagne suffisamment d'argent pour s'offrir tous les banquets, la peur du lendemain, insidieuse et glaçante, revient. Elle colle au ventre plein. Alors on fait tout, sans cesse, pour fuir la faim et la sensation de manquer qui ne disparaît jamais.

Le premier dimanche de chaque mois, nous allions au village chez ma grand-mère Man-Nini. Nous trouvant bien chétifs, elle houspillait sa fille qui s'en fichait. Habituée, ma mère laissait passer l'orage, en hochant mollement la tête, tandis que mon père restait muet.

« Mais qu'est-ce que tu leur donnes à manger, Alice ? Des cailloux ? Regarde-les ! Vous manquez, c'est ça ? »

Mon père, fier, faisait non de la tête alors que j'avais envie de crier : « Oui ! Souvent, j'ai faim le soir, Man-Nini. »

Mais je ne voulais pas faire honte à mes parents et j'attendais le rituel nourricier de ma grand-mère. Les jours de disette, je salivais rien qu'en me remémorant chacun de ses gestes. Devant nos yeux luisants, Man-Nini commençait par taper dans ses mains. Provoquant nos trémoussements, elle criait : « Je vais remplir ces petits bidons ! »

Man-Nini se dirigeait vers le garde-manger pour en sortir tout ce qu'elle avait préparé. Sur une grande toile cirée, décorée de fruits et de légumes dessinés, elle disposait une énorme miche de pain dont elle faisait craquer la croûte, une motte ramollie de beurre de baratte, de la confiture de framboise et de mirabelle confectionnée par ses soins, du miel, du fromage et du lard grillé pour mon père. Sans bouger, nous devions attendre son signal : « Bon appétit, les enfants ! »

C'était une fête, notre petite orgie. Mes tartines étaient démesurées. J'y étalais autant de sucre et de gras que de pain. « Ton père est plâtrier ? » se moquait mon grand-père Padidi. Je ne comprenais pas sa plaisanterie, mon père travaillait à l'usine. Peu m'importait, je mangeais vite jusqu'à ressentir le gonflement de mon ventre, vaguement inquiète que l'on me retire ma tartine de la bouche.

Dans sa vaste maison en plein cœur du village, Man-Nini menait une double activité. Avec Padidi, elle tenait une épicerie modeste qui faisait office de café, où traînaient toujours quelques clients. Et une fois par mois, fait plus exceptionnel, elle donnait un bal.

Dans une salle immense, ouverte sur deux garages aménagés, se pressaient tous les jeunes célibataires en mal d'amour des environs et les moins jeunes en recherche de distraction. Bien qu'il soit fermé à clé, j'avais réussi, un lendemain de fête, à pénétrer dans cet antre intrigant. Le décor m'impressionnait. Derrière une estrade réservée à l'orchestre tombait un grand rideau de velours rouge piqué de strass. Tout autour de la salle, des miroirs se reflétaient les uns les autres, en affichant des publicités colorées pour des boissons. Il y avait des lampions, des bancs d'école et un bar briqué en bois et en laiton. Sur le sol, recouvert d'un large rond de parquet pour danser, gisaient une rangée de caisses de bouteilles vides et un foulard mauve oublié, imprégné de parfum, que j'avais fourré dans ma poche. Quelle aventure, à quelques pas de la cuisine de Man-Nini !

« Quand est-ce que j'irai au bal ?

— Quand tu seras une jeune fille, répondait ma grand-mère.

— Dans combien de temps ?

— Quand tu seras haute comme ça ! »

Man-Nini, grande femme robuste, barrait son front d'une main horizontale, le coude relevé comme un salut. Et je mesurais, en redressant la tête devant cette montagne, tout le temps qu'il me restait pour grandir avant d'être une jeune fille qui va au bal.

Mes parents s'étaient rencontrés à Givet mais ils avaient tissé leur relation dans la salle de bal de Man-Nini. Chaque mois, mon père, d'origine belge, traversait la frontière pour revoir les grands yeux tristes vert amande de la belle Alice aux longs cheveux bruns de madone. Humble et travailleur, il avait plu à ma grand-mère, et Maman s'était laissé faire.

Avec mes copines de classe, nous parlions de l'amour parfois comme on parle du Bon Dieu. Sans jamais le voir. Je me demandais si mes parents étaient amoureux. Fallait-il aimer pour se marier et avoir des enfants ? La torpeur de ma mère et ses regards absents me laissaient penser le contraire. Tous mes espoirs reposaient donc sur mon père, bel homme malgré une tache de vin qui grimpait dans son cou comme un lierre pourpre. Je voulais croire qu'il aimait ma mère. Quand, du coin de la cuisine, mon père l'observait défaire son corsage et ses cheveux noués, relever lentement son jupon pour plonger ses pieds blancs dans la grande bassine où nous nous lavions, je pouvais jurer que ses yeux s'éclairaient.

Chez ma grand-mère, outre les tartines et la salle de bal, il y avait un autre point du plus grand intérêt : ma cousine Renée, le dernier enfant de Man-Nini, qu'elle avait eue à presque cinquante ans, cinq jours avant ma naissance. Ma mère n'ayant pas de lait, j'avais tété le sein de Man-Nini avec Renée jusqu'à l'âge de deux ans, avant de repartir chez mes parents. La maternité tardive de ma grand-mère n'était pas bien vue dans le voisinage. Aussi Renée, cette petite tante incongrue qui avait mon âge, demeurait-elle cachée, ignorée, même quand nous étions là. On en parlait peu, comme d'un secret. Elle restait souvent dans sa chambre et allait à l'école dans un autre village. De cette enfance clandestine, Renée avait gardé une grande timidité et un faible appétit. Chaque fois qu'elle apparaissait, si fluette, pointant le bout de son nez, elle me regardait fixement, tendrement, et dès que j'avançais, elle s'éclipsait en un instant, comme Fanette dans la forêt. Ma mère me répétait de laisser Renée tranquille, mais le jour de mes huit ans, fêtés chez Man-Nini sur la grande estrade de l'orchestre, je refusai de souffler mes bougies tant que Renée ne serait pas près de moi.

« Eh bien, va la chercher ! m'avait lancé Man-Nini. Mais ne la force pas à descendre si elle ne veut pas. » D'un bond, j'étais montée dans sa chambre où elle dormait enlacée avec son chat. Je lui avais demandé : « Et si tu devenais ma sœur ? Mes frères sont gentils mais ce sont des garçons, ce n'est pas pareil. Tu veux bien ? » Renée m'avait souri. On aurait dit qu'elle m'attendait. Nous étions redescendues main dans la main, et triomphante, j'avais annoncé : « Maintenant, Renée, c'est ma sœur ! »

La vie a continué comme ça, cahin-caha, tranquillement jusqu'à mes dix ans. Je n'avais plus peur des rats puisqu'un jour, j'en ai caressé un sous la grange qui s'était endormi dans une botte de paille. C'était un rat des champs de la couleur des blés, joli et dodu comme un lapin. La fin d'une légende. J'avais couru dans la maison pour crier à mes frères la nouvelle fracassante, comme si les Ardennes venaient d'être libérées : « Raymond, André, les rats sont gentils ! »

Je m'occupais de mes frères du mieux que je pouvais. Je lavais leurs vêtements, leurs cheveux, et leur coupais les ongles, ce qu'ils détestaient. C'était amusant, il fallait leur courir après. Mes frères se débattaient et criaient comme des petits cochons. En disciple de Monsieur Marcel, devançant l'école, je leur ai enseigné la lecture et les tables de multiplication. Pour les sciences naturelles, je les emmenais dans la forêt. Tous les trois, nous n'avons jamais réussi à voir Fanette. Je crois qu'elle me voulait pour elle toute seule.

Je m'occupais aussi de mon unique Marcel qui me suivait partout comme un petit chien. Me vénérant, il endurait toutes mes espiègleries. C'est avec lui que je parlais et jouais le plus. Je le rendais fou avec une souris de chiffon, imbibée d'huile de sardine, que je traînais au bout d'un fil en courant dans l'herbe. Marcel faisait des bonds, lançait des coups de patte, mordait, mais mon irrésistible souris odorante se relevait toujours. Frustré par cette chasse impossible, mon Marcel à l'instinct prédateur prenait sa revanche en déposant au pied de mon lit, sous mes cris horrifiés, un bébé rat ou un moineau.

En rentrant de l'école, je tentais de faire la conversation à ma mère silencieuse. De temps en temps, après avoir avalé quelques verres de liqueur, en balançant la tête d'un geste sec en arrière, elle me serrait dans ses bras en gémissant à mon oreille : « Je suis une mauvaise mère... » Avant de me relâcher pour boire un autre verre.

Quand mon père revenait de l'usine, je l'aidais autant que possible aux travaux de la maison et aux soins des animaux que nous accumulions. Poules, lapins, moutons... Je ne ménageais pas ma peine pour laisser ma mère à ses rêveries, et entendre mon père prononcer cette phrase qui me faisait jubiler : « Je n'échangerais pas ma fille contre deux gars ! »

C'était formidable, tout à fait exceptionnel, car dans la campagne ardennaise, communément, les filles ne valaient pas autant que les gars. Mais moi, je valais deux hommes, deux fils ! Toute ma vie, j'ai essayé d'être à la hauteur de ce compliment, de cette injonction à travailler dur, à être la meilleure, la plus forte quoi que je fasse, pour toujours me relever, comme ma souris de chiffon, parfumée au poisson.

Dans le morceau de champ clôturé autour de la grange, notre cheptel d'animaux grandissait d'autant plus vite que j'implorais mon père, avec un vrai sens du drame, allant jusqu'à me rouler par terre en invoquant ma propre fin, d'épargner ces êtres vivants arrivés à maturité.

« Il faut bien manger, Petite-Mère ! rétorquait mon père désemparé devant tant d'effusion.

— Mais nous avons du pain, des œufs, de la soupe... Pitié ! »

Mon cœur animal a sauvé quelques vies. Pourtant, assez souvent, je constatais avec tristesse qu'une bête manquait. « Un renard a dû l'emporter... », affirmait mon père.

À l'école, Monsieur Marcel nous a appris notre première poésie, *Le Dormeur du val* d'Arthur Rimbaud, rare célébrité des Ardennes, né à Charleville-Mézières. Nous l'avions déjà disséquée pour lire et écrire, mais l'exercice était différent, il fallait la réciter, l'interpréter, « chanter la musique des mots, faire briller l'or des hommes », comme disait Monsieur Marcel. Je n'y comprenais pas grand-chose. Ma mère disait que ce n'était pas de notre âge, mais comme Monsieur Marcel clamait que c'était beau, je connaissais ce poème par cœur. Quand il nous a expliqué qu'à la fin, le jeune soldat endormi dans l'herbe était mort, j'en ai pleuré. Comment ces mots qui sonnaient si doucement pouvaient-ils raconter la guerre et la jeunesse fauchée ?

À la maison, j'ai réclamé à ma mère une explication de texte.

« C'est quoi du cresson ?

— Une petite salade...

— C'est bleu ?

— Ben non, c'est comment la couleur de l'herbe ?

– Mais dans la poésie, c'est du cresson bleu.

– Ah... Mais les livres, les contes, c'est une autre histoire, Petite-Mère, regarde, je m'appelle bien Alice et Dieu sait que je ne suis pas au pays des merveilles... »

Je ne connaissais pas *Alice au pays des merveilles* mais uniquement *Le Dormeur du val*. Je me souviens encore de quelques vers, en hommage à Monsieur Marcel, et parce qu'ils font écho au moment le plus douloureux de ma vie qui viendra.

C'est un trou de verdure où chante une rivière (...)
Un soldat jeune, bouche ouverte, tête nue,
Et la nuque baignant dans le frais cresson bleu,
Dort ; il est étendu dans l'herbe, sous la nue (...)
Nature, berce-le chaudement : il a froid (...)
Il dort dans le soleil, la main sur sa poitrine,
Tranquille. Il a deux trous rouges au côté droit.

Pour son plaisir, Monsieur Marcel me demandait de réciter sur l'estrade son poème préféré qui semblait le transporter. Le dos au tableau, bien droite, les mains animées, je changeais le ton de ma voix de naïf, badin à tragique. À chaque fois, la classe applaudissait. « Tu es une comédienne née, Paulette ! » répétait Monsieur Marcel.

Il avait raison. Tous les enfants qui rêvent de changer leur réalité développent cette aptitude dont je me suis servie dans ma profession. Pour plaire et pour me protéger, j'ai joué la comédie, j'ai inventé des personnages éloignés de moi-même, dont j'ai habillé Lolette.

3

Le jour de son trentième anniversaire, peu après mes dix ans, ma mère a reçu de mon père un cadeau, énorme, un événement, un coup de tonnerre dans notre ciel et dans mon cœur. Mon père aimait ma mère, ce n'était plus une légende ou même un vœu. Sous mes yeux, une preuve irréfutable, brillant de mille feux, allait surgir. Nous étions à table, réunis en famille, pour fêter ce jour. Maman s'apprêtait à servir le dessert, quand mon père s'est levé. L'air impassible pour préserver sa surprise, il a dit : « Viens dehors, Alice, j'ai quelque chose pour toi ! »

Nous avons tous suivi mon père vers la grange. Maman sautillait devant nous tandis que Man-Nini, au pas ralenti, ne voulant rien rater, réclamait qu'on l'attende. Avec Renée et mes frères, nous avons couru autour de ma mère comme des chiots de garde jusqu'à un gros objet caché sous la bâche à foin que mon père a lentement retirée.

Une moto ! Une Gillet sept cent cinquante centimètres cubes. Bien sûr, elle était d'occasion mais mon père l'avait tellement lustrée, parfaitement restaurée, qu'elle paraissait neuve. J'étais stupéfaite. On comptait bien plus de biches tachetées, pourtant si rares alentour, que de motos, et ma mère n'avait jamais émis ce désir. Dans le secret de leur chambre, mes parents devaient échanger des confidences. Maman a sauté au cou de mon père en l'embrassant devant nous pour la première et la dernière fois. Ce baiser fougueux était miraculeux. Longtemps, il m'a fait rêver. J'ai vu les effets de l'amour, provoqués par une moto.

Man-Nini a crié à ma mère : « Un peu de tenue Alice, quand même ! »

Puis à mon père : « Mais tu es fou, elle va se tuer avec un engin pareil !

— Tu dis n'importe quoi ! » a rétorqué ma mère d'une voix que je ne lui connaissais pas.

Et elle a retroussé sa jolie robe d'anniversaire ornée de fleurs pastel. Je m'en souviens comme si c'était hier. Ma mère a enfourché la machine, tiré un grand coup de pied sur le côté et, dans un vacarme pétaradant, elle a disparu. J'ai couru dans le chemin après la moto en appelant ma mère jusqu'à perdre le souffle, puis je me suis couchée sur le bas-côté et j'ai pleuré. Suivi par toute la famille, mon père a accouru en premier pour me consoler : « Ne pleure pas, Petite-Mère ! C'était son rêve, tu sais, ta mère a appris très jeune avec Padidi... »

Quelques pas en arrière, ma grand-mère invectivait mon père : « Je pensais que cette lubie de jeunesse lui était passée ! Alice est mère de famille maintenant ! Elle est tombée à moto, et pas qu'un peu ! »

En entendant ces mots, je pleurai davantage.

« Faut pas voir le malheur partout, elle va revenir ! » s'est écrié mon père, consterné par la tournure dramatique de sa belle surprise.

Après plusieurs heures, ma mère est réapparue. Entre-temps, j'avais remis le gâteau dans le garde-manger sans même penser à le goûter. Assise à la place de ma mère, à côté de la fenêtre, je scrutais le haut du chemin de terre, quand j'ai perçu le bruit de la moto.

Les cheveux ébouriffés, les joues rougies par le vent, ma mère est rentrée dans la maison, le visage paré d'un sourire extatique. Cette moto avait réveillé Maman au bois dormant.

Comment mon père avait-il pu lui offrir un pareil cadeau ? L'avait-il volé ? Non ! C'était un honnête homme. Il avait économisé depuis des années, effectué des petits boulots en plus de son travail. Je découvrais cet homme simple et discret qui avait compris que Maman s'ennuyait et buvait de la liqueur. Lui aussi craignait qu'elle s'en aille pour de bon. Mon père voulait garder sa femme près de lui, au lever, dans la nuit et toute la vie.

Chaque jour, sans casque, sans permis, ma mère partait et revenait. Je l'interrogeais :

« Tu vas où avec ta moto ?

— Je ne sais pas, Petite-Mère. Vite et loin, c'est ça qui compte !

— Mais où ? insistais-je.

— Vers la grande ville ou le bord de mer, où le vent me pousse ! Je rêve d'aller à Paris. J'aimerais tellement voir la tour Eiffel ! »

Son changement d'attitude fut saisissant. Maman s'est mise à sourire, à chantonner, à lire et à tricoter. Elle m'a même appris le tricot. Cette passion, seule activité partagée avec ma mère, m'a duré toute la vie, jusqu'à ce que mes yeux fatigués et mes doigts noueux se lassent il y a peu. Cette moto, plus qu'un cadeau, était une vraie potion magique !

Cette année-là, Maman a aussi appris la cartomancie, espérant voir dans le futur ce que le présent lui refusait. À l'aide d'un manuel noir et or acheté pendant ses périples, elle tirait les cartes méthodiquement, dans un coin de la grande pièce du rez-de-chaussée, sur une petite table ronde recouverte d'un napperon de feutre. Je la revois plongée dans son guide, son pendule à la main, battant son jeu épais au dos bleu nuit avec des étoiles. Après un petit verre de liqueur, elle proclamait :

« Je peux voir l'avenir !

— Eh bien, dis-nous ! C'est pour quand la fortune ? s'amusait mon père.
— Pas pour tout de suite...
— Tu parles ! Moi aussi je peux voir l'avenir...
— Mais nous changerons de maison, tu verras ! Elle sera plus confortable et nous y serons bien. »

Quelque temps plus tard, j'ai remarqué que Maman utilisait moins sa moto.
« Ça ne te plaît plus ? demandai-je.
— Si, Petite-Mère, mais mes cartes sont mauvaises, remplies de pique noir, alors je préfère rester tranquille. »
La semaine suivante, ma mère a repris sa moto et n'est pas rentrée. Au fil des heures qui passaient, j'ai vu mon père devenir fou, tourner en rond dans la grande pièce en éructant :
« Ta grand-mère avait raison. Si je la perds, ce sera de ma faute, je ne suis qu'un con...
— Mais non, elle va revenir, Papa ! criai-je.
— Comment peux-tu savoir ?
— Si Maman a repris sa moto, c'est que ses cartes étaient bonnes. Et si nous devons changer de maison, ça ne peut pas se faire sans elle ! »
Mon père m'a soulevée et prise dans ses bras. J'ai senti qu'il s'empêchait de pleurer.

J'ai passé deux jours de tourment, seule, à rassurer mes frères, sans mon père qui cherchait ma mère à vélo dans tous les villages jusqu'à Givet. C'est une ambulance entourée de gendarmes qui a ramené Maman à la maison, avec une jambe et un bras cassés. Tout comme la moto, partie à la ferraille, que ma mère a longtemps pleurée.
« Elle a eu de la chance ! » a dit l'adjudant pour seul commentaire.
Ce fut la fin des virées au bord de la mer et des cheveux décoiffés par le vent. Des airs de tristesse envahirent

la maison, bien que mon père se réjouisse chaque jour d'avoir retrouvé sa femme.

Ces quelques mois précieux, comme une oasis dans notre vie, pendant lesquels la maison était vivante, ma mère libre et heureuse, et mon père amoureux, ont éclairé en moi cette interrogation : comment serait ma vie quand je serais plus grande, ma vie de femme, de mère ? Je le savais maintenant, je le souhaitais. Je me marierais avec un homme aimant et travailleur. À ses côtés, je resterais libre de quelques loisirs, nous aurions plusieurs enfants dont je m'occuperais en Petite-Mère et nous habiterions une maison bien chauffée à côté d'une forêt, avec l'eau courante et un jardin plein d'animaux...

De retour sur sa chaise, à côté de la fenêtre, Maman s'est mise à tricoter sans cesse, levant par instants la tête pour sonder l'horizon, s'accordant quelques pauses pour se servir de la bouteille de liqueur qu'elle dissimulait sous un châle.

Un après-midi, de retour de l'école fermée tôt à cause d'une épidémie, j'ai surpris Maman, toute seule, en train de pleurer, la tête tournée vers le champ, hoquetant dans son mouchoir. Quand elle m'a vue, la tristesse sur son visage n'a pas disparu. Au contraire, elle s'est accentuée. J'ai saisi sa main en la caressant alors que de grosses larmes me montaient aux yeux. Il n'existe pas de spectacle plus désolant pour un enfant que de voir sa mère pleurer. Mon cœur était inquiet, bousculé, ma petite terre bien ronde s'arrêtait de tourner. Une mère, c'est fait pour consoler, pour dire quand les temps sont durs que nous serons heureux. Ça montre le chemin sans tomber sur le bas-côté. Qu'allions-nous faire si ma mère s'effondrait ? Quel était donc ce sort qui l'attristait ? Je connaissais sa mélancolie mais pas son chagrin.

Je refusais de pleurer, de tomber aussi. J'étais intriguée. Les pleurs de ma mère, femme adulte et mariée, sonnaient comme ceux d'un enfant. Je devais faire quelque chose, me montrer à la hauteur de ma réputation. Depuis des années j'étais responsable et je valais deux hommes. Je me suis mise à bombarder ma mère de questions avec la volonté farouche de percer ces pleurs dont la source m'échappait : « Tu n'es pas heureuse avec nous ? Ta moto te manque ? Tu veux que je fasse quelque chose ? Tu ne vas pas nous laisser ? »

Les yeux trempés, ma mère m'a souri comme un ciel s'éclairant sous la pluie. « Tu es gentille, Petite-Mère. Non, je ne vais pas partir. Je ne peux pas, tu sais, je suis mariée. Comment ferait ton père avec vous trois ? Ma vie me rend triste parfois, c'est plus fort que moi, mais ça passe. Je rêve et je pense à toi, à tes frères. J'aimerais tant que vous soyez heureux, avec un peu d'argent, que votre vie soit différente de la mienne, et que vous échappiez à l'ennui... »

Les yeux plongés dans le regard de ma mère, je me suis fait une de ces promesses qui conjurent le sort et façonnent la vie, que les enfants énoncent en silence avec la force de leur tristesse. J'aurais de l'argent, du bonheur sans chagrin, et surtout j'échapperais à l'ennui, ce mal inconnu qui rongeait ma mère.

« Je te rachèterai une moto ! » ai-je dit comme dans un sursaut.

Mêlant pleurs et rires, Maman a répondu :

« Tu promets ?

— Oui. »

Comme pour sceller notre pacte, elle m'a embrassée.

4

L'année de mes douze ans, ma vie douce-amère, dont je comblais les quelques manques par mon imaginaire et l'amour que je portais à mes frères et à mon chat, a connu un choc, un tournant. Ma candeur et ma nature joyeuse, sans jamais disparaître, se sont heurtées à l'ombre des hommes. Quelques âmes sombres suffisent à noircir tout un monde.

Parce qu'il était veuf et malade des artères, nous avons dû accueillir dans notre maison le père de mon père, « le vioc », comme l'appelait ma mère en cachette, dont ni ma gentille tante Éliane ni mon oncle n'avaient voulu.

Je connaissais peu cet homme bourru, ancien boucher de Namur en Belgique, plus silencieux encore que mon père et ma mère, dont Man-Nini disait à mots couverts qu'il avait fait mourir sa femme et fuyait la justice de son pays.

Ce petit homme malingre au front bas avait au-dessus de ses yeux enfoncés une barre continue de sourcils, et sur la joue, de manière plus ostensible que celle de mon père, une tache de vin étendue.

Lorsque mon père nous a présenté le vioc, il a exigé que nous l'embrassions. J'en ai été incapable. Figée, les bras raidis, le fixant droit dans les yeux, je restais à distance.

« Embrasse ton grand-père, Petite-Mère ! m'ordonna mon père.

— Allez, fais pas ta merdeuse, donne ta joue ! » dit le vioc.

J'étais paralysée. Mon père s'est mis à hurler.

« Embrasse-le, je te dis !

— Non ! criai-je avant de déguerpir.

— Laisse-la ! rétorqua le vioc. C'est une effrontée, elle a le diable dans les yeux... »

Dès que le vioc pénétrait dans la grande pièce du rez-de-chaussée de son pas traînant et irrégulier, dû à une jambe bancale, il y régnait une tension pesante qui me faisait fuir. D'instinct, j'emmenais mes frères et mon Marcel dans notre chambre.

Le vioc, que mon père avait installé dans la chambre vide à côté de la nôtre, a commencé à se plaindre qu'on ne lui servait pas assez de viande. Il n'avait pas été boucher toute sa vie pour se satisfaire de patates et de verdure. Sous la grange, il a attendu que je rentre de l'école pour décapiter devant moi, en ricanant, un poulet qui a couru sans tête en battant des ailes, puis il a suspendu à deux crochets sortis de son tablier de gros cuir les pattes arrière d'un lapin qui gigotait. D'un coup sec, il a brisé son dos et, avec un couteau, lui a ôté à vif un œil pour faire s'écouler le sang.

Traumatisée, j'ai couru vers la maison : « Papa ! Papa ! Le vioc, c'est un ogre ! »

Pour la première fois, mon père m'a accueillie avec une paire de claques cinglantes. « On ne parle pas comme ça de son grand-père, tu m'entends ! »

J'ai couru dans ma chambre pour pleurer. Mon père me préférait un ogre qui allait massacrer tous nos animaux.

Le lendemain, en pleine nuit, j'ai sursauté quand le vioc a cogné sur les murs en hurlant : « Barrez-vous, saloperies ! » Quelques rats auxquels je ne prêtais plus attention se promenaient dans le grenier.

Avec une cage dont un côté s'ouvrait en clapet, le vioc a bricolé un piège fourré de vieilles croûtes de fromage, qu'il a installé dans la grange. Dès le premier jour, ce fut une hécatombe.

Fier de l'efficacité de son invention, le vioc est entré dans la grande pièce en se dirigeant vers le poêle, sa cage sous le bras remplie de bêtes affolées qui gémissaient. Avec le tisonnier, il a soulevé le couvercle de fonte, a entrouvert son piège en le secouant pour déverser devant nous, sur les braises, quelques rats vivants qui se sont mis à pousser des hurlements aigus, insoutenables, pareils à ceux de nourrissons.

Ma mère a protesté :

« C'est cruel quand même ! Les enfants, montez dans votre chambre !

— Ce ne sont que des rats, la pire des espèces ! a répondu le vioc.

— Des rats des champs... » a soupiré ma mère.

J'étais muette, incapable de bouger, des larmes figées aux yeux, les mains plaquées sur les oreilles. L'odeur de chair brûlée qui s'est immédiatement échappée du poêle enfumé, mêlée aux cris persistants, était suffocante. « Ne reste pas là, Petite-Mère, monte et emmène tes frères ! » a ordonné mon père.

Je n'arrivais pas à croire que mes parents ne se dressent pas pour arrêter cette barbarie. J'étais seule, petite, impuissante.

À l'étage, c'était pire encore. Le conduit du poêle qui traversait notre chambre faisait résonner les pleurs des rats. Quand l'un mourait, l'ogre en brûlait un autre. Cela durait des heures. C'était son plaisir, son passe-temps.

Terrorisés, mes frères se collaient à moi.

L'ogre s'obstinait. « Crève saloperie ! » répétait-il.

Plusieurs nuits, l'ogre a brûlé des rats et mon effroi s'est transformé en haine. C'est moi que l'ogre brûlait, mes rêves, mon monde enchanté. Quand il gueulait « crève ! », je le pensais si fort pour lui que j'espérais qu'il tombe raide mort. C'est comme ça que l'on contracte la férocité des hommes. C'est un bouleversement, un déchirement de l'âme de voir, d'entendre, de vivre ce dont l'homme est capable. Et le bien n'efface jamais le mal.

Avec mes frères, je suis allée dans la grange en cachette pour trouver le piège et libérer les rats attrapés. En revenant de l'école, c'était ma mission. Dès que j'entendais le pas de l'ogre, je me cachais derrière les bottes de paille.

Un jour, en découvrant son piège vide, reniflant ma présence, l'ogre a pesté en regardant l'œil mauvais tout autour de lui : « C'est toi la merdeuse qui as ouvert la cage, hein ? Montre-toi, saloperie ! »

Le lendemain, mon Marcel n'est pas rentré. Ce n'était pas normal. Il passait ses journées à se prélasser près du poêle ou à se promener dans le champ comme un lion dans sa savane, mais il m'attendait toujours après l'école. J'ai passé des heures autour de la maison jusqu'à la nuit à l'appeler en vain : « Marcel ! Marcel ! Viens mon bébé... »

Du pas de la porte, l'ogre me toisait.

De toute la nuit, je n'ai pas dormi, refusant d'aller à l'école avant d'avoir retrouvé Marcel. Peut-être s'était-il blessé en se battant avec un autre chat ? Dès l'aube, j'ai sillonné tout le champ et battu seule ce bout de forêt où Marcel se rendait parfois.

À côté de la mare, je l'ai aperçu, couché sur le flanc, immobile, la bouche ouverte. Son poil n'était plus blanc et crème mais rouge, couvert de sang. Marcel gisait mort. Je n'y croyais pas. Ma vie ne pouvait être ainsi. Je me suis allongée à ses côtés et je lui ai parlé : « Tu n'es pas mort ? Hein, mon Marcel, tu vas te réveiller ? »

J'ai attendu, puis je l'ai soulevé, lové dans mon cou comme je le faisais souvent. Son corps était lourd et froid.

Quand je suis rentrée, apercevant mon visage maculé de sang, ma mère s'est précipitée vers moi en hurlant :

« Qu'est-ce que tu as fait ?

— L'ogre a tué mon Marcel, Maman.

— Elle dit n'importe quoi ! a rétorqué le vioc d'un coin de la pièce. Et je t'interdis de m'appeler comme ça, petite merdeuse ! Tu ne vas pas nous faire chier pour un chat. »

Mon père s'est approché de moi pour s'emparer de Marcel.

« Ce sont les chasseurs qui l'ont tué, Petite-Mère. Regarde, sa peau est trouée par la chevrotine.

— Non ! C'est lui qui l'a fait, je le sais... »

On a placé Marcel dans une petite caisse en bois que mon père a enterrée dans le jardin, et sur une planchette calée entre deux cailloux, j'ai inscrit son nom.

Quelques jours plus tard, animée d'un sentiment nouveau, j'ai repris mon habitude. De retour de l'école, j'ai filé directement vers la grange pour vérifier la cage et je l'ai vu, accroupi à l'étage sur le plancher de bois dépourvu de rambarde où mon père entreposait le blé. En silence, l'ogre observait en contrebas, comme un chasseur en planque, un rat qui hésitait à grimper sur son piège de malheur posé au sol. Quand le pauvre animal a chuté à travers le clapet, l'ogre s'est écrié : « Crève, saloperie ! »

Ces mots que je connaissais ont mis le feu à mon sang. Ma vue s'est troublée. J'ai senti mon cœur enragé cogner dans ma poitrine. Comme un automate, j'ai grimpé par-derrière sur l'échelle en bois. À l'étage, à pas de loup, j'ai avancé vers l'ogre à genoux, de dos, la tête penchée dans le vide.

Je me souviens du bruit sourd de sa chute.

L'ogre n'est pas mort. Son crâne a été aplati, il a perdu l'usage de ses jambes et de la parole. Le docteur a interdit de l'allonger, car il pouvait mourir de caillots qui monteraient à la tête.

Il fallait nourrir le vioc maintenant, l'extraire de son fauteuil, le laver, l'habiller et le rasseoir, mais personne dans la famille n'a voulu s'en occuper plus de quelques semaines, pas même la gentille tante Éliane qui semblait effrayée à cette idée. Alors ma mère a supplié mon oncle, qui n'avait pas encore d'enfants, de le récupérer.

Peu de temps après, on a retrouvé l'ogre chez son fils, en Belgique, dans son habit du dimanche, les mains jointes, allongé sur un lit. Crevé.

5

Cette même année, j'ai dû changer d'école parce que celle de Monsieur Marcel s'arrêtait avant le brevet. J'ai dit au revoir à mon instituteur. Ce crève-cœur a été compensé par le plaisir de me retrouver dans la classe de Renée.

Ma nouvelle école étant trop éloignée, mes parents m'ont trouvé un vélo, lourd, d'adulte, qui m'a donné de la peine. La longue montée avant la maison était éprouvante.

Man-Nini a voulu m'offrir un chaton mais j'ai refusé. Je ne pouvais pas remplacer Marcel.

Mon corps changeait. Je poussais comme une fleur au printemps, vite et bien. Je devenais une jeune fille qui bientôt serait en âge d'aller au bal. Sans être formée, j'observais mes seins et mes hanches s'arrondir alors que Renée, toute menue, ressemblait encore à une fillette.

Comme beaucoup de jeunes personnes à cette époque, je n'avais aucune connaissance de la sexualité. J'ignorais tout de la conception d'un enfant et ce qu'était la menstruation. On ne parlait pas de ces choses-là, pas même d'une femme enceinte. Mes frères et moi, à un détail près, étions faits pareil. D'ailleurs, à l'école, on m'appelait « le garçon manqué ». Je courais, je me battais quand on embêtait Renée et je jouais au football. J'étais gardienne de but.

Bien que ma famille ne soit pas assidue à la messe ni particulièrement pieuse, Man-Nini, Padidi et mes parents ont décidé, par tradition chrétienne, dans la continuité de mon baptême et pour la bienséance villageoise, que leurs filles, Renée et moi, feraient leur grande communion.

Du christianisme, je savais peu de choses. Le « Dieu est amour », la devise que martelait monsieur le curé, le « Notre Père », le « Je vous salue Marie » et l'épouvantable calvaire du Jésus, cloué vivant sur une croix de bois. Mais qui avait bien pu faire ça ? Mon Dieu... Dans l'église, je me recueillais volontiers devant la Sainte Vierge dont j'admirais le doux visage et la toge blanc et bleu ciel bordée de dorures, alors que la croix, les clous, les pieds et les mains ensanglantés du Christ m'horrifiaient.

Un mois avant notre communion, Renée et moi avons dû faire une retraite. Pendant une semaine, nous nous sommes rendues chaque jour dans le presbytère pour écouter la bonne parole de monsieur le curé. Il avait l'âge de Padidi et lui ressemblait un peu. Quand il me regardait, monsieur le curé faisait sa bouche de lézard. Sa langue, fine et mouvante, me gênait.

À la fin du premier jour, il nous a demandé si nous avions des questions. Curieuse et déterminée à apprendre, j'ai levé la main pour percer ce mystère qui m'interpellait depuis quelque temps : « Qu'est-ce que ça veut dire "vierge" ? »

Surpris, monsieur le curé m'a répondu : « C'est le nom de la mère de Jésus. Tu demanderas à tes parents... »

Ce que je n'ai pas osé faire. Ce mot « vierge » semblait porteur d'un secret, d'un poids qui créait un malaise quand je le prononçais, y compris chez Man-Nini à qui je me suis confiée. Elle m'a quand même dit :

« C'est une femme qui n'a pas eu d'enfant...

— Mais Marie est la mère de Jésus.

— C'est une exception... Tu demanderas à monsieur le curé. Ou plutôt, non ! Tu ne demanderas rien. On ne pose pas ces questions-là, Petite-Mère. C'est comme ça, c'est tout, c'est divin, la Sainte Vierge, le Saint-Esprit, il n'y a rien à comprendre. Il faut juste croire et prier pour s'attirer quelques bienfaits. »

Le dernier jour, quand est venu le moment des prières, monsieur le curé m'a appelée : « Viens, ma petite Paulette. On va réciter ensemble. Je suis certain que tu fais ça très bien. »

Il m'a assise à cheval sur sa jambe dissimulée sous sa soutane en se frottant à moi. Profondément mal à l'aise, je n'ai pas pu répéter correctement les mots de monsieur le curé. Après les prières et les louanges à Dieu, il m'a demandé de rester dans le presbytère. Il avait encore des choses à m'apprendre. N'osant pas refuser, j'ai embrassé Renée qui est rentrée seule chez Man-Nini. Lorsque la porte s'est refermée, sans un mot, monsieur le curé m'a rassise sur sa jambe et s'est frotté à moi de la même façon, en caressant mes cheveux. Puis, dans un geste brusque, il a relevé ma jupe et fourré sa main dans ma culotte. Je sentais les doigts de monsieur le curé fouiller mon intimité, cette part de moi sensible, que d'instinct je protégeais, y compris du regard de mes parents et de mes frères. Bien qu'ignorante des règles des adultes, je savais que ce qui se passait n'était pas bien, pas gentil, pas normal. Monsieur le curé me faisait mal. Je ressentais sa force, sa volonté sourde, l'urgence de ce désir inconnu. Il était comme fou, hors de lui. J'étais seule, petite, impuissante. Malgré ma sidération, j'ai éclaté en sanglots.

« Laissez-moi, s'il vous plaît.

— Attends, Paulette ! Attends un peu... Ce ne sera pas long, ce n'est rien, rien...

— Laissez-moi partir.

— C'est de l'amour. Dieu est amour... »

Les poings serrés, tout mon corps se crispait. Monsieur le curé m'embrassait avec rage, dans le cou, sur les oreilles, les joues. Pressant ses doigts dans ma chair, il agitait son autre main sous sa robe noire, tremblant de toutes parts. Puis il a gémi, poussé un cri bref, étouffé, et m'a relâchée. J'ai couru jusqu'à la porte verrouillée où il m'a rattrapée. Agrippant mon poignet, le serviteur de Dieu m'a dit froidement :

« Rien ne s'est passé. D'accord, Paulette ? Si tu parles, je t'accuserai de mentir.

— Rien, monsieur le curé, je ne dirai rien », ai-je répondu avant de m'enfuir.

Cette scène est intervenue si vite qu'une fois sortie du presbytère, en longeant l'église, j'ai cru à un cauchemar, une hallucination. Ce n'était que de vilaines histoires dans ma tête. Mais en croisant un groupe d'enfants plus jeunes que moi, emmené vers monsieur le curé en file indienne par cette femme âgée qui faisait la quête pendant la messe, j'ai eu envie de crier : « N'y allez pas ! » Et je n'ai rien dit. Les mots dans ma gorge sont restés muets. Sur les grandes marches du parvis, je me suis accroupie. J'ai rentré la tête dans mes épaules, pressé mon front contre mes genoux et suis restée prostrée dans cette position, le dos rond, recroquevillée, jusqu'à ce que monsieur le curé me relève par le bras.

« Ne reste pas là, Paulette, rentre chez toi !

— Lâchez-moi ! ai-je hurlé d'une voix qui l'a fait reculer. Lâchez-moi ! »

Je suis retournée chez moi en courant. En chemin, je me suis arrêtée dans la forêt. À côté de la mare, j'ai attendu Fanette qui n'est pas venue, en m'allongeant à l'endroit où j'avais trouvé mon chat. Tout haut, j'ai parlé très fort, j'ai crié pour que les arbres, les fleurs et tous les animaux qui se cachaient entendent mon secret.

Je n'en ai parlé à personne, pas même à Renée. Pourtant la scène dans le presbytère m'obsédait. J'ai commencé à faire des cauchemars que je devais taire, qui réveillaient mes frères et mes parents. Ma plus grande peur était de revoir monsieur le curé, de recevoir bientôt de ses mains sa bénédiction.

Quelques jours avant ma communion, à l'école, en pleine classe, j'ai senti que ma culotte était mouillée. Aux toilettes, j'ai vu ce sang abondant tachant ma jupe, mes mains, mes cuisses. Effrayée, je me suis enfuie, oubliant mon vélo. Pendant que je courais, le sang continuait de couler. Arrivée à la maison, épuisée, j'ai crié :

« Maman, Maman, je vais mourir !

— Qu'est-ce qu'il t'arrive encore ?

— J'ai du sang partout dans ma culotte !

— Fais-moi voir... » m'a dit ma mère en posant son tricot.

Je lui ai montré.

« Ce n'est rien. C'est le sang des femmes. Tu es une jeune fille maintenant. Tu as tes règles. Il faut mettre une serviette-éponge que je vais te donner. Quand elle est tachée, tu la changes et tu la frottes bien avec de la Javel. Et surtout, qu'aucun garçon ne te touche ! Autrement, tu tomberas enceinte. Ce serait bien dommage à ton âge...

— Je ne serais plus vierge ?

— Non. Une fille perdue... » a conclu ma mère en reprenant son tricot.

Je n'ai pas posé d'autres questions. Qu'est-ce qu'une fille perdue ? J'ai placé dans ma culotte une serviette qui me gênait lorsque je marchais, sans savoir combien de temps je devais la garder, et j'ai pensé à monsieur le curé qui m'avait touchée. Devais-je le dire ? Ce sang, c'était sûrement à cause de lui. J'étais peut-être enceinte, perdue...

Le dimanche, nous sommes allés chez Man-Nini. Le trajet se faisait à pied. À chaque personne que nous croisions, qui avait pour mes parents des paroles aimables sur leurs enfants, ma mère, en me désignant, répondait par cette nouvelle phrase que je détestais : « C'est une jeune fille maintenant ! » Elle parcourait du bras ma silhouette, comme on vante les formes d'une pouliche. Sa voix, distante et fière à la fois, évoquait la fin d'une histoire et le début d'une autre, dans laquelle elle ne serait pas.

« Arrête de dire ça ! m'écriais-je. Je n'ai pas changé en un jour, je suis la même...

— Non, tu es une jeune fille maintenant, Petite-Mère. »

Quand nous sommes arrivés chez ma grand-mère, Maman a répété : « C'est une jeune fille maintenant, si vous voyez ce que je veux dire... »

Devant ma gêne, ma tête baissée, Man-Nini, m'a prise à part pour me parler.

« Ta maman a raison, tu es grande maintenant, une bien jolie fille qui aura du succès, pour sûr ! Il faut faire attention aux garçons qui vont vouloir coucher avec toi.

— Mais je ne veux pas ! Je dors avec Raymond et André...

— Je ne parle pas de ça. Je vais t'expliquer. Les garçons ont dans leur zézette des petites graines qui les démangent, et s'ils les mettent dans ta cramouille, ça te fait un bébé dans le ventre !

— Ma cramouille ?

— Oui, c'est ce que tu as entre les jambes. »

Voilà le seul cours d'éducation sexuelle que j'ai reçu de ma vie.

Ma mère a décidé que mes frères dormiraient désormais dans la chambre de l'ogre. Nous ne pouvions plus passer nos nuits tous les trois enlacés. Quel déchirement ! Nous étions si bien ensemble. La nuit ne nous faisait plus peur. Nous avions tout affronté.

Le premier soir fut terrible. Je n'ai pas pu dormir. Mes mains cherchaient mes frères dans mon grand lit froid. Je me sentais vide, inutile. Je n'étais plus une Petite-Mère et pas encore une femme. Dans la chambre de l'ogre, mes frères criaient : « Lolette ! Lolette... »

Plusieurs nuits, je me suis relevée en cachette pour caresser mes bébés, lécher leurs larmes et leur raconter une histoire.

La veille de ma communion, dans la maison de Man-Nini face à l'église, où je me rendais pour essayer mon aube avec Renée, je fus prise de tremblements quand ma grand-mère a extrait de l'armoire de sa chambre la belle tenue blanche brandie avec fierté.

« Qu'est-ce que tu as, Petite-Mère, elle ne te plaît pas ?

— Je ne veux pas aller à l'église...

— Mais pourquoi, grand ciel ? Tout est prêt, on va faire la fête dans la salle de bal. Tu vas avoir des cadeaux !

— Je ne veux pas voir monsieur le curé.

— Pourquoi ?

— Je peux te dire un secret ?

— Bien sûr. »

Collée à l'oreille de Man-Nini pour que Renée n'entende pas, j'ai dit :

« Il a touché ma cramouille.

— Tu es sûre ?

— Oui...

— Renée aussi ?

— Non, que moi. »

J'ai raconté la scène à Man-Nini qui m'a prise à part. Silencieuse, effleurant calmement ma joue du dos de ses doigts, elle a murmuré :

« Ma pauvre petite... Je dois parler à tes parents.

– C'est un secret !
– Je sais, mais on ne peut pas garder tous les secrets. »

Le soir, mes parents m'ont fait asseoir seule autour de la grande table. D'une voix grave, mon père a déclaré : « Tu vas faire ta communion, Petite-Mère. Les gens ne comprendraient pas, Man-Nini a acheté ton aube. Mais tes frères ne la feront pas... »

Dans l'église, les communiants agenouillés formaient une rangée blanche immobile. Quand monsieur le curé s'est avancé pour signer nos fronts, je me suis mise à trembler. Arrivé à mon niveau, marmonnant en latin avec sa robe noire et son encenseur, il a pris le temps de tracer sur mon visage un large signe de croix. Alors qu'il souriait en cherchant mon regard, j'ai pleuré.

6

Bientôt, j'aurai quatorze ans. C'est épuisant dc traverser les collines pour aller à l'école à vélo. Tout l'hiver, j'ai souffert d'engelures aux pieds. Pendant la récréation, les garçons regardent par le trou de la porte des toilettes que j'ouvre d'un grand coup de pied en me bouchant les oreilles pour ne pas entendre leurs grossièretés. Quand ils sont attroupés, gesticulant, on dirait une meute de chasse. Sauf que je ne suis pas un faon. Malheur au premier qui me touchera !

Parfois, j'entends que je suis la plus jolie de l'école. Renée me dit que j'ai de la chance. Je préférerais qu'on me laisse tranquille.

Deux gars se sont battus pour moi. L'un faisait le fier en affirmant, le menteur, que j'étais sa fiancée, quand l'autre s'est dressé en criant : « Non, Paulette est à moi ! » Quelle idée ! Ils se sont empoignés. Autour d'eux, la meute s'est mise à hurler. L'un est tombé, se blessant à la tête, pleurant comme un bébé. L'autre a dressé le poing en me fixant, réclamant un baiser. Le pauvre écervelé ! Je me suis enfuie et n'ai plus parlé à personne.

Dans la forêt, où j'aime m'arrêter, juste avant le chemin qui mène à la maison, je ne croise plus Fanette. La dernière fois que je l'ai vue, un faon la suivait et ses taches avaient disparu. La scène était de toute beauté, la grâce même. Fanette m'a regardée, restant plus à distance que d'habitude. Puis un coup de feu a retenti, ces maudits chasseurs rôdaient. Le temps de sursauter, elle avait disparu avec son petit.

7

Le professeur de mathématiques et de français m'en veut. À la moindre erreur, il me punit. Debout dans un coin de la classe, je dois maintenir sur ma tête un dictionnaire en répétant que je suis une cruche. Il s'approche si près de moi que je perçois son souffle, et descend sa règle en bois le long de mon dos. Plus je suis punie, plus je fais des erreurs. Et le professeur jubile. La méthode est parfaite. Il semble n'avoir en tête que ma punition. Cet homme, qui pourrait être mon père, m'effraie tellement que j'ai fait pipi dans le coin où je croupissais. Toute la classe a éclaté de rire. Y compris le professeur. C.Q.F.D. « Oh la cruche ! » ; « Oh la pisseuse ! » J'entends la meute. Chaque matin, au moment d'enfourcher mon vélo pour me rendre à l'école, mon ventre se noue.

Dans mon cahier, le professeur de mathématiques et de français a écrit : « Les capacités de Paulette semblant limitées, elle doit redoubler ses efforts. »

Mes parents devaient signer cette page que j'ai déchirée. Comment pouvais-je leur infliger de lire que leur fille était une incapable ? L'auraient-ils cru ? Se souvenaient-ils de ce que Monsieur Marcel affirmait ? Le soir même, je leur ai annoncé : « Je ne veux plus aller à l'école ! »

Ça ne les a pas dérangés. Ils ne m'ont pas proposé d'en changer. Au contraire, ils semblaient soulagés. Ma mère m'a répondu :

« Alors tu devras travailler. Tu ne peux pas rester sans rien faire.

— Je sais. Je vais gagner de l'argent pour t'acheter une moto !

— Tu n'as pas oublié ? s'est-elle réjouie.

— Non... »

Man-Nini s'est renseignée. À Givet, il y a une fabrique de soie, une filature qui embauche. C'est un peu plus éloigné que l'école mais la route pour y aller est plate.

Je m'y suis présentée, seule, au mois de juillet, avec une autorisation écrite de mes parents, habillée d'un pantalon de toile et d'un chandail en coton que j'avais tricoté. Man-Nini qui voulait inspecter ma tenue m'a fait cirer mes chaussures et attacher mes cheveux, pour faire plus sérieux. « Tu as une tête de bébé ! s'est-elle amusée, posée sur un corps de femme. Maquille un peu tes yeux, tu paraîtras plus âgée... »

À l'usine, une dame avec un chignon et de grosses lunettes rondes m'accueille dans son grand bureau gris. C'est l'assistante du directeur chargée, entre autres tâches, des embauches.

« Tu es bien jeune ! Paulette, c'est ça ? dit-elle en parcourant la feuille que je lui tends.

— Oui.

— Quelles sont tes qualités ?

— Mes capacités ne sont pas limitées.

— C'est bien, mais encore...

— Je suis intelligente, courageuse et je veux aider mes parents. »

De cette vaste pièce entièrement vitrée, située en hauteur comme un mirador, je peux voir la filature, un hangar immense éclairé comme en plein soleil par de longs néons, dans lequel des femmes en blouse se tiennent alignées, deux par deux, debout, concentrées sur des machines, des bobines de toutes les couleurs qu'elles enserrent de leurs bras ou traînent sur des chariots.

Après quelques questions, la dame au chignon et aux lunettes rondes remplit un contrat qu'elle plie soigneusement dans une enveloppe.

« Montre ce document à tes parents. Ils doivent le signer à ta place. Tu commenceras le 1er septembre. Tu es contente ?

– Oui, madame. »

8

Tout l'été, le cœur léger, j'aide mon père aux animaux, au potager, au champ où il a planté des betteraves. Dans l'épicerie de Man-Nini, je rends la monnaie, et de temps en temps, je joue avec mes frères avant qu'ils ne soient trop grands.

J'ai surpris Raymond sous la grange en train de secouer sa zézette dressée. Je l'ai prévenu. Attention, il y a des petites graines dedans qui peuvent se transformer en bébés dont il devra s'occuper. Impressionné, il a arrêté.

Dans la forêt, je me suis battue comme une lionne. Ils m'ont traitée de folle, mais je m'en fiche. Quand j'ai vu ces deux chasseurs marcher en maintenant attachée, pieds et poings liés à un long pieu, une biche la tête pendante, gouttant le sang, j'ai crié : « Assassins ! Assassins ! » Et j'ai fondu sur eux, hors de moi, leur assénant des coups de poing, des coups de pied, jusqu'à ce qu'ils me menacent avec leur fusil : « Dégage ou on te fait la même chose ! »

Quand j'ai tout raconté à mon père, il voulait en découdre avec les chasseurs. Surtout que j'avais reconnu l'un d'entre eux, le vétérinaire, père d'un garçon de l'école, qui habite la grande maison de briques rouges et blanches au croisement vers Givet. Papa a fait mine de décrocher son fusil qu'il n'utilise plus depuis la mort de mon Marcel, mais au final, il l'a laissé posé sur le poêle.

Avec Renée, nous partageons tout ce que nous savons des garçons et de leurs obsessions, c'est-à-dire pas grand-chose. Ma sœur me demande si les règles font mal. Je la rassure en affirmant que non et lui montre la serviette que je garde tout le temps, même si c'est dérangeant, par peur que ça revienne. Et j'aimerais bien que ça ne revienne pas, car Man-Nini m'a prévenue, quand les règles s'arrêtent, c'est qu'on est enceinte, on a un bébé dans le ventre... Man-Nini dit aussi que Renée ferait bien de placer une serviette dans sa culotte, car ça ne devrait plus tarder.

Ma sœur est tout émoustillée de partager avec moi cette information nouvelle que j'ignorais : quand les garçons rentrent leur zézette dans notre cramouille, ça fait mal et on saigne. Mais quel bain de sang ! « Je m'en fiche ! rétorqué-je. Ça ne m'arrivera jamais. »

En cette fin d'été, je contemple le ciel que j'aperçois de mon lit. Dans le carré bleu dessiné par la fenêtre, des oiseaux volent en liberté. Je pense à Renée et à quelques copines qui doivent encore jouer avant de reprendre l'école dans quelques jours. Moi, aujourd'hui, je vais travailler.

Dans la cuisine, je sens la fierté de ma mère qui exceptionnellement m'a préparé des tartines et versé du café au lait.

« C'est un grand jour, Petite-Mère !

— Tu crois ?

— Oui, tu vas travailler, gagner de l'argent. Ça va bien nous aider !

— Tant mieux. »

Pour aller à Givet, coupant par le sous-bois, j'emprunte un nouveau chemin. Dans l'air tiède qui soulève mes cheveux, je hume la bruyère et la terre humide, je sifflote, je pédale à bon train, je rêve. Quand j'achèterai la moto de Maman, elle pourra bien me la prêter. Moi aussi, j'irai vite et loin, vers le bord de mer ou dans la grande ville... À Paris !

Dans mes pensées s'est imprimé le sourire de ma mère quand elle a versé mon café au lait. Je suis heureuse de ne plus aller à l'école, je veux être utile. En apercevant à travers les arbres les toits de Givet, je me dis que Petite-Mère a grandi. Ma vie prend un nouveau tournant. Bientôt, j'irai peut-être au bal... En ai-je vraiment envie ? Je suis bien comme ça, une jeune fille solitaire et rêveuse qui va travailler. Je fais la grande bien plus que je ne le suis. Mon corps ressemble à celui d'une femme, mais dans mon cœur rien n'a changé.

Au premier jour de mon embauche, un beau jeune homme me prend en charge. Grand, brun, les épaules carrées, le sourire blanc et franc, c'est le contremaître. Portant le doux nom de Marcel, il contrôle et fait pointer les ouvrières à l'entrée de l'usine.

« C'est toi la nouvelle ?

— Oui.

— Comment t'appelles-tu ?

— Paulette.

— Viens avec moi, je vais te mettre avec Sidonie. Elle a du métier et te montrera. Ce sera ton binôme.

— Bien. »

Je porte un pantalon, plus approprié qu'une jupe pour le travail, qui me moule un peu, car j'ai grandi, un chandail rouge cerise avec des torsades et ce foulard mauve, noué autour du cou, que j'avais trouvé sur la piste de danse de Man-Nini.

Après m'avoir présentée à Sidonie et tendu la blouse que je dois porter, le contremaître s'en va en me gratifiant de ces mots :

« Mais quel cul tu as ! Quel cul...

— Ne fais pas attention, me dit Sidonie, c'est un coq mais il est gentil. »

Mon binôme est une femme de l'âge de Man-Nini, aux senteurs sucrées et entêtantes, qui répète plusieurs fois par jour : « Vivement la retraite ! »

« J'adore votre parfum, c'est quoi ?

— C'est moi, mon chou ! Ma composition. Du patchouli et de la vanille Bourbon.

— Ça sent bon !

— C'est divin, tu veux dire ! Je suis un bonbon. »

Les cheveux de Sidonie sont ramassés dans un chignon blond imposant, percé d'un crayon, et ses paupières, recouvertes de bleu appliqué sans beaucoup de soin, dessinent deux drôles de coins de ciel sur un grand visage blanc. Sidonie est gentille mais elle parle bizarrement. Je ne comprends pas tous les mots qu'elle emploie. Elle jure comme un charretier avec un accent prononcé du Nord d'où elle vient, et surtout, elle arbore sur les avant-bras deux tatouages surprenants, un cœur percé d'une flèche d'un côté et une ancre marine de l'autre. C'était une rareté dans les années 1950.

Dans le port de Dunkerque, Sidonie a exercé toutes sortes de métiers avant de « se mettre au vert dans le trou du cul de la France », crie-t-elle pour couvrir le ronron des machines.

« À Givet, on est peinard, personne ne vient te chercher !

— Ça veut dire quoi "peinard" ?

— Tranquille. »

À l'usine, le travail est simple mais il me plaît. Il faut être agile, attraper avec deux doigts un fil qui court devant soi, l'enrouler sans jamais le casser, jusqu'à former une bobine de la taille d'un torse. C'est le contremaître en passant qui nous signifie quand elle est bien faite et finie. Il a l'œil. C'est pour ça qu'il a été vite promu.

Le matin, avant que je n'enfile la blouse repliée dans mon casier, Marcel me rejoint à mon poste de travail, pour échanger quelques mots dont les derniers demeurent :

« Mais quel cul ! Quel cul tu as ma Paulette !

— Doucement, Marcel ! rétorque Sidonie. N'embête pas la nouvelle, c'est ma protégée. Va plutôt dire tes conneries à ta femme !

— Elle est de mauvaise humeur, la vieille ? se défend Marcel.

— Tu sais ce qu'elle te dit, la vieille ! »

Et Marcel continue son tour en riant. Sidonie ne se gêne pas avec lui. C'est elle qui l'a formé quand il est arrivé à mon âge il y a une dizaine d'années.

Chaque matin, j'ai droit à une tape sur les fesses. Marcel affirme que ça lui porte bonheur pour la journée. Un jour, plus zélé que d'autres, Marcel me glisse à l'oreille : « Si tu n'étais pas si jeune, je te mettrais bien un petit coup ! »

Je ne comprends pas et réponds d'une voix forte pour que Sidonie entende : « Vous portez le nom de mon chat ! Un petit coup de quoi ? »

Marcel s'étouffe de rire.

« Tu verras bien ! dit-il en reprenant son tour.

— Qu'est-ce qu'il t'a dit ? me demande Sidonie en s'approchant.

— Je crois qu'il veut m'inviter à boire un coup...

— Il est incorrigible ! Ne te laisse pas faire.

— Je n'ose pas. »

L'assistante du directeur est contente de mon travail et vient me le dire dès la première semaine. L'usine a reçu une grosse commande. Elle me propose de faire des heures supplémentaires que j'accepte. Je commencerai à cinq heures du matin.

En prévenant ma mère de mes nouveaux horaires, je vois qu'elle se réjouit : « C'est bon signe. S'ils te proposent du travail en plus, c'est qu'ils sont contents de toi. Après seulement une semaine, c'est formidable, Petite-Mère ! »

Ce matin tôt, Marcel me susurre dans le cou :

« Tu me fais l'effet d'un croissant chaud, tu comprends ?

— Non.

— Ah d'accord... Et un petit coup, ça te dirait ? À la pause, je connais un coin tranquille.

— Un petit coup de quoi à la fin ? crié-je.

— De bite ! répond Sidonie, qui tout à coup délaisse ses fils de soie pour nous faire face. Laisse-la tranquille, Marcel, tu vois bien qu'elle ne pige rien à tes manigances.

— Oui, mais elle me plaît, j'en rêve la nuit...

— Et ta femme ?

— C'est ma femme, marmonne Marcel en s'éloignant.

— C'est quoi une bite ? » demandé-je à Sidonie qui écarquille les yeux, incapable de parler. Ses joues gonflées éclatent en un fou rire dont j'entends encore le fracas.

Sidonie se tord de rire, tandis que quelques curieuses nous rejoignent. Je crois que je lui ai posé la question la plus drôle de sa vie.

« C'est quoi une bite, qu'elle me dit ? répète-t-elle en pleurant. À moi, qu'elle demande ! Oh, j'en ai mal aux côtes. »

Les filles autour de nous se gondolent en criant toutes sortes de synonymes qui me font clairement comprendre ce qu'est une bite et je ris de bon cœur avec elles.

L'attroupement joyeux provoque la sortie de son bureau de l'assistante du directeur. Après que chacune a lestement regagné son poste, Sidonie m'interpelle :

« Tu es gourdasse quand même, ma Paulette. À quatorze ans ! Tu viens de quelle planète ?

— De chez moi. »

La semaine suivante, Marcel attend que Sidonie parte en pause pour venir me dire ses balivernes murmurées d'une voix de miel pendant qu'il me met la main aux fesses. Sur ma blouse de nylon, du haut de mon dos, son pouce creuse un sillon qui file jusqu'à mes hanches. Puis d'une pleine main, il attrape, en se collant à moi, ces formes qu'il désire.

Sous la paralysie qui me gagne, mon sang commence à bouillir. Dans un instant, s'il continue, je vais le frapper, le mordre, le réduire à néant. Mon corps se tend comme dans le presbytère, mes bras sont armés, je fixe la grosse paire de ciseaux posée devant moi. J'ai peur de lui et de ce que je peux faire, car cette fois, je vais me défendre. Quelques secondes encore, je patiente. J'entends ma mère me dire : « C'est formidable... » Je ne voudrais pas me faire renvoyer. Mais je ne tiens plus, ma cuirasse se fendille, un voile rouge recouvre mes yeux quand Sidonie, qui a oublié son sac, fond sur nous en furie et repousse brutalement Marcel. Désarçonné, il manque de tomber.

« Écoute-moi bien, blanc-bec, éructe Sidonie en le pointant de l'index, si tu touches encore la petite, je t'arrache avec les dents la frite que tu as dans ton slip !

– D'accord ! fait Marcel. C'est bon, je m'en vais ! Pas la peine d'en faire tout un plat. Tu ne m'en veux pas, Paulette ? »

Je reste muette. Marcel s'éloigne comme si de rien n'était tandis que je m'écroule à terre, en sanglots.

« Mais qu'est-ce que tu as mon petit ? Faut pas pleurer comme ça ! Ce n'est rien. » Sidonie me relève de ses bras costauds et me serre vigoureusement contre sa forte poitrine parfumée. « Ce n'est qu'un homme, mon chou. Même sous les mots doux, ils n'ont que la bagatelle en tête. Mais toi aussi, tu ne dis rien ! Comment veux-tu qu'il s'arrête ? »

C'en fut fini des « croissants chauds », des « beaux culs » et des « petits coups ». Surtout qu'une nouvelle est arrivée, tout à fait au goût de Marcel, un peu plus âgée que moi, moins sauvage et aussi bien dotée. Du coin de l'œil, je les observe de l'autre côté des rangées de fils. À ses mots dans le cou, elle sourit, et Marcel se presse furtivement contre elle, la tenant par la taille. Souvent, ils reviennent ensemble de la pause, échangeant des clins d'œil et quelques baisers discrets d'un mouvement de lèvres.

« Encore une qui va grimper avec son fion ! crie Sidonie.

— C'est quoi "fion" ? »

9

Avec Sidonie, nous formons le meilleur binôme. Nos noms figurent en haut du tableau noir, écrits à la craie par l'assistante du directeur. Tous les lundis matin, j'entends :

« Sidonie et Paulette, prime de performance ! On les applaudit mesdames et on en prend de la graine !

— Merci ! répondons-nous à l'unisson.

— Ça met du beurre dans les épinards, me glisse Sidonie à l'oreille. Merci à toi, ma Paulette, tu es vive comme l'éclair et agile comme un chat. »

De temps en temps, une fille s'arrête à notre poste de travail pour observer nos bobines, en nous demandant :

« Mais comment vous faites ?

— C'est tout un art, ma chère ! s'enorgueillit Sidonie, en me jetant une œillade, avant de se reprendre : « Mais non, gourdasse, on en veut plus que toi, c'est tout ! »

Avec mes primes de performance et mes heures supplémentaires, je gagne presque autant que mon père. Maman est aux anges. Elle regarde cet argent qui m'est remis par mandat au nom de mes parents.

« Tu te rends compte, Petite-Mère, on en a deux fois plus qu'avant ! Grâce à toi !

— Tu auras bientôt ta moto.

— Oublie ce cadeau, ma fille. Ce dont je rêve maintenant, c'est de changer de maison, de nous rapprocher du village. Avec deux paies, ça devrait être possible.

— Comment tu m'as appelée ?
— Je ne sais pas, comme d'habitude !
— Non, tu as dit “ma fille”.
— Ben oui, c'est vrai ou pas ? »

Ma mère m'a appelée « ma fille » du jour où je lui ai rapporté de l'argent. La fierté suscitée par mon utilité nouvelle a réveillé en elle le sentiment de propriété maternelle.

Sidonie est ma confidente, ma protectrice, mon clown aussi. Elle m'apprend les ruses du métier et je fais de mon mieux pour l'aider. Je pallie ces moments de fatigue intense où elle souffle, haletant en lâchant tout.

« Oh, j'en ai plein le dos ! Plein le cul nom de Dieu ! J'en ai des palpitations et de la sueur au front. Travaille pour deux mon chou », me lance-t-elle avec ses grands yeux coloriés de bleu.

Ses gros mots me font rire maintenant. Je ne savais pas que les femmes, de surcroît de son âge, pouvaient parler comme ça.

Parfois, Sidonie s'emporte. Éreintée, elle divague : « Ils peuvent se la foutre où je pense leur putain de prime de performance. Mais quelle déchéance ! Je gagne en un mois ce que je faisais en un jour et j'en chie des ronds de chapeaux jusqu'au malaise. C'est moi la gourdasse ! Paulo, trouve-moi une place ! Elle n'a pas dit son dernier mot, la vieille. » Sidonie se dresse alors sur le tabouret qui sert à border le bas des bobines et crie les bras en croix : « Dunkerque, je reviens ! Je suis à toi ! »

Les filles autour de nous se marrent, tandis que Marcel accourt :

« Ça va bien, Sidonie ?
— Impeccable ! Circulez, y a rien à voir ! Faut bien se détendre un peu. On n'est pas des bœufs ! »

Quand elle se remet au travail après quelques longs soupirs, j'interroge Sidonie :

« Tu faisais quoi comme métier ?

— T'occupe ! Je t'expliquerai quand tu seras grande.

— C'est qui Paulo ?

— T'es de la police ? »

À la pause, Sidonie me questionne entre deux bouchées arrachées d'un casse-croûte, sur le seul sujet qui l'intéresse :

« Non, je n'ai pas d'amoureux, lui dis-je, et je n'en veux pas.

— Pourquoi, c'est de ton âge pourtant ?

— Je suis bien comme ça. J'ai mes frères, ma sœur Renée, mes parents, ma maison, mes animaux, mon travail et toi.

— Comme tu es chou. Mais ça viendra mon petit... Ou plutôt ils viendront à toi !

— Qui ? Les garçons ?

— Bonne pioche ! Tu ne le sais pas encore mais tu es une belle plante, ma Paulette. De celles qui causent des tourments. Regarde ce pauvre Marcel, j'ai cru qu'il en perdait la tête. Tu ne vas jamais au bal ?

— Non.

— Remarque, tu as le temps. Mais fais attention, ne te trompe pas, choisis le bon, parce que tu devras te le coltiner toute la vie !

— Comment faire ?

— Je ne suis pas un modèle mais prends un homme sérieux, pas un beau parleur, un timide bien propre qui sent la savonnette, pas un crâneur qui chlingue le parfum. Un homme sérieux te construira une maison. Un beau parleur te fera le coup du tourbillon, du vent, des fleurs, du vide et du malheur.

— Tu n'as plus d'amoureux, toi ?

— Non, merci ! J'ai fermé boutique. Je veux juste qu'on me laisse tranquille, finir sans trop de misère, dans mon petit moulin avec mes chats et une bonne bière. »

Sidonie est amoureuse de ses chats, Tino, Édith et Lucienne, qui portent le nom de ses chanteurs préférés. Elle habite un vieux moulin sur les bords de la Meuse, quatre murs et une tourelle refaits à son goût, où elle promet de m'emmener.

10

Plusieurs événements heureux, de l'anecdotique à l'essentiel, ont formidablement distrait l'année de mes quinze ans. En chemin vers ma vie d'adulte, j'ai goûté à l'insouciance, à la liberté, à la puissance d'un coup de cœur, amical ou amoureux. Si ma vie compte une parenthèse pleinement heureuse, c'est dans ce temps-là, à la fin des années 1950.

Le traumatisme de la guerre s'est éloigné, ses ruines disparaissent, les Français ont de l'emploi et le cœur gai. Dans les bals, les cafés, où la musique s'agite et joue plus fort, ils rattrapent le temps perdu.

Revigorées par le printemps, les filles à l'usine veulent faire la grève. Nous sommes, paraît-il, un « prolétariat exploité ». À la pause, Germaine, la meneuse syndicaliste, nous remonte comme des pendules, en nous servant du café fort. Il paraît qu'en URSS, tout le monde est payé pareil, patrons et ouvriers. C'est la nouvelle tendance, le communisme. « Faut que ça vienne en France ! » répète Germaine.

J'en parle à ma mère qui m'interdit de faire grève. L'éventualité que je puisse perdre ce précieux travail la rend loquace : « Ce sont des sornettes ! Ne te laisse pas embobiner par des feignantes ! Un monde comme ça n'existe pas. Il y aura toujours des riches qui veulent l'être davantage et des pauvres qui rêvent d'être riches. Ça fait tourner le monde et passer la vie. Tous pareils, tu imagines l'ennui ? »

Sidonie n'est pas tout à fait de cet avis. Il faut suivre Germaine, car elle en a dans la cervelle et dans le décolleté. Le patron, qui n'est pas très courageux, fond devant ses nichons. Pour garder la paix et un espoir de volupté, il est probable qu'il cède et nous serions augmentées... « De toute façon, il ne peut pas nous virer toutes à la fois ! » conclut Sidonie.

Le jour de la grève, de la chaîne de fabrication désertée, j'aperçois l'assistante du directeur à travers les vitres de son mirador. Ses grosses lunettes rondes reposent sur sa tête, qu'elle enserre de ses mains, accoudée sur son grand bureau. J'ai l'impression qu'elle pleure, alors que je monte lui apporter un café, pris sur le piquet dans le réfectoire. L'assistante du directeur me regarde comme si j'étais une extraterrestre. Sans un mot, je referme la porte de son bureau, redescends et trouve Sidonie au pied de l'escalier qui m'attend l'air furibond.

« Mais tu es folle !

— Quoi ?

— Tu veux qu'on passe pour des lèche-culs, des traîtres ?

— Je m'en fiche. Elle est trop triste. Cette dame a toujours été gentille avec moi.

— Ma pauvre Paulette, c'est toi la gentille, tu es trop naïve, mon chou. Tu vois le bien partout !

— Non, je sais que le mal existe mais je le fuis. Je ne veux pas avoir le cœur dur.

— Quel chou, quelle pureté, je t'adore ! Fais gaffe quand même, ma Paulette, tu vas te faire bouffer. J'en ai vu des filles comme toi crever de gentillesse... »

Dans le réfectoire où nous retournons, les collègues, trop occupées à vociférer contre le patronat, n'ont rien vu de ma pause-café. Germaine, la meneuse, dressée sur une table, semble en transe : « Vous savez combien ils les vendent nos bobines ? Des fortunes ! J'ai les factures ! Hein Sylvie ? »

Sylvie, la jeune comptable, encouragée à se lever, baisse la tête, trop timide, tandis que Germaine reprend de plus belle : « Et combien on touche là-dessus ? Une misère ! Mais qui fait le boulot, nom de Dieu ? C'est le patron avec ses mains de curé qui s'arrache la peau sur les fils de soie ? Non ! Alors, il nous faut la part du gâteau ! »

Tandis que le débat dérape en échauffourée entre les « pour » et les « contre » le prolongement de la grève, Sidonie me fait signe de la tête, il est temps de s'échapper discrètement.

En ce jour mémorable, notre brève résistance sociale tourne à la trêve, à l'école buissonnière. Sidonie m'emmène au restaurant, où je ris de sa gouaille qui fait tourner les têtes, et je me délecte de ma première bière.

Cet après-midi si particulier, j'éprouve un sentiment vif entremêlé de joie, de liberté, du plaisir de découvrir des chemins de traverse, en dehors de la normalité de ma vie, loin de l'ennui. Nous allons au cinéma voir *Autant en emporte le vent*. Sidonie veut revoir ce film pour la troisième fois tant il est beau. Pour moi, c'est encore une première. Je m'assieds impressionnée dans un siège de velours au milieu de cette salle obscure presque vide, uniquement éclairée par un pan de lumière face à nous, où s'anime la séance qui commence.

Pendant la moitié du film, j'entends Sidonie pleurer.

« Ça va ?

— Oui... À chaque fois, je me fais avoir », soupire-t-elle.

Dans cette épopée d'un autre temps, en Amérique, si loin de notre paysage, deux scènes me subjuguent, emportant mon cœur des collines ardennaises vers une contrée lointaine, rêvée. Tout d'abord, le baiser, fougueux, sans fin, indécent, qui me fait frissonner, apposant sur l'amour mystérieux une image superbe, puis la scène où l'héroïne, sur fond de ciel en flammes, arrache à même le sol un morceau de terre, en jurant le poing levé, comme je m'imagine le faire dans le champ familial, que personne ne pourra la chasser hors de son domaine.

Après le cinéma, Sidonie m'invite chez elle, dans son moulin. Au pied de la tourelle, elle me fait respirer le parfum de ses rosiers. « Ça m'enivre ! » crie-t-elle. Puis par un escalier qui tournicote, nous grimpons sur une terrasse étroite à ciel ouvert où seul un couple enlacé pourrait tenir à son aise. Les chats de Sidonie nous rejoignent et nous buvons une autre bière. Assise sur un fauteuil en osier comme une reine sur son trône, Sidonie déclare en levant son verre dans le soleil qui décline sur la Meuse dorée : « Ici, je suis au paradis ! »

Le patron a cédé, nous sommes augmentées. Vive la grève et vive Germaine, tous ceux qui luttent pour une vie meilleure, et vive la bière !

Tout l'été, une fois par semaine, Sidonie m'emmène dans son repaire, en haut de la tourelle. Je l'interroge sur l'origine de son tatouage, surtout celui avec le cœur.

« Pourquoi est-il transpercé par une flèche ?

— C'est le grand amour, mon chou !

— Ah... Comme dans le film, tu l'as connu ?

— Oui. Enfin, il n'y avait pas tout le tralala. Je ne suis pas Scarlett O'Hara.

— Comment ça fait ?

— Un long vertige, un coup au cœur qui ne s'arrête pas, la tête te tourne, le sang te brûle et tu deviens folle ! dit Sidonie en riant.

— Ça fait peur...

— Oui, mais c'est délicieux ! »

Songeuse et agrippant son verre, Sidonie se récrie : « Mais pas autant qu'une bonne bière ! »

11

En septembre, pour l'anniversaire de mes quinze ans, mes parents m'offrent une mobylette.

« Tu l'as bien méritée ! » prononcent-ils en chœur.

Je l'essaie à travers le sous-bois, m'amuse de la vitesse, puis la rapporte, contrariée. En tendant le guidon à ma mère, je lui dis : « Je n'en veux pas, merci. Elle est pour toi. Je préfère mon vélo, ça fait peur aux oiseaux. »

Mon père m'appelle sous la grange. Parmi une portée de lapereaux, il me demande d'en choisir un qu'il laissera vivre paisiblement aussi longtemps que Mère Nature le voudra. Voilà un joli cadeau auquel je ne pensais plus. Le deuil de mon Marcel a vécu. Il ne m'en voudra pas si j'adopte un lapin.

« Comment vas-tu l'appeler ? me demande mon père.

– Sidonie !

– Et si c'est un mâle ?

– Pareil. »

Renée me tanne pour aller au bal de la fête de l'automne que Man-Nini organise. C'est une tradition dans la région qui marque le changement de saison, la coloration des forêts, et calme la nostalgie de l'été.

Ma grand-mère a donné à Renée sa bénédiction à une seule condition, que je l'accompagne, « car une jeune fille seule au bal est une fille perdue ! », lui a-t-elle dit.

« Tu sais ce qu'est une fille perdue ? demandé-je à Renée.

— Non. Une fille qui a perdu la raison ?

— Je ne sais pas ce qu'elle a perdu mais ça a l'air grave, dis-je.

— De toute façon, on ne pourra pas se perdre, le bal a lieu au village et tu viendras avec moi, hein ? »

Je ne peux rien refuser à Renée qui se plaint que je l'abandonne depuis que je travaille.

« Même ton temps libre, tu le passes à Givet ! Je suis ta sœur quand même, s'écrie Renée avec de petites larmes dans les yeux.

— D'accord, dis-je.

— Faut que tu demandes l'autorisation à ta mère ?

— Ma mère, elle s'en fiche. Tu sais danser, toi ?

— Y a qu'à suivre ! s'anime Renée.

— Non, on va s'entraîner », crié-je.

Après le travail, je file dans la grande salle de bal de Man-Nini rejoindre Renée. Seules, tout le mois avant notre soirée, nous dansons, dans les bras l'une de l'autre, jusqu'au tournis, emportées par un nouvel air aux accents exotiques que ma grand-mère s'est fait livrer de Paris par son marchand de musique. Appliquée, mi-concentrée, mi-envoûtée, Renée ferme les yeux en se balançant. Sous ses paupières, elle jure qu'elle voit un beau garçon.

« Un brun ! Un étranger ! Et toi ? crie-t-elle.

— Moi, j'ai mal au cœur. »

Cette ritournelle de bal musette ensoleillé, que j'ai écoutée mille fois, enivrée comme en voyage, résonne : « Les yeux battus, la mine triste et les joues blêmes, tu ne dors plus, tu n'es que l'ombre de toi-même... » 1958, une belle inconnue, prénommée Dalida, chante *Bambino*.

La fête arrive. Nos robes sont prêtes, imprimées des mêmes marguerites. Ocre pour moi, roses pour Renée. Ma sœur a peur, car elle ne se trouve pas jolie.

« Ne t'en fais pas ! dis-je, avec tes larmes de crocodile et ton cœur gentil, tu ferais fondre un caillou !

— Mais les garçons s'en fichent ! Ce n'est pas ça qu'ils recherchent.

— Ah bon ? Que veulent-ils alors ?

— Une fille comme toi !

— Tu n'en sais rien ! Et moi, si j'étais un garçon, tu me plairais beaucoup ma Renée... »

Neuf heures du soir sonnent au clocher de l'église, de l'autre côté de la place. Man-Nini et ma mère se postent derrière le bar en sentinelles pour observer leurs jeunes premières. Puis occupées à servir la foule qui grossit, petit à petit, elles nous oublient.

Renée et moi sommes assises sans ennui sur un banc. Dans la lumière tamisée, on se tient par la main pour se rassurer. Nous ne sommes pas perdues ! Les garçons, qui ne dansent pas encore, tournent autour de la piste. Émoustillés, contenant avec difficulté leur excitation, ils observent du coin de l'œil, en esquissant quelques sourires, les filles, le dos au mur, plantées comme des pots de fleurs. Cette attente passive m'impatiente vite. J'ai l'impression qu'ils vont nous choisir, tels des fruits posés sur un étal. Il revient donc aux filles de susciter l'envie, de se trémousser, d'avoir des moues qui disent : « Invite-moi, fais-moi danser, je me suis faite belle pour toi... » Et si l'on changeait les rôles ? Je me sens d'humeur chasseresse, pas du tout proie. Ce banc d'école me brûle les fesses. Gigotant, je ne vais pas y tenir longtemps. Dans les mains frémissantes de Renée, je sens grandir sa fébrilité. Quand *Bambino* retentit, c'est un signe du ciel, de Dalida la déesse ! Sauvés, le pot de fleurs et le fruit se lèvent d'un bond.

« Ta première danse sera pour moi, ma sœur ! crié-je.

— Tu crois ? m'interroge Renée.

— Oui ! Dansons ! J'en ai ras le bol d'attendre ! »

Et c'est parti pour le tournis. Notre numéro bien rodé attire les regards et les rires jusqu'à ce que ce garçon de l'école qui s'est battu pour moi interrompe notre java.

« Tu te souviens, Paulette ? Tu me dois une danse !

— Si tu veux... »

Après quelques tours effectués sans entrain, je demande à mon cavalier de faire danser ma sœur qui s'est rassise sur son banc, les yeux battus, la mine triste et les joues blêmes...

« Ah non, elle est moche ! » rétorque-t-il spontanément, sans vraie méchanceté.

Désappointée, énervée, je m'approche de lui pour que Renée ne nous entende pas.

« Ne dis pas ça, malhonnête ! C'est ma sœur et ce n'est pas gentil ! Si tu veux danser avec moi, tu n'as pas le choix. »

Coupable et désireux de me tenir à nouveau dans ses bras, le garçon s'avance vers Renée en l'invitant d'une main tendue. Flattée, soudainement joyeuse, ma sœur se dresse en princesse du bourg tandis que je m'éclipse dans un coin plus sombre pour échapper aux rôdeurs et observer tout ce petit manège qui m'intrigue autant qu'il m'insupporte. Les filles, assises ou dansantes, mènent le même jeu. Elles sourient, minaudent, cultivent l'envie, habillent de manières douces leur timidité, leur désir ? J'aperçois certains couples qui s'enlacent déjà. Avec gêne et curiosité, j'épie leurs baisers. Qu'ils vont vite en besogne. Mon Dieu, faut-il être pressé... Je n'éprouve aucune urgence à être plaquée par la taille au corps d'un inconnu. Mais que peuvent-ils se raconter ? Ce sont les garçons qui parlent. Des flatteries pour aimanter les lèvres et accrocher les cœurs ? Ou des sornettes d'école déjà entendues ? Des histoires de bagarreurs menteurs, peut-être chasseurs, qui regardent par la serrure des toilettes et rêvent de mettre leur main dans une culotte...

Si je pouvais laisser Renée, je partirais sur-le-champ. Finalement, cet événement qui m'a fascinée me déçoit. Ce n'est qu'un petit marché ombragé, agité de musique, où l'on vient pour échapper à l'ennui, d'un soir ou d'une vie.

C'est à ce moment-là que je le vois, quand je pense à m'enfuir. Il se tient debout dans un autre coin sombre de la salle, sans tourner autour de la piste en quête d'une fille, posé là comme par hasard. Je ne l'ai jamais rencontré et pourtant son allure, sa posture me semblent familières. Grand, fin, digne, posté en retrait tel un garde observateur, il paraît étranger à ce spectacle qu'il semble découvrir comme moi. Quand nos regards se croisent, ils ne se quittent plus. Juste le temps de baisser les yeux, car ça ne se fait pas de se fixer sans cesse, et nous nous retrouvons. Il sourit comme un enfant, sans arrogance, sans expérience. De la pénombre qui baigne son visage, on dirait qu'un rayon de lumière nous relie. Immobile, absorbée, je ne vois plus que lui. Les autres autour de moi disparaissent dans un doux brouhaha. Je remarque à peine que Renée m'a rejointe, tout excitée, car deux garçons l'ont fait danser en se serrant à elle, lui réclamant un baiser qu'elle a eu peur de leur donner.

« J'aurais dû ? me demande-t-elle prise de regrets. Si je les avais embrassés, je danserais encore... Paulette ? insiste Renée devant mon silence.

— Oui...

— Oui, quoi ? répète-t-elle.

— Embrasse qui tu voudras... »

Le garçon s'est levé. Fendant la piste de danse, il marche droit vers moi, comme aimanté. L'enfant timide s'est effacé sous l'effet d'un élan dont je perçois l'intensité douce. La lueur orangée des lampions éclairant son visage, le plus beau jeune homme du bal arrive jusqu'à moi, muet mais déterminé, le corps dressé, posément ancré dans le sol. Alors qu'il se penche pour me parler, je sens mon cœur galoper comme un cheval sauvage. J'en ris !

« Qu'est-ce que tu as ? me demande-t-il surpris.

— Je ne sais pas, c'est drôle, j'ai le cœur qui cogne.

— Moi aussi... Je ne danse pas aussi bien que toi. »

Le garçon ne me crie pas que je suis jolie ou à son goût, comme un fruit, et cela me plaît. Je réponds :

« Merci... Ce n'est pas bien grave, tu sais.

— On essaie, alors ?

— Oui. »

Une main posée sur nos hanches, l'autre levée, nous ne dansons pas, nous ondulons en traçant des pas sur le côté. Lentement, nous nous éloignons de Renée, de son air médusé, pour voguer dans la grande salle. Je n'ose plus regarder mon cavalier de grande taille et pose naturellement ma tête dans ce creux du torse où une joue craintive peut se nicher, dans ce havre de peau, chaud, arrondi, que mes frères recherchaient quand ils se collaient à moi. À cet instant, je comprends pourquoi. De cet endroit unique, entre le cou et l'épaule, on perçoit, en plaquant l'oreille, l'écho rassurant d'un autre cœur. Alors, bercé par cette présence, dans le chant entêtant de la vie, on peut s'abandonner.

Plusieurs minutes s'écoulent ainsi, sans paroles, rythmées par les battements sourds d'un monde intérieur et la pression croissante des mains de mon cavalier qui, par instants, me lâche pour mieux me reprendre. Ce garçon que je ne connais pas me tient dans ses bras comme un être précieux. Il mène la danse. Blottie, je lui fais confiance. Voilà la première fois que je touche le corps d'un homme. Ce continent inconnu, défendu, ne semble pas si périlleux. Je ne me sens plus moi-même, plus seule, plus sauvage, je n'éprouve pas la peur mais le sentiment surprenant d'appartenir à ce garçon blond qui tangue, autant que lui m'appartient. Et si la vie n'était qu'une danse sans fin, avec un être tombé du ciel qui nous apprivoise et nous fait du bien ? La flèche dans le cœur de Sidonie, c'est ça, un éclair dans la pénombre, un gentil chasseur.

Tandis que la valse des chansons ralentit, mon cavalier formule un souhait. Susurrant, il me demande :

« Je peux t'embrasser ?

— Oui ! » dis-je sans hésiter.

Inclinant mon visage, déployant mes cheveux, je tends mes lèvres closes à la façon de Scarlett O'Hara. Mais rien ne se passe. Le garçon m'interrompt.

« Les autres ne font pas comme ça.

— Comment font-ils ? dis-je, étonnée.

— Ils ouvrent la bouche et remuent la langue. Regarde-les.

— Tu as raison, ce n'est pas comme au cinéma... »

J'entrouvre les lèvres. Sa langue douce s'immisce en moi pour rejoindre la mienne. De ce contact singulier naissent de fines ondes électriques qui piquent tout mon corps de frissons nouveaux. J'aime ses lèvres mouvantes, délicates, ses paupières closes d'amoureux. J'ai remarqué cela. On ne regarde pas l'effet d'un baiser, on embrasse comme on rêve, les yeux fermés.

Après de longues secondes, le temps de respirer, mon cavalier se défait de moi. Je m'impatiente.

« Embrasse-moi encore, c'est trop bon.

— Ça te plaît ? sourit-il, soucieux.

— Oui ! C'est délicieux... »

12

Mon cavalier s'appelle Jean, il a trois ans de plus que moi. Pour lui, comme pour moi, c'est la première fois. Il travaille avec son père à construire des maisons et déteste les armes, car elles ont tué son unique frère, par accident, à la chasse... Depuis cette mort tragique, il y a cinq ans, dans la famille de Jean, on n'a plus de plaisir. On pleure, on prie et on travaille beaucoup. Pour ses dix-huit ans, son père lui a dit : « Va au bal maintenant, tu travailles dur, tu mérites un peu de bon temps. Trouve-toi une femme courageuse qui t'apporte un peu de joie. »

Jusqu'à la dernière danse, sans jamais se laisser, sauf une fois pour tenir compagnie à Renée qui s'ennuyait, Jean et moi avons dansé. Nous nous sommes embrassés comme si, sur terre, il n'y avait plus que ça à faire. Je me faisais tout un monde de ce sentiment bien naturel, de cet élan rare et beau dont je peux dire qu'il m'a portée une seule fois : l'amour.

J'ai aimé mon Jean dès notre premier baiser, comme dans un film, un conte sans fée. Nos deux solitudes qui erraient tranquillement chacune de leur côté, s'habituant à leur vie sans penser à l'amour, se sont rencontrées. Jean était l'homme de ma vie. Ainsi allait mon cœur fonceur, entier, romantique. J'avais quinze ans mais j'étais sûre de moi, de ma rencontre, de cet amour qui ne m'a jamais quittée. J'étais la femme d'un seul homme ou de personne.

Il est deux heures du matin, la musique s'est éteinte, seuls des pas résonnent. Ma mère me cherche dans la salle de bal. Assise derrière un pilier, je l'entends m'appeler d'une autre planète. « Paulette ? Paulette ? »

Je reste muette. Je ne veux rien rater de ce moment qui va se terminer. Jean s'est endormi sur mon épaule, tandis que je caresse sa joue sans fatigue. Renée est partie se coucher alors qu'elle brûlait de me poser mille questions. J'attends la dernière seconde et les lumières rallumées, qui réveillent Jean, pour me lever. Devant ma mère qui nous a trouvés, Jean se lève en sursaut, la saluant poliment avant de s'enfuir sans m'embrasser. Trottant sur la piste de danse, il lance :

« La semaine prochaine, j'irai au bal de la Meuse à Givet. Tu viendras ?

— Oui !

— Au revoir, madame. Au revoir, Paulette !

— C'est qui ce jeune homme ? m'interroge Man-Nini qui nous rejoint après avoir inspecté la salle. Vous ne vous êtes pas lâchés de tout le bal ! Il a l'air bien élevé.

— Il s'appelle Jean. Il est maçon à Charnois, de l'autre côté de Givet...

— Quel âge a-t-il ?

— Dix-huit ans.

— C'est un homme ! Tu te souviens de ce que je t'ai dit ? me demande Man-Nini.

— Oui. Mais un baiser, ça n'est pas risqué ?

— Non, intervient ma mère.

— Le problème, c'est que les garçons ne se satisfont pas d'un baiser, n'est-ce pas Alice ? » conclut ma grand-mère.

Maman fait mine de n'avoir rien entendu.

« C'était un bon bal, enchaîne Man-Nini, il y avait du monde plein à craquer.

— Oui, c'était formidable », dis-je.

Le lendemain, je me réveille plus légère que la veille. Je ne marche pas, je sautille, je rêve, je ne pense qu'à lui.

Mon cœur a envahi ma tête doucement inquiète. Que fait Jean ? Où est-il à cet instant ? Goûte-t-il encore notre premier baiser ? Ferme-t-il les yeux pour m'apercevoir ? Est-il aussi beau en plein jour que la nuit ? Est-ce un ange ? A-t-il vraiment existé ? Comment vont se passer les choses maintenant ? Quand le reverrai-je ? Sur le bord de mon lit en bois, avec mon canif aiguisé de garde forestier, je taille une encoche, fine comme la pointe d'un ongle mais bien réelle, invisible sous l'édredon. Quand j'en compterai sept, je reverrai Jean à Givet !

Sous la grange, dans son clapier agrandi que j'ai aménagé, je vais caresser Sidonie. Ma lapine chérie est pleine, immobilisée, nerveuse. Ses yeux roulent sans cesse. Mais quand elle renifle ma main de son nez blanc et frais, ses oreilles frétillent, s'inclinant en arrière jusqu'à se fondre dans sa fourrure. C'est le signe qu'elle m'écoute ! Alors je lui murmure : « Je suis amoureuse, Sidonie. Il s'appelle Jean, il est gentil, sérieux et déteste la chasse. Tu te rends compte ? Tu le sais, je m'en fichais bien des garçons ! Et voilà que ça me tombe dessus... "Une flèche dans le cœur", on dit... Qu'est-ce que tu en penses ? »

Sidonie, incrédule, écarquille ses grands yeux gris.

Après le déjeuner, je ne tiens plus et file au village chez Man-Nini. J'ai besoin de me confier à ma sœur, de recueillir son témoignage. Renée a tout vu. Elle pourra m'assurer que je n'ai pas rêvé. Et qui sait... Jean est peut-être déjà revenu.

À peine ai-je le temps d'embrasser ma sœur qu'elle m'assaille de questions :

« Quel âge a-t-il ? Comment s'appelle-t-il ? D'où vient-il ? Vous vous aimez ? Comment ça fait un baiser ? Moi, je n'ai pas osé...

— C'est délicieux », dis-je fièrement, porteuse d'un secret.

J'aime le sifflement de ce mot nouveau, « délicieux ». Ça sonne bien. C'est ainsi que mon autre Sidonie décrit l'amour. Avant Jean, rien dans ma vie ne méritait cet éloge que je répète tel un sésame :

« Délicieux...

— Vraiment ? insiste Renée qui veut plus qu'un seul mot.

— Oui ! C'est délicieux quand on est amoureux. Sans amour, c'est sûrement dégoûtant ! précisé-je avec l'aplomb d'une experte en sentiments.

— Tu l'aimes, alors ?

— Oui ! Je rêve de lui, je l'attends.

— Tu en as de la chance !

— C'est aussi un tourment de ne penser qu'à quelqu'un qui n'est pas là. Je ne suis même pas certaine de le revoir.

— Eh bien, pense à autre chose !

— Je ne peux pas. C'est plus fort que moi ! Mais c'est délicieux... »

Le lundi matin, à l'usine, Sidonie ressent immédiatement mon changement d'humeur. Sourire aux lèvres, elle m'interroge, bien qu'elle ait déjà tout deviné :

« Alors ce bal, ma Paulette ? Tu as trouvé l'amour ? Tu m'as l'air bien guillerette !

— Oui... Le grand !

— Oh là ! Tout doux, mon chou. T'emballe pas. C'est qui celui-là ? Va falloir que tu me le présentes ! Les bons gars, je les repère illico. Et si c'est un voyou, bas les pattes ! Personne ne touche à mon chou. »

Sidonie a un dada, les courses de chevaux. Elle a perdu gros au quinté pendant le week-end et doit « se refaire ». Elle a tout misé sur un tocard.

« C'est l'histoire de ma vie, crie-t-elle. Sur le papier, c'est toujours des champions. Et à l'arrivée, y a plus personne. Plumée la Sidonie !

— Tu n'as plus d'argent du tout ? Tu en veux de ma paie ?

— Mais non, mon chou, j'ai mon petit magot au cas où, planqué en haut de la tourelle. Mais chut... Motus et bouche cousue ! Je n'y touche pas. Ce n'est pas pour moi.

— Pour qui alors ?

— C'est une longue histoire... Faut que je me refasse, voilà tout ! J'ai besoin de ma prime de performance pour rejouer au quinté ! »

Sidonie jure que si nous l'obtenons, elle m'emmènera à l'hippodrome à Lille, à Arras ou à Paris. Elle me fera vivre l'ivresse des courses, quand elle perd la tête dans les tribunes pendant que les chevaux cravachent. Sidonie crie, hurle, trépigne et s'imagine gagner, peinarde au soleil, une reine dans son carrosse capitonné de soie...

Chaque matin, je compte les entailles sur le bord de mon lit. Ça dessine un petit serpent, une flèche, le début d'une longue fresque... Quand samedi arrive enfin, je cours, je vole à Givet. Ma bicyclette s'est transformée en moto ! Ma mère s'inquiète. Comment vais-je revenir en pleine nuit ? Elle m'avertit : « Surtout ne coupe pas par le bois ! On le dit mal fréquenté. »

Mais ma mère oublie que tous les matins, quand je m'en vais à quatre heures, je traverse le bois désert dans la nuit, sans même une lumière sur mon vélo.

Le bal se donne sous un grand chapiteau en plein centre, place de la République. Blanc et rouge, illuminé d'ampoules, personne ne peut l'ignorer. En avance, j'attends bien sagement à quelques pas de l'entrée, assise sur un banc auquel j'ai attaché mon vélo. Je scrute chaque personne qui entre. Vais-je le reconnaître ? Mais bien sûr ! Son visage m'apparaît dès que je ferme les yeux. À la fin du bal, quand Jean dormait, j'ai observé de près son profil, son nez droit, fort, ses pommettes bombées, ses lèvres charnues, j'ai appris ses traits comme une poésie. Jean est facile à distinguer, il mesure une tête de plus que tout le monde. Mais le temps passe, où est-il ? Et s'il ne venait pas ? Je ne connais même pas son adresse, son nom de famille. Le village de Charnois n'est pas bien grand. J'y retrouverai un jeune maçon prénommé Jean. Y habite-t-il seulement ? Et si c'était un beau parleur, un menteur, un voyou, un embrasseur qui sert les mêmes balivernes à toutes les filles de tous les bals pour voler leur cœur...

J'attends plusieurs heures. À travers les bâches du chapiteau, *Bambino* a retenti plusieurs fois. Je vois des couples s'en aller main dans la main sur la place éclairée par quelques réverbères. Il faisait encore jour quand je suis arrivée. Je me mets à pleurer. Je suis inconsolable. Jean n'est pas venu. Pourquoi l'ai-je rencontré ? J'étais bien seule dans ma petite vie. Chaque minute de cette attente efface un peu plus ma joie qui pourtant était grande. Tous ces jours légers où je n'ai pensé qu'à ce soir s'éteignent un à un. Mon rêve qui s'en va me fait mal au ventre, plus qu'un coup. Ce que je pressentais devient réalité, l'amour n'est pas une chose pour moi. Je ne veux qu'une vie simple, sans tourments, sans promesses non tenues, sans attendre quelqu'un qui ne vient pas. Plusieurs personnes qui me voient si triste s'arrêtent et me questionnent sans que je puisse leur parler. Tournant la tête, je continue de pleurer. J'ai honte d'être aussi faible, imbécile, à la vue de tous, incapable de me lever, de détacher mon vélo et de m'en aller. Piquée, blessée, entêtée, je ne peux pas me résoudre à cette fin. Je suis prête à passer la nuit sur ce banc, à attendre le matin, tous les matins. Je ne veux pas arrêter d'aimer.

Un garçon saoul s'approche et m'embête, une belle fille comme moi ne peut pas pleurer, quel gâchis, si je le voulais il pourrait me donner bien du plaisir.

« Va-t'en ! J'attends quelqu'un, dis-je.

— À cette heure-là ? Il n'y a plus que le diable à passer !

— Laisse-moi, je te dis ! Je ne suis pas d'humeur. »

Quand il agrippe ma main, je le repousse brusquement et le fais tomber. Furieux, il se relève en titubant, m'insulte et lève la main pour me frapper. Soudain, on entend : « Laisse-la tranquille, connard ! Je t'interdis de la toucher ! »

C'est Jean qui court vers moi...

Jean me prend dans ses bras, il m'explique tout, la voiture de son père empruntée sans permis pour me faire une surprise, puis la panne en pleine campagne, le trajet à vélo... Il est désolé. Quand il veut m'embrasser, je refuse. Dit-il au moins la vérité ? Tout ce temps pour une panne... Jean m'a-t-il oubliée dans un autre bal ? Sait-on vraiment où sont les hommes que l'on attend ? Que vaut tant de tourment ? Mes lèvres comme mon cœur se sont refermés alors que mes yeux s'ouvrent grand. Je suis soulagée de voir Jean mais je vais m'en aller, retourner dans ma maison, dans ma vie d'avant, dans ma chambre humide où je poncerai les traits sur le bois. Je suis tellement déterminée que Jean, impuissant, penaud, lassé par ses mésaventures, me laisse disparaître sur la grande place, me faufiler dans les rues mal éclairées de Givet.

Dans mon lit, épuisée, mes larmes taries, c'est fini. Les premiers rayons du jour emportent Jean et la nuit. Pour la première fois, je m'endors au matin, à l'inverse de ma famille et des animaux. Je ne suis pourtant pas un rat, un hibou, un oiseau de nuit. Cette vie chamboulée que je passe à rêver en oubliant les miens doit se terminer. Ma mère est sûrement morte d'inquiétude. Elle a dû se relever, sonder ma chambre, sortir dans l'obscurité pour me guetter. Bientôt, elle retournera sous la grange pour y voir mon vélo. Rassurée, Maman boira son café puis, à côté du poêle, elle reprendra son tricot. À midi, quand je me lèverai pour mettre la table, tout sera oublié, je n'aurai plus mal.

Le déjeuner vient de se terminer. Je n'ai pas pu manger ni parler du bal. Mes yeux étaient prêts à fondre. Mon sommeil n'a rien effacé. L'amour n'est pas affaire de volonté. Pour me distraire, je m'occupe de mes frères. Qu'allons-nous faire de ce dimanche où le ciel gris pâle du matin a laissé place à une pluie battante ? Je ne peux pas dormir toute la journée. Pourtant, je le souhaiterais.

On frappe à la porte. Mon père se lève pour répondre sans reconnaître la voix qui parle.

« Ouvre-lui, dit ma mère, avec ce temps ! »

Jean apparaît, ruisselant de pluie, les cheveux trempés collés à son front, me tendant un bouquet coloré qui goutte sur le sol.

« C'est ton ami, Petite-Mère. Prenez le parapluie et allez sous la grange ! »

Le ton de ma mère ne me laisse pas le choix.

« Tu en as de la chance, voilà de jolies fleurs ! » me dit-elle, saluant Jean devant mon père muet.

À travers la cour, nous marchons en silence, Jean me tient par le bras. Puis à l'abri, à quelques pas de Sidonie qui a mis bas ses petits, il tombe à genoux et se met à pleurer.

« Je t'aime, Paulette. C'est trop bête...

— Redis-le pour voir ?

— Je t'aime, Paulette.

— C'est gentil. »

Il m'est insupportable de voir Jean ainsi. Sans savoir pourquoi, je ne mérite pas ces mots qui m'impressionnent. Ils glissent sur mon cœur comme la pluie sur les tuiles. Ce langage m'est agréable, il m'intrigue, mais je ne le reçois pas. On ne me l'a pas appris. Je connais la fierté, distillée de-ci de-là, mais les quelques mots d'amour de ma vie me feront toujours le même effet. Ils ne sont pas pour moi. J'ai été amoureuse de Jean, follement, sans jamais penser qu'il puisse à mon égard ressentir ce même sentiment. D'un homme, tout au plus, j'ai espéré sa gentillesse.

« Relève-toi ! dis-je. Tu me gênes. Ma mère pourrait venir...

— Tant pis ! Tu me pardonnes ?

— Je ne veux pas t'aimer si c'est pour souffrir.

— Je te rendrai heureuse, Paulette. C'était un accident.

— J'ai passé la nuit la plus triste de ma vie. Je voulais même ne pas me réveiller. Le bal chez Man-Nini était si beau. Crois-tu qu'il faut payer pour nos moments joyeux ? Quand mon Marcel est mort, j'ai pensé cela, le Bon Dieu reprend ses bienfaits, tous ces jours à rire, à jouer...

— C'était qui Marcel ?

— Mon chat.

— Nous avons eu assez de tristesse comme ça, Paulette. Je te rendrai heureuse, crois-moi... »

Jean promet de me construire une maison et tout ce que j'attends. Nous fonderons une famille, mais pas avant d'être mariés ! Je n'ai que quinze ans. Jean le sait, il m'aime et m'attendra. En échange d'un baiser qu'il me quémande, je réclame une promesse.

« Jure-le !

— Quoi ?

— Tout ce que tu viens de dire.

— Je te le jure, Paulette ! »

La pluie redouble de force, perçant par endroits le toit de la grange. Mais le ciel peut bien nous tomber sur la tête. Jean et moi nous embrassons en plein jour, sans musique, ni lampions, ni personne autour. Nous sommes là, enlacés, l'un pour l'autre, animés d'espoir et de plaisir, riant de ces gouttes fraîches qui mouillent nos épaules. Ne dit-on pas « mariage pluvieux, mariage heureux »... Notre union a été scellée ce jour-là.

13

Jean et moi sommes amoureux. Nous formons un couple, tout le monde le sait. Ma famille, la sienne et mes deux Sidonie. Mais un couple discret, pudique, dans sa bulle, en apprentissage, coupé des autres, de leurs mots, leurs regards.

Nous nous voyons toutes les deux semaines, au rythme des bals, loin de nos villages. Danser est un prétexte pour nous embrasser, nous caresser, nous blottir l'un contre l'autre. Nous découvrons nos corps recouverts de tissu comme un paquet-cadeau que l'on ne peut ouvrir. Nos chairs sont des mystères, des promesses, des délices interdites, marqués à la ceinture d'une frontière.

J'apprends le plaisir de l'ombre, de l'abandon, des coins obscurs de salles bruyantes, j'aime les musiques lentes et toujours *Bambino*.

Les mois passent. L'hiver espace nos rencontres chastes et passionnées, la fresque au bas de mon lit se prolonge. Parfois, je rêve que je dors dans les bras de Jean.

Au printemps, mon amoureux réussit son permis de conduire, des autos, des camions et même des motos.

Le jour de mes seize ans, il me fait la surprise de m'attendre à la sortie de l'usine. De l'autre côté de la rue, Jean se dresse fièrement devant sa nouvelle machine. Tel un acteur de cinéma, il porte des lunettes de soleil et tient dans la main deux casques de moto qu'il me montre en les soulevant. Les trente ans de Maman jaillissent dans mon esprit. Je cours vers Jean, suivie par Sidonie à qui je n'ai jamais osé le présenter. Avant même que mon amoureux ne m'embrasse, elle lui crie :

« Alors, c'est toi mon gars qui a tiré le gros lot ! Je brûlais de te rencontrer mais mon chou s'entête à me faire des cachotteries. Tu en prends soin, compris ? Autrement, tu auras affaire à Sidonie. Des beautés courageuses, ça ne court pas les rues ! Et gentille avec ça, un vrai petit bijou ! N'est-ce pas, mon chou ?

— J'en prends grand soin, madame, répond Jean en me serrant la main.

— Très bien, mon garçon. Tu m'as l'air honnête homme mais attention, je veille !

— Arrête, Sidonie, tu vas lui faire peur ! dis-je.

— Pas du tout, je n'effraie que la canaille ! Allez-y, les amoureux ! Et surtout, soyez prudents avec un tel engin. Il manque deux roues quand même...

— Bien, madame », sourit Jean.

« Où veux-tu aller ? me demande-t-il, pendant que Sidonie s'éloigne en se retournant par instants.

— Vite et loin, vers le bord de mer ! dis-je comme ma mère.

— Pas cette fois, Paulette, nous n'avons pas le temps. Il faudrait plusieurs heures et j'ai trop envie de te serrer dans mes bras.

— Alors où tu voudras !

— Dans le bois des amoureux, après la frontière belge !

— Si tu veux, je ne le connais pas.

— Allez, monte ! »

La moto puissante rugit. Je frissonne de peur et d'excitation. J'ai l'impression de chevaucher un démon. Nous dépassons Sidonie qui secoue le bras comme sur un quai de gare. Au sortir de la ville, la route défile. Les champs, les arbres, les bas-côtés surgissent aussi vite qu'ils disparaissent. Pour me protéger de l'air qui fait battre mes paupières, je me plaque contre Jean, agrippant son torse de mes bras raidis. Tandis que l'engin accélère, Jean fait glisser mes mains jusqu'à sa ceinture. La chaleur du moteur irradie mes cuisses. Son casque attaché au coude, Jean tourne la tête pour m'observer furtivement. Je ris de voir ses cheveux ébouriffés, ce hérisson électrisé sur fond de ciel. Jean presse mes mains plus bas encore, sur cet endroit intime de son corps. Ça l'amuse. Il frémit. C'est nouveau. À travers la toile de son pantalon, je ressens une forme solide et allongée qui me surprend. Dans un cri, je me cabre sur la selle en écartant brusquement les bras. Déstabilisée, la moto dérape et se met à zigzaguer. Je hurle, puis enserre à nouveau le buste de Jean par réflexe. Dans l'union de nos corps reformée, la moto retrouve son équilibre et le chemin. Mon amoureux me tance :

« Ne fais plus jamais ça ! Si une voiture était venue dans l'autre sens, nous aurions eu un accident !

— Alors, laisse mes mains tranquilles !

— Je ne peux pas ! Elles m'appartiennent, tu es à moi, Paulette !

— C'est ta zézette que j'ai touchée ? On dirait un bâton ! »

Jean rit si fort qu'à nouveau la moto se tortille.

« Ça te plaît ? crie-t-il.

— Non, j'ai peur ! »

Sur une longue route droite bordée de sapins, le démon gagne encore en vitesse. Le vacarme de l'air et de la machine claque dans mes oreilles. Ça va trop vite. Je le crie. Jean ralentit. Je respire. Ma frayeur devient fou rire. Nous sommes légers, joyeux, amoureux. C'est peut-être l'instant le plus heureux de ma vie.

Jean s'entête à guider mes mains qu'il glisse une à une sous son blouson, sa chemise déboutonnée, à même son ventre mouvant. Je caresse le corps de l'homme que j'aime pour la première fois, ma peau contre la sienne, douce comme un velours de laine. Sur son torse, je me promène, l'explorant lentement jusqu'à sa poitrine. Au passage de mes doigts, deux grains de chair durcissent, puis au milieu, je découvre un creux soyeux où je m'attarde. Dès que le jeu de mes mains s'arrête, Jean me supplie de le reprendre.

Nous arrivons au bois des amoureux que je découvre. C'est une aire de repos sur le territoire belge, juste après la frontière où personne ne nous arrête, à la lisière d'une forêt longeant la route nationale.

« Pourquoi vient-on jusqu'ici ? demandé-je.

— Pour rouler à moto, et ça change. On dit qu'en Belgique, il n'y a pas de police. On est libres d'y faire ce que l'on veut. On va pouvoir s'embrasser toute la journée sans être dérangés. »

Jean attrape une fine couverture qu'il a roulée sous la selle. Nous avançons, main dans la main, sur le parking, où de nombreuses voitures stationnent. Certaines sont vides, d'autres occupées par des couples enlacés. Dans le bois, Jean me prend par l'épaule. Des gémissements provenant d'un fourré attirent mon attention. Puis ça crie, les herbes et les branches bougent.

« Viens, on va voir ! dis-je.

— Non, laissons-les tranquilles ! répond Jean.

— Que font-ils ?

— L'amour, pardi...

— Moi je ne veux pas faire l'amour !

— Je sais, ma Paulette. Mais tu veux bien m'embrasser ? Me caresser ?

— Oui... »

Au pied d'un épicéa que je choisis, nous nous allongeons. Sous la couverture étalée, je sens des écorces, de la mousse et quelques racines. J'aime cette vue en dessous des arbres, le tronc au cœur et les branches en étoile.

Jean m'embrasse fougueusement. Il défait son blouson et sa chemise en pressant son pantalon contre mes cuisses. Je le caresse avec délice. Lui, glisse ses mains sous mon pull, le long de mes hanches jusqu'à effleurer mes seins. J'éprouve un moment de griserie intense, une petite folie. Je suis prête, sans savoir où je vais, j'ai envie de faire l'amour, de me donner. Jean le sent. Quand il met à nu ma poitrine, je gémis, mon buste ondule et tremble sous ses lèvres. Jean défait sa ceinture, puis la mienne, en avançant sa main vers mon sexe.

« Arrête ! Non ! Il ne faut pas ! »

Dans mon trouble, une image ensevelie resurgit. Monsieur le curé, la langue pendante, s'agite sous sa robe noire.

« Mais j'ai tellement envie, implore Jean.

— Je sais, mais il ne faut pas ! S'il te plaît. J'ai peur. Il ne faudrait même pas se toucher comme ça, de si près, avec autant de plaisir...

— Je te désire tellement. Nous avons l'âge maintenant.

— Nous ne sommes pas mariés ! J'ai trop peur, Jean, s'il te plaît. »

Jean s'allonge sur le côté, je pose ma tête au creux de son épaule et me mets à pleurer.

Au retour, Jean roule lentement. Je le caresse comme à l'aller, je ne veux pas qu'il soit blessé. En me quittant devant l'usine où j'ai laissé mon vélo, je l'interroge :

« Tu m'aimes quand même ?

— Tellement... »

Le lendemain, à l'usine, désemparée, je me confie à Sidonie.

« Jean m'a touchée, caressée, je l'ai fait aussi. C'était délicieux... J'ai cru que je perdais la tête. Tu crois que je peux être enceinte ?

— Vous avez couché ? réplique Sidonie.

— Non... Enfin, nous nous sommes allongés dans la forêt mais il n'a pas mis sa zézette dans ma cramouille.

— Elle sort d'où cette expression ?

— C'est Man-Nini. Elle dit aussi avec ma mère qu'il ne faut surtout pas qu'un garçon me touche...

— Écoute, mon chou, ça n'est plus possible. Tu as seize ans, je ne peux pas te laisser dans cet état de niaiserie. C'est le Bon Dieu qui m'a mise sur ton chemin ! Comme toi, je suis née pauvre, mais plaie d'argent n'est pas mortelle, c'est l'ignorance qui a gâché ma vie. Tu ne sais toujours pas comment on fait des bébés ?

— Pas précisément.

— L'histoire de la zézette et de la cramouille, c'est vrai. Mais tu ne peux pas tomber enceinte par une caresse. Pour faire un enfant, l'homme doit rentrer son sexe dans le sexe de la femme. Mais si la zézette est molle, ça ne rentre pas, tu me suis ?

— Oui.

— Les hommes bandent. Leur bite durcit et ils nous pénètrent.

— Et si l'on ne veut pas d'enfants ?

— Ils nous pénètrent quand même ! Pour le plaisir.

— Tout le temps ?

— Oui. Surtout à vingt ans. Ça se dresse comme un ressort !

— Ça fait mal ? » demandé-je, anxieuse.

Sidonie m'explique que si l'homme se montre tendre et fait naître mon désir, ce n'est pas douloureux. Je n'ai pas à avoir peur mais il faut faire attention, car je peux tomber enceinte, et pour les bonnes manières, et parce que je suis trop jeune, il vaut mieux attendre le mariage.

« Et toi, tu étais mariée ? demandé-je.

— Non, moi, j'ai été forcée.

— C'est horrible !

— C'est du passé. »

14

Je vois Jean au bal, dans la voiture de son père et dans la forêt. Nous nous caressons autant que possible, à s'en user la peau. Nous ne faisons pas l'amour, pourtant, ça y ressemble. Quand Jean m'étreint, allongé contre moi, je sens son sexe durci sous son pantalon. Il crie qu'il me désire. Je le murmure aussi à son oreille. Parfois, il pousse le même râle que monsieur le curé. Son corps se cabre, puis Jean se calme d'un coup. Allongé sur le dos, il sourit. Je m'inquiète :

« Tu ne me désires plus ?

— Si, si, toujours... »

En septembre 1960, le jour de mes dix-sept ans, dans la salle de bal de Man-Nini, Jean demande que l'on joue *Bambino*. Quand la chanson commence, il s'agenouille en me tendant un petit paquet carré.

« Ma Paulette, veux-tu m'épouser ? »

Bouleversée, je manque de m'évanouir.

La nuit, le jour, dans mon lit, à l'usine, je caresse la bague que Jean m'a offerte. Un anneau d'or jaune orné d'une aigue-marine.

« Il ne s'est pas foutu de toi ! » a commenté Sidonie.

L'an prochain, quand j'aurai dix-huit ans, nous nous marierons.

Dans son ennui, ma mère a repris la cartomancie. Je ne peux pas m'empêcher de lui demander :

« Et que vois-tu pour Jean et moi ?

— Rien du tout, Petite-Mère ! Je me concentre sur nous... Nous allons changer de maison pour de bon ! Pour la première fois, nous serons à l'aise.

— Raymond va travailler, c'est ça ? Ça fera trois salaires, dis-je.

— Comment le sais-tu ? me répond ma mère.

— Ce n'est pas très compliqué !

— Il travaillera avec ton père, tu verras.

— À l'usine, lui aussi ? Mon petit Raymond a bien grandi... »

Un samedi, en fin d'après-midi, alors que je m'apprête à rejoindre Jean, je vois ma mère inquiète face à son guéridon sur lequel elle a déployé son jeu bleu et or. Mon père, qui fait des extra chez un ferrailleur, avait promis d'être rentré plus tôt.

« Il a dû être retardé, comme samedi dernier », dis-je.

En faisant « non » de la tête, ma mère tape du doigt une carte en martelant :

« Je le savais !

— Qu'est-ce que tu savais, Maman ?

— La dame de cœur et le serpent !

— Quoi ?

— Je ne peux pas te dire... Ce sont mes secrets, ma vie de misère... Apporte-moi un verre s'il te plaît ! »

En relevant le châle qui tombe de ses genoux sur le sol, ma mère découvre sa bouteille de liqueur qu'elle ramasse d'un bras indolent. Je lui tends un verre qu'elle remplit à ras bord. Quelques minutes plus tard, je la sers à nouveau. La liqueur fait son effet, Maman devient bavarde.

« Tu veux vraiment savoir pour toi et Jean ?

— Bien sûr ! dis-je.

— Je ne vois rien de bon hélas... Les histoires d'amour, ça n'est pas pour nous, Petite-Mère.

— Tu te trompes !

— Je l’espère, parce que ça me rend triste.

— Qu’est-ce que tu vois au juste ?

— Sers-moi un autre verre, s’il te plaît. Pour toi, les cartes sont toujours les mêmes, la foudre, le voyage, la couronne d’épines et le trésor... Et même parfois la carte Azur !

— Ça veut dire quoi ?

— Tu ne resteras pas ici. Tu auras de l’argent mais beaucoup de tourment et de solitude. Sauf la carte Azur, la meilleure du jeu qui efface toutes les autres. Je ne sais pas quand, mais dans ce désert, tu vivras un grand bonheur...

— Avec Jean ?

— Non.

— Ce sont des bêtises ! Vas-y, tire-moi les cartes, là maintenant ! »

Ma mère me tend son jeu que je bats longuement en pensant à Jean et à mon aigue-marine. Je le coupe, puis étale devant moi, en arc de cercle, la moitié du paquet dont j’extrais cinq cartes que je donne à ma mère pour qu’elle les retourne.

Je revois ses yeux brillants de larmes, et la foudre, le voyage, la couronne d’épines, le trésor et la carte Azur...

15

Raymond travaille à l'usine. Il est courageux mon petit frère. Nous partons à la même heure, à quatre heures et quart du matin, lui avec mon père, dans la vieille Simca Aronde qu'il s'est enfin payée, et moi sur mon vélo inusable. Maman échappe à l'ennui en faisant toutes sortes de comptes dans un cahier. Un soir, elle nous annonce que bientôt nous pourrons acheter la maison de la vieille mercière à côté de celle de Man-Nini, car la pauvre femme prise aux poumons et sans enfants a été hospitalisée. Ma mère ne lui veut aucun mal, mais ce serait quand même bien commode qu'elle nous cède la place. Notre cartomancienne est formelle, la faux sur la dame de trèfle, c'est mortel.

La vieille mercière succombe à sa méchante pneumonie et aux vœux silencieux de ma mère. Nous déménageons dans une jolie maison au cœur du village, avec chauffage au mazout, W.-C., eau courante, électricité et, à l'arrière, des dépendances donnant sur un pré de un hectare planté d'arbres fruitiers où j'installe toute notre ménagerie. Sidonie, aux anges, effectue son premier voyage en Aronde sur mes genoux. Ma mère, qui rêve de gaieté, a fait repeindre les pièces du rez-de-chaussée en bleu layette et jaune canari.

« C'est Byzance ! s'exclame Man-Nini lors de sa première visite.

– On ne l'a pas volé, répond Maman, ça fait vingt ans que j'attends... »

Ma famille a grimpé dans l'échelle villageoise. Il arrive à ma mère de sourire. À l'automne, j'aurai dix-huit ans, Jean m'aime et nous nous marierons le 20 novembre prochain. L'été s'annonce radieux. Mais ainsi va la vie, il me faut payer pour mes moments joyeux et la foudre déchire le ciel de juin, de juillet...

16

C'est l'été depuis quelques jours. Sur le calendrier accroché dans la salle à manger, ma mère a dessiné un petit soleil au stylo Bic. Pourtant, quand je prends mon vélo le matin, l'air frais me cueille comme en plein automne et la brume tenace dans le bois que je traverse lui confère des airs de terres hantées.

Nous sommes le 30 juin 1961. Au dernier croisement avant Givet, j'arrête mon vélo au passage sous mes roues d'une tache brune difforme qui colle à la route. Du bout des pieds, toujours en selle, reculant de quelques mètres, je pousse des hurlements quand je distingue un chat qui vient de se faire écraser. La douleur fend sa gueule béante, ses entrailles éventrées gisent en une mare grise sur le goudron, et quelques soubresauts agitent ses pattes sanguinolentes. Tremblante, impuissante, la vue brouillée, j'assiste aux dernières secondes d'agonie de ce chat qui était noir.

Un klaxon virulent retentit. Pour m'éviter, une voiture fait une embardée, puis stoppe sa course en travers de la route. D'autres s'arrêtent aussi. Une femme sort d'une maison toute proche. Le premier chauffeur m'enguirlande, car j'aurais pu causer un accident bien plus grave que le sort de cet animal. Je supplie ces personnes qui m'entourent de m'aider à retirer ce chat de la chaussée, car je ne peux pas le faire moi-même.

À l'aide d'une pelle et d'un balai, alors que je tourne la tête en pleurant, la femme compatissante dépose sa dépouille dans le fossé. Après que les voitures ont démarré en trombe, je recouvre d'un peu de terre et de broussailles, l'entourant de cailloux, le chat tué.

« C'était le vôtre ? me demande la dame.

— Non...

— Il ne faut pas vous mettre dans des états pareils ! Cette route est dangereuse, les voitures descendent bien trop vite du bois. Si vous saviez ce que j'y ai ramassé...

— Ne me dites pas ! C'est trop horrible.

— Allez, la bonne journée quand même, mademoiselle ! »

J'arrive en larmes, en retard, à l'usine.

Marcel et Sidonie m'engueulent. Ils n'en ont rien à faire du chat écrasé. C'est le dernier jour du mois et du semestre. Nos primes de performance se jouent aujourd'hui. Sidonie, qui travaille déjà depuis une heure, transpire en jurant, comme elle le fait en ces temps de sprint final pour décrocher la satanée timbale : « Qu'est-ce que j'en chie, bordel ! C'est plus de mon âge ces conneries ! Allez, ma Paulette, viens aider la vieille ! »

Pour rattraper mon retard, je décide de ne pas faire de pause. Marcel nous informe que nous pourrons travailler aussi longtemps que nous le voudrons pour terminer nos bobines. L'usine fermera tard et les dernières commandes seront acheminées dans la nuit.

Vers midi, Sidonie me dit : « Prends au moins un café, tu ne vas pas tenir ! »

Je ne lui réponds pas, je fais la tête, je finirai mes bobines sans boire ni manger. Une petite rage brûle en moi qui me fait accélérer. Je n'ai jamais travaillé aussi vite.

Marcel, en inspectant mon travail, me prévient :

« Fais gaffe quand même, une bobine d'un quintal qui te tombe dessus et ça fera comme ton chat sur la route !

— Ta gueule, dis-je à voix basse.

— Pardon ? reprend Marcel.

— Rien. »

En revenant de la pause, Sidonie m'interpelle :

« J'ai bien mangé, je me suis même un peu reposée, j'étais épuisée ! Tu boudes toujours mon chou ?

— Laisse-moi tranquille, je travaille !

— Arrête de faire la tronche. Ça me brise le cœur, je suis désolée pour ton chat, mon chou, mais je ne te voyais pas arriver. Je n'étais pas d'humeur. Allez, embrasse-moi ! »

Sidonie, la moue triste, écarquille ses grands yeux bleus en battant des cils comme un papillon tropical. C'est comme ça qu'elle m'a à chaque fois. Et je marche, en me précipitant pour l'embrasser.

« Je t'aime fort, mon chou, tu sais ? me dit-elle à l'oreille.

— C'est gentil, pourquoi tu me dis ça ?

— J'avais envie... Allez, au travail ! Si on finit les premières, je t'emmène boire une bière. »

Nous enroulons nos bobines plus motivées que jamais.

C'est un cri déchirant qui me fait sursauter. Sidonie vient de s'écrouler à terre, à trois pas de moi. Ses yeux exorbités appellent à l'aide alors que ses mains jointes appuient avec force au milieu de sa poitrine. J'accours et m'agenouille à ses côtés, en remontant lentement sur mes cuisses, pour lui faire un oreiller, sa tête lourde, rougie, immobile. Telle une sirène, je ne cesse de crier : « À l'aide ! Marcel ! Vite ! Un docteur ! Sidonie est tombée ! À l'aide ! »

Les filles se massent autour de moi. Dans le brouhaha de leurs voix, j'entends l'assistante du directeur s'exclamer : « J'ai appelé le docteur ! Mais où est Marcel ? Il est secouriste ! Où est-il ? »

Chacun sait que, après la pause, Marcel passe du bon temps avec l'ouvrière de son choix.

Une douleur massive déforme le visage de mon amie. On dirait qu'il va exploser. Je n'ai jamais vu quelqu'un souffrir autant. Désemparée, terrifiée, je caresse ses cheveux en avançant la tête au-dessus de ses yeux qui me cherchent. Je lui dis : « Tiens bon, ma Sidonie. Je t'aime fort aussi. »

Faiblement, ses lèvres s'animent. Dans un souffle lent, j'entends : « C'est fini, mon chou... »

Aussitôt ses bras se relâchent, retombent sur le côté, sa bouche et sa poitrine se calment alors que ses yeux restent ouverts comme pour voir encore. Ma Sidonie a peur du noir. Pourtant, elle s'en va là, foudroyée. Et ce regard sans vie ne lui ressemble plus. Tandis que tout le monde arrive enfin – le directeur, Marcel, les pompiers, la police –, j'effleure ses paupières pour les refermer.

La scène n'a duré que quelques secondes mais la vie en s'enfuyant ralentit le temps. Elle accroche au cœur ses plus belles images. J'ai revu le moulin, le baiser de Scarlett, nos bières sur la Meuse dans le couchant et le sourire bleu ciel de ma Sidonie.

Quand deux hommes en blanc me demandent de leur céder la place pour disposer le corps mort de mon amie sur un brancard, j'embrasse une dernière fois, sans pouvoir m'arrêter, ses joues, son front, ses yeux, ses bras tatoués...

« S'il vous plaît, mademoiselle ! » me crie un brancardier. Sur mes lèvres, dans mon esprit, je veux garder comme un secret le parfum, la douceur, l'amour de Sidonie que je dois laisser.

Je me relève, puis disparais en me faufilant dans la foule agitée.

À travers les rues, je me hâte sur mon vélo sans savoir où aller. Je veux fuir. J'ai du mal à croire ce qui vient de se passer. Sur le grand pont de la Meuse, une pensée soudaine me réjouit. Demain matin, tout sera oublié ! Quand je retournerai à l'usine, Sidonie me serrera contre sa poitrine en me gratifiant de ces mots que tous les jours j'entendais : « Bonjour, mon chou ! Comment ça va aujourd'hui ? Et les amours ? »

Je n'ai pas envie de revenir chez moi, pas envie de me confier à ma mère, à Man-Nini ou même à Jean. Personne ne me comprendra, personne ne connaît Sidonie. En fait, je suis perdue, j'avance dans le vide immense qu'elle me laisse. Je vais pédaler jusqu'au bord de mer que je n'ai jamais vu, jusqu'à tomber. Mais je suis épuisée. Après le bois, en retrait de la route, il y a une petite chapelle de pierre avec une croix de fer redorée, dans laquelle je ne suis jamais entrée. Depuis ma communion, il y a bientôt six ans, il m'est arrivé de prier dans mon lit ou dans la forêt, mais jamais dans un lieu sacré.

Je m'arrête, couche mon vélo dans l'herbe et pousse la porte de vieux bois. C'est minuscule, une chapelle pour enfants, qui compte deux bancs, un porte-cierges avec quelques bougies et une statue de sainte Marie sur laquelle est écrit « Notre Dame de Bon Secours, ayez pitié de nous ». Je prie pour Sidonie, pour que son âme monte au ciel comme un oiseau fier, un peu pour moi aussi, pour mon désert, ma solitude, pour la foudre que me prédit ma mère, et pour Jean. Puis en travers du banc, recroquevillée, je m'endors.

Plusieurs heures s'écoulent avant que je ne retourne chez moi. Après la chapelle, dans la forêt, à côté de la mare, j'attends que ce jour maudit s'éteigne. À la nuit tombée, distraite, absente, poussée par une main invisible à remonter le temps, je m'égare en reprenant le chemin de notre ancienne maison. Pendant quelques secondes, la voyant vide et plongée dans l'obscurité, je crois que tout le monde est mort. Sur le pas de la porte, je pleure toutes les larmes de mon corps.

Quand je rentre enfin au village, j'embrasse mes parents et mes frères dans un excès de tendresse qui les surprend. Maman me reproche d'arriver bien tard, je lui réponds :

« Sidonie est morte.

— Ta lapine ? Elle gigotait encore tout à l'heure !

— Non ! »

J'ai un rire nerveux.

« Mon amie à la filature ! D'une crise du cœur, dans mes bras...

— Mon Dieu ! Pauvre femme, pauvre Petite-Mère, on est peu de chose », me répond Maman en avançant vers moi un bol de soupe que je repousse.

Pour ne pas pleurer devant les miens, je monte me coucher.

Au matin, ma mère me réveille.

« Tu ne vas pas travailler ? Il est sept heures !

— Non, je suis sans forces. Je vais rester ici quelques jours...

— Mais ce sera retenu sur ton salaire !

— Peu m'importe.

— Nous avons fait un emprunt à la banque, Petite-Mère.

— J'irai travailler lundi. Comment ferez-vous quand je serai mariée ?

— Il restera ton frère et tu nous aideras encore un peu... »

À midi, les gendarmes viennent frapper à la porte. Ils me cherchent depuis hier pour recueillir mon témoignage. Quand ma mère les découvre, elle pousse un cri de surprise. Immédiatement, elle comprend de quoi il s'agit. Je l'entends proférer : « Je vais la chercher, messieurs les gendarmes ! »

Man-Nini, venue en voisine s'enquérir de mon état, assiste avec ma mère à mon interrogatoire. Elle connaît les gendarmes de Givet.

Après que j'ai expliqué les faits de la manière la plus précise possible en essayant de ne pas pleurer, le gendarme le plus gradé me questionne avec insistance, comme si je dissimulais la vérité :

« Vous connaissiez bien cette personne, mademoiselle. C'était votre amie ?

— Oui.

— Elle avait de la famille ou des relations ?

— Non. Je la voyais toujours seule. Mais Sidonie n'était pas de Givet. Elle venait de Dunkerque.

— C'est vrai. Nous avons appelé nos collègues là-bas. Ils la connaissent bien. La victime n'a jamais eu sur vous de mauvaise influence ?

— Je ne comprends pas, monsieur le gendarme.

— Vous a-t-elle expliqué son activité passée ?

— Non.

— Était-elle malhonnête ? interrompt Man-Nini.

— C'est délicat à dire, madame, répond le gendarme.

— Je vous en prie, c'était l'amie de ma petite-fille.

— Mme Sidonie Bouquet était une prostituée.

— Mon Dieu, vous voulez dire une putain ? réplique Man-Nini.

— Oui, une ancienne prostituée.

— Tu te rends compte, Petite-Mère ? Cette femme que tu pleures comme un être cher était une putain !

— Je ne sais pas ce que c'est et je m'en fiche. J'aimais Sidonie, c'était mon amie.

— Malheureuse, ne dis pas ça ! persiste Man-Nini.

— À notre connaissance, Mme Sidonie Bouquet ne se prostituait plus à Givet », conclut le gendarme.

Ma mère assiste, incrédule, à nos échanges, en tamponnant par instants le coin de ses yeux. Elle me regarde comme si elle me découvrait. Dans le rapport des gendarmes figurera que sa fille était l'amie d'une prostituée, mais ma mère savait à peine ce que c'était. Dans nos villages tranquilles et isolés, aucune femme ne se livrait à cette activité, pas même à Givet. Les prostituées devaient exister mais dans des grandes villes où nous n'allions jamais.

Après le départ des gendarmes, mon interrogatoire reprend.

« Tu te rends compte, Petite-Mère ? répète Man-Nini.

— Non.

— Une prostituée est une femme qui va avec des hommes pour de l'argent. Tu comprends maintenant ?

— Qu'est-ce que ça peut faire ?

— Mais c'est une honte ! Une abomination ! Un déshonneur ! Tu ne sais pas ce que tu dis !

— Je connaissais bien Sidonie. C'était une femme bonne, incapable de faire du mal.

— C'était le mal en personne, tu veux dire !

— Non ! Et les curés qui touchent les petites filles, les contremaîtres qui veulent coucher avec nous, les maris qui trompent leurs femmes et les hommes qui vont avec ces prostituées, qu'est-ce que tu en dis ?

— Tu perds la tête, Petite-Mère ! Je ne te reconnais plus. Cette femme t'a corrompue. Grâce à Dieu, tu ne la reverras plus ! s'écrie Man-Nini.

— Arrêtez ! Arrêtez ! Sidonie était mon amie... »

Je bondis, file dans ma chambre pour ramasser quelques affaires et m'enfuis. Je vais retrouver Jean dans son village, à Charnois. Je connais son adresse.

Avec l'accord de ses parents, je passe la nuit à pleurer dans la chambre d'amis.

Au matin, la mère de Jean, que je n'ai vue qu'une seule fois, me conseille de rentrer chez moi, car je suis mineure. Mes parents doivent s'inquiéter. Elle me dit : « Ce n'est qu'une brouille passagère. Il faut s'expliquer, voilà tout, sans perdre de temps. Vous saluerez bien vos parents de ma part. Il faudrait que nous nous rencontrions, car la date de votre mariage avec Jean avance à grands pas... »

Cette femme qui a connu la douleur de perdre son fils aîné me parle avec douceur, sagesse. Je lui obéis et pars sur-le-champ.

Quand j'arrive chez moi, ma mère me tend les bras.

« Ah, tu es revenue, Petite-Mère ! Je me suis fait un sang d'encre. Ne pars plus ! Je t'en prie. N'en parlons plus. Jamais plus.

— Promis... »

Je ne quitte pas ma chambre jusqu'au lundi matin.

De retour à l'usine, Marcel me change de poste de travail et me présente à une nouvelle recrue. Sidonie est déjà remplacée. À la pause, une rumeur court dans le réfectoire. Sidonie, endettée, n'a pas laissé d'argent pour son enterrement. De plus, vu son passé, le curé refuse toute cérémonie. La vie de mon amie se résume à un seul mot que les filles de l'usine répètent en rougissant : « prostituée ». Pas de pardon, ni même d'oubli pour Sidonie, elle sera enterrée dans le carré des indigents, avec les misérables, les criminels, les pestiférés... Je n'en dors pas de la nuit.

Au matin, j'ai trouvé ! J'ai fouillé dans ma mémoire. Sidonie gardait un magot caché sur sa terrasse. Aussitôt je file au moulin de mon amie. Je sais où elle cache les clés. Sur la porte, on a posé deux sceaux de cire rouge reliés par un fil, perçant une notice blanche menaçante : « Scellés de la police nationale, NE PAS OUVRIR. Tout contrevenant s'expose à une peine... » Ce ne sont pas des bouts de ficelle et de papier qui vont m'empêcher de sauver Sidonie de la fosse commune. Je grimpe dans la tourelle et déniche derrière son fauteuil, sous une pierre descellée du muret, une boîte à biscuits métallique que j'ouvre.

Sur des rouleaux de billets serrés par des élastiques repose une enveloppe vierge contenant une lettre. Sans réfléchir à son destinataire, je la déplie.

Monsieur le notaire,

Si je meurs avant l'heure, qu'on m'enterre dignement. Et cet argent, mon moulin, donnez-les à mon fils. Je n'ai pas eu le droit de le retrouver mais vous, vous le pouvez. Je l'ai abandonné à l'hôpital de Dunkerque, le 11 mai 1919 à sept heures du matin. J'avais seize ans.

S'il pouvait me pardonner, ça m'aiderait bien là-haut. Car j'en ai assez bavé ici. J'ai besoin de repos. Merci.

Sidonie

J'ai donné le tout aux gendarmes. Sidonie a été enterrée dignement. Avec quelques billets pour sa paroisse, le curé a même accepté de lire les Évangiles. Je n'ai jamais su si l'on avait retrouvé son fils.

17

Un soleil chaud d'été s'est enfin levé sur les Ardennes. L'éclat du mois de juillet allège un peu ma peine. Jean se montre compréhensif, et chez moi, Sidonie n'est plus qu'une lapine que j'aime, les gendarmes de Givet et mon amie sont oubliés. Ma paie de juin dépasse celle de mon père. Ma mère fête l'événement avec des chocolats de marque et une tournée de liqueur.

Chaque matin, quand je file dans la nuit avec mon vélo, je pense à Sidonie. Il m'arrive de lui parler comme si elle était là, couchée dans le vent.

« Me vois-tu ? Es-tu heureuse là-haut ? Sais-tu combien tu me manques ? Il n'y a qu'à toi que je peux dire ça... »

J'interroge Sidonie pour qu'elle vive. Ça trompe ma tristesse.

En 1961, c'est la guerre d'Algérie. Depuis la « Toussaint rouge » de 1954, les violences et les morts s'accumulent. Dans nos villages, on en parle peu. Pourtant, au total, un million cinq cent mille jeunes Français sont appelés.

Le 14 juillet 1961, Jean m'emmène en voiture à Charleville-Mézières pour admirer le feu d'artifice que l'on dit magnifique. Je n'en ai jamais vu. L'humeur de mon amoureux n'est pas comme d'habitude. Je le questionne mais il se mure dans un silence triste.

« Tu ne m'aimes plus ?

— Ne dis pas ça », répond-il.

Nous marchons jusqu'au parc du Mont-Olympe, en bordure de la rivière où est tiré le feu. La Meuse coule ici comme à Givet. Je regarde le ciel et la surface de l'eau, où se reflètent puis se noient des rosaces immenses, bleues, blanches, rouges, qui éclatent au-dessus de nos têtes. Cette féerie m'émerveille jusqu'au bouquet final qui pétarade à faire trembler les pierres. Ça claque comme des tirs de fusil dans les oreilles.

Après le spectacle, nous nous promenons sans but parmi la foule qui se disperse. Dans l'air planent une odeur de soufre, quelques nuages de fumée et des confettis en papier de fusées déchiquetées qui retombent lentement sur le sol.

Sous le halo d'un réverbère, Jean s'arrête. Il ne m'embrasse jamais dans la lumière. En prenant ma main, il dit :

« Je ne pourrai pas t'épouser en novembre.

— Pourquoi ?

— Je suis appelé pour mon service militaire.

— Tu vas partir ?

— Oui, en Algérie.

— Mon Dieu, c'est loin, je crois.

— Très loin, en Afrique.

— Combien de temps ?

— Deux ans ou plus, je ne sais pas. Ma mère a peur parce que c'est la guerre là-bas. Il ne lui reste plus que moi...

— Mon Dieu... »

Soudain, la voix de Jean s'éloigne. Je m'évanouis.

18

Au milieu du mois d'août, Jean a été incorporé en me cachant jusqu'au bout le jour de son départ. Sans le savoir, je lui ai dit au revoir joyeusement à l'endroit où nous nous étions rencontrés, dans la salle de bal de Man-Nini. Mes derniers mots ont été : « Quand tu reviendras, nous nous marierons ? Je t'attendrai, tu sais... »

Jean m'a répondu : « Oui... »

Ce « oui » était doux mais volontaire, comme Jean. J'avais besoin de cette certitude. Notre avenir était retardé mais dessiné, promis. Ce « oui » m'a rendue forte, invincible. Je n'avais besoin que de cette syllabe pour continuer de vivre, d'espérer, d'attendre.

Le mardi 15 août 1961, la mère de Jean m'a fait porter un mot.

Chère Paulette,

Notre Jean est parti, son père l'a emmené à la gare.

Il a pris le train pour Paris, puis Marseille où il embarquera pour la ville d'Alger. Notre fils est incorporé dans la 10e division parachutiste à Constantine, mais il est noté que ce lieu peut changer. J'imagine que les soldats se déplacent. Voilà tout ce que nous savons. Dès qu'il arrivera à bon port, Jean nous enverra son adresse. Comme toi, nous patientons, nous prions.

Le Bon Dieu ne peut pas nous enlever deux fils.

Je t'embrasse.

Anne

Allongée dans ma chambre, je replace ce mot dans son enveloppe que je plie et replie en la triturant dans mon poing. À l'instar de ce papier, mon cœur se serre, mais je tiens bon parce qu'au creux de l'oreille j'entends Jean me murmurer « oui ».

Ma mère m'a dit ces mots qui m'ont laissée sans voix : « Attendre, c'est le sort des femmes. Il ne faut pas se plaindre. Les courageux se battent... »

Je ne me plains pas. Je ne dis rien. Je ne pleure même pas. À nouveau, je vais creuser des encoches autour de mon lit, le sculpter entièrement de fines écailles. Le petit serpent du début de mon attente va devenir un boa constrictor à double tour dont la tête engloutira la queue. Chaque jour, je penserai au suivant en comptant le temps écoulé sans connaître précisément la date du retour de Jean.

De toutes les façons, je suis habituée, cela fait bien longtemps que j'attends. Quoi ? Mon départ, la fin de l'attente. Jean est parti vers un pays lointain. S'il n'y avait pas la guerre, je l'envierais. Il faut partir d'ici pour ne pas mourir d'ennui. Je ne suis pas d'accord, Maman, je ne passerai pas ma vie à attendre. Je ne resterai pas dans cette maison, ce village où la grisaille des pierres gagne le teint des femmes, je m'enfuirai de cette campagne où la terre colle aux pieds et englue les âmes. Les papillons légers et les oiseaux libres le savent bien, ils ne se posent jamais sur le sol. Sauf à Paris, sur des photographies, j'ai vu des pigeons courir sur des places autour de fontaines. Sur les plages aussi, les mouettes s'amusent à même le sable. Je ne passerai pas mon temps à pleurer en regardant par la fenêtre la vue sur l'église. Je ne suis heureuse que sur mon vélo, dans le vent de ma course, quand je poursuis l'horizon. Comme tu l'étais, Maman, sur ta moto. Sauf que moi, je ne renoncerai pas. Pour le moment, je fais halte à Givet, puis retourne à ton chevet, mais un jour, quand Jean reviendra, nous irons jusqu'au bord de mer ou dans la grande ville, à Paris ! Pour nous marier et vivre une autre vie.

Depuis le départ de Jean, je ne fais que m'occuper de mes animaux et travailler. Après l'usine, j'aide mon grand-père Padidi au potager. Man-Nini a arrêté les bals, car il n'y avait plus que des filles. Elle consacre tout son temps à l'épicerie, que Padidi a fuie en se réfugiant dans les champs.

Cet homme très discret qui ne prononce que quelques mots chaque jour a toujours été bon avec moi. Dans son potager, il veut m'apprendre comment cultiver des légumes.

« Ça peut toujours servir ! affirme-t-il.

— Tu ne veux plus rester à l'épicerie ? demandé-je.

— Si, mais seul ! Les femmes parlent trop.

— Tu ne t'entends plus avec Man-Nini ?

— Si, mais à petites doses ! Ta grand-mère est un moulin à paroles. Toi, tu tiens de moi, tu ne parles pas plus qu'il ne faut.

— Mon Jean est comme toi. Il ne cause pas beaucoup. Je pourrais passer tout mon temps avec lui !

— C'est bien, Petite-Mère. Attends qu'il revienne et, dans cinquante ans, tu penseras à moi dans ton potager...

— Je n'aurai pas de potager, car j'aimerais vivre à Paris, mais je penserai toujours à toi, Padidi ! »

Je passe du temps avec mon grand-père parce que mon père est invisible. Il travaille beaucoup pour gagner plus de sous. Ma mère répète sans cesse qu'on en a besoin pour finir les travaux de la maison. Nous rapportons pourtant trois paies maintenant. Combien lui en faut-il ? Mon père et mon frère sont payés en liquide. Moi aussi maintenant, j'ai demandé à transformer mon mandat quand j'ai vu l'effet des billets de banque sur ma mère. Quand vient la fin du mois, après l'avoir compté, elle regroupe tout l'argent sur la table de la cuisine et le soulève en le faisant légèrement voler.

« On est riches, on est riches ! » crie-t-elle dans un moment de joie qu'elle est seule à partager. Mon père, mon frère et moi la regardons comme une curiosité, en souriant en coin pour qu'elle ne se sente pas bête.

Ma sœur Renée va toujours à l'école. C'est formidable, elle va passer le baccalauréat, puis elle ira étudier la comptabilité à Charleville-Mézières. Je lui ai dit que j'étais fière d'elle. J'aurais bien aimé faire des études, car je sens bien qu'il y a trop de choses que je ne sais pas. Apprendre le droit m'aurait plu, pour réparer les injustices, ou l'architecture pour trouver la maison idéale, celle qui rendrait les gens heureux, inventer des logements que mon Jean aurait construits. Je pense que j'en aurais été capable. J'ai de l'imagination, de la mémoire, mes dessins sont précis et Monsieur Marcel le répétait assez : « Tu es intelligente, Paulette ! » Mais ainsi va la vie et je ne m'y oppose pas. Comme un caméléon, je m'adapte aux situations. Éprouver du regret n'est pas dans mon caractère. Peut-être parce que ça ne sert à rien. Je crois à un chemin qui se trace sous mes pas, à une vie différente, comme une aventure, qui m'appelle et que je ne connais pas.

Mes frères sont grands, ils n'ont plus besoin de leur Petite-Mère. L'aîné regarde déjà les filles. Dès qu'il en voit une à son goût traverser nonchalamment la place de l'église, mon Raymond se transforme en chien d'arrêt, prêt à bondir sur le gibier. Ça le tourmente, ces visions. En fait, toute jeune fille portant jupons et cheveux longs semble au goût de Raymond. Mon petit frère a une notion de l'amour extensible et changeante, commune aux êtres de son sexe.

« Ah, je suis amoureux, soupire-t-il, en guettant du toit, par la fenêtre étroite de sa chambre, une jeune inconnue qui patiente sagement devant l'église en tortillant ses cheveux.

— Ce n'est pas de l'amour ça, Raymond ! dis-je.

— C'est quoi alors ?

— Des petites graines dans ta zézette prêtes pour la semaison ! »

Je fais rire Raymond et quand je veux l'embrasser – car dans mon cœur, il est resté mon bébé –, l'ingrat me repousse dans un rictus de dégoût.

Le soir, en l'absence de nouvelles, je relis la lettre de la mère de Jean. Ça n'avance pas à grand-chose mais ça me fait du bien. À l'exception d'un mot qui m'inquiète : « parachutiste ». Mais quelle horreur ! Il n'a pas de bol mon Jean. Il en faut bien du courage pour se jeter dans le ciel comme un oiseau. On n'est pas fait pour ça ! Il n'a pas d'ailes mon Jean mais des jambes et des bras que j'aimerais serrer. Dans un film, un soldat descendu du ciel sous son gros champignon était resté accroché au clocher d'une église. Je me souviens que ça se terminait bien. Mais c'est du cinéma. Mon Jean, lui, est à la guerre. Quand il reviendra d'Algérie, j'épouserai un héros...

À Givet, on ne sait pas grand-chose de ce qui se passe dans ce pays d'Afrique. Dans le café au coin de la rue qui longe la filature, où nous avons nos habitudes avec Monique, mon nouveau binôme, et quelques collègues, il m'arrive de feuilleter le journal ou un magazine déposé sur le comptoir. Parfois, j'aperçois quelques clichés et les lignes d'un article que je lis rapidement. Ça n'est jamais grave et les illustrations ressemblent à des publicités de tourisme. Les paysages d'Algérie semblent bien différents d'ici. J'imagine mon Jean dans la belle Alger face à la mer Méditerranée, habillé en militaire, posant fièrement sur une vaste avenue de la ville moderne, plantée de ces arbres curieux au tronc fin et haut finissant en plumeau, ou à Constantine, brandissant le drapeau français sur un pont suspendu ou le toit plat d'une de ces maisons typiques appelées « casbah » qui s'imbriquent les unes dans les autres comme un jeu de cubes. J'aime beaucoup les photographies représentant le désert. Surtout pour mon Jean, mieux vaut qu'il atterrisse sur une dune que sur un clocher pointu ! Mais j'évite de l'imaginer en parachutiste parce que ça me pétrifie. Je crois qu'à sa place je mourrais dans l'avion...

Ça doit lui faire drôle à mon Jean, toutes ces nouveautés. Au moins il n'est pas seul, j'ai lu que des centaines de milliers d'autres hommes ont été appelés. Comme lui, de jeunes Français, qui n'ont jamais quitté leur région, découvrent tout à coup l'étranger, les villes pâles posées sur la mer indigo, des hommes et des femmes à la peau brunie, aux coutumes inconnues, des villages en terre battue aux portes du désert, et au-dessus de leur tête, dans un ciel presque blanc tant il est clair, un soleil féroce qui brûle comme le feu. Et la guerre ? On en parle peu. Peut-être n'est-ce pas si grave après tout.

Monique ne partage pas cet avis. On cache la vérité aux gens pour les rassurer. Mais ce sont bien des combats qui sont menés là-bas, et de la pire espèce. Monique semble bien informée. Sa mère, femme de ménage à l'université, a découpé dans la bibliothèque des articles de journaux au papier plié que Monique me glisse discrètement dans la poche, en faisant « Chut... » avec le doigt, comme s'il s'agissait de documents secrets, interdits.

À la pause, au hasard, je lis le premier, mot à mot, lentement, horrifiée. Il titre « Massacre dans le Constantinois » et remonte au mois d'août 1955. Une centaine d'Européens ont été assassinés au couteau, à la hache, par un groupe d'Algériens qui voulaient chasser les colons hors de leur pays. Ce fut le début du conflit et de la barbarie. Je n'en crois pas mes yeux, je ne peux plus lire, j'ai envie de vomir. Des détails du massacre y sont décrits. Un enfant de quelques jours, fracassé contre un mur sous les yeux de sa mère, a été replacé dans son corps éventré...

« Alors, t'as vu ce que c'est, la guerre d'Algérie ? » me lance Monique quand je regagne mon poste. Incapable de répondre, en silence, je lui tends tous ses maudits articles. Pendant des heures, l'image de ce bébé et de sa pauvre mère flotte dans ma tête. Cette sauvagerie me rappelle les pieds et les mains cloués du Christ qui me terrifiaient. Est-ce bien des hommes qui font cela ? Pourquoi ? Où sont-ils ? En Algérie ? À côté de mon Jean ? Que Dieu le protège d'une telle barbarie ! Mais que peut-il vraiment ce Dieu, père du Christ, qui laisse faire ça ?

Depuis l'article de Monique et ceux que je n'ai pas lus mais qu'elle a tenu à me commenter, évoquant cette fois des tortures commises par les forces françaises, j'attends avec beaucoup d'anxiété les premières nouvelles de Jean. Et je prie, même si Dieu est impuissant. Au fond de moi, j'espère que mes prières sans intermédiaire arriveront directement dans le cœur de Jean, qu'elles lui donneront du courage. Je m'arrête régulièrement dans cette petite chapelle à la croix redorée, en retrait de la route où je me suis endormie le jour du départ de ma Sidonie. Agenouillée devant l'autel minuscule et le porte-cierges où danse toujours une flamme, je me concentre tellement en prononçant le nom de mon héros que, dans ma tête, je l'entends me parler. Je lui dis que je l'aime et que s'il revient, je serai la meilleure des épouses. J'imagine alors un arc-en-ciel jaillissant de la croix de cette chapelle jusqu'en Algérie pour égayer mon Jean et le recouvrir de toutes les couleurs de mon amour. Quand je sors pour reprendre mon vélo, immédiatement je lève la tête. L'arc-en-ciel a disparu ! A-t-il seulement existé ? Mes prières étaient si intenses que je le jurerais.

Chaque soir, en revenant du travail, j'interroge ma mère :

« Il y a du courrier ?

— Non », me répond-elle en feignant un air désolé.

Jusqu'au vingt-neuvième jour, où elle me tend une enveloppe bordée d'un liseré bleu blanc rouge avec quatre lettres écrites au dos : « JEAN ».

Sautant de joie, je me précipite pour l'ouvrir avant de me raviser. Je vais emporter cette lettre tant attendue dans ma chambre pour la déguster, ou mieux, l'imaginer. Adossée contre la porte refermée, je plaque sur ma poitrine l'enveloppe cachetée par les doigts de Jean. Que peut-il me dire ? En premier lieu qu'il est vivant ! Mais quelle bête je fais, les morts n'écrivent pas de lettre. Qu'il est tombé aux mains des barbares ? Non ! Je prie bien trop pour cela. Qu'il s'ennuie de moi ! Oui, qu'il m'aime et que le soleil d'Algérie brûle moins que mon absence.

J'ai conservé toutes les lettres de Jean sans jamais pouvoir m'en défaire. Elles sont une part de lui, de nous, le panthéon de papier de mes souvenirs heureux. Si je ne les avais pas conservées, ma vie aurait sûrement effacé cette brève part de lumière qu'elle a pourtant connue.

Leur papier est usé maintenant. Aux coins pliés percent des jours. Au fil de mes lectures, je les ai restaurées avec de petits morceaux de Scotch, en m'appliquant à retracer au Bic indélébile les mots effacés. Avant que l'encre ne disparaisse totalement, je les ai photocopiées et protégées dans une pochette en plastique. Chaque lettre existe en noir et blanc comme à l'ombre de notre amour. Sur les lambeaux originaux contenus à l'intérieur, je peux encore lire quelques mots de Jean.

Constantine, le 11 septembre 1960

Ma Paulette,

On est bien arrivés. Le voyage était long, j'ai eu le mal de mer. Crois-moi, on est bien mieux sur la terre. La chaleur ici est étouffante. Il fait parfois plus de 50 degrés. Un vrai four ! Nous sommes huit par chambre, on ne s'entend pas trop mal. Au début, mon voisin pleurait toutes les nuits comme un enfant. Puis il s'est calmé. Il n'y a pas le choix. Pour l'instant, notre mission est d'apprendre à sauter et à préparer les opérations. Dans un mois, on devrait être lâchés d'un avion pour de bon. L'adjudant-chef nous a demandé si nous avions peur. J'ai répondu que non, même si je n'en pense pas moins. Tu te souviens, ma Paulette, qu'à la fête foraine de Givet je n'étais pas rassuré dans la grande roue ! Pour me donner du courage, je pense à tes rires. Autour de Constantine, c'est la campagne, des collines, mais à trois heures de camion, on arrive au désert. Certains trouvent ça beau, pas moi. C'est tellement sec et sans vie que je n'aimerais pas y crapahuter. J'y ai vu des carcasses d'animaux. Sais-tu que quand ils meurent, les chameaux perdent leur bosse ? Hier, une division s'est fait prendre en embuscade. Trois soldats engagés sont morts. Ce sont des professionnels. On dit que les appelés sont plus protégés. Pourtant, il faudra bien se battre si les engagés sont blessés.

L'ennemi, ce sont les fellouzes. C'est comme ça qu'on les appelle. On ne les voit pas toujours mais ils sont là, planqués, tout autour, et ils nous en veulent à mort. Je ne sais pas au juste ce qu'on leur a fait. Les civils français sont en danger plus que nous. Même ceux qui sont nés ici s'enfuient en France. Ils pleurent parce qu'ils disent que c'est leur terre aussi. Heureusement qu'on a un peu d'amusement. Dans la ville, il y a quelques cafés protégés et des clubs où je ne préfère pas aller. Je rentre dans la chambrée et je pense à toi, à tes lèvres, à tes cheveux. Je me rends compte que je n'ai pas de photo de toi. Tu m'en enverras une ?

Pour passer le temps qui parfois est bien long, je dessine des maisons. Celles que je construirai et celle que nous habiterons.

Je t'embrasse bien fort. Tu me manques, il me tarde tant de te revoir.

Jean

Plus jeune, je connaissais les lettres de Jean par cœur. Surtout celles du début. La première forcément est restée longtemps dans ma mémoire. Je l'ai embrassée frénétiquement avant de réaliser, soudainement irritée, en relisant chaque ligne, que Jean n'avait pas écrit qu'il m'aimait. Cet amour qu'il me porte, qu'il a prononcé et promis, me paraît fragile. J'ai besoin de le voir écrit, de le lire, de le toucher pour qu'il ne m'échappe pas.

Aussitôt, j'ai saisi mon stylo à plume pour entamer une correspondance, plus qu'abondante de ma part, dont les premiers mots posaient toujours la même question – « M'aimes-tu ? » –, que je répétais au fil de la lettre.

Pas une seconde, je n'ai pensé que Jean pouvait mourir. Cette guerre lointaine, discrète, et la soudaineté du départ de Jean conféraient à son absence une forme abstraite. Je m'attendais à le voir revenir d'un jour à l'autre. Souvent, je le guettais, à vélo, en traversant la ville, à l'usine. J'étais persuadée du pouvoir protecteur de mes prières et que le Bon Dieu me ramènerait mon Jean. Ma seule incertitude, vive, lancinante, portait sur son amour, sa force, son existence.

J'écris chaque jour à Jean qui me répond une fois par quinzaine avec une certaine régularité. Peu importe le nombre de lettres, encore faut-il avoir le temps de les écrire et les moyens. Lors de son premier saut, démontrant un grand courage, mon Jean s'est tordu le poignet.

À Givet, le photographe, avant d'appuyer sur son appareil imposant, jonché sur un trépied, m'a demandé :

« C'est pour qui le portrait ?

— Pour mon fiancé.

— Que fait-il ?

— Il est parachutiste en Algérie.

— Je vois... Alors si vous m'autorisez, vous devriez dégrafer votre chemisier, ça lui fera plaisir. »

Sans me poser de questions, j'ai obéi, puis dans la rue, j'ai pensé : « À toi aussi, gros dégoûtant, ça t'a fait plaisir... »

Cependant, le photographe avait raison. Son travail a remporté un vif succès. Jean m'en parle dans chacune de ses lettres. Il cache même ma photo de peur que ses collègues ne la lui volent.

Si tu savais les commentaires que tu provoques... Je ne peux pas te les dire, car ils sont osés. Il ne faut pas s'en offenser, nous sommes entre hommes et à l'armée. Je suis fier, ma Paulette, d'avoir une belle fille comme toi qui m'attend à la maison.

Fidèle à mon obsession, j'ai répondu : « Je suis heureuse que mon portrait te plaise, mais m'aimes-tu ? » J'ai dû attendre la cinquième lettre pour obtenir une réponse. Tout en bas du texte, sous la signature, figurait un post-scriptum, comme un oubli glissé à la fin pour éviter les ratures : « OUI, bien sûr. »

Au fil de ses missives de plus en plus espacées, j'ai senti la peur de Jean envahir ce papier épais comme des feuilles à dessin. Lentement, ce sentiment vital a chassé un à un les mots tendres que je scrutais en les répétant à voix haute, expérimentant dans mon corps vibrant leur pouvoir : « Tu me manques tant », « Je rêve de te serrer dans mes bras », « J'ai repris le dessin de notre maison », « Souvent, je nous imagine faisant l'amour ». Je me revois entourant ces mots, m'interrogeant à chaque ligne « est-ce un mot tendre ? », comptant le nombre de « tu », de « toi », de « nous », de fois où Jean m'interpellait, en écrivant ce lien qui survivait entre lui et moi.

Toutes les lettres de Jean se terminaient par « Je t'embrasse bien fort ». Cela faisait déjà cinq mots tendres, car le *t* apostrophe comptait, plus le « ma » au début de « ma Paulette ».

Dans la dix-septième lettre, seuls ces cinq mots furent porteurs de tendresse, et encore ils sonnaient telle une politesse. La peur avait tué l'amour. Impuissante devant mon implacable décompte, le jour d'arrivée de cette dix-septième lettre, j'ai quitté la maison sans dire où j'allais. J'ai roulé le plus vite que j'ai pu, à la limite du danger, me fichant pas mal si je tombais, jusque dans la forêt pour y hurler ma détresse.

Jean m'a d'abord raconté ces cris qu'il entendait la nuit, mêlés à des suppliques en arabe qui montaient du sous-sol de la caserne. Il a décrit les accidents, les blessés autour de lui, ce qu'il a vu à l'infirmerie quand lui-même y est retourné après un saut raté. Puis il y a eu ces deux jeunes hommes, dont la chambrée était à quelques portes de celle de Jean, tués par balle dans le centre de Constantine alors qu'ils étaient en civil.

Le temps, l'éloignement et cette guerre meurtrière qui fait d'hommes gentils des bourreaux, les témoins traumatisés de crimes odieux, ont éteint l'amour vif que Jean me portait. Rien ne résiste au spectacle de la barbarie, ça fait tout exploser. Entre amour et survie, on choisit vite. Certains y laissent leur peau, leur raison criblée de cauchemars. Il faut la foi, et même plus que ça, pour croire que l'amour peut encore couler dans le sang des hommes.

En recevant la vingtième lettre, j'ai vu la mort dans mes mains. Les lignes disparaissaient sous une pleine page noire. Je retournais la feuille, frottais mes yeux, mais tout restait noir. Alors, j'ai écrit à Jean en le suppliant de ne plus se battre. Je préférais un mari vivant à un héros mort. Deux semaines plus tard, j'ai reçu sa réponse : « Jamais de la vie ! Au contraire, tu devrais m'encourager. Tu épouserais un lâche ? Tu me déçois. » J'ai compris que c'était fini. Plus qu'une mer et un pays, le danger de mort et le malheur nous séparaient.

Jean a pourtant continué de m'écrire, par habitude ou parce que le fil de notre lien n'était pas complètement rompu. J'ai arrêté de lui poser des questions et de lui donner des conseils. Jean n'était plus tendre, je l'étais pour deux. À chaque ligne, je m'entêtais à parler d'amour, à multiplier les projets, à lui dire que j'étais à lui. Sans effet.

La vingt et unième lettre de Jean était décousue, à la frontière de l'incohérence, comportant quelques mots offensants à mon égard et plusieurs lignes sur les joies de la ville qu'il goûtait désormais, « car il faut bien trouver du réconfort malgré le danger ».

En approchant le nez du papier de la lettre suivante, j'ai senti un léger parfum d'alcool, dont la tache avait dilué plusieurs mots. Puis dans la vingt-troisième lettre, il y en eut un superbe, au tracé bien net, le plus beau depuis le début, inespéré, comme la rémission d'une maladie, une embellie inenvisageable, le mot « permission » entouré plusieurs fois et, à nouveau, tout en bas de la feuille : « Je t'embrasse bien fort. » Cela faisait six mots tendres.

19

Je n'ai aucune date du retour en permission de Jean, évoqué il y a un mois dans sa dernière lettre. Une année pile s'est écoulée depuis son départ. C'est l'été. Chaque jour, je frémis à l'idée de le revoir.

Man-Nini me répète ce qu'un client lui a dit :

« À Givet, des appelés en permission font la fête. Ils mettent un beau bazar. J'organiserais bien un bal, mais j'ai peur du grabuge. Si ton amoureux est de retour, fais attention à toi, Petite-Mère.

— Pourquoi ?

— Tu sais bien ce qu'il voudra. Tu es une femme maintenant. Tu auras bientôt dix-neuf ans. Mais tiens bon ! Parce qu'il repartira et Dieu sait quand tu le reverras...

— Si Jean m'aime encore, je serai à lui.

— Malheureuse ! Bien sûr qu'il t'aimera pour la bagatelle. Et après ? S'il te met enceinte, on sera dans de beaux draps ! »

Je n'écoute plus Man-Nini et chevauche mon vélo pour me rendre au plus vite dans le village où Jean habite. Je sonne au portail et vois sa mère apparaître, l'air gêné, surpris, sur le seuil de la porte.

« Jean est là, s'il vous plaît ?

— Oui... Il est arrivé il y a quelques jours et a fêté cela avec ses collègues. C'est dur là-bas. Tu comprends, Paulette ? Il dort beaucoup, il a besoin de se remettre...

— Il va venir me voir ?

— Oui, sûrement, je vais lui dire que tu es passée. »

Sur le chemin du retour, je ne fais que pleurer. Je dois même m'arrêter, car je suffoque, j'ai du mal à respirer. Dans la petite chapelle, j'entre pour prier. Je voudrais que Jean m'aime encore.

Le lendemain, à la sortie de l'usine, il est là, à cheval sur sa moto avec ses lunettes de soleil. Je cours si vite en traversant la route qu'une voiture manque de me renverser. Je saute à son cou, le couvre de baisers que Jean me rend sans fougue, en me serrant à lui par son bras autour de ma taille. Interrompant mon élan, il dit : « Doucement, tu vas me faire tomber. »

Puis, en levant ses lunettes, saisissant mon menton, il dit d'une voix que je ne lui connais pas :

« Tu es à moi ?

— Oui...

— Tu veux aller dans le bois ?

— Oui...

— Alors, monte, ma Paulette ! »

Sur la moto, à travers son pantalon, Jean me fait toucher son sexe durci. Je dois le caresser sans cesse jusqu'au bois. Dès que ma main s'échappe, Jean la capture d'un geste leste pour la reposer sur cette partie du corps qui semble mouvoir tout le reste. La vitesse de la moto, la brusquerie de Jean, son économie de mots, cette urgence à aller dans le bois, tout provient de ce sexe gonflé qui menace d'exploser comme une grenade. Cela fait des mois que j'ai envie de faire l'amour avec Jean. Ces mots sont tellement jolis. Faire l'amour que l'on ressent. Mais j'ai peur. Comment cette forme longue, renflée, va-t-elle pouvoir entrer en moi ? Ce doit être affreux, douloureux, c'est pour ça qu'on en parle si peu. Je sais ce qui va se passer dans le bois puisque j'ai dit oui. Pourtant, je rêvais d'une autre manière, d'une chambre, de baisers lents, d'un lit aux draps brodés, d'une cérémonie. C'est ainsi. J'oublie mon rêve et les exhortations de Man-Nini que j'entends malgré le vacarme de la moto. Je la croirais posée sur mon épaule, petit ange gardien aux ailes prises dans le vent ou gentille vipère, bien accrochée, plus sensible aux commérages qu'aux élans du cœur. Cela fait un an que je n'ai pas vu mon amoureux. Je pensais notre histoire terminée. Jean a changé, mais peut-être est-ce passager ? S'il promet de m'aimer, je ferai ce qu'il voudra. Je vais surmonter ma peur comme Jean lorsqu'il saute dans le ciel. J'en ai assez de ces mystères, de cette attente, de ces messes basses et ces menaces. Je veux savoir et je veux lui plaire. Si Jean m'aime, nous ferons l'amour dans le bois.

Une fois que nous sommes arrivés, Jean me prend par la main avec un empressement soudain. Se mettant à courir, il crie :

« Vite, vite, j'ai trop envie.

— La grenade va exploser », pensé-je.

Derrière un bosquet, nous nous allongeons dans l'herbe. Sans me déshabiller, Jean défait mon chemisier en faisant voler dans sa précipitation un ou deux boutons. Puis il relève ma jupe et baisse ma culotte jusqu'à mi-cuisses. Je sens le vent frais et les doigts fiévreux de Jean. Pétrifiée, la peur tuant mon désir et ma pensée, je sens mon corps se rigidifier. Jean est un intrus que je tolère, qui malmène mon sexe et lape mes seins. Il me dit : « Tu veux vraiment ? »

Incapable de parler, des larmes couvant sous mes yeux fermés, ma tête fait lentement oui, oscillant sans cesse.

« Tu pourrais bouger un peu, me montrer ton amour ! On dirait un morceau de bois.

— Je t'aime..., dis-je doucement.

— Moi aussi, répond Jean. Allez, ouvre-toi ! »

Jean a dit « moi aussi ». Je soulève alors mon bassin en accompagnant les doigts de Jean qui cherchent à entrer en moi.

« Voilà, c'est bien, dit-il, tu m'excites tellement Paulette... »

Je bouge davantage, mon ventre ondule.

« Ah tu es belle, j'ai trop envie de toi ! »

Un instant, Jean me lâche brusquement pour ouvrir son pantalon quand il crie :

« Ah, je jouis... Merde ! Ah...

— Quoi ?

— J'ai joui... »

Puis roulant sur le côté, il souffle fort, comme après un effort.

« C'est fini ? On a fait l'amour ? » demandé-je.

Jean se met à rire.

« Ah, ma Paulette... Tu n'as pas changé !

— Non, pourquoi ? Et toi ? Tu m'aimes encore ?

— Oui, mais... Tu sais, les hommes ont des besoins... Heureusement qu'à Constantine on trouve des filles faciles.

— Tu vas avec d'autres filles ?

— Parfois... Bien obligé. Tout le monde y va. Mais ça n'a rien à voir avec toi. Pour quelques francs, elles te donnent du plaisir, et elles savent y faire.

— Ce sont des prostituées ?

— Appelle-les comme tu voudras, ce sont de gentilles filles et c'est bien agréable. On deviendrait fous sinon... »

Sur le chemin du retour, je reste silencieuse. L'idée que Jean aille avec d'autres filles me fait mal. Nous sommes si différents. Je serais bien incapable de faire la même chose. Quand il n'est pas là, j'agis comme une nonne dont il serait le dieu. Je me sens blessée, trahie, révoltée, bien que j'essaie de me raisonner, de penser qu'il est loin, que c'est la guerre là-bas, qu'il a des besoins que je n'éprouve pas...

Jean me raccompagne à l'usine où j'ai laissé mon vélo.

« Tu repars quand ? lui demandé-je.

— Dans deux jours. Tu veux retourner dans le bois demain ? J'aimerais être le premier homme à te prendre.

— Mais tu le seras ! Qui d'autre ? Je ne vais avec personne, moi !

— Je sais...

— Après l'Algérie, si tu promets de m'épouser, je retournerai demain dans le bois.

— Promis. »

Le lendemain est un jour sans fin. Je regarde avec désolation la pluie tomber. Nous ne pourrons pas faire l'amour dans le bois, ni même emprunter la moto.

Jean n'est pas venu. Est-ce la pluie ? Moi ? A-t-il trouvé plus près de chez lui une fille facile ? Je ne le reverrai pas avant son nouveau départ.

Le soir, en m'endormant, même si ça fait mal, je me promets de ne plus lui écrire, de ne plus sculpter mon lit d'écailles de serpent. Et à mesure que la nuit avance, je ressens la brûlure de ma promesse, la torture des affres de l'amour qui meurtrissent ma nature entière. La fin de l'amour a le goût de ma propre fin. Je suis trop petite face aux sentiments, désarmée, inapte.

Dès le lendemain, emplie de tristesse, j'erre comme un cœur en deuil.

Quelques jours plus tard, une carte postale en couleurs envoyée de la ville de Marseille, montrant sa Canebière et sa Bonne Mère sous un ciel radieux, avec un brin de mimosa jaune dessiné dans un coin, remet le feu à mes sentiments. L'amour d'un cœur simple est coriace. Jean m'écrit qu'il embarque du nouveau port, qu'il m'aime, qu'il reviendra bientôt, qu'il ne faut pas lui en vouloir. Il ne mentionne pas ce qu'il a fait pendant ce jour de pluie où je l'ai attendu et conclut par un petit dessin fracassant mes doutes, ma tristesse et mes vœux de silence. En cinq traits, Jean a dessiné une petite maison avec un cœur à l'intérieur.

Cette carte postale venue d'un pays bleu libère toutes les forces de mon amour. Et je reprends de plus belle notre correspondance.

Nous échangeons plusieurs mois jusqu'à ce que Jean arrête de m'écrire, sans raison apparente, au début de l'année 1962. En mars, alors que les accords d'Évian sont signés, mettant un terme à la guerre, Jean m'envoie un dernier mot succinct, m'annonçant son retour prochain et définitif, précipité par un affrontement terrible auquel il a assisté et survécu par la grâce de Dieu, l'égorgement de son camarade de combat.

J'attends le retour de Jean. Il peut apparaître aujourd'hui ou demain, à n'importe quelle heure, frappant à notre porte ou dressé devant sa belle moto à la sortie de l'usine. J'attends. Je n'irai pas chez lui demander de ses nouvelles. Il viendra à moi ou ne viendra pas.

À l'usine, je me bats avec Monique à qui j'ai eu la bêtise de me confier. Jalouse ou méchante, elle a crié tout haut devant les autres filles : « Mais tu ne vois pas qu'il n'en a rien à foutre ton prince charmant, il veut juste te baiser ! » L'assistante du directeur a dû nous séparer. J'étais enragée. Je voulais casser la bouche de Monique, pour ne plus jamais entendre ces paroles peut-être vraies.

Le dernier mot de Jean a un mois aujourd'hui. L'attente me consume. Je perds l'appétit, pleure chaque nuit et deviens agressive. Pourtant, je prie dans la petite chapelle sur le bord de la route pour Jean, et s'il ne venait pas, pour que je survive à son oubli.

Jean est revenu ! Après que la sirène de fin de l'équipe du matin a retenti, je le vois, amaigri devant sa moto, sous un ciel couvert, habillé en militaire, coiffé d'un béret. C'est étrange, Jean porte ses lunettes de soleil alors qu'il va pleuvoir. Je cours vers lui, il me prend dans ses bras, se laisse embrasser, puis me repousse doucement par les épaules pour me regarder.

« Il faut que je te parle, Paulette, dit-il.

— Eh bien, vas-y, je t'en prie.

— Pas ici, dans la rue, devant tes collègues.

— Je m'en fiche ! Qu'y a-t-il ? Tu m'inquiètes !

— J'ai mis une fille enceinte et je dois l'épouser bientôt.

— Mais ce n'est possible ! Qui ? Une fille d'Algérie ?

— Non, une fille de mon village. Ma mère n'en démord pas. Elle connaît ses parents, ils ont du bien. Je n'ai pas d'autre choix... »

J'interromps Jean :

« Ce n'est pas possible ! Quand l'as-tu mise enceinte ?

— Il y a presque six mois, pendant ma permission.

— Mais j'étais là ! Quand ?

— Le dernier jour. Nous sommes voisins, cela faisait quelque temps qu'elle me tournait autour. Il pleuvait. Tu te souviens ? »

Dans ma tête, je ressens comme une implosion. J'en perçois presque le bruit, le néant, le noir, et dans mes tripes, la rage se met à bouillir. Je me jette sur Jean telle une furie, en faisant voler ses lunettes de play-boy de Givet. Il a beau être plus grand que moi, il se défend à peine tandis que je le gifle à pleines mains, le griffe, le mords jusqu'à sentir son sang dans ma bouche sous ses hurlements. À grands coups de pied, alors qu'il tente de m'immobiliser, je renverse sa satanée moto, engin de malheur qui devait nous emmener au paradis.

« Mais tu deviens folle, ma pauvre !

— Oui ! Oui ! Je suis folle ! De rage, de toi ! »

Ces mots qui m'échappent me soulagent, je tente de me ressaisir quand Jean dit : « C'est toi que j'aime Paulette ! Je suis obligé de me marier, tu comprends ? Mais on pourra toujours se voir... »

La rage me reprend définitivement. Je me rue sur Jean avec la volonté de détruire la cause de ma souffrance. Je ne pèse pas bien lourd dans ses bras affûtés de parachutiste qui m'intime de me calmer. Mais c'est bien plus fort que moi et je continue de me battre.

Alertée, l'assistante du directeur intervient munie d'un sifflet de gendarme qui rugit à mon oreille. Dans un dernier cri, je me défais de Jean et m'enfuis en courant. Des minutes entières, à travers la ville, ses mots insensés me poursuivent : « Reviens, Paulette, reviens, c'est toi que j'aime... »

J'erre dans les jours qui suivent tel un zombie et continue de travailler en silence. Un après-midi, devant mes bobines, quand la sirène retentit, je ressens les frissons d'une joie intense. Je vis une hallucination. Quand je sortirai de l'usine, de l'autre côté de la rue, Jean m'attendra. Fier comme un héros, meurtri par mon absence, il implorera mon pardon. Devant sa moto, il me dira : « Je reviens te chercher. Nous allons nous marier. »

Mon rêve s'anime avec une telle force que je crains de perdre la raison. Mais rien de cela ne se passe. La sirène s'est tue et la rue est vide. C'était le chant du cygne de mon amour. Dès lors se fait jour ma nature de survivante. Ma tête reste posée sur mes épaules, et bien qu'il ne vive qu'à quelques kilomètres de moi, Jean disparaît. De notre histoire ne subsistent qu'une lueur, la magie lointaine de notre rencontre, la grâce de ses sourires et ses premières lettres.

Ma vie reprend son cours, sans cœur. Je n'éprouve plus la joie, le plaisir. Les êtres que je croise dans le village ou en chemin vers l'usine s'agitent comme des automates. De tous mes espoirs il n'en reste qu'un seul, celui des survivants, demeurer à distance de la souffrance.

De ces mois incolores, je ne garde que le souvenir de ma mère, le jour de paie, agitant sur la table de la cuisine les billets de banque que mon père, mon frère et moi lui remettons en les comptant un à un devant elle. Aucun de nous trois ne se lasse du spectacle d'Alice serinant qu'elle est riche. Maman éprouve de la joie à ce moment-là. Nous nous tuons à la tâche pour qu'une fois par mois notre mère et épouse s'anime comme le pantin émaillé de la fête de foraine de Givet, qui se met à danser quand on glisse dans sa bouche des pièces de monnaie. Et cette joie, même furtive, rejaillit sur nous, remontant la mécanique de nos cœurs.

Un dimanche, peu avant les douze coups de midi au clocher de l'église, ma sœur Renée vient me trouver dans ma chambre où je demeure allongée sur mon lit.

« Tu ne peux pas rester comme ça, ma Paulette. Tu dépéris ! Tu dis que tu l'as oublié mais tu ne vis plus.

— C'est toi qui viens me chercher cette fois ?

— Oui ! C'est la vie. Un coup toi, un coup moi.

— C'est gentil. Je vais bien, ma Renée. Je me remets mais je n'ai de goût qu'à dormir et à travailler.

— Et moi ?

— Je t'aime, ma Renée, mais mon cœur est touché. Et quand je te dis "je t'aime", je ne le ressens pas...

— C'est horrible. Tu ne m'aimes donc plus ?

— C'est difficile à expliquer, ça reviendra... Je te remercie pour ta visite, ma sœur. »

Le dimanche suivant, Renée revient. Puis le dimanche d'après, avec l'entêtement et la régularité des cloches de l'église. Elle m'interroge comme je le faisais : « M'aimes-tu ? »

Et lorsqu'un matin je ris à sa question, Renée me crie : « Tu es guérie ! »

Renée me convainc de l'accompagner au bal du samedi en me relatant l'histoire d'un voyageur de commerce de Man-Nini qui souffrait d'une peine de cœur.

« Tu sais ce que Maman lui a dit ?

— Man-Nini affirme tellement de choses...

— Une de perdue, dix de retrouvées ! Cela doit aussi marcher pour les femmes.

— Man-Nini ne me l'a jamais dit.

— Eh bien moi, je te l'assure ! Samedi, au bal, tu trouveras des prétendants à ne plus savoir qu'en faire.

— Mais je n'en veux pas ! Si un homme me disait qu'il m'aime, je ne le croirais pas.

— Tu ne vas quand même pas finir bonne sœur ?

— Aucun risque ! Pas de bondieuserie. Tu sais ce qui pourrait me rendre joyeuse ?

— De l'argent ?

— Non plus. Depuis que mes frères sont grands, je me sens inutile. Tout au fond de moi, j'aimerais avoir un enfant.

— Sans être mariée ? C'est impossible !

— Je sais, fille de Man-Nini ! S'il le faut, je le ferai, je me marierai sans amour pour être mère. »

20

Je n'ai pas encore dix-neuf ans, le cœur abîmé mais le corps intact, en pleine santé, à la jeunesse accentuée par ma naïveté. Mon visage poupon ne porte pas son âge. Mes grands yeux étonnés boivent le monde autour, leur couleur oscille du vert au gris. Je suis menue mais rebondie, musclée, toujours férue de vélo. Dans Givet, aucune automobile ne me dépasse. Je les klaxonne en frappant les clochettes à biquette accrochées à mon guidon !

Sur les chemins de campagne immuables, mes longs cheveux jouent avec le vent. Je suis souriante, rêveuse, distraite, quand les pruniers fleurissent au bord des champs fauchés, déterminée quoiqu'un peu perdue, agitée quand je suis contrariée. Et si j'étais un fruit à ce moment-là de ma vie, je serais un abricot de printemps en mal d'été, moucheté de rouge et piqué par les oiseaux.

Nous sommes en juin 1962. Le fameux samedi est venu, le retour à la vie selon Renée. Ma sœur revêt sa plus jolie robe, faite sur mesure, à manches courtes avec des reflets dorés, tandis que je me glisse dans une jupe plissée de flanelle usée et enfile un petit pull mauve en mohair que j'ai tricoté. Rétréci par un lavage malencontreux de ma mère, il me colle à la peau comme un caraco, laissant apparaître à la taille une zébrure de chair et, autour du col, les rives de ma poitrine nourrie.

« Tu vas au bal en pull ? Il est bien trop petit ! Tu le fais exprès ? m'interroge Renée.

— Je m'en fiche et je n'ai guère le choix, je donne tout mon argent aux parents. Mais j'aime ce pull comme une peluche ! »

Le bal a lieu chez Man-Nini. Quand je revois le mur de velours piqué d'étoiles derrière le bar et les lampions qui peinent à éclairer les coins de la grande salle, je suis prise de cafard et décide de rentrer chez moi.

« Je t'en supplie, reste ! Je ne peux aller au bal qu'avec toi... » m'implore Renée.

Je m'assieds et commence à observer le jeu des amoureux potentiels. Les scènes se répètent, c'est la ritournelle du cœur. Je ne peux m'empêcher de penser à Jean. Mon amour a pâli mais pas ma blessure. Est-ce le signe qu'il existe encore ? Non... C'est la marque de l'amour mort, la naissance de mon mépris. Depuis notre premier bal, il y a quatre ans, je n'étais qu'à Jean, ai-je perdu mon temps ? Cette histoire, ces élans, mon espoir réduit à néant... Ce soir, il faut tout recommencer, faire comme si rien ne s'était passé, refleurir sans faner, oublier les lettres, les baisers, les écailles autour de mon lit et danser encore, charmer, répondre aux questions des garçons qui se trémoussent comme des lançons, attendre, embrasser, faire semblant d'apprécier, puis redouter d'aller plus loin. Je ne ferai pas trois fois ces simagrées de la séduction. À l'automne, j'aurai dix-neuf ans, si un garçon décent veut encore de moi, ce sera le bon. Je l'ai dit à Renée. Et je coucherai avec lui, qu'on en finisse ! Mais de grâce, que je ne l'aime pas.

Renée et moi restons assises un bon moment sur le banc jusqu'à ce que Man-Nini fasse jouer exprès *Bambino*. Bien sûr, Renée insiste pour danser alors que pour la première fois j'écoute les paroles avec attention : « Tu n'es que l'ombre de toi-même... Seul dans la rue, tu rôdes comme une âme en peine... » Et sur ces derniers mots qui tout à coup m'insupportent, je me lève d'un bond. C'est fini la nostalgie ! Je me mets à danser face à ma sœur, dont je retrouve avec bonheur les moues irrésistibles, tandis qu'autour de nous, dans la foule que j'épie par instants, aucun visage aimable n'apparaît.

Vers minuit, après quelques heures poussives, la salle s'anime avec l'arrivée d'une dizaine de jeunes militaires dont certains semblent éméchés. Ma mère, Man-Nini et Padidi s'en émeuvent. À tort, les soldats sont inoffensifs. Ils doivent venir de Charlemont, la citadelle de Givet qui sert de base d'accueil aux forces de retour d'Algérie.

Parmi ce petit groupe enjoué, un homme se distingue, par sa taille, sa corpulence, son air de dur à cuire, ses yeux gris métallique et quelques mèches blondes surprenantes qui retombent sur les côtés rasés de sa chevelure. Son visage aux traits réguliers et sa posture fière attirent les regards. Lorsque l'homme s'aperçoit que je l'observe, il se fige tout entier dans ma direction. Impressionnée, je continue de danser en pivotant pas à pas jusqu'à lui tourner le dos.

« Salut, comment tu t'appelles ? »

L'homme, déjà à mes côtés, prend place face à moi où était Renée, qu'il a évincée d'une poussée du coude et d'un sourire aimable quelque peu forcé.

« Moi, c'est Paulette.

— Gérard, enchanté. Tu as quel âge ?

— Dix-huit ans.

— Tu fais moins.

— Et toi ?

— Vingt.

— Tu fais plus. »

L'homme rit.

« C'est les marques de la guerre ! Tu es jolie.

— Merci.

— Tu habites ici ? me demande-t-il.

— Dans la maison à côté. Et toi ?

— J'habite à Paris. On revient d'Algérie. Je t'offre un verre ? Je n'aime pas danser.

— D'accord... »

Renée, qui ne me quitte pas des yeux, se rassied sur le banc. Des lèvres, je lui envoie un bisou.

Au bar, l'homme m'observe de la tête aux pieds sans parler. Gênée par ce silence, je lui dis :

« Tu as dû vivre des choses horribles là-bas.

— Oui. Mais c'est fini.

— Tu as de la chance d'habiter Paris !

— Ah bon ? répond-il surpris.

— Ben oui, c'est magnifique...

— Tu connais ?

— Non... »

Gérard évoque cette ville où il est né, qui me fait tant rêver, en énumérant simplement les hauts lieux de la capitale avec pour chacun ce même commentaire : « beau, à voir ». Il parle très près de moi, comme si sa bouche voulait me happer. Il me tient par l'épaule ou par la taille d'une main puissante, directive, qui me rend docile. Gérard me demande si je viens souvent ici, ce que je fais dans la vie. Quand je prononce le mot « usine », il agite la tête, agacé, puis se tait, semblant réfléchir.

« Et toi ? lui demandé-je.

— Je... vais reprendre l'entreprise de mon père.

— Dans quel commerce ?

— L'automobile... Une grosse affaire d'import-export.

— De quoi ?

— De commerce avec l'étranger.

— Ah, je vois... »

En réalité, je ne vois rien du tout mais je ne veux pas passer pour une cruche, et mes questions semblent l'importuner.

Gérard n'aime pas danser parce qu'un homme qui danse, c'est ridicule. Et quand on a fait la guerre, on ne danse plus. Ce n'est pas un marrant ! Son ton est sec comme un coup de trique, ça m'intimide.

« Tu veux qu'on s'asseye dans un coin tranquille ? me demande-t-il.

— Non merci.

— Pourquoi ? Je ne te plais pas ?

— Tu es beau mais tu n'as pas l'air gentil. »

Gérard rit encore. Pas moi. Je prends congé de lui et vais rejoindre Renée sur le banc.

« Décidément, tu as du bol ! me lance-t-elle.

— Pourquoi ?

— C'est toujours le plus beau qui s'intéresse à toi. »

Gérard revient me parler.

« J'aimerais te revoir, t'inviter à Paris.

— À Paris, vraiment ?

— Oui. Ça te ferait plaisir ?

— Bien sûr, mais... »

Il m'interrompt :

« Je t'emmène quand tu veux ! Tu vois que je peux être gentil, dit-il en frôlant ma joue d'un geste de la main.

— C'est du rapide ! Je vais y réfléchir. Je travaille, je n'ai jamais voyagé et surtout...

— Quoi ?

— Je ne te connais pas. Mais c'est vrai que c'est gentil.

— Tu seras là samedi prochain ? Il me reste trois mois à tirer à Givet avant la quille.

— Peut-être... Le bal aura lieu dans un autre village.

— Je sais, j'ai affiché le programme au-dessus de mon lit. Dis-moi oui ! Même à pied, je viendrais de Givet pour te voir.

— Tu n'as pas de vélo ? C'est bien pratique par ici.

— C'est une blague ! À Paris, j'ai une très belle auto décapotable.

— Avec le toit qui s'enlève ?

— C'est ça.
— Ça fait comme une moto ?
— Ouais, sauf que c'est très confortable. Je te ferai faire un tour.
— Je ne dis pas non...
— Quand ?
— Je ne sais pas...
— Dis-moi que tu viendras samedi ! Comment tu t'appelles déjà ?
— Paulette...
— On va se revoir, Paulette ! »

Ce n'est pas une question, mais un impératif. Gérard me fixe. D'un pas de côté, il se place dans la lumière pour faire luire l'acier de ses beaux yeux clairs. Dans sa voix, j'entends l'assurance, l'insistance qui ne laissent pas d'autre choix que de lui répondre : « Oui. »

Autrement, il ne serait jamais parti.

Le lundi, pendant que je travaille, il dépose à la maison une boîte de chocolats avec ce mot : « Le gentil Gérard, à samedi ! »

Ma mère me la tend ouverte et entamée.

« Ce "gentil Gérard", c'est bien le jeune homme qui t'a offert à boire au bal ?
— Oui.
— Il est bel homme, et ces chocolats, c'est très gentil. Ils sont délicieux ! Il m'a proposé de les goûter. Nous avons un peu parlé sur le pas de la porte. Tu sais qu'il est parisien ?
— Oui.
— Quelle chance... »

Le samedi suivant, je me rends au bal à quelques kilomètres de la maison, à vélo, suivie par Renée, aux cuisses moins aguerries que les miennes. Régulièrement, elle se plaint : « Doucement, il n'y a pas le feu ! »

À mesure que nous approchons du lieu, je sens mon ventre se nouer. On dirait que j'ai peur. C'est absurde ! Peur de quoi ? Souvent, je me parle en moi-même ou à voix haute, je m'interroge et la réponse jaillit. De Gérard ! Je peux faire demi-tour si je le veux. Rien ne m'oblige à le revoir. C'est vrai... Mais j'y vais.

J'ai pensé à lui cette semaine, en éprouvant à chaque fois, de manière atténuée, cette même sensation. Et pourtant, je vais au bal, je pédale à bon train, attirée par cet homme qui réveille en moi un sentiment ancien. La première fois que j'ai eu peur d'un homme, c'était quand le père de mon père avait brûlé des rats dans le poêle à bois.

Lorsque Gérard s'exprime par des mots sonores bien découpés, on l'écoute et on fait ce qu'il dit sans résister. Cette autorité vient-elle de l'armée, de cette guerre qui endurcit les hommes ?

Gérard doit avoir beaucoup de succès avec les femmes, du moins avec celles qui n'ont pas peur de lui, car il est bien fait, imposant et charmeur à sa façon. De l'avoir croisé, Renée et même ma pauvre mère en restent toutes grisées. Ses yeux perçants et ses cheveux qu'il garde en arrière d'un geste nerveux de la main donnent à son corps de lutteur un aspect distingué. Ses sourires ne sont pas doux comme l'étaient ceux de Jean, mais avides, sauvages. Ils cachent les beaux crocs blancs d'un loup de conte pour enfants qui aiment avoir peur.

J'ai pensé à Paris aussi, je l'avoue. Je me suis imaginée dans son automobile sans toit roulant le long de la Seine, de la tour Eiffel jusqu'à Notre-Dame. Nous faisions des tours en changeant de rive par des ponts illuminés. Ce film a troublé mon esprit tout un après-midi à l'usine.

Nous arrivons. Gérard sera-t-il là ? Je marche dans la salle de bal sans l'apercevoir, jusqu'à ce que derrière moi, après quelques pas, j'entende Renée frémir. Une main solide et chaude vient de saisir mon bras. Puis effleurant mon cou, elle se balade. Gérard m'attire à lui en tendant ses lèvres. J'esquive son baiser en le repoussant : « Doucement ! Un peu de manières quand même, tu es un Parisien ! Tu ne m'as même pas dit bonjour et tu n'as pas salué ma sœur Renée. »

Surpris mais agile, Gérard se reprend : « Pardon ! Bonjour Paulette ! Bonjour Renée, tu es bien jolie aussi. »

Peu habituée aux compliments, Renée se pâme. Je soupçonne Gérard de ne pas les penser. Il ajoute :

« Désolé, c'est ta sœur qui a percé mon cœur !

— Je n'ai rien fait du tout ! dis-je.

— Ne joue pas l'innocente. Tu sais bien que tu me plais ! J'ai pensé à toi comme à un bonbon. Une pomme d'amour de fête foraine ! »

Gérard fait rire Renée.

« Allons bon, je suis une friandise...

— Pas que pour moi ! As-tu remarqué le regard des hommes sur toi ? »

Renée enchérit :

« Paulette a toujours plu aux garçons. À l'école, ils se battaient pour elle.

— J'en suis certain, dit Gérard.

— Mais ça n'a rien à voir avec le cœur..., soupiré-je.

— Tu te trompes ! Tous les hommes pourraient tomber amoureux de toi », réplique Gérard.

Fascinée, Renée fait tinter sa petite voix :

« Tu vois, Paulette, Maman a raison, un de perdu, dix de retrouvés...

— Tu étais amoureuse ? m'interroge aussitôt Gérard. Il faut être un fieffé connard pour te laisser filer ! »

Gérard est franc, il ne mâche pas ses mots. Il mettrait une sacrée danse à Jean, s'il était là. Ça me vengerait un peu de ma souffrance.

« C'est du passé ! dis-je.

— Allez, viens ! On va causer, rien que tous les deux », conclut Gérard en me tirant par le bras.

Il m'emmène dans le seul coin sombre de cette grande pièce trop éclairée, agitée de musique, où il me reparle de Paris, des cafés, des cabarets, du commerce de ses parents, de sa voiture qui donne l'impression de glisser dans le vent, de la belle vie, tout en scandant : « Tu me plais ! »

Pour m'épater, il continue de se vanter. Gérard prédit même que je céderai bientôt à son désir.

« Aucune femme ne me résiste ! affirme-t-il.

— Vraiment ?

— Même l'épouse du capitaine !

— Ah bon ?

— Elle était folle de moi. En Algérie, je l'ai baisée autant que j'ai voulu pendant que son connard de mari chassait les fellouzes. Elle gueulait tellement qu'il fallait fermer les fenêtres malgré la chaleur pour ne pas ameuter la caserne. Mes collègues s'encanaillaient dans des bordels sordides alors que moi, peinard, je baisais dans de beaux draps.

— Tu es grossier.

— Je dis la vérité, c'est tout ! Je ne suis pas du genre à te chanter la sérénade. Nous faisions l'amour et tout le tralala. La femme du capitaine, c'était un pur-sang pas assez monté. On a pris bien du plaisir. Il n'y a pas de mal, c'est la nature ! Les femmes aiment ça aussi, tu sais ? Tu me résistes parce que tu n'y connais rien. Tu es vierge, n'est-ce pas ?

— Ça ne te regarde pas.

— Tu n'as pas à rougir. À ton âge et si jolie, c'est un exploit. À moins qu'à la campagne on manque de vrais mâles ! Tu attendais ton instructeur, voilà tout. Mais n'aie pas peur, avec toi, c'est différent. Je crois que je pourrais tomber amoureux...

— Tu es un beau parleur !

— Je sais ce que je veux. Je te plais, n'est-ce pas ? Mais dis-le, merde ! »

Gérard serre ma main à la limite de me faire mal. Pour m'en libérer, mais aussi parce que c'est vrai, je me rends. Je dis :

« Oui.

— Allez, viens dehors ! J'ai une surprise pour toi.

— Mais je ne peux pas laisser Renée !

— Je te ramène, c'est promis. »

Derrière la salle des fêtes où se tient le bal, il y a un parking ombragé où Gérard m'entraîne. Il fait mine de monter dans la première voiture, une Renault 4CV, petit modèle populaire que je reconnais, parce que Padidi a le même. La main sur la portière, Gérard s'écrie :

« C'est une blague ! Franchement, tu nous vois là-dedans ?

— Mon grand-père en est très fier...

— Pas moi. Jamais tu ne me verras dans une 4CV ! Tu m'entends ? »

Gérard est pris d'une brève colère qui ne dure qu'un instant mais provoque sur mes bras, mes jambes, la chair de poule.

« Je veux vivre avec style ! continue Gérard en avançant dans le parking.

— Qu'est-ce que ça veut dire ?

— Le luxe ! Le fric ! Le chic ! La belle vie, tu comprends ? Moi, j'ai un cerveau. La misère, c'est pour les moutons. Quand tu as fait la guerre, quand tes camarades se font zigouiller le cou tranché comme un poulet, tu jures que si tu en réchappes, tu auras du plaisir dans cette chienne de vie ! Je veux jouir ! crie-t-il.

— Je vois...

— Non, tu ne vois rien. Il y a des choses qu'on ne peut pas imaginer. Et toi, qu'est-ce que tu veux ?

— Partir d'ici et avoir des enfants.

— À dix-huit ans ?

— Oui, j'aimerais être mère.

— Et habiter Paris ?

— J'en rêve... Je veux changer de vie, “échapper à l'ennui”, comme dit ma mère.

— Elle a bien raison. Moi je ne rêve pas, j'agis ! Je ne pleure pas, je jouis. Je pourrai t'en faire, tu sais, je connais le mode d'emploi.

— Quoi ?

— Des mioches ! Tout de suite, sur ce parking !

— Je veux être mariée.

— Je t'épouserai.

— On me l'a déjà dit...

— Mais moi, je ne suis pas un connard ! Allez, viens découvrir la merveille des merveilles ! »

Nous marchons vers le coin le plus éloigné du parking en passant devant toute une rangée de places libres.

« C'est ta voiture, là-bas ?

— Oui.

— Tu aurais pu la garer plus près.

— On sera tranquilles... Elle te plaît ? »

Sous la lumière vacillante d'un lampadaire isolé, je fais le tour de l'automobile au genre inconnu. Elle n'a que deux portes, un toit en toile, un long bec, une large malle toute plate et des roues étincelantes bordées de petits rayons de vélo entrecroisés.

« Je n'ai jamais vu une voiture comme ça ! C'est un drôle d'engin.

— Elle te plaît ? Dis-le à la fin !

— Elle est très belle, originale, mais je ne m'y connais pas.

— C'est une Buick, une américaine, une rareté. Tu veux voir l'intérieur ?

— Oui. »

Singeant les bonnes manières, Gérard m'ouvre la longue portière dont le bas chromé s'éclaire. Déployée, on dirait l'aile d'un avion ! J'hésite à monter, je regarde Gérard en restant debout, droite comme un bâton.

« Tu as peur ?

— Oui.

— De quoi ? Je ne suis pas un monstre. Allez, monte ! Tu vas voir, c'est magique, tout est automatique. »

Les fauteuils à l'avant m'impressionnent, collés l'un à l'autre, ils forment un large canapé de cuir. Gérard fait tourner le moteur pour actionner le toit. En une pression du doigt, il monte et se replie tandis que le lampadaire apparaît, puis le ciel, les étoiles. Les vitres aussi sont électriques, elles glissent entièrement dans la portière. En 1962, tout cela tient de la magie. Gérard referme le toit et me surprend en faisant jouer de la musique au son si clair et si puissant qu'on se croirait de retour dans la salle de bal. C'est un salon roulant fait pour rêver, pour voyager, « avec style », comme dit Gérard. Si ma mère voyait cette voiture, elle s'évanouirait.

Depuis quelques secondes, bercés par la musique, nous ne parlons plus. Gérard se rapproche de moi jusqu'à me coller. Je me blottis contre la portière alors qu'il me recouvre de tout son corps.

Avec vigueur, Gérard m'embrasse. Sa bouche, ses lèvres, sa langue m'envahissent. Je suis submergée et transie de peur. Les « non » que je prononce s'étouffent dans ma gorge. En un instant, le torse pressé contre moi, il défait son pantalon, puis reprend ma nuque avec brusquerie pour mieux plaquer son visage au mien. Je sens ses mains descendre sur moi, soulevant mon pull, ma jupe, se glissant entre mes cuisses pour les écarter. Tout est si soudain que je me mets à pleurer. Gérard s'arrête, se redresse en me toisant d'un regard fiévreux, comme en transe. À ce moment précis qui glace mon ventre, je ne sais pas ce qu'il va faire. Je voudrais lui dire « une autre fois », « pas comme ça », « caresse-moi s'il te plaît », « j'ai si peur », mais ma voix se tait. Gérard fera ce qu'il voudra.

« Je ne vais pas te violer ! Je suis allé à Paris chercher cette voiture exprès pour toi. Je voulais te faire plaisir, petite fille. Pas t'effrayer ! C'est raté ! Tu m'as fait débander. Tu ne sais pas ce que tu rates ! Je suis un expert... Allez, tu vois, je suis gentil. Je te relâche ! »

D'une main, Gérard ouvre la portière.

« Mais tu seras à moi, rien qu'à moi ! Faut te mettre ça dans le crâne, petite fille. Retournons au bal, j'ai soif. »

Au bar, un verre à la main, Gérard éclate de rire en me dévisageant de la tête aux pieds.

« Tu es une sauvageonne ! Mais ça me plaît bien. Les dindes et les marie-couche-toi-là, ça ne vaut rien. »

Puis, remarquant que je porte la même tenue que la semaine passée, il me lance :

« Tu n'as donc que ce pull et cette jupe ?

— Je n'ai pas beaucoup de vêtements.

— Je t'en achèterai !

— C'est gentil.

— Non, ce n'est pas gentil. Il faut vivre avec style, je te dis. Tu seras à moi, Paulette. Si ce n'est pas ce soir, bientôt ! Tu tomberas, comme un fruit mûr, tu verras... »

Je reste coite devant tant d'assurance. Ce garçon est si sûr de lui qu'il semble lire le futur. Je ne veux pas tomber. Pourtant, je crains qu'il n'ait raison. Bien que je sois libre de partir et de ne plus jamais le revoir, j'éprouve le sentiment étrange et effrayant qu'une part de moi est déjà captive. Je découvre un genre d'hommes nouveau et rare auquel Gérard appartient. Qu'il soit un piège ou un paradis, son effet est irrésistible.

S'il est encore temps de ne pas tomber ou d'en repousser le moment, je dois courir maintenant, m'échapper. Je fais signe à Renée, qui ne me quitte pas des yeux, de nous rejoindre. Nous nous en allons.

« À la semaine prochaine, sauvageonne ! » crie Gérard qui me laisse partir comme on laisse s'enfuir un animal apprivoisé dont on sait qu'il reviendra.

Sentant son regard dans mon dos, je lève la main en marchant, muette. Mon geste ne veut pas dire grand-chose mais dans ma voix, Gérard entendrait son emprise.

21

Le lundi, en mon absence, dans sa voiture américaine presque aussi longue que la façade de notre maison, Gérard vient éblouir ma mère, qui en reste troublée à chaque fois qu'elle évoque cet événement extraordinaire.

« Ton ami est venu avec une voiture étrangère qui a fait se déplacer tout le village. Pour te déposer un bouquet de fleurs... Dans l'enveloppe, il y a un mot pour toi.

— Tu l'as lu ?

— Non ! »

Pourtant, l'enveloppe est froissée par des doigts agités qui l'auraient refermée. Je lis : « Tu seras à moi, Paulette ! Je t'embrasse partout. À samedi. »

C'est ce mot « partout » qui a dû faire chavirer ma mère. Il est osé, on peut tout imaginer. Cependant, il me fait rire. Cet homme est un original ! Partout ? Mais où ? Sur les pieds, les genoux, les cuisses, les fesses ? C'est ridicule ! On n'a jamais vu ça, même pas au cinéma.

Si Gérard veut que je tombe comme un fruit mûr alors qu'à distance de lui il me semble que je reverdis, mon original devra se contenir et faire comme tout le monde, sans excentricité. Il m'embrassera sur la bouche, car je ne vois pas d'autres endroits. Les baisers de Jean m'enivraient. Voilà tout ce qu'il me manque de lui. J'aimais le rapprochement si sensible de deux bouches qui arrêtent de parler, de manger, de respirer pour accomplir cet acte plus essentiel encore, embrasser.

En me tendant les fleurs, ma mère m'a dit :

« Il est incroyable ce Gérard. Et drôle avec ça !

— Ah bon, qu'est-ce qu'il t'a raconté ?

— Si votre fille ne veut pas du bouquet, prenez-le pour vous, chère madame !

— Eh bien, prends-le si ça te fait plaisir !

— Non, il est à toi, Petite-Mère. C'était une plaisanterie... Tu vas donc le revoir ?

— Je ne sais pas.

— Pourquoi ?

— Je ne sais pas.

— Arrête de dire ça, Petite-Mère, on dirait moi ! Je n'ai jamais su quoi faire... »

Ma mère a les larmes aux yeux. Je la prends dans mes bras, peut-être pour la première fois.

« Tu as de la chance... » murmure-t-elle dans mes cheveux.

Le chagrin soudain de ma mère m'accable. Il est inconsolable. Alors dans un sursaut, me défaisant d'elle, je m'écrie :

« Peut-être mais je n'ai rien à me mettre !

— Comment ça ?

— Gérard a remarqué que je portais le même pull.

— Mais tu en as deux autres, et une robe.

— L'un est troué, l'autre trop chaud, et ma robe me va trop serrée... J'ai besoin d'argent, Maman, pour m'habiller.

— Pas ce mois-ci, Petite-Mère. Ce n'était pas prévu...

— Je gagne ma vie tout de même !

— Je sais mais... Le mois prochain, c'est promis.

— Je veux vivre avec style, Maman !

— C'est-à-dire ?

— Un jour, j'aurai dans mon placard les plus jolies robes ! Elles seront à ma taille, pas usées, pas données. J'en aurai tellement que je ne serai jamais plus habillée de la même façon !

— Je te le souhaite, Petite-Mère. Pour toi et pour nous, ce sera une fierté.

— Cent ! J'en aurai cent. Je le jure ! Et de la belle couture de Paris !

— Tu as changé, Petite-Mère. C'est cette voiture qui te donne des idées ?

— Je veux vivre avec style, Maman. »

Le samedi suivant, dans l'après-midi, j'entends le sifflement puissant d'un moteur, qui n'a rien d'un tracteur ou d'un camion. Gérard m'attend devant la maison dans sa Buick briquée comme un carrosse. Je l'aperçois à travers la fenêtre de ma chambre alors que ma mère se précipite vers la porte, comme si elle attendait que cet événement extraordinaire, dont elle m'a rebattu les oreilles, se reproduise.

« Petite-Mère ! Gérard est là !

— Je sais ! crié-je à l'étage.

— Tu descends ?

— Je ne l'attendais pas.

— Mais il t'a écrit un mot.

— Tu vois que tu l'as lu ! »

Ma mère se tait.

« Fais-le patienter. Je vais passer par le jardin pour emprunter un chemisier à Renée. »

Quand je reviens habillée d'un haut coloré, trop ajusté, car Renée est plus petite que moi, Gérard, à qui ma mère a servi une tasse de café, se met à siffler : « Sexy ces petites fleurs de printemps ! »

Cet adjectif n'est pas courant. Je crois que ma mère le comprend à peine.

« Sexy, tu dis ?

— Oui ! En diable. Les boutons sont bien à la peine.

— Je vais me changer ! dis-je, vexée.

— Non ! C'est très joli, ça me plaît beaucoup. »

Je monte dans ce carrosse qui attire tous les regards au point de me gêner. Il fait beau, c'est le début de l'été, Gérard veut replier le toit. Je l'en dissuade.

« Non ! Attendons d'être sortis du village.

— Tu n'es pas fière ?

— Cette voiture n'est pas à moi et les gens vont cancaner.

— Tu t'en fiches, nous leur apportons de la distraction !

— C'est aussi de la provocation. Je suis une fille de ce village et je le resterai toute ma vie, où que j'aille. Ma famille vivra toujours ici et je ne veux pas lui causer le moindre ennui.

— Ce n'est pas interdit ! Moi, ça me plaît de faire envie. »

Le panneau du village à peine dépassé, l'américaine est transformée en cabriolet. De jour, la manœuvre m'impressionne encore davantage. Le ciel radieux jaillit et le soleil fait briller tous les boutons chromés de l'habitacle dans lequel le vent s'engouffre avec les cris du moteur.

Gérard roule vite. « Rapproche-toi un peu, me lance-t-il, ne reste pas collée à la portière. Je veux que tout le monde sache que tu es à moi. »

Tendant le bras qu'il enroule autour de mes épaules, il me demande :

« Qu'est-ce que tu veux faire ?

— Comme tu veux.

— On va aller au restaurant, et après, dans un bois tranquille que l'on m'a conseillé.

— Le bois des amoureux ? demandé-je.

— Oui, après la frontière. Tu connais ?

— Je ne veux pas y aller !

— Avec qui y as-tu été ?

— C'est du passé.

— Tu as couché avec lui ?

— Je n'ai couché avec personne !

— Ce soir, tu ne pourras plus le dire... »

Nous dînons dans un troquet où Gérard peine à sortir de son pantalon d'uniforme militaire, parfaitement repassé, un petit porte-monnaie noir en croûte râpée qui semble vide, devant le garçon debout, impatient de savoir si l'addition sera réglée.

« Qu'est-ce qu'on va bien pouvoir faire jusqu'à la nuit ? Les jours sont longs et je n'ai plus assez pour le cinéma. Tu as de l'argent, toi ?

— Non.

— Mais qu'est-ce que tu fais de ta paie ?

— Je la donne à mes parents.

— Tu es une bonne fille...

— Où irons-nous quand il fera nuit ? demandé-je.

— Tu verras bien... Ah, je sais ce qu'on va faire en attendant ! On va grimper jusqu'à la caserne. Je voudrais que mes camarades reluquent la beauté qui m'accompagne !

— Tu ne seras pas jaloux ?

— Fier au contraire, tu es une si jolie poupée ! »

La caserne est dans la citadelle de Givet, une forteresse du XVIe siècle disposée en étoile de murs épais surplombant la ville. Je patiente à l'entrée devant la grande grille en admirant la vue pendant que Gérard va chercher ses amis. Il revient vite, entouré d'un petit groupe qui le chahute. Nous échangeons quelques banalités alors que régulièrement ces garçons se confient à voix basse à l'oreille de Gérard qui ricane en les congratulant d'une tape dans le dos. Ce manège m'agace, je décide de partir. Gérard me retient en serrant fort mon poignet. Après que les garçons s'excusent et rentrent, Gérard est pris d'un accès de colère. Son teint blêmit, ses lèvres se pincent et son regard noircit.

« Tu allais où comme ça ?

— Je m'éloignais. Je ne suis pas une bête de cirque.

— Tu aurais pu me faire honte ! Ne fais jamais ça.

— Pardon... » dis-je, pour le calmer.

La colère de Gérard retombe aussi vite qu'elle a surgi.

« Allez, viens, le soleil va se coucher », me dit-il en prenant ma main.

Nous redescendons à pied jusqu'à la rivière où Gérard a laissé son cabriolet. Le jour s'éteint avant que les quelques lumières de la ville ne s'allument. Givet est plongé dans le noir. Gérard conduit jusqu'au parking désert de la salle des fêtes, disposant son américaine au même endroit que l'autre fois, dans le coin le plus éloigné, sous le lampadaire sombre. Il éteint la musique qui jouait doucement et m'attire à lui en me faisant glisser sur la banquette. Dans deux mois, j'aurai dix-neuf ans, il faut que je sache, avec lui ou un autre, ce que ça fait, puisque je n'aimerai plus. Et puis, Gérard plaît à ma mère. « Tu as de la chance ! » m'a-t-elle dit.

22

J'ai envie de découvrir ce qui fait courir les hommes. Toutes les femmes le font, ma mère, Man-Nini... C'est la nature et la seule façon d'avoir des enfants. Ce ne doit pas être si terrible que ça.

J'ai moins peur. Depuis le mot dans le bouquet de fleurs, je me suis préparée à cet instant. Je ne sais pas comment m'y prendre, mais Gérard se dit expert. Peut-être est-ce comme une danse, je n'ai qu'à me laisser guider.

Gérard m'embrasse, un peu partout comme il l'avait écrit, en dégrafant mon chemisier trop serré qui cède vite sous la pression de ses mains volontaires. Ne voulant pas paraître trop passive, je me souviens de ce que Jean aimait et place ma main sur son sexe que je caresse à travers son pantalon. Mon geste met le feu aux poudres.

« Ah, tu veux ! Tu as envie ! me dit Gérard, redoublant de vigueur dans ses baisers qui semblent me croquer et ses caresses intimes.

— C'est la première fois, tu es sûre ?

— Oui...

— On verra bien si tu dis la vérité... Viens à l'arrière, c'est plus discret. Ça fait comme un lit. »

Après une cabriole amusante par-dessus les dossiers, nous nous retrouvons allongés, l'un contre l'autre. Les pieds relevés de Gérard, beaucoup plus grand que moi, touchant le toit, me font rire.

« Tu es bien la seule à t'esclaffer dans mes bras ! » me dit-il énervé.

En tortillant son corps puissant qui m'écrase, Gérard se déshabille complètement. Il défait ma jupe et baisse ma culotte qu'il fait glisser le long de mes jambes, en la conservant dans sa main comme un trophée avant de la lancer en l'air.

Nous sommes nus. Mon cœur se met à cogner.

« Fais ce que je dis », m'indique Gérard comme unique consigne alors qu'il se met à fouiller mon sexe.

Ce contact ne produit aucun effet en moi, pas le moindre frisson. J'ai l'impression que mon ventre est froid, sans vie.

« Bouge un peu et caresse-moi... »

De ma main qui s'immisce entre nous deux, je touche son sexe dur, chaud et si imposant qu'il me semble que je fais erreur. Immédiatement, je le lâche.

« Continue, c'est bon...

— Mais c'est bien trop gros, que vas-tu faire avec ça ? »

Le regard de Gérard s'éclaire. Il goûte ma remarque et prononce ces derniers mots avant de redoubler de force : « Tu vois, je ne t'ai pas menti, je suis un homme, un vrai, tu es gâtée... »

Gérard me pénètre avec brusquerie. Il n'en peut plus d'attendre. Ce qui commençait comme un amusement tourne au calvaire. J'ai mal, je me contracte de douleur alors que son plaisir en paraît grandi. Je découvre ces allers-retours incessants en moi, cette sensation d'intrusion dénuée de tout plaisir, ces quelques mots triviaux, étrangers au langage amoureux, qui lui échappent, son regard révulsé qui ne me voit plus, ce corps qui ondule, creusant en moi à chaque poussée, sans relâche, comme une machine qui cherche quoi ? Combien de temps cela dure-t-il ? Toute la nuit comme ça et je mourrai en entendant Gérard gémir que « ma petite chatte est bonne ».

Comment peut-on dans une même union éprouver des sensations à ce point opposées ? Voilà donc la pénétration des femmes ? Je comprends ma mère qui pleure à sa fenêtre et Man-Nini qui interdit d'en parler. À la sueur de Gérard qui coule de son front se mêlent mes larmes lentes.

« C'est bon ? me demande-t-il en deux syllabes éructées.

— Oui... »

Je découvre aussi ce mot magique « oui ». Prononcé d'une voix gémissante, il fait des miracles.

« Ah... Ah... Si tu savais... Je vais jouir Paulette, je vais jouir ! »

Quand, les deux bras dressés sur la banquette, Gérard agité de soubresauts cambre son torse en me pénétrant plus profondément encore, nous crions, ensemble, mais pas pour les mêmes raisons.

C'est fini. Gérard s'affale sur moi de tout son poids, épuisé comme après une bataille. Ma douleur s'évanouit. Il m'embrasse mollement dans le cou en fermant les yeux pendant que je caresse son dos. J'aime ce moment, ces secondes, ces minutes, pendant lesquelles l'homme puissant, déchargé de ses tensions sexuelles, redevient un enfant tendre qui se love dans mes cheveux en rêvant de s'y endormir.

Gérard semble reconnaissant du plaisir que je lui ai donné malgré moi. D'une main légère, il effleure mes seins, mon cou, mes joues, procurant à mon corps un premier frisson.

Notre trêve est de courte durée, le lampadaire au-dessus de la voiture, resté sombre pendant nos ébats, s'allume tout à coup.

« Vite, il faut se rhabiller ! Ça ne t'a pas plu ? me demande Gérard.

— Si. C'était... inoubliable. Mais j'ai eu mal, très mal.

— C'est normal, c'est la première fois et j'ai une grosse bite.

— Ah bon ?

— Oui, la plus grosse de la caserne. Tu sais, beaucoup de femmes rêveraient d'être à ta place.

— Ah bon ?

— Mais tu vas t'y faire, à chaque fois, ce sera meilleur, et bientôt tu vas décoller.

— Ah bon ?

— Mais arrête de dire “ah bon” ! Tu as l'air totalement ailleurs, comme sonnée !

— Ah d'accord... »

Gérard est embêté, car il y a du sang sur la banquette.

« Il faudrait une serviette... »

Ma culotte retrouvée accrochée au pommeau de la boîte de vitesses, derrière le volant, fait l'affaire.

« C'est mon sang ? demandé-je.

— Oui. Mais tu ne saigneras pas à chaque fois.

— Ah d'accord... »

Minuit sonne à l'église quand Gérard me dépose sur la place de mon village, à distance des maisons pour ne réveiller personne.

À travers la vitre baissée, il me dit :

« À samedi, ma beauté !

— À samedi... »

Je marche vers chez moi, où toutes les lumières sont éteintes, décoiffée, avec ma jupe mal mise qui laisse passer le vent frais, un pull à même la peau et, dans ma main, ma culotte ensanglantée roulée dans le chemisier de Renée. Si je croise un voisin, ou pire, mon père ou ma mère dans l'entrée, je crois que je m'évanouirai.

À peine rentrée, sans rien allumer, dans ces pièces que je connais par cœur et où rien n'est jamais dérangé, je me précipite pour me changer, laver mon linge, recoudre les boutons, effacer toute trace de ce qui s'est passé. Quand j'ai terminé, dans le bassin de fer-blanc que j'emporte dans ma chambre avec la discrétion d'un cambrioleur, je fais ruisseler en silence sur mon corps nu des brocs entiers d'eau savonneuse dont la tiédeur soulage mon sexe qui me fait encore mal.

La lumière éteinte, allongée sous les draps, je repense à cette soirée si particulière dont sûrement je me souviendrai toute ma vie, en éprouvant une peur rétrospective mais aussi la satisfaction que tout soit fini. Je ne suis plus vierge, plus ignorante de ces choses que l'on tait, ces secrets qui font du mal, obsèdent ou effraient. Je connais la pénétration et la façon de faire des bébés.

Suis-je enceinte ? Peut-être. Ça me plairait. Je retrouverais l'utilité d'être mère, la tendresse innée d'un enfant qui recherche mes bras, et j'userais cet amour qui s'ennuie en moi. Une chose m'intrigue cependant. Je n'ai pas vu de petites graines. Je ne peux pas tout apprendre le premier jour...

Cette nuit, le sommeil ne veut pas de moi. Des images m'entêtent, inédites, fortes. Quand je ferme les yeux, je les vois, scintillantes comme le nimbe doré des icônes de l'église. Malgré la douleur, j'ai vécu ce moment comme une union. J'ai la conviction que cet acte peut être beau. Comme l'étaient le torse mouvant de Gérard et son visage extatique lorsqu'il s'est cambré. Je n'ai jamais vu l'expression d'un tel plaisir, presque insupportable, si intense qu'il fait perdre l'esprit, le temps de jouir, et même avant, le temps pour y parvenir. Je suis heureuse d'y avoir échappé. Les femmes n'y ont peut-être pas accès. Je n'ai jamais entendu quelqu'un gémir, râler, s'acharner, s'épuiser jusqu'à ce point final, ce sommet brûlant qu'il faut atteindre, sans que rien ni personne puisse s'y opposer. Sur le visage de l'homme qui m'a pénétrée, dans sa voix, dans sa rage, j'ai découvert la puissance, la fulgurance du plaisir sexuel. Je comprends maintenant l'obsession des hommes à chasser ce trésor à l'intérieur des corps. Je repense à Marcel qui me harcelait, à ce maudit curé incapable d'y résister, aux garçons de l'école qui se battaient pour moi et à mon Jean qui m'implorait. S'il avait pris ce plaisir en moi, si j'avais eu le courage de le lui donner, nous serions mariés.

En passant l'index sur ma vulve endolorie, je sens qu'elle est étrangement mouillée, comme enduite d'un liquide visqueux. Je me redresse, allume la lumière et observe mon doigt, le renifle, perçois cette odeur singulière qui ne m'appartient pas. Je me suis pourtant longuement lavée. Quel est donc ce liquide qui goutte de mon sexe ? Est-ce du pus ? Ai-je contracté une maladie ? Je me lave à nouveau et pénètre avec l'éponge, puis avec les doigts, à l'intérieur de moi. Je trouve encore de ce liquide que je reconnais à l'odeur. J'ai peur. Je ne peux en parler à personne. Je passe une heure dans le bassin à me fouiller, à me savonner, traquant la moindre goutte. Au milieu de la nuit, je m'endors en priant. Au matin, mon sexe est bien sec. Il n'y a plus de pus.

Au déjeuner du dimanche chez Man-Nini, ma mère fait sa curieuse. Ce n'est pas son habitude mais mon histoire avec Gérard semble la fasciner.

« Nous avons fait un grand tour dans sa voiture et mangé au restaurant.

— Tu en as de la chance ! Il se conduit bien ?

— Oui. Il parle de m'épouser.

— Déjà ? Mais c'est formidable.

— À qui est cette voiture ? me demande Man-Nini.

— À lui ou à ses parents, j'imagine.

— D'où sont-ils ? continue-t-elle.

— De Paris ! répond ma mère à ma place.

— Et que font-ils dans la vie ? me demande Man-Nini.

— Ils travaillent dans l'import-export.

— Qu'est-ce que c'est que ça ?

— Je ne sais pas précisément, dis-je.

— Du commerce en gros ! intervient mon grand-père.

— Ah oui, de viande ! dit ma mère.

— Tu dis n'importe quoi ! rétorque mon père.

— Ben non, un-porc, ex-porc... »

Cette réponse de ma mère fait rire toute la table, et la famille pendant des années. Grâce à elle, mon interrogatoire s'interrompt.

Maman se défend : « Ce n'est pas parce qu'on ne sait pas qu'on est bête ! Il n'y a rien dans ce trou. Comment voulez-vous que je connaisse l'import-export ? Pars à Paris, Petite-Mère, échappe à notre ennui, à notre ignorance ! »

Ma mère quitte la table bouleversée. Nous l'entendons pleurer dans sa chambre. Mon père et Man-Nini se succèdent pour la consoler. Nous ne parlerons plus pendant quelque temps du métier des parents de Gérard.

L'après-midi, je me confie à Renée :

« Ça y est, je l'ai fait !

— Non ? Raconte !

— C'est très douloureux.

— Oh mon Dieu, je te l'avais dit !

— Par contre, pour l'homme ça se passe très bien. Pendant le temps que ça dure, il est fou de toi. Il gémit, il rugit comme une bête.

— Oh mon Dieu ! Je crois que je vais faire bonne sœur, dit Renée dépitée. Tu as fait attention aux petites graines ?

— Je ne les ai pas vues. Je crois même que ça m'a rendue malade. J'avais du pus sur la cramouille.

— Oh mon Dieu ! Il t'aime au moins ? Tout le village parle de sa voiture.

— Je crois...

— Et toi ?

— Pas du tout mais c'est bien comme ça. Mais...

— Oui ?

— Il m'attire comme un aimant.

— Oh mon Dieu... »

Après Renée, je vais voir Sidonie au fond du jardin. Je l'ai délaissée sans jamais l'abandonner mais il est vrai que l'amour de Jean m'a accaparée. Elle est là, toujours prête à m'écouter dans son double clapier aménagé, sur son lit de paille fraîche, entourée de quelques feuilles de salade. Dès que j'avance la main pour la caresser, elle me reconnaît. Digne et si jolie, Sidonie oriente vers moi ses oreilles tremblantes et avance son museau blanc.

« J'ai fait l'amour, Sidonie... » Quand je prononce ce prénom, je suis prise par l'émotion. Jamais je n'oublierai Sidonie. C'est étrange, parfois comme maintenant, je ressens sa présence.

« Je ne suis plus vierge. J'imagine que je suis une femme maintenant. Je vais partir à Paris mais je reviendrai te voir. Je ne sais pas si ce garçon est fait pour moi mais c'est l'occasion, tu comprends ? »

Sidonie m'observe de ses grands yeux bruns.

« Tu ne me répondras donc jamais... J'ai pourtant des questions à te poser », dis-je en prenant Sidonie dans mes bras, levant la tête vers le ciel.

À ce moment-là, j'entends :

« Ne va pas à Paris.

— Qu'est-ce que tu dis ? »

La voix se tait. Je me retourne, il n'y a personne, seule ma lapine continue de me fixer. « Ne va pas à Paris », ai-je entendu clairement. Est-ce le Ciel, Sidonie ou ma peur qui parle ?

Je retourne dans la maison et j'oublie. Comment ne pas aller à Paris ! Ma décision est prise. Je dois arrêter d'avoir peur et de m'interroger. Ma mère est d'accord avec moi. C'est elle qui m'a inculqué ce projet. Dans ses mots, ses silences, ses regards émerveillés, j'ai attrapé son rêve. Paris m'appelle. Pendant le déjeuner, ma mère a répété que j'avais de la chance.

23

J'aurai dix-neuf ans en septembre. Je sais où je vais vivre et comment j'irai à Paris. Je n'écoute pas de voix mystérieuses qui s'évaporent, je suis mon rêve têtu et Gérard, s'il veut bien de moi.

Tout l'été, je le vois, le samedi soir. Nos rencontres suivent un certain rituel. Gérard vient me chercher au village, fier dans son uniforme impeccable, devant un petit groupe de badauds amateurs d'automobiles et de distractions, qui attendent, réunis sur la place de l'église, l'arrivée de l'américaine. Tout comme ma mère. Dès qu'elle aperçoit le cabriolet, Maman pousse de petits cris de gamine puis, faufilant son regard à travers les rideaux, elle nous suit jusqu'à la disparition du mirage au coin de la rue.

Quand je sors de chez moi pour rentrer dans mon carrosse, je salue ces gens que je connais d'un sourire un peu gêné, la tête baissée, tout en éprouvant cette sensation nouvelle et plaisante d'être au cœur de l'attention, une femme différente dans ce village endormi, qui s'enfuit vers d'autres paysages, se rapprochant chaque samedi d'une autre vie.

Nous nous promenons dans Givet, allons dîner dans le même troquet où Gérard me réclame régulièrement de payer ma part. Ma mère consent à me donner un peu d'argent pour que je sois à la hauteur de mon ami parisien. J'achète de la laine de coton, me tricote quelques hauts pour l'été et tends discrètement mes petits billets quand vient l'addition.

« Ne dépense pas trop, Petite-Mère, nous n'en avons pas les moyens. Ton ami riche et galant pourrait t'inviter... » répète ma mère en me remettant mon argent de poche, la voix teintée de doutes qui s'évanouissent dès qu'apparaissent Gérard et son automobile.

« J'ai envie de toi ! » Voilà la phrase favorite de celui que j'appelle maintenant mon fiancé. Gérard me désire sans cesse, quels que soient le temps, l'heure ou son humeur. S'il est une chose constante chez lui, c'est bien son appétit de moi. En tout lieu, derrière un arbre, sous la table, sur un banc, il attrape mes cuisses, mes fesses et parfois glisse, sans se soucier des regards autour, sa main jusqu'à mon sexe qu'il titille. À l'oreille, d'une voix contenue qui paraît crier, il prononce des mots crus. À son regard agrandi, à sa langue reptilienne balayant ses lèvres, je mesure l'impact de ce qu'il dit, la démultiplication de son excitation par ses mots.

Gérard souhaite que je lui réponde. Mon acceptation, ma soumission doivent être prononcées. Je dois désirer tout autant que lui ce qu'il veut me faire. J'ai envie qu'il me prenne parce que c'est le meilleur et j'en crève toute la semaine. C'est gênant parce que ça n'est pas vrai. Je n'aime pas mentir, mais s'il le faut pour augmenter son plaisir, c'est peu d'efforts après tout. Je le prends comme un jeu amusant, surprenant, qui confère aux paroles un pouvoir nouveau.

Ce que l'on dit est aussi fort que ce que l'on fera. Le plaisir d'une caresse prend naissance dans l'esprit. Quelques mots indécents chuchotés avec cœur, et le désir de Gérard s'enflamme. C'est le feu dans ses yeux et dans son pantalon dont il désigne du doigt la déformation. Gérard est fier de son sexe. Il en parle comme d'un être à part entière, dévoué, plein d'énergie et doté d'émotions.

« Tu lui manques, tu sais ?

— Ah bon, et à toi ? »

Je fais rire Gérard.

« À moi aussi, patate ! »

À chaque rencontre, Gérard évoque « sa bite », comme il dit. Je connais ce terme qui fait renaître en moi le fou rire de Sidonie à l'usine. La « bite » de Gérard, c'est quelque chose ! Un don de la nature qu'il se doit de faire fructifier, un outil de délice partagé, un pouvoir sur les femmes et le monde... Tout cela dans son slip ? J'en tombe des nues mais je reste perplexe, car quand je vois le sexe de Gérard, si volumineux soit-il, quand il me frôle ou qu'il entre en moi, je ne ressens aucune de ces promesses, ne goûte aucun délice, bien que je doive crier le contraire, si ce n'est le plaisir d'engendrer la jouissance de Gérard et le bien-être qui s'ensuit.

Mon fiancé a trouvé un nouveau parking désert derrière la chapelle de Walcourt où il n'est pas nécessaire d'attendre l'obscurité qui noie Givet bien tard l'été. Personne ne prie le samedi soir alors que la salle des fêtes est bondée.

Nos rapports sont rapides sur la banquette en cuir de la Buick. Je n'ai plus mal. Plus je parle, plus Gérard atteint vite ce moment que j'attends, la cambrure de ses reins que j'enserre de mes mains, les muscles de son torse gonflés comme les voiles d'un bateau sous le vent et cette expression sur son visage qui m'appartient, une crispation fugace de bonheur que j'ai façonnée, avec ma voix, avec mon ventre.

« Tu as joui, toi ? Ça t'a plu ? m'interroge Gérard après un bref moment d'indolence.

— Oui... Beaucoup... J'adore ça...

— Tu en reveux ? Je recharge vite !
— Attendons un peu, il faut se reposer... »

Gérard m'explique le sperme en savourant mon ignorance qui le grandit. Mon instructeur me montre comment ce liquide jaillit de sa zézette. C'est étonnant, ça monte haut comme un jet d'eau, une éclaboussure, en formant de minuscules flaques. Je pouvais toujours chercher les petites graines ! Elles sont microscopiques et des millions à nager dans cette eau. Souvent, Gérard jouit sur moi, car il ne veut pas de bébés. Il jure qu'il m'en fera plus tard mais souhaite d'abord profiter de la vie.

Je garde de la première fois où je l'ai pris pour du pus un certain dégoût de ce liquide intrus. Alors je demande à Gérard, qui ne se fait pas prier, de le répandre en moi.

« Tu fais bien attention, tu comptes les jours ? me demande-t-il.

— Oui, bien sûr... »

Je ne me reconnais plus, je mens comme une arracheuse de dents ! Je ne sais absolument pas de quoi il en retourne mais j'en ai assez de passer pour une cruche. Pourquoi compterais-je les jours ? J'ai arrêté de sculpter mon lit depuis Jean. Je réponds « Oui, bien sûr » parce que je ne veux pas de ce liquide sur ma peau, de cette odeur, de cette consistance qui me salissent. Quand le sperme gicle en moi, je me nettoie à la maison, comme la première fois, en me fouillant avec le doigt et l'éponge savonneuse jusqu'à retirer tout le pus.

Gérard me montre une nouvelle position sexuelle. Alors que je suis à quatre pattes, il vient derrière moi. Bien qu'il se cogne la tête à la capote de la voiture, il apprécie beaucoup cette nouveauté. Pas moi. Je n'ai plus grand-chose à faire qu'à attendre et surtout je ne le vois plus. Les chiens font ainsi, cela n'a rien d'humain, de sentimental. Libéré de mon regard, Gérard en devient vulgaire, plus sauvage encore, il claque mes fesses comme un tambour mais ça ne dure pas. Quelques minutes tous les samedis soir.

En août, je dois rejoindre Gérard à vélo à Givet, parce que ses parents ont repris leur voiture pour partir en vacances au soleil. Nous faisons l'amour au même endroit, car il reste désert, mais dans un abri en bois collé à la chapelle que Gérard ouvre avec un couteau. Quand j'émets des réserves – a-t-on le droit d'y pénétrer? –, Gérard répond qu'il s'en fout, que rien ne l'empêchera de me « baiser ». C'est comme cela qu'il me parle en traficotant la porte qui cède vite. Nous nous allongeons sur une couverture fine qu'il a rapportée de la caserne, étalée sur le ciment entre quelques outils de jardinage et des poubelles en fer-blanc. Mais souvent, nous restons debout sans nous déshabiller entièrement, je me penche en avant, les mains contre la cloison, et Gérard prend son plaisir, rapide, brusque, animal. Il aime empoigner mes cheveux, sans me faire trop mal, comme les rênes d'un cheval, et prononcer des noms indécents qui dans d'autres circonstances seraient insultants.

« C'est un jeu, tu comprends? commente-t-il quand sa fièvre est calmée.

— Oui... Un drôle de jeu, tout de même.

— Ça ne te plaît pas?

— Je préférais dans la voiture quand tu étais dans mes bras.

— Mais j'ai besoin de voir ton cul! C'est une merveille, un truc unique à te rendre fou.

— Ah... D'accord. Et quand aurons-nous un lit?

— Je ne sais pas... Mais c'est excitant ici, tu ne trouves pas?

— Si, si... »

24

En septembre, le soir de mes dix-neuf ans, fait unique dans notre maison, ma mère invite Gérard à dîner.

« Il faut quand même que l'on rencontre ton ami. Nous n'avons fait que le croiser et ça m'a l'air bien sérieux entre vous deux. »

L'odeur du rôti de bœuf dans le four du poêle qui brunit parmi les pommes de terre et les petits pois de Man-Nini et quelques champignons sauvages cueillis par mon père met toute la maison en joie. À côté, sagement assis sur des tabourets, mes frères, de grands et beaux jeunes hommes dans leur habit du dimanche, s'en lèchent les babines. C'est un repas de fête que Maman a préparé, aidée par Man-Nini qui nous a concocté son dessert favori, dont elle dit d'une voix teintée de mystère qu'il n'existe pas sur terre de plus grand plaisir : des crêpes Suzette parfumées aux agrumes, au grand-marnier et à la vanille Bourbon, livrée en gousses longues et sombres dans des fioles de verre scellées qui ont traversé les océans, des tropiques chauds et luxuriants aux Ardennes. Man-Nini nous livre sa recette à la façon d'un récit de voyage.

Gérard arrive dans sa belle automobile qu'il est allé rechercher à Paris pour l'occasion.

Dès qu'il entre dans la maison, Gérard se dirige droit vers ma mère à qui il tend un petit bouquet de fleurs.

« Puis-je vous embrasser, chère madame ?

— Mais bien sûr ! »

Tout le monde s'est levé, y compris mon grand-père, pour accueillir mon fiancé et cet égard me gêne. Au-delà de Gérard, c'est pour moi que ce dîner exceptionnel est organisé. Ma gentille famille souhaite que je sois heureuse avec « le beau militaire dans son américaine », comme dit Man-Nini.

Après qu'il m'a embrassée chastement sur les deux joues, Gérard m'offre un paquet léger à l'aspect irrégulier, vite confectionné, qu'il conservait dans son dos.

« Surprise ! Joyeux anniversaire Paulette », s'écrie-t-il.

En le prenant dans ma main, j'entends comme un grelot s'agiter à l'intérieur. Sous le papier cadeau bariolé, je découvre un coffret de feutre foncé, un peu usé, gros comme le poing, dont jaillit l'éclat d'une bague magnifique qui se promenait dans son écrin : un rubis carmin de la taille d'un ongle, serti de diamants aux reflets fascinants.

« Mon Dieu que c'est beau... Merci mon chéri mais c'est trop, beaucoup trop !

— C'est du vrai ! » précise-t-il.

De la contemplation du joyau, ma mère reste bouche bée. Man-Nini, le saisissant d'autorité, s'exclame : « Te voilà gâtée pourrie, Petite-Mère ! Tu as bien de la chance ! » Puis interpellant mon père et Padidi : « Admirez, messieurs, ce que peut faire un homme amoureux... »

La bague passe de main en main jusqu'à ce que je la réclame : « Rendez-la-moi à la fin, c'est mon anniversaire, mon cadeau ! » Quand je la passe au doigt, elle flotte, sauf à l'index où je la laisse.

« Il faut la faire resserrer, Petite-Mère. Une femme distinguée ne porte rien à ce doigt-là. Et c'est une bague de fiançailles, n'est-ce pas Gérard ?

— Oui.

— C'est un bien beau cadeau en tous les cas.

— Paulette le mérite », répond Gérard.

Le dîner est sympathique bien qu'il y règne une forme de gêne. Les questions que l'on n'ose pas poser et l'inconnu que l'on tente de percer confèrent à l'air de la lourdeur et aux échanges de la lenteur. Mon fiancé se montre peu loquace et seules les femmes de ma famille ont le courage de parler.

« Vos parents travaillent donc dans l'import-export. Qu'est-ce que c'est précisément ? demande Man-Nini.

— Du commerce international.

— Mais de quoi ?

— De toutes sortes de choses...

— Peut-être est-ce secret ?

— Exactement.

— Votre intention est de travailler avec vos parents ?

— Oui.

— Petite-Mère également ? Enfin, je veux dire Paulette.

— Oui, elle nous aidera.

— Vous savez que Paris, c'est un rêve que je lui ai transmis ? intervient ma mère.

— Non, je ne savais pas. Paulette n'est pas très bavarde.

— C'est de famille, répond ma mère.

— Cela tombe bien, je ne suis pas non plus un grand causeur ! » conclut Gérard.

S'ensuit un long silence, puis Man-Nini se lance : « Et quand comptez-vous vous marier ? »

Je ne connais pas la réponse de Gérard. Nous n'en avons jamais parlé.

« Bientôt, il faut d'abord que je présente Paulette à mes parents. »

Gérard répond sans montrer d'émotion alors que j'entends pour la première fois que ma vie va changer. Je vais aller à Paris, devenir une épouse, marcher sur les Champs-Élysées où la fête sera peut-être donnée, entrer dans une famille aisée qui possède un grand commerce et roule dans un carrosse...

« Bien sûr, dit Man-Nini. Quand ?

— Après la quille, à Noël.

— La fête n'en sera que plus belle ! Alors, vous allez nous enlever notre Petite-Mère...

— Oui. Mais vous la reverrez !

— J'espère bien ! Je vous souhaite d'être heureux tous les deux. »

Gérard hoche la tête tandis que je fixe en la triturant cette bague si belle, mais trop grande, qui roule à mon index...

Après le dîner, alors que je suis fatiguée et que je dois aider à ranger, Gérard insiste pour que je fasse un tour de voiture avec lui. Dans la maison tout le monde m'y invite, sauf Padidi qui n'a pas prononcé un mot de toute la soirée.

« Laissez-la tranquille, si elle n'a pas envie, s'écrie-t-il soudain d'un ton sec qui nous surprend.

— Mais cela ferait plaisir à Gérard », insiste ma mère.

Padidi qui paraît agacé se lève pour m'embrasser sur le front.

« Prends soin de toi, Petite-Mère. Bonne soirée, messieurs-dames ! » lance-t-il à la cantonade en quittant la pièce, sans prêter d'attention à Gérard qui me tire par la main.

Une fois Padidi parti, j'embrasse les miens, remercie ma mère et Man-Nini pour ce festin, puis monte nerveuse dans la voiture de Gérard, stationnée devant la maison, mordant largement la route. Je sais pertinemment ce qui m'attend. J'y suis résolue comme chaque samedi soir. C'est mon lot, mon devoir qui n'est pas bien pénible, ma vie de femme maintenant. Je dois satisfaire l'homme qui va m'épouser. Autrement, il me quittera comme Jean.

À peine assis, la portière claquée, Gérard souffle :

« Enfin ! J'ai cru que ça ne finirait jamais, j'ai tellement envie... Et toi qui voulais aller te coucher !

— Il est tard, je suis fatiguée.

— Pas moi. Mon dessert, c'est toi.

— Le dîner t'a plu ?

— C'était bon mais... Je te comprends, répond Gérard.

— Qu'est-ce que tu comprends ?

— Quel ennui ! » dit-il en avançant sa main vers mes cuisses.

Je reste interdite. Cet ennui des vies simples qui ensevelit ma mère depuis des années devient insultant dans la bouche de Gérard. Il peut s'en prendre à moi puisque je suis à lui, mais pas à ma famille qui l'a si bien accueilli. Je m'interroge. Ne suis-je pas faite pour cet ennui des miens que je n'ai jamais ressenti, pour une vie rangée, tracée mais tranquille dans nos vallées hostiles que je connais par cœur ? Et si Paris n'était qu'une chimère ?

J'exige des explications :

« C'est-à-dire ?

— Ta famille est gentille mais ce sont des culs-terreux, comme on dit dans la capitale, qui ne s'éloignent jamais du clocher de leur église, des moutons qui ne connaîtront que leur champ et la lame du couteau. Crois-moi, tu mérites beaucoup mieux !

— Connard ! » m'écrié-je en repoussant sa main.

Ce mot que je prononce pour la première fois me libère.

« C'était une image ! rétorque Gérard. Comprends-moi bien, calme-toi ! Comment oses-tu me parler comme ça ?

— Je ne te supporte plus ! Tu te crois tout permis. Arrête avec tes moutons ! Mais qui es-tu pour être à ce point méprisant ?

— Un loup !

— Ce sont des bêtises. Nous avons presque le même âge et tu n'as jamais travaillé. Tu ne connais pas la pauvreté et les efforts pour y échapper. Tu ne fais rien que rêver et parler à ta bite !

— J'ai fait la guerre, moi !

— Dans le lit de la femme du capitaine ?

— Tais-toi ou je vais te battre !

— Amuse-toi et mon père te chassera à coups de fusil. Tu verras le mouton !

— Je découvre ta vraie nature ! répond Gérard.

— Je connais la tienne depuis le premier jour. “Tu n'es pas gentil”, tu te souviens ? Je ne veux plus te voir...

— Rends-moi la bague !

— Tiens ! Rapporte-la à sa propriétaire.

— Qu'est-ce que tu racontes ?

— Tu apprendras que les culs-terreux ont des yeux et le sens des réalités. Ils ne pètent pas plus haut que leur cul et gagnent tout ce qu'ils ont. Ta bague ne va ni à mes doigts ni au coffret, alors reprends-la ! Tu étais beau, tu me faisais rêver. Je me voyais dans Paris, mais tu as tout cassé. C'est fini. »

Au moment où je me saisis de la poignée pour sortir de la voiture, Gérard m'attire à lui violemment, puis se jette sur moi pour m'embrasser. Je tente de le repousser mais il est puissant.

« Laisse-moi ! »

Démunie, acharnée, je lui crache au visage. Mon geste l'arrête net alors qu'une rage muette le gagne. Avec la dureté d'un étau, Gérard empoigne mes joues, mon menton, pour l'approcher au plus près de lui. Seuls nos souffles se glissent entre nous, rapides et chauds, battant un même tempo. Le regard de Gérard pénètre le mien. Assombri, désincarné, il m'effraie. À cet instant, ma vie est suspendue. De lentes secondes s'écoulent et une foule de battements de cœur. Que va-t-il faire ? Je ne vois pas les frontières de sa colère. Au fond de lui, Gérard nourrit une rage infinie dont je ne percevais que les étincelles. Plus violente que l'instinct de vie, elle le rend imposant, magnétique, menaçant comme un volcan et capable de tout.

Lentement, ses mains glissent sur mon cou tandis que ses yeux se troublent. On dirait des larmes. Gérard va-t-il pleurer ? Mais de quoi ? De rage ? De peine ? D'une pression douce, il plaque ses lèvres sur les miennes, m'entraînant dans un baiser fou. D'abord immobile, ma bouche s'anime. C'est instinctif. Un mouvement de survie, de passion, de sacrifice... Une force nous unit que je ne connais pas.

Gérard éclate en sanglots pendant que nous nous embrassons. Dévasté, il se détache de moi en fuyant mon regard et pose sa tête sur mes genoux. Agrippant mes cuisses, il pleure de façon convulsive comme un enfant à bout, comme je n'ai jamais vu pleurer personne.

« Ne me quitte pas, Paulette, s'étrangle-t-il. Je t'aime comme je n'ai jamais aimé personne. J'ai besoin de toi. Tu as raison, je suis un connard. Mais je me bats et j'ai des circonstances atténuantes. Avec toi, je vais changer. Je t'achèterai une bague plus belle que celle-là, mais j'ai besoin de temps et j'ai besoin de toi. Je t'aime Paulette, je t'aime tant... »

Ces mots sont prononcés pour moi, si rares, si beaux à mon oreille qu'ils me font l'effet d'un joyau dont l'éclat effacerait les ombres. La supplique de Gérard me surprend et m'aveugle. J'attendais un combat, je reçois un baiser. Mon monde d'innocence renaît. Je me suis trompée, Gérard est maladroit mais il m'aime. Des ailes blanches poussent au dos des démons. Je crois en mon rêve avec lui et à l'âme des hommes repentis.

Je dois avouer une vraie faiblesse, de celles que l'on garde à vie. Les larmes d'un homme me bouleversent toujours. Celles d'une femme aussi, mais j'ai vu si souvent dans les yeux de ma mère un ciel de pluie. Un homme en larmes, c'est comme un arbre qui s'écroule, un père qui renonce, un soldat qui s'épuise. Un homme en larmes sur mes genoux et l'arbre tombe sur mon cœur.

Dans les cheveux blonds de Gérard, j'aventure mes doigts. Il est à moi, il m'implore. J'ai peu de choses mais ça, je l'ai.

« Ne pleure pas, ne pleure pas. Je te pardonne », dis-je.

25

Depuis le soir des pleurs dans la voiture dont nous n'avons jamais reparlé, « ma chance » fait des efforts. Il contient ses humeurs, me glisse des mots gentils à l'oreille. Je suis sa fleur sauvage, sa sucrerie, sa femme. Quand il a pris son plaisir, avec la même intensité, il caresse mon dos, mes hanches, relâche mes cheveux et s'inquiète :

« C'est bon ? Tu as joui ?

– Oui, c'est bon...

– Mais tu as vraiment joui ?

– Oui... »

Rien de ce que j'éprouve n'est semblable à ce que vit Gérard quand il crie : « Ah, je vais jouir, je jouis... » À chaque fois, ce jaillissement soudain que j'attise me surprend. Il fait naître ma satisfaction et un certain sentiment de fierté, surtout quand Gérard me dit : « Tu es la meilleure. »

Gérard a compris que ma mère était son alliée. Alors il vient de temps en temps lui offrir quelques fleurs ou des chocolats. Il ne prononce plus jamais le mot « cul-terreux ». Au contraire, il affirme que mes parents sont courageux.

Les jours passent en attendant Noël et la fin du service militaire de mon fiancé. Dès qu'il sera libéré, Gérard me présentera à ses parents, puis nous nous marierons au début de l'année prochaine.

26

Un matin de novembre, au petit jour, je confie à ma mère, préparant le café, que le sang qui coulait chaque mois dans ma culotte s'est arrêté, et que c'est mieux ainsi. Sans qu'elle ait le temps de me répondre, ma mère s'évanouit et tombe de tout son long sur le sol en ciment, heurtant le bas du poêle avec la tête.

« Maman ! »

Agenouillée, caressant son front, je suis terrorisée par le souvenir de Sidonie morte dans mes bras. Le visage de ma mère est cependant différent. Elle semble endormie. Est-elle en vie ? J'aperçois du sang mêlé à ses cheveux.

« Au secours ! Papa ! Maman est tombée ! »

Mon père accourt et se met à gifler ma mère à terre.

« Alice ! Alice ! Réveille-toi ! »

Il m'ordonne : « De l'eau froide, apporte de l'eau froide, vite ! »

Les joues pressées par une serviette trempée, ma mère retrouve lentement ses esprits.

« Que s'est-il passé ? gémit-elle en voulant se relever. J'ai vu trente-six chandelles...

— Ne bouge pas, Alice, tu as une bosse comme un œuf et le cuir chevelu entaillé ! » crie mon père.

Ma mère refuse que l'on fasse venir le médecin.

« Ce n'est pas la peine, je vais bien. J'ai eu un choc, c'est tout, ça me revient.

— Quel choc ? l'interroge mon père.

— Rien.

— Tellement rien que tu t'évanouis ? »

Ma mère secoue la tête. Elle ne dira rien de plus alors que Man-Nini, alertée par mes frères, arrive avec sa boîte à pharmacie. Rassurée par les propos cohérents de ma mère et son aspect normal, Man-Nini envoie les hommes à leurs occupations habituelles tout en me demandant de rester près d'elle.

Ma mère qui parvient à s'asseoir dans son fauteuil, répète qu'elle a subi un choc. Quand mon père et mes frères sont partis, Man-Nini l'interroge : « Mais quel choc, dis-moi tout, Alice ? »

Se tournant vers moi, attristée, ma mère me demande : « Répète à Man-Nini ce que tu m'as dit. »

J'entends que l'arrêt de mes règles signifie que je suis peut-être enceinte. Sans l'exprimer, vu la gravité apparente des faits, j'éprouve un sentiment de joie vive, au contraire de Man-Nini et de ma mère qui n'est pas loin de défaillir à nouveau quand je leur explique ce que Gérard et moi faisons tous les samedis soir depuis des mois à la chapelle de Walcourt.

« Dans la chapelle ? s'étrangle ma mère.

— Non ! Dans l'abri en bois sur le parking.

— Doux Jésus, s'écrie Man-Nini. Un garçon qui présente si bien...

— Nous allons nous marier en janvier ! dis-je.

— Encore heureux... » répond Man-Nini.

Il est décidé que je prendrai rendez-vous chez le médecin à Givet, surtout pas dans le village.

Quelques jours plus tard, c'est confirmé, je suis enceinte de quatre mois. Dans la salle de bal, où Man-Nini et ma mère m'ont amenée pour la tenue d'un conseil matriarcal, c'est la consternation. Ma mère compte sur ses doigts.

« Novembre, décembre, janvier... Tu seras enceinte de six mois pour ton mariage, ça va faire beau !

— J'en suis très heureuse ! dis-je. Si vous avez honte de moi, Gérard m'emmènera à Paris au plus tôt.

— Ça ne se fait pas, c'est tout, Petite-Mère, intervient Man-Nini. Les femmes se marient en blanc parce qu'elles sont pures.

— C'est pour cela que les hommes sont en gris ? rétorqué-je.

— Ne fais pas la maligne, dit Man-Nini, ce n'est pas le moment. Ça doit être une malédiction de famille...

— Maman, s'il te plaît ! » l'interrompt ma mère.

Le silence se fait, lourd, plein. Nous nous regardons l'une l'autre. Si nos pensées avaient un son, un vacarme de diable emplirait la salle de bal.

« Ne vous en faites pas, nous nous marierons à Paris, discrètement, et je reviendrai quelque temps après, épouse et mère, employée dans l'import-export. Vous pourrez être fières... »

27

« Merde ! Putain de merde ! Tu m'as dit que tu comptais les jours ! s'écrie Gérard, le samedi soir suivant, attablé dans ce troquet où nous avons nos habitudes.

— Mais quels jours ? Je n'y comprends rien.

— Quelle gourde tu fais !

— Ne sois pas méchant. Nous allons avoir un enfant...

— Je m'en fous ! On a vingt ans. Je veux vivre avec style, pas dans les langes et la crotte !

— Tu ne veux plus d'enfants ?

— Si... Plus tard, je n'ai même pas de travail !

— Et le commerce de tes parents ?

— Ouais... mais bon, je ne suis même pas sorti de cette foutue caserne ! Et j'ai un mois de plus à tirer !

— Pourquoi ?

— Un mois de trou.

— De la prison ?

— Exact.

— Mon Dieu ! »

Gérard m'explique que ce n'est rien. Il a fait de petites bêtises, voilà tout, des trucs d'homme, le mur. Autour de la caserne, il y a des filles à soldats qui tournent comme des chattes en chaleur. Faire l'amour avec moi une seule fois par semaine, ça ne lui suffit pas. Il a des « besoins », comme disait Jean, aussi impérieux que manger, respirer. Alors, il fait le mur... Mais ce ne sont que des coups comme ça, la nuit, dans les buissons, il ne pourrait même pas reconnaître ces filles qui savent exciter son instinct de mâle. Et tout le monde fait le mur, c'est normal. Ces filles, c'est comme des petites souris sous le nez de matous. Avec moi, c'est différent, ça n'a même rien à voir, il m'aime et je suis à lui, sa femme pour la vie... Je ne dois jamais l'oublier. Gérard a cette façon de présenter les choses d'autorité, en y mêlant un mot doux, un sourire maîtrisé qui m'empêchent de les contester. Je les approuve même puisque c'est normal et qu'il m'aime. De toutes les manières, il est trop tard pour faire marche arrière puisque nous allons avoir un enfant.

« Tu es enceinte depuis combien de temps ? me demande-t-il l'air grave, comme si j'étais malade.

— Quatre mois.

— Tu as essayé de sauter un peu ?

— Je ne comprends pas.

— Te jeter de haut, plusieurs fois de suite. La fiancée de mon cousin l'a perdu comme ça. Le truc s'est décroché.

— Mais je veux garder mon enfant !

— J'ai mon mot à dire quand même ! S'il est vraiment de moi...

— Connard ! Va retrouver tes filles à soldats ! »

Alors que je me lève précipitamment de table, Gérard, d'un geste vif et discret, attrape ma main qu'il serre fort.

« Lâche-moi, tu me fais mal !

— Assieds-toi. Ne me fais pas honte devant les gens ! C'est la dernière fois que tu me traites de connard, tu m'entends ? » articule lentement Gérard.

Quand il est énervé, sa mâchoire se crispe jusqu'à étouffer les mots qui en sortent. La pression de sa main est croissante mais je ne bronche pas. Au contraire, je le défie du regard. J'ai appris cela des animaux. Lorsque j'arrête mon vélo pour caresser des chiens errants au bord de la route, s'ils se montrent agressifs, je reste stoïque sans montrer ma peur, puis j'avance une main gentille.

« Dis-moi que tu aimes cet enfant autant que tu m'aimes », dis-je doucement.

Gérard secoue la tête.

« Mais on a vingt ans...

— Dis-le-moi.

— OK, souffle-t-il en lâchant prise.

— Tu es à moi, murmuré-je en caressant sa joue. Ne l'oublie pas quand tu traînes autour de ta caserne, guidé par ta bite.

— Tu parles mal, sourit-il.

— Ne doit-on pas apprendre de son homme ?

— Si... Tu es maligne. Mais, moi, je ne suis à personne. Un homme libre, un loup !

— Un loup qui pleure... Tu es à moi comme je suis à toi.

— Si tu veux, Paulette... »

28

Ce bébé dans mon ventre se fait bien discret. J'ai appris qu'il pouvait bouger dès quatre mois. Bien qu'il en ait cinq désormais, il demeure immobile. Peut-être a-t-il perçu l'hostilité autour de lui, les tourments de Maman, de Man-Nini, et la réprobation de son papa. Alors, je le rassure : « Ne t'en fais pas, je suis là... » Mais il ne bouge pas davantage. C'est un bébé bien sage qui ne veut pas d'ennui, un petit cœur minuscule battant en secret, un simple renflement au bas de mon ventre que je caresse au matin et à la fin du jour en lui parlant, mon nid de joie. J'ai trouvé son nom en attendant le vrai. Je l'appelle « mon ange ». Je ne connais pas son sexe et je m'en fiche, c'est mon bébé.

Bien que j'aie juré de ne rien révéler, je ne peux pas m'empêcher d'annoncer la nouvelle à ma sœur. Elle est partagée entre le bonheur d'une vie qui s'annonce, la magie de cette aventure des femmes qu'elle aimerait vivre, et ce qu'elle sait de l'avis familial.

Renée a un nouveau fiancé, Jacques, un camarade d'école, apprenti comptable comme elle. Après avoir flirté avec un copain de Gérard, militaire séduisant qui lui ressemblait et ne pensait qu'à coucher avec elle, Renée, encore vierge, s'est offerte à un garçon d'allure banale mais très attentionné qui lui faisait la cour depuis des mois. Le récit détaillé de leurs nuits d'amour me laisse frissonnante et rêveuse. Dans une chambre confortable qu'il a louée, avec des draps bien blancs fleurant la lessive, Renée a connu un plaisir intense qui l'a fait crier au point de devoir mordre un oreiller et d'en libérer, dans une fougue inconnue, toutes les plumes.

« Tu aurais vu, ça volait dans la chambre. Un vrai poulailler ! Qu'est-ce qu'on a ri ! C'était joyeux, délicieux, nous étions au paradis. On a recommencé en oubliant de dormir. En quelques nuits, j'ai rattrapé des années de rêves, de désirs contenus sur les bancs de la salle de bal. Jacques n'est pas beau mais il est sérieux et n'oublie jamais de m'offrir des fleurs et ce petit collier de perles. Je crois que je l'aime, dit Renée en dégageant son cou pour que j'admire son présent. Je le désire, c'est certain, reprend-elle avec malice. Il me fait des choses avec la bouche.

– Quoi ?

– Il me lèche les seins et... en bas.

– Non... Ça doit être gênant !

– Ça me fait perdre la tête. Je ne fais pas bien la différence entre aimer une caresse et aimer tout court. Tu y arrives, toi ?

– Je ne me pose pas toutes ces questions. De toute façon, je n'aime pas Gérard ! Je te l'avais dit, je voulais être mère et épouse, avec ou sans amour.

29

Le matin tôt, avant que les hommes ne se réveillent, ma mère, devenue insomniaque à cause de ses journées ressemblant à de longues siestes, fait couler le café dont elle moud le grain lentement pour ne pas faire de bruit et grille dans le four quelques tartines du pain de la veille. Pendant ces quelques minutes du début de la journée, je peux être seule avec elle.

Encore vêtue de ma chemise de nuit que je relève pour découvrir mon corps, je l'interroge :

« Regarde, Maman, tu crois vraiment que je suis enceinte ? Je ne sens rien...

— Ça va venir. Ne t'en fais pas, tu n'échapperas pas aux coups de pied. Bien sûr que tu es enceinte, tu manges comme quatre ! Tu ne vois pas ta poitrine gonflée et le bas de ton ventre ? Qu'est-ce que tu croyais ? Que tu serais grosse tout de suite ? Ça ne fait que cinq mois.

— Cinq mois et sept jours. J'ai tellement envie d'être mère.

— Parfois, j'ai l'impression que tu es inconsciente. Ne m'en parle pas, ça me gêne assez comme ça. Pour la discrétion, je vais te tricoter des pulls amples et quelques jupes bien chaudes pour Paris. Je vais t'apprendre à faire ta layette. Mais en cachette... Quand est-ce que tu pars exactement ? À Noël ?

— En janvier, c'est retardé.

— Ah... Tu pourras continuer de nous aider quand tu seras à Paris ? Tu te souviens, tu me l'avais promis ? Ça permettrait à André de faire des études. Ton frère a des facilités.

— Oui. »

Puis soulevant ma main en observant mon rubis, ma mère soupire :

« Ne porte pas cette bague à l'index, je t'ai déjà dit que ça fait mauvais genre. J'aurais aimé assister à ton mariage...

— Tu ne viendras pas ?

— Non, désolée, Petite-Mère, j'aurais trop honte. Ton père aussi, nous en avons parlé. Fais ce que tu as à faire à Paris et reviens comme tu l'as dit, au printemps ou à l'été, mariée, avec une situation, nous présenter l'enfant dans la belle voiture... »

30

Gérard passe le mois de décembre au trou alors qu'à Givet je vois des militaires descendre joyeusement de la citadelle vers la gare. Exhibant leurs médailles, ils crient « La quille ! » et des gens applaudissent sur le trottoir. Dans le journal, il y a eu un article sur « Les parachutistes de Givet : nos héros d'Algérie ». Parmi les photos disposées sur toute une page, j'ai scruté les visages sous leur béret. Mon cœur s'est serré quand j'ai reconnu Jean, plus grand que les autres, souriant, mais je n'ai pas trouvé Gérard.

Je vais le voir le samedi dans l'après-midi. Il n'a pas le droit de sortir mais on se parle à travers les grilles. Il dit que ça n'est pas bien dur. Ce qui lui coûte, c'est d'attendre sans étreindre mon corps. Il me promet une fête le jour où il sortira dont je me souviendrai. Il a tellement envie qu'il en rêve la nuit et le jour. Je l'obsède.

« Tire un peu sur ton col ! me demande-t-il en m'attirant vers une petite porte à côté du portail. Je veux voir tes seins.

– Je ne peux pas plus, je vais déchirer mon pull, dis-je en découvrant ma gorge.

– Soulève-le alors. Je t'en supplie, personne ne nous regarde. »

Le vent froid de décembre fait frissonner mon ventre ostensiblement arrondi tandis que ma poitrine blanche, alourdie, aux pointes roses, se dresse fièrement. Gérard est fasciné. Privé de voix, il semble affamé. C'est vrai qu'il ressemble à un loup. Deux militaires passent derrière lui en sifflant. Absorbée par le regard de Gérard, je ne les ai pas vus venir et redescends mon pull immédiatement. Furieux, mon fiancé se retourne.

« Cassez-vous les gars, merde !

— Faut partager, Gégé ! »

Gérard frappe du pied violemment en s'avançant vers eux et les garçons s'enfuient à tire-d'aile.

« Ton ventre a grossi, reprend Gérard. Ça fait combien ?

— Le 13 janvier, cela fera six mois.

— On partira dès que je sortirai. Prépare-toi.

— Tout est prêt. De toute façon, je n'ai pas grand-chose. Je tricote chaque jour des petits habits, en blanc ou bleu ciel. Je suis certaine que ce sera un fils...

— C'est bien, ça t'occupe...

— Ma mère et Man-Nini vont organiser un dîner pour notre départ.

— On va bien manger alors. Et boire ! Ce sera la nouvelle année... »

31

Quelques jours avant Noël, une chose extraordinaire se produit, un miracle de la vie qui vaut tout l'or du monde, ses voyages et ses rubis, dont seules les femmes connaissent la magie.

Dans mon ventre, dans ma chair, mon bébé remue. Ça n'est pas brutal, pas de coup de pied. Il tourne et vire doucement, cherche son aise, mon ange déploie ses ailes. Quand je place la main à l'endroit où il bouge, il ressent sa présence et se calme. Dès que ma main s'éloigne, il se remet à bouger. En fermant les yeux, je l'imagine à l'intérieur de moi, bien au chaud, endormi sur lui-même comme un chaton, ne se réveillant que pour me saluer – « Bonjour Maman ! » –, me montrer qu'il est bien là, vivant, qu'il grandit, mon enfant. Je ne dois pas m'inquiéter. Lui non plus. Quand il viendra au monde, je m'en occuperai mieux encore que de mes petits frères. Je lui donnerai mon lait, de l'amour et du pain à ne plus savoir qu'en faire. Jamais il ne connaîtra la faim – je le promets – ni les brûleurs de rats. Il sera fort et grand, souriant, plus haut que moi d'une bonne tête. Quand il m'embrassera, pour s'amuser, il me soulèvera, et quand mes forces diminueront, il en aura pour deux. Il sera là pour moi comme je le suis pour lui depuis son existence. Je vais donner naissance au premier être qui m'aimera peut-être.

Des minutes entières, une heure pleine, je peux rester à le caresser, lui parler en pensées pour que personne ne nous entende. Au-delà de la fenêtre, un coin de ciel mouvant et clair nous attend. Pour ce premier jour sensationnel, il fait beau en décembre, c'est bon signe. Dans cette terre de lumière imaginaire, mon ange s'envole déjà. Cela fait des années que je trace sur le plafond de ma chambre cet horizon de liberté. Loin d'ici, dans mes rêves d'ailleurs, quand mes désirs deviendront vrais, mon enfant vivra une autre vie que la mienne, enveloppante et chaude comme mon ventre, claire comme ce ciel d'hiver. C'est promis.

Pour le réveillon, mes frères ont abattu un sapin dont la sève odorante goutte sur la crèche en répandant dans notre maison ce parfum que j'allais chercher enfant dans la forêt. Renée m'a aidée à décorer notre arbre avec des chutes de fils de soie que j'ai rapportées de l'usine, du raphia et des enveloppes de papillotes récupérées depuis des mois. Ma sœur et moi avons tressé des guirlandes joyeuses de toutes les couleurs qui scintillent dans le feu des bougies posées sur le sol ce soir de Noël. Ma mère désigne d'un doigt timide le cadeau qui me revient, un paquet mystérieux à ouvrir en cachette. De la layette bleue, tricotée avec toute sa dextérité, un bonnet, un maillot, un bermuda et des petits chaussons qui me bouleversent. La vue troublée, je lis son mot : « Pour ma Petite-Mère qui porte bien son nom, j'ai choisi du bleu parce que ce sera un fils. Je l'ai vu dans mes cartes. Joyeux Noël ! Ta mère qui t'embrasse. »

À table, Man-Nini évoque ce fait divers terrible qui secoue tout Givet et sa région pourtant si tranquille : la fille d'un notable, bien sous tous rapports, a été retrouvée au matin, dans le parc Albert Ier, situé entre la caserne et la rivière, à moitié nue, transie de froid, couverte de feuilles mortes, abusée, frappée, brûlée dans le dos avec une cigarette, à peine consciente, encore ivre et amnésique, sûrement forcée à boire, subodore Man-Nini. Autour de la malheureuse, les traces de plusieurs hommes ont été identifiées avec quelques bouteilles de rhum, mais surtout, dans l'ambulance, la paume de la main verrouillée de la jeune fille s'est ouverte, laissant tomber un bouton en plastique de couleur kaki, qui me fait frissonner.

« Arraché d'un vêtement militaire ! s'exclame Man-Nini. C'est dans le journal. Ça ne peut quand même pas être nos braves soldats ! »

Chacun y va de son commentaire.

« C'est atroce, comme la petite a dû souffrir..., murmure ma mère. Il t'arrive de traverser ce parc ? m'interroge-t-elle.

— Oui, quand je vais voir Gérard.

— Doux Jésus...

— Les hommes sont des sauvages, intervient Padidi.

— Pas tous quand même, grâce à Dieu ! rétorque Man-Nini.

— Aussi, que faisait-elle la nuit à traîner dans le parc ? interroge mon frère Raymond.

— Tu te rends compte si ça t'arrivait ? me dit ma mère les lèvres tremblantes en choquant toute la tablée.

— Mais tu dérailles, ma pauvre Alice ! s'insurge mon père. Moi... Je leur passerais l'envie à ces voyous à coups de chevrotine dans le bide !

— Tu as raison, Georges ! s'agite Man-Nini. Pas de pitié pour la vermine. Mais hélas, les coupables courent toujours, l'enquête ne fait que commencer.

— Si cette pauvre fille était la mienne, je les retrouverais », conclut mon père.

Derrière les grilles de la caserne, Gérard affiche une mine grisâtre. Il fait très froid en prison et les jours n'en finissent pas. Je l'interroge sur ce drame qu'il connaît. Les gendarmes viennent chaque jour. Comme tous les parachutistes présents portant un uniforme à boutons kaki, ils l'ont questionné pendant une heure et ses empreintes ont été prélevées.

« Pourquoi toi puisque tu ne peux pas sortir ?

— On peut toujours s'échapper... C'est pour ça que je suis au trou. En tous les cas, ce n'est pas moi ! Mais il faut comprendre les gars, parfois les filles allument et après elles ne veulent plus. Alors, un peu excité et avec du bon rhum...

— Pourquoi du rhum ?

— C'est la promotion de Noël à l'économat, du vieux rhum des Antilles, un délice. Les gendarmes l'ont découvert, alors ils ne nous lâchent plus. Tu verrais tous les gars recoudre leurs pantalons, de vraies petites femmes ! Pas un bouton ne manque, c'est à mourir de rire.

— Ça n'est pas drôle.

— Oh ça va, elle n'est pas morte, la petite cochonne ! On ne parle plus que de ça, comme si la terre s'était arrêtée de tourner. Changeons de sujet, tu veux bien ? Cette pauvre fille n'en vaut pas la peine ! Il me tarde de sortir pour t'emmener à Paris. Nous avons perdu assez de temps comme ça !

— Oui, pour moi aussi le temps est long. Tu sais que notre bébé remue ?

— Arrête ! Parfois, je n'en dors pas de la nuit. Tu imagines ce qui nous attend ? Moi qui voulais prendre du bon temps...

— Tu n'auras rien à faire, je m'en occuperai.

— Quelle histoire ! Ce sera quand même mon chiard. »

32

L'hiver 1963 est un des plus rigoureux que la France ait connu depuis 1954 et l'appel au secours, lancé à la radio par l'abbé Pierre, puis retranscrit à la une de notre journal. Man-Nini l'avait lu, un dimanche, à table, d'un ton solennel : « Une femme vient de mourir gelée cette nuit, à trois heures, sur le boulevard de Sébastopol... » J'avais dix ans. Je m'en souviens, car dans ma chambre, sous les toits où s'agitaient des rats transis, je grelottais sans rien dire en serrant mes frères contre moi. Nous ne risquions rien puisque la mort frappait loin de nos campagnes, sur ce boulevard inconnu de Sébastopol. L'épais dictionnaire à la couverture entoilée, soigneusement rangé sur un coin du bureau de Padidi, indiquait que c'était en Crimée... Dans la salle de bal, Man-Nini avait disposé un poêle autour duquel une famille de romanichels était venue se réchauffer quelques jours dans l'hiver 1954. Ma grand-mère recueillait ces étrangers aux yeux dorés sans savoir que ses propres petits-enfants dormaient dans le froid.

En janvier 1963, la Meuse pourtant si vive, battue de courants contraires, regorgeant de truites ambrées, gèle. Par endroits, on peut la traverser. Sur l'étang du parc Albert Ier des gamins font des ronds en patins à glace, et aux grands sapins comme aux gouttières de l'église Saint-Hilaire et de la chapelle de Walcourt, s'accrochent des stalactites glacées qui font jaillir des rais d'arc-en-ciel quand le soleil paraît.

Le 19 janvier 1963, un samedi, sorti le matin même, Gérard me prévient qu'il viendra me chercher dans l'après-midi. Préparée depuis des jours, ma valise est légère, mais un grand sac de toile soulevé par mes frères m'est remis au nom de tous par Man-Nini quand je sors de ma chambre pour le déjeuner. Toute ma famille y a placé des surprises qui, une à une, à mesure que je les découvre, me piquent le cœur. Des confitures de framboise, des gelées de groseille, du miel de tilleul, une grande boîte en fer pleine de sablés au beurre, une couverture de laine toute neuve, d'autres layettes bien emballées que je cache au fond de la malle, deux jupes et trois pulls chauds, un parapluie, le dictionnaire de Padidi et le couteau de chasse de mon petit frère André avec ses initiales gravées sur la crosse de corne. Cette arme blanche que je serre dans mon poing fait couler des larmes sur mes joues, moi, pourtant si joyeuse de partir ! Je sais combien André est attaché à ce couteau qu'il a reçu de Padidi.

« Garde-le ! dis-je à mon frère. On ne chasse pas à Paris, il n'y a que des parcs et des zoos.

— On m'a dit que certains quartiers étaient dangereux », me répond-il.

André veut surtout que je me souvienne de lui, que je n'oublie pas notre village, la forêt et toutes ces nuits passées à le caresser avec Raymond, à chasser la peur et la faim. André se jette dans mes bras. Cet élan émeut toute l'assemblée. Man-Nini, qui redoute un effondrement général, alors que ma mère sanglote, s'écrie en tapant dans les mains : « Allez, tout le monde à table ! Il faut manger le cœur léger. Autrement, on digère mal et Petite-Mère a de la route à faire... »

Pendant le déjeuner bien silencieux, ma mère ne cesse de pleurer au point d'agacer mon père.

« Retiens-toi, Alice, enfin... Petite-Mère ne part pas à la guerre ! Et Paris n'est qu'à cinq heures de train !

— Je sais. Mais c'est bien loin tout de même et Paris est si grand.

— Je croyais que ça te faisait rêver !

— Oui, mais...

— Quoi à la fin ? insiste mon père.

— Rien. Ça va t'énerver, hoquette ma mère.

— Parle ! Tu vas encore ressasser toute la journée ! »

Piquée, ma mère redresse le torse pour poser calmement ses yeux lourds dans les miens.

« Prends bien soin de toi, Petite-Mère, et du bébé. Tes cartes sont si noires.

— Tais-toi, Alice, s'il te plaît ! s'écrie mon père. Petite-Mère sait très bien ce qu'elle a à faire. Tu nous fatigues avec tes sornettes de cartomancienne ! Bois un peu moins de liqueur et tu y verras plus clair. »

Pour rassurer ma mère, je l'embrasse en murmurant dans son cou :

« Tu as oublié la carte Azur... Celle qui efface toutes les autres. Tu te souviens ?

— Oui. Tu as raison. Je suis bête. Pardonne-moi. »

Hier, j'ai dit au revoir aux collègues de l'usine et à l'assistante du directeur qui m'a affirmé, en gardant ma main dans la sienne, que je serais toujours la bienvenue. J'ai salué Marcel aussi qui était surpris. Puis on a tous bu un verre au café, c'était joyeux. « À la santé de Paulette ! » chantaient mes collègues, « et à ses amours, qu'elles durent toujours... »

Un peu éméché, en désignant mon ventre du regard, Marcel m'a lancé : « J'aurais bien aimé qu'il soit de moi ! »

Avant de lui répondre, je referme mon manteau. Je pensais que rien ne perçait sous ma blouse.

« Tu es trop occupé à papillonner ! dis-je.

— Je sais. Mais la trentaine approche et je me serais bien posé avec toi. Tu m'as toujours botté !

— C'est le vin qui te chauffe !

— Pas du tout, je n'ai bu que deux verres ! Tu es particulière, Paulette, courageuse avec un gros cœur. Et quel cul ! »

Je repousse Marcel qui s'approche en ricanant : « Tu es la seule à m'avoir résisté, continue-t-il, tu ne sais pas ce que tu as raté ! Mais ça me plaît. Les filles trop faciles, ça fait débander ! Je t'aurais aimée, Paulette, ton homme a bien de la chance... »

33

Vers cinq heures, quand le jour décroît, fendant la route enneigée de ses roues lourdes, la Buick de Gérard apparaît au coin de la rue. Dans la maison, tout le monde entend l'automobile manœuvrer au pied de la façade, son moteur que Gérard aime faire rugir avant de l'arrêter et le crissement des pneus qui creusent la glace. Mais personne ne se lève pour lui ouvrir la porte. Alors il toque avec insistance jusqu'à ce que je descende.

En tendant le bras, ma mère plongée dans ses mouchoirs fait signe à Gérard de ne pas l'embrasser. « Faites bien attention », parvient-elle à dire entre deux sanglots.

Je suis prête. J'ai rêvé de ce jour et ne ressens même pas la tristesse autour de moi. Ma mère pleure comme elle a tant pleuré sans jamais rien faire pour changer de vie. Alors que Gérard me presse, j'embrasse tout le monde furtivement en répétant ces quelques mots : « Merci, à bientôt... Merci, à bientôt... »

Ma sœur Renée n'est pas là. Je ne lui en veux pas. Elle passe les week-ends dans les bras de son amoureux. Renée m'oublie comme j'ai pu l'oublier quand le cœur s'enflamme.

Dehors, où seuls mes frères et mon père nous suivent pour admirer de près mon carrosse, les derniers au revoir sont brefs, presque froids, comme le vent. De l'intérieur, où les femmes sont restées autour de Padidi, quelques phrases nous parviennent.

« Ce n'est pas un temps à mettre un chat dehors. Encore moins à voyager. Fermez la porte à la fin ! crie Man-Nini.

– Et son adresse ? Nous n'avons pas son adresse ! » interroge ma mère avant de s'exclamer : « Et l'argent ? Attends, Petite-Mère, nous avons oublié le plus important ! »

Sans sortir de la maison, ma grand-mère me tend une enveloppe épaisse que Gérard reluque.

« C'est de ma part et de celle de tes parents ! Et ne reviens pas en chercher, il n'y aura pas un sou de plus !

– Oh merci, il ne fallait pas, dis-je en me saisissant de l'enveloppe.

– Pour l'adresse, c'est facile : 1, avenue de l'Opéra ! intervient Gérard.

– Bon voyage, Petite-Mère. »

Le bras de ma grand-mère disparaît.

Sur la place de l'église parsemée de congères, un groupe de badauds emmitouflés s'est formé. Ces hommes sombres et muets ne sont pas attroupés comme d'habitude, ils forment une rangée qui observe la Buick et la fille du village qui s'en va. Que pensent-ils ? Tous me regardent avec insistance. Sous leur cache-col, leur bonnet, je ne les reconnais pas. Avant de m'asseoir dans l'automobile, je leur adresse, comme je le faisais, un signe de la main qu'ils ne me renvoient pas. Surprise, je reste à fixer ces ombres alignées devant l'église quand un homme à gauche, de petite taille, a ce geste qui me donne envie de disparaître, de m'enfuir avec mon bébé dans l'anonymat et la liberté des grandes villes. Il caresse son pardessus au niveau du ventre d'un geste circulaire ininterrompu.

Voilà ma haie de déshonneur. Une femme vierge a fait l'amour pour porter la vie mais pas comme il le fallait.

« Monte, Paulette ! La nuit tombe, on est attendus », s'impatiente Gérard.

Adieu les ombres, je m'en vais.

34

Sur la route sinueuse et glissante vers Givet, Gérard roule plus lentement qu'à vélo. Au sortir des virages, même larges, la puissance et le poids de la Buick nous emportent dans des embardées qui le font jurer : « Ça glisse bordel ! On n'est pas près d'arriver. »

Je ne dis rien, je n'éprouve pas la peur. Si nous finissons dans le ravin, ce sera le destin. Je me laisse porter comme en apesanteur. Il y a quelques minutes, j'ai quitté ma famille sans effusion inhabituelle et ce village de quelques maisons où j'ai toujours vécu. J'étais devenue un poids, une fille que l'on montre du doigt dans la rue, et chez moi un meuble auquel on ne fait plus attention. Je disparaissais derrière ma bosse. Dans ma vie routinière, j'étais une ouvrière sans qualification qui se donne du mal et offre tout son salaire sans espoir de changement pour un jour mourir d'épuisement, affalée au pied des bobines de soie, comme Sidonie.

Baladée d'un côté à l'autre de la route, je vogue vers l'inconnu, heureuse et résignée, à bord de la plus belle automobile qui ait jamais été conçue. Dans mon ventre, il y a un enfant ; devant moi Paris, le cours de ma nouvelle vie ; derrière la voiture et tout au bout du sillon creusé dans la neige grise par les pneumatiques, la place de l'église et ma grand-mère qui crie de fermer la porte parce qu'il fait froid.

La tête inclinée, appuyée sur la vitre, je contemple ces champs, ces forêts que je connais par cœur. Dans l'obscurité la neige perd sa blancheur. Éclairée par la lueur des phares, la petite chapelle à la croix dorée apparaît. En cette nuit qui commence, ses feuilles d'or ne brillent plus, on dirait la croix faite de fer forgé.

« Y a combien dans l'enveloppe ? m'interroge tout à coup Gérard.

— Je ne sais pas, je n'ai pas compté.

— Ben, compte ! »

Gérard éclaire le plafonnier tandis que j'extrais de mon sac ce petit paquet que m'a donné Man-Nini. Un à un, j'additionne les billets jusqu'au dernier. Entre mes mains déployées en éventail, je contemple deux mois de salaire. Je n'ai jamais eu autant d'argent.

« On ne va pas aller bien loin ! s'exclame Gérard.

— Mais nous allons travailler, c'est au cas où.

— C'est quoi le papier ? »

Gérard désigne une feuille pliée en quatre, restée sur mes genoux. Elle porte l'odeur de ma mère, comme si elle l'avait parfumée. Un instant, je crois à un mot, mais ce document que j'ouvre, marqué à l'en-tête de la banque, comporte le nom, l'adresse et le numéro de compte de mon père.

« C'est vrai... J'ai promis de les aider, dis-je.

— Tu l'as assez fait comme ça, non ? Je comprends pourquoi ta mère pleurait comme à un enterrement. Elle voyait sa tirelire se barrer !

— J'ai promis de les aider », répété-je doucement.

À l'entrée de Givet, Gérard ne suit pas le panneau de signalisation cerné d'un liseré noir désignant Paris à gauche, 303 kilomètres. Nous roulons vers le centre, place de la République, où nous attend son cousin Jeannot, que je connais de nom, car Gérard, qui est fils unique, m'en parle bien plus qu'il n'évoque ses parents, avec admiration, comme le modèle à suivre d'une jeunesse victorieuse qui ne perd pas son temps. Le cousin Jeannot a de l'argent. Parti de rien, il a réussi en quelques années et sait prendre du bon temps, vivre avec style. Comment fait-il ? Il a ses petits secrets, ses méthodes. Que fait-il exactement ? Il est dans les affaires. Et pas des petites ! Gérard en veut pour preuve cette voiture incroyable, importée pour lui des États-Unis.

« Elle lui appartient ? demandé-je.

— Oui, c'est la caisse du cousin.

— Mais tu m'as dit qu'elle était à tes parents ?

— Je t'ai dit ça ?

— Oui.

— Eh bien, je me suis trompé, ma petite femme. Y a pas de mal, ça reste dans la famille. »

Gérard tend la main pour caresser ma joue, puis se met à rire.

« Mes parents... ça ne risque pas. Mon père roule dans une Renault 8 parce qu'il travaille en relation avec la maison mère de Renault et ma mère prend le métro. C'est bien pratique, tu verras, ça va te changer du vélo !

— Sûrement... Mais tu n'as pas besoin de me mentir.

— Je ne mens pas ! s'énerve Gérard. Je dis ce que les autres veulent entendre. C'est la méthode du cousin et ça marche bien. Tu ne serais jamais partie avec moi en R8 !

— Qu'en sais-tu ?

— Je le sais, c'est tout. Et ta famille ne t'aurait pas laissée partir... Tu voyais leur tête quand j'arrivais avec la Buick ? »

Se calmant soudainement, Gérard me dit d'une voix tendre : « Tu sais, quand on veut conquérir la femme de sa vie, on ne se sent jamais assez beau. Alors, on invente, on lui dit des mots qui font rêver. Et elle est là, à côté de moi, en direction de Paris, ma petite femme pour la vie. »

Touchée, je me rapproche de Gérard, posant ma tête sur son épaule alors que nous arrivons place de la République.

« Tiens ! s'exclame Gérard, c'est lui le cousin. Tu vois, le grand avec le beau manteau à l'arrêt de bus ? Jeannot nous a rapporté la Buick, il va faire la route avec nous.

— Vous en avez mis du temps ! » s'exclame le cousin en ouvrant d'autorité la portière de mon côté avant de m'ordonner : « File à l'arrière, gamine ! Il paraît que tu aimes bien... »

Gérard et son cousin, qui penche la tête sous le toit pour se montrer, se sourient d'un air entendu.

« Ça va, fripouille ? lui demande le cousin Jeannot. Prêt pour l'aventure ?

— Ça va mais le temps est dégueulasse, ça glisse.

— Avec moi dedans, on va coller à la route ! » répond le cousin en éclatant d'un rire puissant, peu commun, éructé, un tic nerveux sonore et bref qui se fiche pas mal des oreilles autour.

Je sors de la voiture pour changer de place et découvre en me relevant cet homme, aussi grand, élégant que laid qui, pour me saluer, m'empoigne par les épaules, une cigarette allumée, serrée entre deux doigts, dont je crains qu'elle ne me brûle. Le cousin Jeannot me claque deux bises qu'il m'est impossible de lui rendre.

« Enchanté ! Moi, c'est Jeannot. Gérard m'a beaucoup parlé de toi. On ne se fait pas la bise dans ce trou ?

— Paulette. Bonjour, monsieur... »

Cet homme d'une trentaine d'années m'impressionne immédiatement. Son visage pâle et rond, planté de cheveux roux, raides et courts, ne ressemble à aucun autre que je connaisse. Pourtant, dans ses yeux noirs et fixes, comme absents, reliés à rien qui soit humain, jaillit en guise de regard un rayon d'ombre qui me scrute en remuant dans mes souvenirs le corps du brûleur de rats. Mon Dieu que sa face est plate ! Peut-être est-il tombé comme le vieux la tête écrasée sur le sol, ou bien est-ce de naissance, à moins qu'il ne se soit battu, qu'on lui ait ratatiné le nez et les pommettes à coups de poing. Il m'est difficile de croire, tant Jeannot et Gérard ne se ressemblent pas, qu'ils puissent être cousins.

Alors qu'il maintient son visage tout près du mien, Jeannot se délecte de l'effet qu'il me fait.

« Qu'est-ce que tu as, gamine ? Tu n'as jamais vu un dieu viking ?

— Non, monsieur... »

« Monsieur l'ogre » devrais-je dire. Outre ses traits aplatis, le cousin Jeannot souffre d'un défaut de prononciation qui le fait chuinter. Chacun de ses mots, agissant tel un traître, agite sa face de rictus de rage. C'est pour ça qu'il rit fort, pour pallier cette malfaçon et ne pas avoir l'air hargneux tout le temps. Pourtant, il l'est, hargneux, méchant comme en guerre.

Quand je croise un être affligé d'un gros défaut physique, des cris d'enfants de cour d'école résonnent aussitôt dans ma tête. Je n'ai jamais été la cible de moqueries mais le témoin effrayé de cette petite cruauté de meute. Forcément, un jour, elle se retournerait contre moi. La meute remarquerait ma différence. J'étais pauvre, rougie par le froid, maigre, mal habillée, trop grande, trop jolie, les jambes comme des tiges et les genoux souvent en sang après mes courses et mes rêveries dans la forêt ou à vélo.

La meute me fait peur tout autant que les monstres qu'elle fabrique. Les ogres ont été des enfants. Les bébés ogres, ça n'existe pas. On est gentil avant d'être méchant. Dans la tête effrayante de Jeannot, les cours d'école doivent crier tout le temps. Sous son nez épaté, une cicatrice oblique montre un bec-de-lièvre mal opéré, qui relève un coin de sa lèvre en découvrant des dents jaunies par des Gitanes maïs que Jeannot grille sans cesse. Le bec refermé par ses clopes, il ne peut pas bien prononcer les mots. Le défaut compte moins que son camouflage. Sous une brume d'air chaud expirée dans le froid glacial, un nuage de fumée que Jeannot aime me souffler au visage, sa silhouette apparaît, grande, élancée, droite comme un piquet. Paré d'un beau manteau chaud, neuf, croisé, aux coloris printaniers, il se distingue sacrément des passants de la place de la République filant le dos courbé, semblables, recouverts de la seule couleur que je connaisse aux hommes de Givet, le gris foncé.

À nouveau, le cousin éclate de rire.

« Appelle-moi Jeannot, gamine. Quel âge as-tu ?

— Dix-neuf ans, monsieur.

— Jeannot, je te dis ! Tu fais plus jeune, on dirait une enfant. Ta tête ne va pas avec ton ventre ! Ça fait combien de mois ?

— Six mois, monsieur Jeannot.

— Ça fait beaucoup ! Tu ne m'avais pas dit ça, lance sèchement le cousin à Gérard qui ne répond pas, les deux mains accrochées au volant. Tu fais chier Gégé ! poursuit-il en prenant place.

— Ça va, je ne suis pas médecin !

— La gamine accouche dans un peu plus de deux mois ! Tu piges ?

— Oui... Désolé, Jeannot...

— On ne met pas enceinte une gamine ! Allez, roule, j'ai les nerfs à vif et ce trou me fout le bourdon. »

Pendant tout le trajet, recroquevillée à l'arrière, je me fais aussi petite que possible. Les jambes repliées sur la banquette, réchauffée par la couverture que ma famille m'a offerte, je cache et protège mon ventre. Oubliant Gérard et son cousin qui somnole entre quelques mots échangés à mi-voix, je contemple à travers la fenêtre le spectacle de l'obscurité, percée de temps en temps par la lumière d'une maison, les phares d'un camion, la devanture d'une station essence qui passe. J'attends Paris et ses lumières.

À mi-chemin, prise de nausées, je supplie Gérard d'arrêter sans attendre la voiture sur le bas-côté. Le cousin que mes cris réveillent s'étire de mauvaise humeur. S'il ne me laisse pas sortir de son côté, je vais lui vomir dessus. Pliée en deux, devant la portière entrouverte, les pieds gelés enfoncés dans la neige, je suis malade comme un chien. Relevant la tête au bout de quelques minutes, je vois le fossé sans fond devant moi s'éclaircir sous le feu d'un camion qui roule à vive allure en zébrant la nuit d'appels de phare. La Buick, mal stationnée, mord la chaussée. Au moment de nous doubler, le chauffeur enragé fait sonner une sirène de diable. Gérard hurle : « Connard ! » Je sursaute tandis que la portière derrière moi s'ouvre en grand et me pousse. Je tombe, je roule, je crie, ma chute étant stoppée par un amas de branches qui me griffe à la tête et aux jambes. J'entends Gérard qui s'engueule avec Jeannot avant de me secourir en quelques enjambées.

« Ça va ma Paulette ? Tu n'as rien de cassé ?

— Non. Il l'a fait exprès ?

— Non...

— J'ai froid. J'ai cogné mon bébé. »

Telle une plume, Gérard me soulève pendant que, dans la voiture, le cousin qui fulmine referme la portière en la claquant avec fracas.

Sans un mot, je me blottis à l'arrière au même endroit où j'étais assise. Prise d'une peur rétrospective, retirant quelques brindilles de mon manteau, mes cheveux, je me mets à sangloter, le plus doucement possible, pas plus fort que le bruit du moteur. Gérard et le cousin ne s'adressent plus la parole. Sous la couverture et mon pull de laine, je caresse mon bébé qui, pour me rassurer, se met à bouger. Mes larmes sèchent, je m'endors.

« Paulette, réveille-toi. On arrive bientôt ! » crie Gérard.

Alors que je m'attends à voir jaillir du néant la tour Eiffel illuminée ou la cathédrale Notre-Dame, je découvre un enchaînement de villes semblables, composées d'immeubles, de maisons collées, qu'aucun champ ni même un bois ne séparent. La route nationale 3 traverse Livry-Gargan, Bondy, Bobigny, quand soudain mon Graal apparaît, le panneau « Paris », collé au feu rouge qui nous immobilise porte de Pantin.

« Attention, Paulette, ce n'est pas les Champs-Élysées ! » m'annonce Gérard.

Je le vois. Les abords de l'avenue Jean-Jaurès qui mène à la rotonde de Stalingrad ressemblent aux banlieues que nous venons de traverser, hormis un édifice large comme dix préaux. On dirait une sorte de gare ouverte à tous les vents, sans train, un immense marché couvert, fait de fines arcades métalliques et de panneaux en verre.

« C'est la grande halle de la Villette ! commente Gérard, le plus gros marché à bestiaux de France. »

Boulevard de la Chapelle, le métro aérien est une curiosité. Ces wagonnets éclairés sillonnent le quartier en faisant trembler le sol, au même niveau que la cime des immeubles. En haut d'une façade de plusieurs étages, je remarque le seul point de lumière de tout le boulevard, l'enseigne du magasin Tati, bleu et rose, annonçant « Les plus bas prix de Paris ». Puis, de l'avenue Rochechouart, à travers des ruelles grimpant à pic, je reconnais par intermittence les coupoles majestueuses et claires de la basilique du Sacré-Cœur de Montmartre. Mon Dieu ! Ça y est, je suis bien à Paris.

Il est minuit passé quand Gérard arrête la Buick à côté de la petite fontaine givrée d'une place incroyable.

« Pigalle, dernier arrêt, tout le monde descend ! s'écrie le cousin. Je vous ai réservé une chambre, à deux pas, rue Frochot, *Au Bon Logis*. C'est pas le *Ritz* mais ça ira. On se revoit demain, les tourtereaux.

— Au revoir, monsieur, merci, dis-je en m'extrayant de la voiture.

— Jeannot, nom de Dieu ! T'es bouchée ?

— Au revoir, monsieur Jeannot.

— Tu me files le fric ? demande le cousin à Gérard.

— Je l'ai mis dans la boîte à gants !

— À demain. Repose-toi bien, ce ne sera pas une partie de plaisir.

— Que veut-il dire ? demandé-je à Gérard en sortant de la voiture.

— T'occupe, me répond-il. Regarde Paris ! »

Gérard arrache les bagages du coffre de la Buick qui s'enfuit en rugissant alors que, moi, tournant lentement sur place, je découvre éberluée cet endroit inconnu et insoupçonné. Quel est donc ce quartier où des noms étranges et osés aux lettres géantes clignotent toute la nuit en jetant sur les trottoirs enneigés et une petite fontaine glacée des lumières crues, roses, rouges, orange ? Dans un vertige naissant, je lis à voix douce le nom des enseignes éclairées : « Sphinx », « La Lune rousse », « Les Naturistes », « Les revues d'*Ève de Paris* », « Les Nus les plus osés du monde »... Man-Nini en tomberait à la renverse. Mais comme elle ne verra jamais Pigalle, ça ne risque pas d'arriver, et à cette heure-ci, ma grand-mère dort à poings fermés sous ses bouillottes dans ce village éteint où je ne suis plus.

« C'est quelque chose, hein ? s'exclame Gérard. Quand on aime Pigalle, on ne peut plus s'en passer. Ces néons de la nuit valent bien des soleils ! Allez, viens, on va se coucher, je suis épuisé...

— On ne dort donc pas chez tes parents ?

— Non, pas ce soir, il est trop tard...

— C'est loin l'avenue de l'Opéra ?

— Tu verras... »

Au Bon Logis, dans la rue Frochot, se situe en descendant à quelques dizaines de mètres de la grande place. Nous marchons lentement pour ne pas tomber. Bien que je scrute l'endroit où je mets les pieds, je remarque en levant la tête, me protégeant du froid sous des portes cochères voilées d'ombre, quelques femmes accoutrées étrangement dans d'épais manteaux, le profil dessiné par la pointe incandescente de leur cigarette. Que font-elles à cette heure-ci par ce froid de loup ? Rien. Elles fument, sourient, papotent avec des passants. Ce sont des oiseaux de nuit.

Dans l'hôtel, les néons rutilants de Pigalle s'éteignent. C'est miteux, étroit, humide. Le vieux à l'entrée, qui se fait nommer « le père Frochot », pue. Dans l'escalier qui craque à céder, je croise une jeune femme qui m'adresse un clin d'œil, le regard perdu. J'ai cru rêver, elle était nue sous un manteau de soie dont je connais l'étoffe. Celle-ci était précieuse, de Chine avec de petites fleurs blanches. Son parfum était délicieux, envoûtant, sucré, épicé. Je me suis retournée pour la voir encore et la renifler.

« Tu as vu la fille ? dis-je à Gérard.

— T'occupe ! Grimpe, on est au huitième, tout en haut. »

La chambre n'est pas munie d'un cabinet de toilette mais d'un simple point d'eau, une vasque aux traces ocre sous un robinet qui goutte. Les murs sont nus, fissurés, les fenêtres, sans rideaux, et le miroir de l'armoire est brisé sur toute la hauteur. Au milieu, on dirait l'impact d'un poing. Quelqu'un a dû enrager ici.

« Comme c'est moche, dis-je. J'ai de l'argent, on pourrait changer d'hôtel. C'est ma première nuit à Paris...

— Garde tes sous, enfin ce qu'il en reste. Ça ira pour ce soir. Le père Frochot est gentil, il nous a donné une piaule en hauteur parce que la chaleur monte. »

Puis Gérard parle comme mon père : « Faut pas se plaindre, Paulette, on a un toit... » Le souvenir de mon père à cet instant me prive de voix. Je fouille dans mon sac et n'y trouve pas l'enveloppe.

« Où est mon argent ?

— En sécurité.

— Donne-le-moi !

— Tu ne me fais pas confiance ?

— Si...

— J'ai dû payer le cousin, voilà tout.
— Pourquoi ?
— Le voyage, la voiture, l'hôtel... Ne t'en fais pas. Allons au lit. Je suis mort. Je veux me coucher avec ma petite femme. »

Je ne trouve pas le sommeil. À chaque mouvement sur ce sommier qui grince, je crains de réveiller Gérard qui dort comme une masse.

Cette chambre minable qui suinte la pauvreté me rappelle, en plus petit, celle dans laquelle j'ai grandi. Il ne manque que mes frères. Ce bébé dans mon ventre qui me tient compagnie les remplace. Dans l'obscurité totale, j'y éprouvais la peur comme cette nuit malgré le jour bleuté que renvoie l'enseigne *Au Bon Logis* accrochée sous la fenêtre. Je dois sortir, prendre l'air même s'il fait froid, m'enfuir peut-être. J'étouffe. Est-ce dangereux ? Les oiseaux de nuit, dont la rumeur monte jusqu'ici, n'ont pas l'air bien méchant.

Dans le plus grand silence, à pas de chat, je me rhabille, fouille le veston, le pantalon de Gérard et m'empare de mon enveloppe. L'escalier craque comme une branche sèche et j'y croise une autre jeune femme qui fume, l'air triste, en me dévisageant de la tête aux pieds. Au comptoir où il faut déposer la clé, le père Frochot n'est plus là. Il dort sans doute, c'est une aubaine, j'avais peur qu'il prévienne Gérard. Des gémissements provenant de la pièce attenante, qui doit lui servir de chambre, me font pencher la tête spontanément. J'aperçois le vieux, assis dans un grand fauteuil, la tête jetée en arrière avec, entre ses jambes, à genoux, la chevelure blonde de la jeune fille au manteau de soie fleuri qu'il empoigne. Je m'enfuis.

35

En remontant vers la place Pigalle, plusieurs hommes m'interpellent, alors je presse le pas. Derrière moi j'entends : « T'es jolie, toi ! T'es nouvelle ? », « Elle est en cloque la gamine ! C'est bon en cloque... Salope... »

Dans cette ville qui m'a fait tant rêver, je retrouve un sentiment ancien, vif, oublié, qui m'oppresse et deviendra familier. Il est né il y a des années dans le presbytère de monsieur le curé. La solitude dans sa forme la plus essentielle, vitale, brutale, qui vide mon ventre, mon cœur, mon esprit, pour les remplir de froid, de néant. Ça ressemble à la mort sauf qu'on est vivant. C'est l'effroi des proies, fait de peur, d'impuissance et d'absence. Personne n'est là et le danger déploie son ombre. Quand ce sentiment vous touche enfant, un cristal en soi se brise, dont on ressent à vie les éclats tranchants.

Sur le trottoir de la rue Frochot, j'ai peur, j'ai froid et j'ai faim.

Dans la solitude, il reste l'instinct et parfois un éclair du destin, un homme, une femme, qui renifle l'effroi, le reconnaît en frère, en sœur, et vous tend la main.

Pendant le voyage, nous n'avons rien mangé et je n'ai pas osé réclamer. Il faut que je nourrisse mon bébé, remplisse mon ventre pour chasser le néant. Dans ce quartier étrange qui vit à l'envers, il doit bien y avoir un troquet ouvert. À côté de l'enseigne de l'*Ève de Paris*, je vois « Diner grill spectacle ». J'entre. Aussitôt, un garçon en costume fond sur moi.

« C'est fermé, mademoiselle !

— Mais il y a du monde...

— Vous avez vos papiers ?

— Oui, mais je ne veux pas boire, je veux manger.

— Laisse-la tranquille, Rémi ! Tu vois bien que la gamine est paumée et frigorifiée. Viens, mon chaton, on va te trouver un casse-croûte. Fais-lui un croque-monsieur comme pour moi, bien gratiné avec de la béchamel ! Tu vas voir, c'est rudement bon. »

La femme superbe qui me parle, en m'appelant du bras, m'adresse un sourire si gentil que j'ai envie de pleurer.

« Viens t'asseoir, mon chaton. N'aie pas peur. Ici, tu es en sécurité. »

Le buste droit, assise au bar sur un tabouret haut, noir laqué, elle est habillée en femme du monde avec un beau tailleur aux boutons nacrés, à cette différence près qu'elle ne semble pas porter de chemisier, et le pli entre ses seins généreux, nourriciers que je découvre en m'approchant à petits pas, forme le plus joli des décolletés. Blonde platine, coiffée comme une actrice de cinéma, on ne voit que sa bouche en gros bonbon pourpre.

« Moi, c'est Nicole, dit la dame. J'ai fini ma nuit. J'avais faim aussi comme toi. Pourtant, ce n'est pas l'heure, mais il n'y a pas d'heure à Pigalle. Je mange toujours la même chose ici. Un croque-monsieur. Tant pour le goût que pour le nom ! Et toi ? Tu sors d'où ? De ta campagne ? Tu n'as pas l'air du coin, le plus joli des chiots dans un jeu de quilles !

— Je m'appelle Paulette. Je suis arrivée aujourd'hui des Ardennes avec mon mari qui est parisien. On va travailler chez ses parents, avenue de l'Opéra.

— Mais qu'est-ce que vous foutez ici, alors ? Ce n'est pas un endroit pour des gamins !

— C'est le cousin qui nous a réservé une chambre.

— Où ça ?

— *Au Bon Logis.*

— Chez le père Frochot ? Ma pauvre ! Il est spécial le cousin. Parisien aussi ?

— Oui.

— Comment il s'appelle ?

— Jeannot.

— Jeannot comment ?

— Je ne sais pas.

— Qu'est-ce qu'il fait dans la vie ?

— Il est dans les affaires.

— Lesquelles ?

— Je ne sais pas précisément.

— Tu ne sais pas grand-chose, dis-moi. Les Jeannot dans les affaires qui te font coucher dans un hôtel borgne, ça ne manque pas par ici ! Fais bien attention à toi et va vite à l'Opéra. Quel âge as-tu mon chaton ?

— Dix-neuf ans.

— Et lui, il a quel âge ? dit la dame en frôlant mon ventre.

— Six mois.

— Magnifique... Et moi, tu me donnes combien ?

— Vous semblez jeune aussi.

— Oh ! Mais quel amour ! Rémi, mets-nous deux coupes ! Pour une fois que je parle à un ange.

— Et vous, vous faites quoi dans la vie ?

— Moi ? Je suis expert-comptable ! »

Nicole éclate de rire.

« Mais de quel nid es-tu tombée pour être si innocente ? J'en ai peur pour toi.

— Vous êtes prostituée ?

— Ah, tu ouvres les yeux. On va dire ça, mais, nous, on n'emploie pas ce mot-là. Je suis une femme qui donne du plaisir, je me laisse croquer contre un petit cadeau. Une fille de joie, je préfère, qui réconforte, soulage et rend la vie légère. C'est la magie des filles. D'une vie de merde, on en fait des douceurs. N'empêche que ça nous fait un point commun avec les clients. Tu verras, eux aussi souvent ont des vies de merde...

— Pourquoi vous me dites "tu verras" ?

— Je ne sais pas, la nuit, on voit plus clair et j'ai un sixième sens. Mais ne t'en fais pas mon chaton, ce doit être le champagne et je suis fatiguée.

— J'avais une amie qui exerçait votre métier.

— Tu peux me tutoyer. Ah, tu vois, tu connais des filles !

— Juste Sidonie, je l'aimais beaucoup.

— C'est normal, il n'y a pas plus gentil que nous. Rémi ! Les croque-monsieur, c'est pour bientôt ou on revient à Pâques ?

— Ça arrive, Nicole », répond le serveur.

Pendant que nous mangeons, Nicole interrompt notre conversation. Entre deux bouchées avalées goulûment, elle répète simplement : « Qu'est-ce que c'est bon ! »

Quand son assiette est terminée, Nicole commande aussitôt deux îles flottantes. « Une douceur et je vais aller dormir. Les îles sont délicieuses ici, presque aussi bonnes que celles que je prépare. »

Nicole se délecte de la crème anglaise qu'elle boit jusqu'à la dernière goutte en portant à ses lèvres la soucoupe.

« Je vais y aller, mon chaton. Ça m'a fait plaisir de causer avec toi. Je dîne souvent ici. C'est bizarre mais j'ai l'impression qu'on va se revoir. Fais bien attention à toi, au bébé, méfie-toi du cousin et quitte cet hôtel au plus vite. Entendu ?

— D'accord, madame.

— Nicole ! Madame, ça vieillit !

— Au revoir, Nicole, et merci beaucoup. »

Quand Sidonie me parlait de sa voix rauque et puissante, ça me faisait le même effet, celui d'un vent chaud qui tourbillonne en moi et me dit : je suis le vent de la vie, je viens de terres que tu ne connais pas, je glisse sous ton aile pour te porter, t'envelopper, et rien ne pourra t'arriver. Ça réchauffe comme une mère que je n'ai pas, une amie, un amour, car c'est vrai, quand Sidonie ou Nicole vous parle, c'est bien de l'amour qu'elle vous offre dans l'instant, du vif, du chaleureux, qui vous rend fort et joyeux, jusqu'à ce qu'elles disparaissent en coup de vent.

36

En sortant du grill de l'*Ève de Paris*, le froid m'assaille comme l'obscurité de la rue Frochot qui descend lentement le long des murs sombres jusqu'à l'unique lueur de la rue, l'enseigne *Au Bon Logis*. Affleurant ses lettres bleutées, j'aperçois la fenêtre de notre chambre où Gérard doit dormir. Malgré le sommeil qui me gagne, et ces quelques silhouettes qui me frôlent l'épaule en se retournant sur moi, je n'ai pas envie de rentrer. Arrivée devant la porte de l'hôtel, je suis saisie d'un frisson d'angoisse dont je ne comprends pas l'ampleur. La main posée sur la poignée glacée, je n'arrive pas à la pousser. Le miroir brisé de l'armoire me revient à l'esprit. J'ai toujours entendu que ça portait malheur. Je crois que je préférerais dormir sous un pont, allongée à côté de la Seine et ses beautés que je n'ai pas encore vues, à même les berges en pierre, la tête posée sur mon sac, si seulement il ne faisait pas si froid. Le vent chaud de Nicole se met à souffler. « Va vite à l'Opéra... » me murmure-t-elle, et je continue de marcher sans penser, je descends tout droit en observant à chaque croisement le nom des rues. Paris n'est quand même pas si grand, à un moment, je verrai forcément la direction de l'Opéra. J'y louerai une jolie chambre où Gérard viendra me rejoindre au matin en me félicitant de mon choix. Ne veut-il pas vivre avec style ?

Une petite place ronde et charmante me fait l'effet d'une oasis. À ma droite, l'hôtel *Givarni* au nom inscrit en doré, sa marquise et ses deux appliques éclairées, m'attirent. Je vais sonner. Un monsieur tout en noir chaussé d'une casquette arrangée de travers me crie derrière la vitre que l'établissement est complet.

« C'est loin l'Opéra ? demandé-je.

— Sur ces trottoirs, une heure peut-être. Ce n'est pas un temps à marcher dehors et il n'y a plus de taxis », répondil en disparaissant.

Cet homme a raison, je n'aurai pas la force de marcher longtemps sur ce sol gelé. Je vais rentrer à l'hôtel avant de tomber.

Derrière la rambarde de la station de métro Saint-Georges, du nom de cette place, sous l'unique réverbère allumé, je remarque un clochard allongé sur une vaste grille à côté d'un chien qui se tortille en gémissant.

Accroupie, tendant la main vers l'animal qui étrangement ignore ma présence, j'observe son ventre plein qui remue et ses tétines pendantes. Cette chienne va mettrc bas dans quelques jours ou quelques heures. À travers la grille, un souffle tiède monte des sous-sols de Paris. Je tire un bout du gros duvet dans lequel le clochard s'est enroulé pour en recouvrir la chienne, quand l'homme se réveille en hurlant :

« Qu'est-ce que tu fous ?

— Votre chienne va donner bas, monsieur, il faudrait la réchauffer.

— Je m'en fous ! Casse-toi ou je te cogne !

— Mais, monsieur...

— Casse-toi, je te dis. Isis, attaque ! »

Isis ne bouge pas. À peine dresse-t-elle l'oreille avant de se rendormir.

Dans la chambre, bercée par le ronflement léger de Gérard, je me colle à lui, dos à dos, sans me déshabiller. Comme le clochard du métro Saint-Georges, il a pris tout le duvet. En passant devant la réception vide, j'ai vu cinq heures à la pendule en bois. Je dois dormir. Aujourd'hui, je vais rencontrer mes beaux-parents qui auront bien une place pour nous. Ce taudis ne peut pas être un nid pour trois. Je me ferai toute mignonne pour aller chez eux, avenue de l'Opéra. Dans mon grand sac de toile, Renée a déposé du rose à joue et un serre-tête tissé de fleurs.

Vers huit heures, les cris de Gérard me réveillent en sursaut.

« Tu étais où ? Je t'ai cherchée ! Je me suis fait un sang d'encre.

— Je suis désolée, mon chéri, je n'arrivais pas à dormir et j'avais faim. Je ne voulais pas te déranger, alors je suis sortie.

— Et ?

— Une gentille dame m'a offert un croque-monsieur.

— Tu sens l'alcool !

— Nous avons bu du champagne.

— C'est qui cette dame ?

— J'ai oublié son nom.

— Tu mens ! Tu bois avec une inconnue en pleine nuit à Pigalle ! Mais tu es folle ? Tu ne quitteras plus cette chambre sans m'avertir, tu comprends ? Je te rappelle que tu es mineure.

— J'aurai vingt et un ans l'an prochain.

— En attendant, tu fais ce que je dis ! C'est clair ? Tu es ma femme, Paulette ! Ma femme pour la vie, tu comprends ?

— Oui...

— C'est moi l'homme et je suis responsable.

— Mais je veux partir de cet hôtel pour aller chez tes parents.

— Ce n'est pas possible !

— Pourquoi ?

— Ils ne veulent pas voir une fille enceinte.

— Je porte leur petit-fils !

— Ça n'est pas dans leurs manières.

— Comment va-t-on faire alors ?

— On ira les voir quand tu n'auras plus le môme.

— Nous n'allons pas rester trois mois dans cette chambre ! Où allons-nous travailler ?

— Jeannot va nous aider. Il a toujours des solutions à tout.

— Il me fait peur ton cousin.

— Il fait peur à tout le monde. C'est son truc, et personne ne bronche.

— Je ne veux plus le voir.

— Ce champagne t'a tourné la tête ! Jeannot, c'est comme mon frère, nous sommes les doigts de la main, déclare Gérard le poing serré.

— Alors tu me fais peur aussi.

— Arrête tes conneries ! Je vais sortir boire un café, surtout tu ne bouges pas.

— Quand reviens-tu ?

— Tu verras bien. Dors maintenant puisque tu as fait la noce toute la nuit. »

Gérard s'en va en fermant la porte de la chambre à clé.

Redressée sur le lit, habillée, je ne vois plus que le miroir brisé face à moi qui découpe en deux morceaux mon reflet. À nouveau je ressens l'effroi. Je tente de me raisonner, Gérard sera bientôt mon mari, son caractère n'est pas tendre mais il m'aime et il connaît Paris.

Dans un coin de la pièce, à côté de l'armoire, le plafond de plâtre jauni s'est creusé. D'un trou gros comme le poing s'écoule goutte à goutte une eau noire qui sonne sur le parquet le battement régulier d'une horloge invisible, mon compte à rebours, les secondes d'une autre vie. Seule dans ce lit, je repense à mes frères. Pour eux, je maîtrisais ma peur. Maintenant, j'ai mon bébé. Je dois être forte, les années ont passé, je ne suis plus une enfant. Je vais fermer les yeux et ce décor de misère disparaîtra derrière mes paupières.

37

La vie a ses bascules, ses carrefours, ses rues sombres, ses chambres minables. Bien plus tard, j'entendrai : « Ce qui ne te tue pas, Paulette, te rend plus forte... » Ce sont des conneries de philosophes qui ont pensé bien plus que vécu. Il faut connaître la morsure pour évoquer son effet. Ce qui ne te tue pas t'abîme, te ronge, te mine, te tue à moitié. Et on fait avec, on survit parce qu'on n'a jamais le courage ou l'envie d'en finir pour de bon. Et qu'on ne vienne pas me dire que c'était mon destin, mon karma, que dans une autre vie, je serai une princesse, parce que ce sont d'autres conneries, des légendes que l'on raconte aux enfants et aux grands pour les endormir.

Je ne connais que ma vie sur terre, et un peu celles de ceux que j'ai croisés. Pour la princesse ou le paradis, on verra plus tard. C'est mal barré.

Dans ma connerie, il m'arrive de croire à une vie meilleure, à la carte Azur de ma pauvre mère, à un Dieu qui pleure sur notre enfer.

Voici la bascule de ma vie.

Seconde partie

38

Vers midi, dans un jour éclatant qui perce la fenêtre et le brouhaha montant des automobiles de la grande ville, Gérard me réveille en me tirant le bras. J'ouvre les yeux et crie en découvrant autour de moi le cousin et sa gueule hideuse, une femme brune et forte aux longs cheveux corbeau dont j'apprendrai le nom, « l'Espagnole », et un homme muet qui l'accompagne, lui ressemblant trait pour trait. La femme tient dans ses mains un grand sac plastique marqué des lettres roses du magasin *Tati*, dont elle retire calmement, comme une arme de son fourreau, un long étui de tissus gris noué par un cordon que je reconnais, car ma mère en possède un semblable pour son tricot.

« Qu'est-ce que vous me voulez ? crié-je.

– Ce n'est rien, Paulette. C'est mieux comme ça. Tout va bien se passer, me dit doucement Gérard en se penchant sur moi pour me calmer.

– Quoi ? Qu'est-ce que vous allez faire ?

– Elle est grosse, on ne m'a pas dit ! articule la femme brune avec un fort accent étranger. Allez ma jolie, à poil *ahora* (maintenant) ! Si tu ne bouges pas, ça ira. »

Puis elle répète un autre mot inconnu pour s'encourager : « *Vamos !*

– Déshabille-toi ! m'ordonne Gérard.

– *Vamos ahora !* hurle la femme brune.

– Non ! Laissez-moi partir ! »

Quand je me lève pour m'enfuir, Gérard me repousse brutalement sur le lit.

« Tu te déshabilles, d'accord ? Tu fais ce que je dis. N'aie pas peur, ce sont mes amis.

— Vous voulez faire du mal à mon bébé ?

— C'est mieux, Paulette, me répond Gérard.

— Vous voulez tuer mon bébé ! »

Je me mets à hurler en m'extrayant du lit de l'autre côté, mais le cousin fait barrage et me fixe de son regard absent, métallique.

« On t'a dit à poil ! T'es bouchée ?

— Non ! »

Et je rue dans le cousin comme une enragée, avec toute la force de ma jeunesse et de mon corps de mère en danger. Il est tellement surpris que je lui échappe, mais l'homme brun, qui observe la scène en silence, déploie les bras en croix devant moi dans cette chambre étroite et je sens les mains du cousin empoigner mes épaules. Tirée vers le lit, je me débats comme un diable et mords ses doigts. Le cousin me gifle avec une telle violence qu'il me semble que ma tête s'est cassée. Gérard se jette sur moi pour serrer mon visage entre ses mains en le rapprochant tout près du sien.

« Si tu n'arrêtes pas ton cirque, c'est moi qui te cogne, compris ?

— Je t'en supplie, c'est notre bébé, je porte ton fils, tu seras fier et tes parents aussi quand nous irons les voir !

— Mais il n'y a pas de 1, avenue de l'Opéra ! Pas de parents ! Rien ! Tais-toi ! Je n'en veux pas de ce mioche. Je te l'avais dit ! J'ai vingt ans, merde ! »

Alors que je m'effondre, l'Espagnole s'impatiente : « *Vamos ahora !* »

Le cousin et Gérard me déshabillent sur le lit en arrachant un à un tous mes vêtements. Mon corps roule entre leurs mains, inerte, vaincu, mais lorsqu'ils agrippent la chemise qui recouvre mon ventre nu, une force extraordinaire, un élan maternel m'animent soudain. Je lutte si fort, les poings serrés, distribuant des coups secs tout autour de moi, que mes assaillants reculent, même l'Espagnole et son complice. Je hurle à me briser la voix : « Laissez-moi partir ou je me jette par la fenêtre. Je veux rentrer chez moi. Vous n'entendrez plus parler de moi. Je prends mes affaires et je m'en vais. »

Dans le silence et la stupeur, je me penche pour ramasser ma robe et, quand je me relève, je vois la jambe armée du cousin et son pied qui me frappe si fort au ventre que j'en suffoque. Puis des coups de poing du cousin de Gérard s'abattent sur moi. Je suis lapidée à mains nues tandis que les Espagnols plaquent mes jambes au matelas. Je protège mon ventre en livrant mon visage. Je me souviens du goût du sang dans ma bouche. Dans le lointain, j'entends : « Arrête, tu vas la tuer ! »

Avant de perdre connaissance dans cette chambre qui tremble sous un voile rouge, j'aperçois l'Espagnole qui ausculte mon sexe de son regard noir en pointant vers lui une aiguille à tricoter.

J'ai la force de prononcer : « Je vous tuerai de mes mains, tous, je le jure. »

Je m'éteins sous les rires.

39

Il fait nuit quand je me réveille sur une autre terre que ma mère, ma grand-mère, ma sœur et, je l'espère, l'immense majorité des femmes ne connaîtront jamais. Sur cette autre terre où je doute d'être vivante, des images me reviennent par bribes, zébrant ma mémoire, et la douleur me signifie vite ma survie. Portant ma main à l'endroit où elle est la plus vive, je la découvre couverte de sang. Sous mes jambes, des serviettes en éponge maculées sont entassées sur une toile cirée faisant office d'alèse. Sur mon visage intouchable, j'effleure la turgescence de mes yeux, ma bouche.

Mon ventre est toujours rond, plein. Un instant, cela me met en joie, mais sous le pull de laine qu'on y a déposé, je sens bien que quelque chose a changé. Mon bébé ne bouge plus. Est-il mort ? Ça n'est pas possible ! Mon corps serait-il son cercueil de chair ? Bien sûr que non, je serai bientôt mère, je vais donner la vie. Alors pourquoi je pleure des larmes si lourdes que leur sillon fait souffrir mes joues ? Sans force, privée du moindre désir, je m'endors à nouveau.

Dans la nuit, un être m'extirpe de ma léthargie en posant sur mon front des linges d'eau froide. Je ne le reconnais pas. Quel est cet homme au regard triste et aux gestes gentils qui murmure mon nom ? « Pardon, Paulette, ça va aller, ça va aller... »

Puis un autre, plus grand, moche, qui entre dans la pièce en gueulant :

« Alors, comment elle va la paysanne ?

— On devrait appeler un docteur, dit le premier homme.

— Tu es fou ! Elle va s'en sortir. C'est de la bonne graine. Tu en feras une bonne ouvrière.

— Mais elle est abîmée. Regarde, elle saigne encore.

— Ça va passer. L'Espagnole l'a désinfectée. Dans dix jours, on ne verra plus rien. À son âge, on se remet de tout. Allez, viens, on va bouffer un morceau.

— Paulette, tu veux manger ou boire ? »

Je fais non de la tête et me rendors.

Au matin, Gérard est à côté de moi, et dans ma tête, certains faits s'éclairent. Quand il veut me caresser contrairement à ses habitudes, je le repousse.

« Arrête tes gentillesses, tu m'as frappée, tu es méchant, dis-je.

— Il le fallait, Paulette. Je te ferai un autre enfant, je te le promets.

— Pourquoi un autre ? Nous allons avoir un fils.

— Non. »

Je réclame un peu d'eau et m'endors à nouveau.

Dans l'après-midi, les douleurs se font si brûlantes que je hurle en me tordant. Gérard tente de me calmer mais, tout affolé, il descend chercher le père Frochot. Quand le vieil homme pénètre dans la chambre, il fait la grimace en me découvrant.

« Il faut appeler un docteur ! dit Gérard.

— Non. Jeannot m'a payé le double mais je ne veux pas d'emmerdes. Alors soit vous restez et elle la boucle, soit vous dégagez. »

Toute la nuit, j'ai de la fièvre, j'appelle ma mère, Man-Nini, mes frères, Sidonie, je la vois même qui vient s'asseoir sur le bord de mon lit.

« Mon pauvre chou, me dit-elle. Allez viens, je t'emmène au moulin.

— Je viens. Je viens, Sidonie.
— C'est qui ? me demande Gérard.
— Rien, j'ai faim, dis-je.
— Qu'est-ce que tu veux ?
— La confiture de Man-Nini dans mon sac. »

Le lendemain, pendant le jour, sans en connaître l'heure, entrent Gérard, son cousin, l'Espagnole et son double muet qui sont revenus parce que je me mourais de douleur. J'accouche de mon bébé. Après avoir tranché le cordon avec un couteau de cuisine nettoyé au feu d'un briquet, la femme brune tient haut mon enfant dans ses mains sans savoir qu'en faire.

« Donnez-le-moi ! » crié-je.

Mon ange passe de main en main. Le cousin s'esclaffe : « Elle avait raison la paysanne, c'est un garçon ! »

Gérard en détournant le regard dépose sur mon torse un petit être sage, large comme trois pommes, au visage si fin, ciselé comme le camée que porte ma grand-mère. Je touche ses tout petits doigts aux ongles minuscules qui se replient quand je les laisse.

« Il va se réveiller ? » demandé-je.

J'entends des éclats de rire que je ne comprends pas. Pourquoi ai-je du sang sur les mains ? Doucement, j'ausculte le corps de mon fils en le faisant tourner jusqu'à voir sur son flanc deux trous suintants qui m'éclatent au visage et torturent ma mémoire. *Le Dormeur du val*, que je récitais à l'école, me fait trembler. Le jeune soldat tué avait lui aussi « deux trous rouges au côté droit... ».

« Il est mort ? hurlé-je. Il est mort mon ange ? »

Ça ricane encore.

« Je vous tuerai de mes mains, tous, je le jure. »

Le cousin m'arrache l'enfant en se précipitant sur le palier. La chambre se vide alors que retentit le bruit de la chasse d'eau. J'entends gueuler : « Merde ! Il ne passe pas. Va falloir le jeter... » Il ne passe pas, où ? Il ne passe pas, qui ?

Dans un instinct de vie, de petite mère, je trouve la ressource de me lever. Nue, je sors de la chambre en avançant sur l'étage vide. La porte des toilettes est encore ouverte. Sur la cuvette, il y a des traces de sang mais mon fils n'est pas là. Ce n'est pas un endroit pour un ange. Ils ont dû l'emmener. Je les entends descendre de leurs pas agités dans l'escalier.

Tout en haut, pliée sur la rambarde, au sommet de la cage, je gueule à mon tour : « Je vous tuerai, je le promets ! »

De l'étage en dessous monte une jeune femme à l'allure familière pour me porter secours. En m'apercevant, elle dit simplement « Mon Dieu... », puis me prend par la taille comme on enlace, en inclinant la tête, les cheveux dans mon cou, et me ramène dans ma chambre en me susurrant des mots doux. Son parfum. Je reconnais son parfum. C'est la fille de l'escalier au manteau fleuri.

40

Je survis. Voici le terme le plus précis pour définir le reste de ma vie. Aujourd'hui, à soixante-dix-sept ans, jouissant d'une bonne santé, je m'émerveille quand un ciel gris bleuit, je hume avec plaisir les roses au printemps dans le jardin des Tuileries, mais je survis. Il y a en moi un puits de larmes caché qui n'a jamais tari, dont seule la mort m'éloignera. En attendant, je vends ce bonheur que j'ai perdu et je fais vivre mon ange en y pensant sans cesse. J'en rêve, je le fais voler, folle, éblouie, seule ou avec vous. Ces mots sont pour toi, mon fils.

Le matin, *Au Bon Logis* de la rue Frochot, j'aperçois Gérard dans un demi-sommeil, une léthargie dont il me semble que je ne sortirai jamais. Il me parle doucement, remonte le drap sur moi en me caressant l'épaule, puis disparaît pour la journée. Je n'ai ni la force de lui répondre ni celle de le tuer. Je me retourne dans le lit, me tortille en amassant les draps, un oreiller, une couverture, pour former un ballot de linge chaud que j'appuie contre mon ventre. Et je pleure, je dors encore, j'obstrue mes oreilles, car le jour et le bruit me brûlent, me réveillent. Le vide a remplacé la douleur mais sa morsure est plus vive. Je suis une coquille, une carcasse, une chrysalide au papillon mort, une imbécile incapable de sauver son enfant, une femme inutile de dix-neuf ans.

Julie, la jeune voisine au manteau fleuri qui m'a aidée sur le palier, vient toquer à la porte.

« C'est moi, c'est Julie. »

Je ne réponds pas.

« Ouvre-moi, mon petit chou... »

Je demeure silencieuse.

« Tu ne peux pas rester comme ça », insiste-t-elle de sa voix enfantine.

— Entre... » prononcé-je.

Gérard a fermé la chambre à clé mais Julie, qui connaît l'hôtel par cœur, en possède un double. Elle vient à moi les mains pleines. Elle a pensé à tout. Avec des gazes trempées dans de la teinture d'iode et une pommade à l'arnica qu'elle utilise pour elle-même, Julie tamponne tout mon corps avec la douceur d'une plume, en me gratifiant par endroits de petits bisous. Elle parle comme on chantonne, comme si la peine était son amie : « Ça va aller. T'es drôlement amochée mais tu es costaud. Tu vas passer par toutes les couleurs de l'automne, puis refleurir ! Tu es tellement jolie, comme une fleur, un moineau... »

Quand je souris, mon visage enflé me tiraille mais je dois bien ça à Julie, au baume de ses caresses. Elle m'a apporté du lait et de la brioche qu'elle émiette sur mes lèvres comme on nourrit un oiseau. Puis quand elle entend le père Frochot qui gueule son nom dans l'escalier – « Julie ! Y a du monde, nom de Dieu ! » –, elle disparaît telle Fanette dans la forêt.

La nuit, le même cauchemar me terrasse. J'entends le vacarme d'une mer enragée dans la chasse d'eau, les rires gras de mes bourreaux, des « *Vamos !* » de corrida, et je revois en énorme, sous la loupe blafarde d'un microscope de médecine, les deux trous rouges de mon ange dont mes larmes diluent le sang. Je crie, me redresse sur le lit, essuie les pointes de sueur sur mon front tandis que mon cœur bat comme un tambour. Et Gérard dort...

Alors je murmure ces mots qui m'apaisent : « Rira bien qui rira le dernier. Je vous tuerai... »

J'apprendrai les vertus de la vengeance. Je tracerai un trait entre l'humain et ce qui ne l'est pas. Désolée mon Dieu mais le pardon n'est pas fait pour moi. Monsieur le curé dans son presbytère, il vous demandait pardon ? Toutes les semaines, harnaché dans ses chapelets, les bras en croix, la robe tachée, la bouche baveuse et tremblante, il vous criait « Pardon, mon Dieu ! » ? Eh bien le lendemain, il recommençait. Vous le savez puisque vous voyez tout. Voir et ne rien faire... Vous voilà bien humain. Il plaçait des enfants sur ses genoux, les caressait, les masturbait. Il en jouissait en répandant sur eux son sperme comme la parole de Dieu. Et ces enfants menacés, pétris de peur et contraints au silence, se terraient dans Vos Ténèbres. En un instant, leur vie était déformée, brisée, comme ce maudit miroir du Bon Logis. Il m'a fallu presque toute une vie pour en parler, je veux que la honte change de côté.

Monsieur le curé est mort paisiblement. Il a reçu les derniers sacrements et son œuvre a même été louée par monseigneur l'évêque. Qu'est-ce ça peut faire puisqu'il a demandé pardon ? Dans l'église, le village était peiné, les bigots pleuraient, pas les enfants.

Alors, non merci mon Dieu, pas de pardon, il faut tuer les monstres. C'est ma seule façon de retrouver un semblant de paix, un sens au jour qui se lève et la foi dans l'âme des Hommes. Si je pardonne, je vais mourir de chagrin alors que la vengeance, son projet, sa visualisation, ont allumé en moi un feu froid qui me garde en vie. Allez, Paulette, continue ton chemin de croix, tu les auras ! Que dites-vous ? C'est moi le monstre ? Alors, lisez encore...

Julie revient le lendemain mais pas au troisième jour. J'entends ses va-et-vient dans l'escalier, elle est très occupée. Vers midi, un cliquetis retentit dans la serrure et Julie me crie : « Sors mon chou ! Ne reste pas enfermée. »

Pour la première fois, je me lève et fais glisser mes pieds en direction du miroir brisé. Là, je contemple de haut en bas mon corps dénudé, tacheté, mon visage tuméfié, et ces marbrures de teinture d'iode qui me donnent l'air d'une Peau-Rouge grimée pour la guerre. Face à mon reflet, je suis paralysée, pétrifiée. Je ne ressens plus la peur, ni même la tristesse, mais le néant, piqué de rage. Au lavabo, je savonne mes mains et mon visage poisseux, puis passe mon vieux manteau dont je remonte le col. Disparaissant sous un bonnet et une écharpe que j'avais spécialement tricotés pour Paris, je sors de la chambre.

Devant la réception, le père Frochot m'interroge :

« Tu vas où ?

— À l'Opéra.

— Qui a ouvert ta porte ? Gérard ne veut pas que tu sortes !

— Ta gueule, vieux porc ! » crié-je en projetant la sonnette sur le comptoir si fort que le père Frochot en reste interdit.

Dans la rue, j'aime le vent froid sur mes joues qui les engourdit. Je descends dans le jour gris vers la place Saint-Georges où je retrouve le clochard.

« Bonjour, monsieur !

— Salut.

— Oh ! Votre chienne a mis bas. Ces chiots sont si jolis...

— Sers-toi, si tu veux ! Y en avait sept. Trois sont morts de froid et on m'en a volé deux.

— C'est malheureux. Vraiment, je peux ?

— Ben oui, tu me donneras une petite pièce pour nourrir ma chienne.

— Bien sûr. »

Je m'agenouille pour caresser ces bébés. Des deux chiots qui tètent, celui au pelage blanc et noir, avec une tache de feu au niveau du museau, lâche sa tétine pour sucer mon doigt. Je souris.

« Mais il a besoin du lait de sa mère, dis-je.

— Comme tu veux, elle n'est pas bien vaillante, et ce soir, s'il fait froid comme la nuit dernière, peut-être qu'ils mourront.

— Comment vous appelez-vous ?

— Tommy.

— Je le prends ! Oh merci, monsieur. Merci infiniment. De quelle race est votre chienne ?

— De celle des bâtards... Tu n'auras pas meilleur chien. Un peu berger, un peu braque, câlin, guerrier et bougrement futé. »

Je prends dans mes bras le chiot qui couine comme une souris et l'enroule dans mon écharpe, en découvrant ainsi mon visage et mon cou. Je marche tout droit, puis tourne et vire en oubliant l'Opéra.

Désormais, je cherche une pharmacie que je trouve au hasard sur l'esplanade de la gare Saint-Lazare. Derrière une vitrine pleine de bocaux d'herbes sèches et de comprimés, une petite dame en blanc avec des cheveux gris me sourit.

« Bonjour, madame, je voudrais un biberon pour mon bébé et du lait, dis-je en montrant mon chiot que j'ai baptisé Tommy dans la rue en l'honneur de son maître.

— Je veux bien vous vendre un biberon mais du lait de chèvre suffirait pour votre chiot.

— Je ne sais pas où en trouver.

— À l'épicerie de la Madeleine, ça vous coûterait moins cher.

— Mais j'ai de l'argent et les chèvres sont sales, elles vont avec des boucs ! »

J'amuse la dame en blanc.

« Auriez-vous du lait pour nourrisson ?

— Bien sûr... Et pour toi ? Je te tutoie, tu pourrais être ma fille...

— Pour moi ? Rien, je vais bien, je vous remercie.

— Mais ces marques sur ton visage... Que t'est-il arrivé ?

— Ah... Je suis tombée dans l'escalier de l'hôtel. Quelle gourde je fais ! J'ai voulu protéger mon chien. Grâce à Dieu, je n'ai rien de cassé, pas même une dent, regardez ! »

En souriant, je fais craqueler les fissures de sang séché sur mes lèvres.

« Ma pauvre petite...

— Ce n'est rien, je vous dis !

— Il est tout jeune ton chiot, comment l'as-tu nommé ?

— Tommy !

— Comme le clochard de la place Saint-Georges ?

— Oui, vous le connaissez ?

— C'est là que j'habite. Ma pauvre petite, répète la dame en blanc.

— Je vais bien, madame, et puis j'ai mon bébé. Vous connaissez le chemin jusqu'à l'avenue de l'Opéra ?

— Prends la rue du Havre, puis Auber, ce n'est pas loin. Et ça, dit la dame en blanc en emballant une fiole de couleur caramel, c'est pour toi ! Un petit cadeau, comme ça, tu reviendras. Du fortifiant, tu en as besoin ! De l'huile pure de foie de morue de la mer du Nord, deux cuillerées à soupe le soir.

— Merci madame, c'est très gentil.

— De rien ma petite, et prends soin de toi. »

La dame en blanc s'appelle Bernadette. Pendant vingt ans, jusqu'à sa retraite, elle sera ma pharmacienne. Sa gentillesse me donne les larmes aux yeux. Je dois croire à ça, il reste des bonnes gens et mon Tommy. Je marche d'un pas tantôt léger, tantôt lent jusqu'au palais Garnier appelé « l'Opéra ». Cet édifice somptueux, plus raffiné qu'un château, m'éblouit. C'est mon premier beau souvenir de Paris. Rien n'existe chez moi d'aussi enchanteur, d'aussi fastueux. Le beau monde, les puissants et leurs princesses vont à l'opéra pour admirer les danseuses étoiles et même les petits rats. Au rez-de-chaussée, j'admire les statues élancées, dressées entre les arcades, dont j'apprendrai le nom : le Chant, la Musique, la Danse et le Drame lyrique. Tout en haut, caressant le ciel de part et d'autre du fronton, deux scènes monumentales de bronzes ailés couverts d'or, prêts à s'envoler, semblent me saluer : à gauche, l'Harmonie et à droite, la Poésie. Ça, c'est Paris. C'est l'effet de mon trouble aussi. Dans ma tête, rien n'est plus comme avant. Au gré de mes pas, de mes pensées qui se bousculent, je ressens une infinie tristesse au goût amer et tendre de mort. J'ai envie de m'allonger par terre comme ce clochard et de m'éteindre. Puis le moment d'après, réveillée par Tommy et le spectacle de Paris, je suis émerveillée, bouleversée, emplie d'une allégresse soudaine qui s'en va comme elle est venue. En moi, rien ne vit longtemps, les bébés comme les sentiments. Et il y a ces pauses, ces instants de néant, quand je vois mes pieds avancer sans comprendre qui les commande, où ils vont. Il m'arrive de ne plus rien savoir. Ces images grandioses autour de moi, sont-elles vraies ? Suis-je sur terre ou passée ailleurs, derrière la vie, son voile, son apparence ? Et ce noir dans ma mémoire, ces hurlements, ces coups, est-ce ma réalité ? Alors, je porte ma main sur mon ventre creux et je pleure, je marche, sans tomber. Je ris même du froid glacial qui fige mes larmes et les gouttes au nez des passants muets. Soudain, Tommy me réclame à manger en chatouillant mon doigt. Ah mon Tommy ! Toi, tu es bien en vie. Pardonne-moi, j'étais dans mes pensées. Maman est là.

Sur les larges marches du palais Garnier, après avoir réclamé un pot d'eau chaude au *Café de la Paix*, dans l'hiver de ma vie, un moment de redoux, je donne à Tommy chéri son premier biberon.

À partir de l'Opéra, Paris est une succession de beautés dont les quelques clichés que j'avais ne forment qu'un pâle reflet. Tout visiteur qui découvre « la Belle » ne peut qu'en tomber amoureux. Cette beauté éternelle qui me fait du bien et me distrait, je ne pourrai plus m'en passer. Tandis que j'avance sur la grande place en direction du métro, j'aperçois sur le côté la colonne Vendôme, sombre et mystérieuse, que je rejoins par la rue de la Paix en passant devant le *Ritz* et une enfilade de vitrines étincelantes regorgeant de bijoux précieux que je n'ose regarder de trop près. Dans la rue, à côté de moi, une limousine blanche s'immobilise. Un chauffeur à l'air sérieux en descend précipitamment pour ouvrir la portière à une jeune femme élégante, enveloppée dans un manteau de fourrure brune, portant une toque assortie à hauts rebords. Elle foule le tapis rouge, qui court de la boutique au bord du trottoir glacé, puis disparaît à l'intérieur d'un de ces joailliers. Quand j'aurai plus d'argent, je viendrai ici faire arranger mon rubis qui me va trop grand. J'espère que le portier qui me regarde de travers me laissera entrer. Je serai bien maquillée, je porterai un nouveau manteau et mon visage aura retrouvé son teint rose pâle.

Il me faut être de retour rue Frochot avant la nuit, mais grisée, éblouie, je continue mon chemin. C'était donc vrai, la splendeur de Paris, même sous un ciel couleur de pluie, est irrésistible. Me voici rue de Rivoli, puis place de la Concorde. Y a-t-il plus bel endroit sur terre ? Au pied de l'Obélisque, je contemple en tournant sur moi-même ce panorama que je ne connaissais qu'en photographies ou décrit par ma mère et ses rêveries. Je parle à mon chien : « Tu as vu comme c'est beau, mon bébé... Ce doit être le centre du monde ! Là devant, ce sont les Champs-Élysées et l'Arc de triomphe tout en haut, par ici, si je dis juste, l'église de la Madeleine et ses colonnes grecques, et derrière nous, tout au bout de ce jardin où nous irons jouer, le musée du Louvre, la Joconde. Mais le plus beau, le plus irréel, c'est elle. Tu ne trouves pas ? » dis-je, le doigt au-dessus du bois qui longe la Seine jusqu'à la verrière du Grand Palais, en pointant la tour Eiffel fière...

Cette ville est un rêve et une réalité. Je ne pourrais plus vivre ailleurs même si j'y pensais. La laideur passera, pas tant de beauté.

Il n'est pas encore six heures que la nuit tombe. Sous un ciel lourd qui semblait immuable avant de s'éteindre jusqu'à demain, le soleil fait glisser au ras de la terre, pour moi et pour Tommy, quelques rayons obliques qui percent l'Arc de triomphe, m'aveuglent en rougissant et disparaissent. Brève magie qui me laisse pantoise.

Un autobus passe – il est écrit « Pigalle » – et s'arrête à quelques mètres, rue Royale. Je cours en serrant Tommy contre moi, lève le bras, crie et traverse la rue, indifférente aux automobiles pressées, quand un crissement de roues retentit à mes pieds. Par sa vitre baissée, dans un flot de vapeur, un chauffeur m'insulte vertement. Dieu qu'il est grossier ! Si Tommy était plus grand, je le lâcherais sur lui. Mais je souris. Que puis-je faire d'autre ? Je reprends ma course et grimpe *in extremis* à l'arrière du bus, sur la plateforme découverte où je me retourne. Je veux revoir le centre du monde marqué par son obélisque et l'endroit où j'ai failli me faire écraser. Je n'ai même pas eu peur, je deviens inconsciente. C'est amusant le danger, pensé-je, alors que s'éloigne la place de la Concorde.

41

À l'hôtel, Gérard est tout miel, mais il ne sait pas que pour moi c'est fini. Jamais je ne l'épouserai. Sur le lit, il a déposé un cadeau, un beau manteau que je contemple à peine. Je préfère lui présenter ma merveille.

« Voici Tommy. C'est mon bébé. J'ai acheté un biberon et du lait pour le nourrir.

— Tu avais besoin d'un clébard ?

— Follement ! Tu ne peux pas comprendre.

— Je comprends que tu perds la tête. Le père Frochot m'a dit que tu lui avais mal parlé.

— Je ne m'en souviens pas, il n'est pas tendre non plus.

— Lui n'a pas oublié. Il veut qu'on dégage d'ici la fin de la semaine.

— Voilà une bonne nouvelle... Je vais te quitter, Gérard.

— Quoi ?

— Autrement, je devrais te tuer.

— Ma pauvre Paulette, tu deviens folle ! Tu n'as rien compris... Tu es à moi pour la vie, Paulette ! D'accord, je t'ai menti, mais c'était pour t'avoir. Nous allons nous marier.

— Je ne le veux plus.

— Tu m'épouseras que ça te plaise ou pas.

— Tu ne pourras pas m'y forcer.

— Si ! »

Gérard éclate d'une colère noire. Me menaçant du poing, il hurle :

« C'est moi qui te tuerai si tu pars.

— Trop tard, tu l'as déjà fait.
— Je te battrai jusqu'à ce que tu te rendes.
— Pourquoi fais-tu de mon rêve un enfer ?
— Tu parles trop Paulette, je te croyais docile. Fais ce que je dis et tout ira bien.
— Alors ne lève plus jamais la main sur moi.
— D'accord.
— Nous ne ferons plus jamais l'amour.
— D'accord.
— Sauf quand je le voudrai.
— Pourquoi ?
— Tu me dois un enfant. Et quand il aura grandi, je te tuerai... »

Gérard éclate de rire. Comment est-ce possible de changer d'humeur aussi vite ? Entre rire et colère, l'une de ces émotions est feinte. La joie, bien sûr ! Gérard en est incapable. Aussi longtemps que je le connaîtrai, la colère, rentrée ou hurlée, ne le quittera pas.

« Pourquoi attendre pour me tuer ? me demande-t-il.
— Cela me regarde, dis-je doucement.
— Parce que tu serais perdue sans moi !
— C'est vrai, je suis perdue, totalement perdue. Et je crois que tu as raison. Je deviens folle...
— Il faut te reposer.
— Rira bien qui rira le dernier, murmuré-je.
— Qu'est-ce que tu racontes ?
— Rien... Aujourd'hui, j'ai vu les beautés de Paris. Et toi, demandé-je, qu'est-ce que tu fais toute la journée ?
— Je travaille avec Jeannot.
— C'est bien... Il faudrait que je travaille aussi. Bientôt, nous n'aurons plus d'argent.
— Tu travailleras quand tu iras mieux », conclut Gérard.

Toute la semaine, je passe la matinée avec Julie, qui prend soin de moi mieux qu'une infirmière. Ses mains si légères et ses petits bisous recouvrent ma peau de délices.

Nous buvons du café au lait et mangeons des brioches avec de la confiture de Man-Nini.

« C'est quoi ton parfum ? Je l'adore. Il embaume tout l'escalier.

— Shalimar de Guerlain. J'en ai besoin dans cette puanteur. Ça sent le miel, l'iris et les épices de pays lointains. Ce parfum est un voyage. Je ne peux pas m'en passer.

— Pourquoi restes-tu dans cet hôtel ? lui demandé-je.

— Pourquoi pas...

— Pourquoi est-ce que tu te prostitues ?

— Je t'en prie, ne me pose pas de questions. Je ne te demande pas ce que fait ton mari ou son cousin.

— Tu le sais ?

— Enfin, Paulette, ouvre les yeux...

— En vérité, quoi qu'ils fassent, je m'en fiche !

— Mais ils se serviront de toi...

— Je m'en fous du moment qu'ils ne me battent pas. Tu sais, je ne suis plus moi. »

42

L'hiver est toujours là, et le froid. Mes échanges avec Gérard se résument à quelques mots.

« Tu n'es pas bien bavarde ! » me reproche-t-il souvent.

C'est vrai, je n'ai rien à lui dire. Et quand je lui réponds, j'ai envie de vomir. Le seul qui compte désormais, c'est Tommy. Mon bébé me suit dans la chambre comme un double. Qu'est-ce que c'est drôle ! Quand je m'arrête, il ne bouge plus. Quand je lui parle, il m'écoute en me fixant, concentré, la tête inclinée. Quand je suis triste, il gémit et cherche mes mollets pour les lécher. Quand d'un ton méchant je prononce « Gérard... », il se met à grogner et quand je crie « On sort ! », il fait de petits bonds et court vers la porte.

Aujourd'hui, pour la première fois depuis mon arrivée à Paris, le ciel est radieux. C'est enfin notre dernier jour à l'hôtel. Gérard négociait régulièrement avec le père Frochot un délai supplémentaire. Le cousin nous a trouvé un studio à Levallois. Je ne l'ai pas revu depuis la chasse d'eau. « Il est très occupé », me répète Gérard. Je le maudis et moins je pense à lui, mieux je me porte. Je n'espère qu'une seule chose par ce déménagement, que ces cauchemars odieux qui me hantent la nuit restent *Au Bon Logis*... C'est une chose étrange que je dois faire chaque soir, m'endormir à côté d'un de mes bourreaux.

Ce matin, à l'aube, un miracle s'est produit. J'en tremble encore, rien qu'en y pensant. Je l'ai vu, mon ange ! Il marchait, souriant, en me tendant les bras. Il avait grandi, d'un an ou deux. Le temps des anges doit être différent. J'ai vu sa silhouette gracile avancer dans le jour naissant de la chambre sans toucher le sol. C'était magnifique, une ombre de lumière dessinée en argent sur le décor sordide de notre chambre. Je lui ai parlé distinctement : « Viens, mon ange, viens voir Maman... »

Gérard, que j'ai réveillé, m'a sommée de me taire : « Ta gueule, bordel ! C'est pas l'heure. »

Et mon ange s'est envolé. Ce doit être effrayant d'avoir un monstre pour père. Si j'avais eu un couteau, je l'aurais planté dans mon bourreau, deux coups bien profonds dans le côté. Tout serait terminé. Fin de la petite histoire noire, et mon ange rassuré reviendrait me voir.

Ce miracle me porte toute la matinée. Au marché de la place Blanche, j'achète un vieux guide touristique de la ville de Paris et un panier en osier, que je négocie, pour transporter Tommy. Gérard m'a prévenue : « Profite, parce que le tourisme, c'est bientôt terminé. À Levallois, il faudra trimer. » Le travail ne m'a jamais fait peur. J'espère que je pourrai emmener mon Tommy. Il est encore trop petit pour rester seul, et toutes les quatre heures, il doit être nourri. Personne d'autre que moi ne peut lui donner son biberon.

Vers midi, sous un ciel azur qui me rend joyeuse, je prends le bus jusqu'à la Concorde. Cette place me fascine. Je n'ai rien vu d'aussi beau dans ma vie. Je lis que l'Obélisque est très ancien. Il provient d'un temple égyptien du Louxor et « le nom de la Concorde, signifiant l'union et la paix, a été choisi par le Directoire pour réconcilier les Français après les excès de la Terreur... ». Je n'y comprends rien, sauf que les Français avaient très peur. Alors, pour les rassurer, et en leur honneur, on a rebaptisé la place de la Révolution, qui s'appelait encore avant la place Louis XV... Je ris toute seule dans le bus : ce serait plus simple de la nommer la place Paulette !

Me voici au centre du monde, mon guide à la main, et il me vient l'idée de caresser le socle de l'Obélisque millénaire pour qu'il me transmette un peu de son éternité. La place de la Concorde était à l'origine un fond marécageux et puant accueillant les débordements de la Seine et les grands égouts de Paris qui descendaient le long des Champs-Élysées... La splendeur peut donc naître du néant. Avec stupeur, je lis « L'Histoire a recouvert de sang chacun de ses pavés. » C'est ici que le roi Louis XVI et Marie-Antoinette ainsi que des milliers d'autres victimes de la Révolution ont eu la tête tranchée. L'idée de ce sang qui ruisselle me fait refermer mon guide. Si l'ange de mon bébé a volé ce matin, les fantômes des martyrs peuvent aussi errer. D'ailleurs, Tommy semble inquiet. Nous partons. Je ne me sens pas bien. Direction la tour Eiffel... Nous allons longer la Seine pour admirer la géante, le doigt levé, le symbole de Paris, que je n'ai pas encore vue en entier.

En chemin, sur les quais, un marchand ambulant me tend des cartes postales. Cela doit se voir que je ne suis pas d'ici. Il me faut donner des nouvelles à ma famille ! Je réalise en poussant un cri qu'elle ne peut pas m'écrire puisque l'adresse avenue de l'Opéra que Gérard leur a laissée n'existe pas. Si ça se trouve, ma mère se fait du mouron, ma grand-mère aussi... Ou bien restent-elles heureuses que je sois partie, enceinte de six mois, sans être mariée. Elles ne veulent plus rien savoir et attendent mon retour en épouse, de bonne condition, mère d'un enfant.

J'achète une carte postale et un stylo. J'écris, je mens :

Bonjour à vous tous,

Je suis au pied de la tour Eiffel qui est plus belle encore qu'on ne peut l'imaginer. Tout va bien, nous avons des problèmes de courrier. Je reviendrai bientôt, quand mon fils sera né. Vous me manquez.

Paulette

Aussitôt, la carte plongée dans mon sac, un accès de tristesse immense me submerge que rien n'arrête, ni les gémissements de Tommy, ni les reflets ardents du soleil sur l'eau, ni la beauté du pont que je rejoins. Rien ne soulagera ma peine. Toute ma vie, je devrai mentir. Et mon avenir ici ne me dit rien de bon. Je dois en terminer. C'est ici que s'arrête mon chemin. Je n'irai pas au pied de la tour Eiffel. Par un portillon laissé entrouvert, je grimpe l'escalier abrupt de pierre réservé aux marins des péniches. J'avance sur le pont Alexandre III et ses lampadaires fastueux en gros bouquets de tournesols. Voilà un bel endroit pour mourir. Personne ne me regrettera. De l'autre côté du pont, c'est sûrement un signe, je vois arriver cet objet roulant qui, à chaque fois que je le croise, me fait tourner la tête dans un soupir. Un landau. Ils sont encore rares dans ce froid mais je les remarque tous. Si j'attendais le printemps et tous ses landaus sortis pour respirer le bon air et les fleurs écloses, à chaque vision, je vivrais un calvaire. Mais tout cela est fini, je ne verrai pas le printemps. Quand le landau aura rejoint le milieu du pont, je n'y serai plus. Et la jeune femme gracieuse, dont j'aperçois le visage penché sur son enfant, trouvera mon panier d'osier et aura pitié de mon Tommy.

Avant les nymphes de la Seine qui décorent le milieu du pont, j'enjambe la rambarde et me tiens sur le rebord de zinc dont la largeur dépasse à peine le bout de mes pieds. Sous moi, l'eau coule, profonde, vivante et scintillante. Elle m'emportera loin, peut-être jusqu'à la Meuse, et la mort viendra vite, je ne sais pas nager. Mes bras raidis se cramponnent encore à la rambarde et mon cœur s'emballe pour la dernière fois. Une péniche passe, sans fin. Quand elle s'éloignera, je sauterai. Dans son panier, Tommy ne gémit plus. Il aboie pour la première fois. Mais ça y est, le bateau est passé, je vais me fondre dans ces remous d'écume qu'il laisse derrière lui.

À cet instant, éternellement clair à mon esprit, mon ange revient voler autour de moi en produisant un de ces miracles qui me font croire en Dieu malgré ses misères. J'entends : « Non, Maman, non... ».

Et mon ange me montre quatre croix pareilles à celles des cercueils. Puis il dessine du doigt les contours d'un rectangle dans le ciel immaculé.

Une autre voix retentit : « Mademoiselle ! Mademoiselle ! Ne faites pas ça, enfin ! Je vous en supplie ! Non ! Donnez-moi la main ! »

Derrière moi un jeune homme me soulève par les épaules, si fort, si vite, que nous tombons tous les deux sur le pont. Aussitôt, une petite foule se forme autour de nous. Ma tête a cogné le sol. Je suis sonnée, je vois le landau, la jeune femme, des enfants qui crient, une vieille dame qui se lamente et le jeune homme qui me dit : « Ça va ? Ça va ? Quelle frayeur tu m'as faite ! » Je perds connaissance.

Quand je me réveille, la foule s'est dissipée. Allongée sur le pont, ma tête repose sur les jambes de mon sauveur qui me caresse avec tendresse.

« Ça va ?

— Oui... Où est passé mon ange ?

— Je suis là ! s'amuse le jeune homme.

— Et Tommy ?

— Ton chien ? Il est là aussi.

— Qui êtes-vous ?

— Je m'appelle Pierrot. »

Pierrot est le petit peintre du pont Alexandre III. Il a chassé la foule en criant que j'étais son amie et que je dormais. Lui seul m'a vue sur le rebord du pont. Mon esprit est confus. Je ne me souviens de rien. Alors je suis Pierrot, qui m'invite à boire un chocolat chaud, à quelques pas, dans une brasserie des Invalides.

« Tu es trop jolie pour mourir ! me dit-il en marchant.

– J'étais trop triste.

– Tu es trop jolie pour être triste.

– Merci. »

Accoudée au comptoir, je trempe mes lèvres froides dans cette boisson onctueuse et sucrée, en écoutant l'histoire de Pierrot, quand l'image de mon ange me revient, avec ses dessins, dont je comprends le sens, comme une évidence. Je dois vivre ma vie quelle qu'elle soit, je me vengerai de mes quatre bourreaux et connaîtrai un jour la carte Azur, le rectangle bleu ciel.

Était-ce de la folie, une hallucination, l'œuvre du désespoir ? À ce jour, je continue de croire que c'est un miracle et que mon ange m'a sauvé la vie.

Le parcours de Pierrot n'est pas amusant. Pourtant, ça lui va. Et pour rien au monde, il ne quitterait le pont Alexandre III où il croque le portrait des passants, en dessinant le pont, un bout de la Tour, et en haut du vélin, il écrit : « Souvenir de Paris ». Pierrot a vingt ans. Orphelin, il s'est enfui de l'hospice où il était maltraité. Il a rencontré le vieux peintre du pont Alexandre III qui lui a donné des cours de dessin en échange de son jeune corps. « Je m'en foutais, dit-il. On me faisait pareil à l'hospice. » Puis une nuit, le vieux peintre est tombé du pont. Accidentellement, si tu vois ce que je veux dire, à l'eau le vieux salaud », me murmure Pierrot.

Et depuis, tout l'argent qu'il gagne sur le pont, il le boit le soir dans cette brasserie, jusqu'à l'ivresse. Il habite une piaule de bonne rue de l'Université où il se traîne et, comme il est jeune, le lendemain matin, il se réveille, dit-il, « comme une cerise au fond d'un pot de kirsch, le teint rose et bombé ! ».

« Je suis bien heureux, il ne me manque qu'une petite femme comme toi.

– Ah, mais je suis mariée... Je ne peux pas. Je dois rentrer, d'ailleurs. Où est-ce déjà ? Rue Frochot ! Je dois filer ! Mon mari m'attend pour déménager. Nous allons habiter à Levallois...

– Je ne te verrai plus ?

– Si, peut-être qu'un jour, je repasserai.

– Tu me promets de ne pas recommencer ?

– C'est promis, parole de Paulette.

– Au revoir, ma petite femme.

– Au revoir, Pierrot. Merci pour le chocolat et pour...

– Ne dis rien. C'est oublié. Bonne chance, Paulette. »

Rue Frochot, le cousin Jeannot est là avec sa grosse voiture. Il nous aide à descendre nos paquets et va nous conduire à Levallois. Il se comporte comme si je n'étais pas là. Il ne me salue pas. Dès qu'il avance dans ma direction ou me frôle dans cette chambre étroite, je lui tourne le dos.

Dans l'escalier, il m'interpelle alors que je porte Tommy ma valise et mon gros sac de toile :

« Tu as bonne mine maintenant, tu es vaillante, tu vas pouvoir bosser.

– Je ne demande que ça.

– Qu'est-ce qu'il y a dans ton panier ?

– Mon chien Tommy.

– Qu'est-ce que tu vas foutre avec un clebs ?

– C'est mon bébé. »

Sous sa tignasse rousse, sa face plate et ronde éclate de rire.

Avant de quitter l'hôtel, je cherche Julie. Elle est là, son parfum règne dans l'escalier. Je tape à toutes les portes des chambres où elle peut être jusqu'à ce qu'elle m'ouvre, torse nu, du rouge à lèvres répandu tout autour de la bouche. Dans l'entrebâillement, elle s'adresse à moi d'une voix basse et pressée :

« Ça y est, tu t'en vas !

— Oui.

— Tu reviendras me voir ?

— Oui.

— J'y retourne, Paulette. Fais attention à toi !

— Promis. »

Avant de refermer la porte, Julie avance sa petite tête d'écureuil et me claque un baiser sur la bouche qui me surprend.

« Au revoir, Julie, et merci. »

43

La ville de Levallois-Perret dans les années 1970 ne ressemble en rien à la banlieue cossue qu'elle est devenue. Notre studio est toujours au huitième étage, mais plus à Paris.

« Ça te plaît ? » me demande Gérard, une fois la porte refermée et le cousin parti.

Je ne sais que répondre. Ça ressemble *Au Bon Logis* en un peu plus grand.

« C'est provisoire, ajoute Gérard.

— Je m'en fiche. Le lit est petit.

— On se serrera. On n'avait vraiment pas besoin de ce chien, râle Gérard en poussant du pied le panier de Tommy pour y mettre à la place un de ses sacs.

— Personne ne touche à Tommy », dis-je d'une voix qui laisse Gérard silencieux.

Nous rangeons. L'armoire ancienne collée au mur principal de la pièce ne possède qu'une seule porte. Comment l'a-t-on fait entrer ici, la corniche touche le plafond ? Dans un coin, derrière un paravent bricolé, il y a un W.-C. ouvert, et à côté, un évier qui sert pour tous les usages, sous lequel je trouve une souris. Apeurée, elle grimpe sans résister sur ma main.

« Jette-la ! me dit Gérard, c'est sale.

— Elle ne t'a rien fait. »

Je descends l'animal tout en bas dans la rue Pasteur, éclairée par la seule lumière des fenêtres, où je cherche en vain un espace vert, un bosquet, un pot de fleurs. Dans la pénombre, je découvre tous ces immeubles semblables à celui dont je sors, sans balcons, sans volets, étroits, recouverts pour certains de marques étranges faites à la peinture. Au coin de la rue, l'unique porte de l'immeuble est murée. Je n'ai jamais vu ça. Quelle drôle d'idée ! Comment fait-on pour entrer ? En tournant, j'aperçois une église. Il y a toujours des arbres autour des lieux de culte, un reste de nature. Au pied d'un cyprès haut, je dépose la souris et retourne dans le studio.

Il est sept heures du soir, les cloches de l'église Saint-Justin, où j'ai laissé ma souris, se mettent à sonner. Elles réveillent Gérard qui s'était assoupi sur le lit.

« Quelle merde ! s'écrie-t-il. Ça va gueuler comme ça toutes les heures, comme chez tes parents ? On se croirait à l'intérieur de l'église ! Il me tarde déjà de dégager d'ici... Faut qu'on parle, Paulette. »

Moi, j'adore le chant des églises, leur écho, ça fait danser les anges et repousse les démons.

« Je t'écoute, dis-je.

— Nous n'avons plus d'argent, Paulette.

— Il m'en reste un peu.

— Mais il faut payer le loyer, et on ne va pas rester ici. Tu te souviens, on va vivre avec style !

— Je me souviens de tout...

— Faudrait que tu fasses la marche à la Madeleine.

— Quoi ?

— Tu marches autour de la Madeleine, des hommes t'abordent, tu choisis celui qui te plaît, il te donne de l'argent et tu vas avec lui...

— Où ?

— Dans un hôtel à côté que je connais. C'est propre, ça te plaira. Juste quelques heures par jour et ça rapportera beaucoup d'argent.

— Je fais quoi avec ces hommes ?

— Ce qu'ils veulent mais tu les choisis bien. Et s'il y a un problème, je ne serai pas loin. La dame de l'hôtel est gentille, elle pourra t'aider. Elle t'attend. Henriette m'a dit qu'elle aimerait beaucoup te rencontrer. Dans un mois, on changera d'appartement et tu pourras envoyer de l'argent à tes parents. »

Pendant plusieurs minutes, les mots de Gérard s'entrechoquent dans ma tête, résonnant plus fort encore que les cloches de l'église Saint-Justin. Il veut que je me prostitue. Depuis quand a-t-il ce projet ? Depuis le début ? La première fois qu'il m'a vue ? Je suis bien naïve, bien sotte. Il ne m'a donc jamais aimée. Il a raison, je n'en vaux pas la peine. C'est pour cela qu'il a pris mon bébé. Tout était arrangé, piloté par le cousin. Cet homme est un démon. Soudain, je pense à ma mère. Je ne sais pas pourquoi son visage s'éclaire en moi. Je me jette sur le lit en pleurant : « Maman... Maman... »

Gérard me caresse le bras. Sous ses airs de cow-boy, quand il m'entend appeler ma mère, on dirait que son cœur endurci frémit. Puis il se reprend : « Tu peux essayer ? Je serai gentil. Pense à l'argent, à la liberté. Les usines, à Paris, c'est bien pire qu'en province. À Paris, les prostituées n'existent pas, ce sont des filles de joie. »

À ces mots, j'entends les voix de Sidonie, de Nicole, de Julie. Les seules femmes qui m'ont apporté de la douceur exerçaient ce métier.

« Alors ?

— Je n'ai pas le choix. J'ai essayé de me tuer mais je n'y suis pas arrivée. Mon ange m'a interdit de me jeter du pont. J'étais pourtant décidée. Mais j'ai une mission.

— Qu'est-ce que tu racontes ?

— Quatre croix et la carte Azur...

— Tu délires ?

— Non... Je vais essayer.

— La marche à la Madeleine ?

— Oui. Je peux prendre Tommy avec moi ?

— Tu le laisseras à l'hôtel.

— Ah, tant mieux, je ne peux pas être séparée de lui. »

44

Le 15 février 1963, le lendemain de la Saint-Valentin, que je n'ai jamais fêtée, Gérard m'accompagne en métro jusqu'à la Madeleine où il me laisse en me disant : « Allez, Linda, je compte sur toi, on se voit ce soir. Et ne fais pas de conneries, je te surveille. »

Hier, nous sommes venus ici. Gérard m'a montré l'hôtel et m'a présentée à une grosse dame au comptoir, avec des poireaux sur le menton et la joue, qui a à peine levé les yeux sur moi. D'un ton mécanique, elle m'a dicté les règles de l'endroit, le tableau clouté où je peux prendre une clé, le livre de comptabilité où je dois dessiner un trait si elle n'est pas là. Sous l'escalier, elle m'a montré la bassine où je dois déposer les serviettes usagées, et dans les chambres, il faut ouvrir les draps le moins possible. Autrement, c'est en plus, facturé trois francs.

« Les couvre-lits, ça n'est pas fait pour les chiens. Et tu poses ta serviette dessus. »

À propos de chien, elle a soufflé quand je lui ai parlé de la garde de Tommy mais elle a dit « OK » en lisant sur mon visage l'affolement devant son hésitation.

« J'espère qu'il ne pisse pas partout ! C'est quoi ton nom ?

— Linda ! » a répondu Gérard à ma place.

Je l'ai regardé interloquée mais j'ai tout compris quand la grosse dame a dit : « Ah, je n'en ai pas des Linda, ça sonne bien. »

Sur le chemin du retour à Levallois, j'ai interrogé Gérard :

« Pourquoi ce prénom Linda ?

— La grosse Henriette te l'a dit, ça sonne bien. Je l'ai lu dans un magazine, c'est exotique. Personne ne connaît de Linda, tu seras la seule, et comme ça, ce n'est pas toi, mais une autre, Linda, ton nom d'artiste... »

Ce matin glacial de février, je marche autour de l'église de la Madeleine. Gérard a choisi ma tenue, ma petite jupe plissée d'écolière et mon pull mauve dont il m'a fait ôter quelques rangs de laine au niveau de la taille et des manches. J'ai refusé de me maquiller. Gérard n'a pas insisté, car le visage nu, je parais plus jeune. « On te donne quinze ans ! Le cousin Jeannot dit que les gamines ont plus de succès. Mais n'oublie pas de dire que tu es majeure ! »

J'ai froid, alors je marche vite en soufflant dans mes mains. Ce pull raccourci, que j'ai tricoté à côté de ma mère, appelle son souvenir. Une dernière fois, je me dis, ma pauvre maman, si tu me voyais... L'image est si cruelle que mon esprit la chasse d'instinct. Jamais plus je ne penserai à ma mère sur le trottoir. Ça m'est insupportable. D'ailleurs, je ne pense à rien. Gérard a raison, je ne suis plus moi-même, je suis Linda. Sous un ciel clair, le 15 février 1963, j'avance dans le brouillard.

Après plusieurs tours, sans que rien ne se passe, je m'assieds sur les marches de l'imposante église de la Madeleine. Si ça se trouve, je me fais du mouron pour rien, personne ne voudra de moi, d'un animal chétif au regard hagard. Ça n'est pas écrit sur mon front que je me prostitue ! Pas comme ces lettres en latin au-dessus de moi que j'observe le nez en l'air, sculptées sur le large fronton triangulaire de ce monument sans clocher qui ressemble à un temple grec. Elles doivent clairement indiquer « église de la Madeleine ». Pour passer le temps, je pourrais vérifier. Aussitôt, je fouille mon sac à main. J'y trouve mes papiers d'identité, cinq francs, la clé du studio de Levallois, quelques biscuits pour Tommy, la carte pour mes parents que je n'ai pas postée et au fond, mon petit guide de Paris, tout simple, que j'ouvre vite à la bonne page : « Église de la Madeleine, monument de style néoclassique, conçu par Napoléon Ier pour rendre hommage au courage de son armée », et ces inscriptions en latin que je ne comprends pas signifient « Au Dieu très bon et très grand, sous l'invocation de sainte Marie-Madeleine... ». Je referme mon guide. Si cela n'est pas un signe du ciel ! Marie-Madeleine... Au catéchisme, elle était pécheresse, aimée de Jésus, qu'elle a recueilli dans ses bras au pied de la croix. Je fais une petite prière, puis je marche vers l'Opéra.

Au niveau du *Café de la Paix*, après la fameuse salle de spectacle *L'Olympia*, un homme d'un certain âge vient à moi. Il a l'air gentil.

« Que fais-tu ma petite ? Tu as l'air perdue.

— Je travaille, monsieur.

— Ah, je vois... Quel âge as-tu ?

— Je suis majeure.

— Tu fais bien jeune pourtant... C'est combien ?

— Soixante-dix francs plus la chambre.

— Dis donc, ça n'est pas donné ! C'est cinquante francs d'habitude à la Madeleine, et trente, rue Saint-Denis.

— Mais ici, c'est l'Opéra. »

Le monsieur sourit.

« Tu me plais bien... Et moi, je te plais ?

— Ça va...

— Il est où ton hôtel ?

— Suivez-moi.

— Comment tu t'appelles ?

— Linda.
— C'est joli, pas banal.
— Exactement... »

Cet homme d'une soixantaine d'années me suit deux pas derrière moi, en silence, boulevard des Capucines. Arrivant en sens contraire, un jeune homme me bouscule à l'épaule. On dirait qu'il l'a fait exprès : « Aïe ! crié-je. Mal élevé... » C'est Gérard qui m'adresse un clin d'œil en continuant sa course.

Le plus difficile, c'est la première fois. Je tiens ces mots d'un tueur à gages. Ce jour de l'hiver 1963, j'ai tué quelque chose en moi qui était mourant mais je l'ai achevé. Je crois que je le voulais ou qu'il le fallait. Je devais tuer Paulette pour survivre en Linda. Paulette souffrait trop. J'ai achevé mon corps abîmé, mon âme déchirée et mon honneur. J'ai sauté dans le vide, dans la honte bouillante, le vice inconnu, infini, dans un monde opposé à tout ce que j'ai appris. Mais un jour, je parlerai à Dieu et il m'aimera, comme Marie-Madeleine. Il aura pitié de moi, il a tout vu. Et mon âme reviendra, comme mon ange, voler autour de moi.

Ce saut, cette chute, cette dégringolade, on ne la fait qu'une seule fois. La deuxième, la troisième, la millième, on sait comment ça fait. Le vertige est apprivoisé et la honte passée comme un virus mortel auquel on a survécu. Ça ne fait plus jamais comme la première fois.

Dans quelques minutes, je vais me déshabiller. Malgré mon brouillard, j'en tremble de peur. Je vais ouvrir mon corps à un inconnu. En une fraction de temps, un claquement de doigts, je vais commettre un acte qui, pour des jeunes filles bien sous tous rapports, peut prendre des années. Du premier regard attendri à la couche nuptiale, un pan de vie s'écoule. Jean a attendu en vain, longuement, transi d'amour, avant d'étreindre Paulette. Moi, Linda, dix-neuf ans au visage d'enfant, dans quelques minutes, un homme que je viens de rencontrer, qui pourrait être mon grand-père, va me pénétrer. Notre saillie ne sera teintée d'aucune once d'amour. Elle sera purement physique, mécanique, animale, tel le taureau sur la vachette, le cerf sur la biche, le porc sur la truie, l'homme sur la femme aux temps préhistoriques. Je vais piétiner la morale chrétienne comme elle m'a piétinée. Je m'en fiche de ce corps vidé qui ne me sert plus à rien, et de mon cœur trompé, enlisé, aveugle, et pourtant, je tremble comme une feuille, comme sur un bûcher.

Comment s'appelle l'acte de faire l'amour sans amour ? Baiser ? Forniquer ? S'accoupler ? Il n'existe pas de mot pour le définir qui ne soit grossier, diabolique ou animal. C'est pourtant ce que je m'apprête à faire et, comble du malheur, contre de l'argent. Je vais vendre l'invendable, le sacré, ma vertu, mon intimité, tout ce que j'ai longtemps gardé comme un trésor avant mes rêves foudroyés.

À l'hôtel, la grosse Henriette, qui passe son temps à cuver devant sa fierté, son beau poste de télévision, s'est absentée. En passant devant le comptoir, j'entends Tommy gémir mais je tiens bon, je pense très fort « Maman travaille et revient mon bébé », et il se tait.

Dans l'escalier, quand le monsieur me caresse les fesses en glissant sa main sous ma jupe plissée, je me retiens de le battre. Je pourrais le pousser violemment – il n'est pas bien vaillant –, le faire chuter sur le crâne. Un escalier, ça peut tuer comme l'étage d'une grange. Je prendrais tout son fric et m'enfuirais. J'attendrais le prochain vieux dégueulasse en devenant moi aussi un monstre. Je me retiens, me calme, Sidonie doit chuchoter sur mon épaule. Avant la folie, il reste toujours un rien de raison.

Dans la chambre, je me déshabille en regardant mes pieds. Je ne veux rien lire dans le regard de cet homme qui pourrait m'embraser comme un feu de forêt, me déchaîner. Toute nue, mes affaires bien pliées sur la chaise, face au monsieur resté habillé qui, en habitué, a placé mes billets sur la table, j'attends.

« Oh, quelle merveille ! s'écrie-t-il. Allonge-toi sur le lit, ma petite. »

Il sort son sexe de son pantalon et s'agenouille comme pour prier, le nez collé à mes pieds. Ce sont eux que cet homme vénère. Il les caresse, tel un objet précieux, un moineau tombé, un bijou antique déterré. Un par un, il se met à gober mes doigts de pied, les aspirant, les suçant comme si l'objet précieux devenait friandise. En d'autres circonstances, j'aurais ri aux éclats. Mais chaque seconde est une découverte amère dont je redoute la suivante. Que va faire ce vieux fou ? D'une main nerveuse, il caresse mes jambes jusqu'à titiller mon sexe, tout en ouvrant la bouche, grand, si grand, jusqu'à s'en tordre la mâchoire, pour avaler mes pieds sans jamais me mordre. De son autre main, il se masturbe, il agite son sexe, plus petit que celui de Gérard, pour arriver au même résultat. Après un crescendo de gémissements annonciateurs, des râles de bête retentissent, son torse se redresse et le monsieur crie la même ritournelle : « Oh, je jouis, je jouis, ma petite Linda... »

Pourquoi faut-il le crier ? Pour m'informer de la bonne nouvelle, que le but est atteint, la virilité célébrée, la passe terminée ? À chaque fois, c'est le même cinéma, cette jouissance se voit comme le nez au milieu du visage. Les yeux sont mi-clos, révulsés, la bouche ouverte et crispée, le menton basculé et ça ne dure que quelques secondes. Ça y est ? C'est fini ? Il ne me pénètre pas ? L'homme se relève, avec quelques difficultés, le sexe rabougri, baveux. Il l'essuie dans la serviette placée sous moi qu'il tire à lui, referme sa braguette, puis s'écrie :

« C'était délicieux ! Tes pieds sont de petits trésors. Tu travailles depuis longtemps ? Je ne t'ai jamais vue.

— C'est mon premier jour, monsieur.

— Ah... Vrai ?

— Oui.

— Eh bien, tu es douée.

— Mais je n'ai rien fait !

— Tu m'as fait jouir, et vite. Tiens, je te donne cent francs et je reviendrai. »

L'homme ajoute trente francs aux soixante-dix déjà disposés en éventail sur la table, puis il s'en va.

« À bientôt, Linda !

— Au revoir, monsieur. »

Je me précipite pour me laver les pieds que je récure au savon de Marseille jusqu'à me faire mal, puis je me rhabille en fixant ces billets. Cent francs. En même pas une heure, que dis-je, trente minutes ! Pour se faire lécher les pieds. La belle affaire. Cela vaut presque une semaine de travail à l'usine.

Je quitte la chambre, descends l'escalier, croise une femme accompagnée qui ressemble à Sidonie et me toise l'œil mauvais, je dépose la serviette sale dans la bassine et prends Tommy derrière le comptoir qui me saute dans les bras tandis que la grosse Henriette ronfle dans son fauteuil.

Nous nous promenons autour de l'église de la pécheresse. Je montre à Tommy le fronton de la Madeleine en lui racontant son histoire que j'ai lue comme je la partagerais avec une amie, et pour conserver toute son attention, je lui offre quelques biscuits. Dans le caniveau, Tommy fait ses besoins, il est déjà bien propre. Mon Tommy grandit vite. Je dois le ramener à l'hôtel dans son panier. Ma journée n'est pas terminée.

Je retourne vers l'Opéra. J'ai remarqué que les gens y sont élégants. La devanture de *L'Olympia* m'intrigue. Le nom de Charles Aznavour rutile en majuscules rouges et je n'ai aucune idée de qui cela peut être. J'interroge un passant : c'est un jeune chanteur à succès qui joue à guichets fermés. Cela doit être incroyable d'assister au concert d'un artiste. Chaque jour, je lirai ce nom, « Charles Aznavour », qui sonne comme le mot « amour » dans une autre langue.

Sur la place, je n'attends pas longtemps. J'ai pris de l'assurance et souris aux hommes seuls qui passent, l'air gentil. Je préfère ceux d'un certain âge, aux cheveux gris, un peu ralentis. J'ai l'impression qu'ils ne me feront pas de mal. Un monsieur ressemblant à mon premier client, bien que plus grand, plus chic, plus voûté aussi, m'aborde. Il porte un beau manteau avec un col en fourrure.

« Bonjour mon petit cœur. Je t'ai attendue, tu sais, me dit-il tristement.

— Ah bon ? Mais c'est mon premier jour, monsieur.

— Je ne te comprends pas, ton premier jour de quoi ?

— De travail... Pour cent francs, je peux rester avec vous.

— Tu as besoin d'argent, ma petite Catherine ?

— Oui, monsieur...

— Fallait me le dire, je t'ai cherchée partout.

— Je ne comprends pas, monsieur.

— Viens, je vais t'offrir un chocolat chaud et tout t'expliquer. »

Nous rentrons au *Café de la Paix* où le monsieur me dit : « Commande ce que tu veux, ma petite Catherine. Ça me fait tellement plaisir de te voir. »

Je commande un chocolat, une limonade et un croque-monsieur.

« Vous n'êtes pas Catherine, n'est-ce pas ?

— Non, je m'appelle Linda.

— Pour moi, c'est tout comme. Vous lui ressemblez trait pour trait. Ces mêmes cheveux blonds aux reflets châtains. C'était ma petite-fille. Elle est morte, il y a un mois, avec ma fille dans un accident de voiture sur le boulevard des

Maréchaux. Une plaque de verglas dans cet hiver de malheur. J'ai le cœur brisé. Et la tête aussi, je n'y vois plus clair. Je les cherche tout le temps. Surtout Catherine, qui venait me rendre visite tous les jeudis. Tu es trop jeune pour connaître la douleur de la perte.

— Non, monsieur, j'ai perdu mon bébé. »

Et je pleure avec ce vieil homme en dévorant le meilleur croque-monsieur de Paris. Puis nous allons chez lui. Il souhaite que je lui joue un morceau de piano, comme le faisait Catherine. C'était un ravissement.

« Vous pourrez me donner cent francs, monsieur ?

— Tout ce que tu voudras, mon petit cœur. Mais arrête de me vouvoyer, ça me rend triste. »

Le monsieur habite avenue de l'Opéra dans un appartement comme j'en verrai rarement. Une succession de pièces immenses, reliées les unes aux autres par un hall tapissé de miroirs et des doubles portes communicantes aux poignées dorées, garnies de meubles anciens, de lustres en cristal étincelants, s'éclairant un à un, de statues de marbre, de bronzes. Et pour clôturer cet enchantement, un salon en rotonde ouvert par de hautes fenêtres sur un balcon arrondi d'où l'on peut admirer le palais Garnier.

« Comme c'est beau, dis-je.

— Ne fais pas comme si c'était la première fois. Je peux t'appeler Catherine, n'est-ce pas ?

— Et toi, Papy ?

— Oui... Papy. »

Le vieux monsieur se met à pleurer des larmes folles, lourdes que le drame fait couler. Je pourrais l'embrasser.

« Ne pleure pas, Papy. Je suis là, dis-je en caressant sa joue.

— Merci, merci. C'est si bon de te voir. Le Bon Dieu te renvoie à moi. »

Au centre de cette dernière pièce, comme dans la tour d'un château de verre, trône un magnifique piano à queue dont je m'approche pour admirer, sur son large couvercle de laque noire, quelques photographies encadrées. Je reconnais Catherine à côté de son grand-père. C'est vrai qu'elle me ressemble, c'en est troublant.

« C'est elle, n'est-ce pas ?

— Oui. Enfin, c'est toi ou ta sœur jumelle. Tu me joues un peu de piano ? Je vais m'asseoir sur le banc à côté de toi comme avant.

— Oui, Papy. Mais j'ai un peu oublié, tu sais...

— Ce n'est pas grave. Tape ! Tape ! Fais sonner cet instrument muet qui se meurt de toi depuis un mois, le silence me pèse tant. Quoi que tu joues, ce sera joli. »

Et je tape, tape, avec un doigt, surprise du son pur que je produis, sur toutes les touches blanches du milieu du clavier vers la droite, en laissant les noires, en retrait un peu bizarres. Je monte jusqu'au bord, aux chants d'oiseau, puis je redescends, avec un certain rythme. Papy est ravi ! Je jouerais du Mozart qu'il ne serait pas plus heureux.

« Oh bravo ! Bravo ! Mon petit cœur... »

Mon public est comblé, alors je recommence. Je tape, tape pendant que Papy me caresse les cheveux. Puis lasse de ma musique, je demande à visiter. Tout ce luxe que je contemple plus attentivement me tourne la tête. Papy me propose une boisson.

« Tu as du champagne ?

— Mais bien sûr, mon cœur. »

Et tout tourne davantage.

« Je n'ai pas vu l'heure, Papy ! Je dois rentrer.

— Déjà ?

— Oui, j'habite à Levallois maintenant.

— Tu peux rester dormir. Tu sais que tu as ta chambre ici.

— Oui. Merci... Un jour peut-être mais pas aujourd'hui. Je suis un peu gênée mais... Vous m'aviez promis cent francs.

— Tout ce que tu veux, Catherine. Combien veux-tu ? Dis-le-moi franchement.

— Cent francs. »

Dans un secrétaire de bois clair, Papy ouvre une porte aux allures de tabernacle et en ressort une liasse de billets qui me donne l'impression de rêver.

« Combien veux-tu ? Ne te gêne pas !

— Cent francs, monsieur.

— Appelle-moi Papy, s'il te plaît, ou tu n'auras rien ! » dit le monsieur agacé, en reculant d'un pas avec tous ses billets.

J'implore :

« Cent francs, Papy, s'il te plaît !

— Tiens ! Je t'en donne trois cents. Tu reviendras la semaine prochaine, n'est-ce pas ?

— Oui. Bien sûr.

— Embrasse-moi, s'il te plaît. »

Sur la joue tendue de Papy, je dépose un joli baiser doux, qui dit merci pour cette parenthèse, cet autre monde et pour les trois cents francs. Je m'enfuis dans le long couloir, puis par l'escalier garni d'un tapis de velours pourpre et d'une rambarde en cuivre ornée de fleurs.

Avenue de l'Opéra, je n'en reviens pas... C'est extraordinaire. Dans mon sac, je possède quatre cents francs et je n'ai rencontré que des hommes gentils. Je cours chercher Tommy. Je vais lui acheter d'autres biscuits et une peluche pour s'amuser. Gérard sera content de tout cet argent.

À l'hôtel, la grosse Henriette se tient debout devant le comptoir. Elle discute avec un monsieur à qui elle crie en me désignant du doigt :

« Sinon, y a la petite nouvelle ! Martine ne travaille pas aujourd'hui. Elle a des ennuis. Mais la gamine, elle ferait bien ton affaire ?

— Oui, elle est mignonne. Et j'ai tellement envie. Je viens exprès de la banlieue quand même.

— Ça te fera soixante-dix pour elle et trente pour moi.

— Mais j'ai fini ma journée, madame.

— Ah non, ma petite. Je te conseille de faire ce que je dis. Tant qu'il y a des clients, tu montes. C'est clair ? La 26 est libre, tu peux y aller, je m'occupe de ton chien.

— D'accord. »

Dans l'escalier, l'homme, d'une cinquantaine d'années, au physique agréable, se presse derrière moi. Sur le palier, il m'attrape par la taille en me collant à lui.

« Tu la sens ? me dit-il à l'oreille. Qu'est-ce que tu vas prendre ! »

Je n'ose pas lui répondre. Soudain, il m'embrasse à pleine bouche, en tournant sa langue lourde en moi, puis se détache avec brusquerie, en fixant mes lèvres sur lesquelles il avance son doigt. Les mots de Gérard résonnent : « Fais ce qu'ils veulent... » Cet homme est plus jeune, plus fougueux que les deux autres, mais il n'a pas l'air méchant. Alors je tète son doigt comme Tommy, son biberon.

« Arrête ! me crie-t-il, tu vas me faire jouir dans l'escalier. »

Dans la chambre, je me déshabille, l'homme aussi, mais bien plus vite que moi. Pressé, il se précipite sur le lit, le sexe dressé, en me regardant plier mes derniers vêtements.

« Je suis bien propre, me prévient-il. Allez, viens, je ne tiens plus. »

L'homme s'allonge entièrement sur le dos, installant sa tête confortablement sur l'oreiller. Puis il m'ordonne :

« Suce-moi !

— Quoi ?
— Suce-moi, je te dis !
— Je vous suce quoi ?
— Le doigt, pardi ! »
J'avance à quatre pattes sur le couvre-lit pour lui attraper la main en pensant « mon Dieu que les hommes parisiens sont bizarres ». Tout à l'heure mes pieds, maintenant son doigt.
L'homme se redresse nerveusement.
« Qu'est-ce que tu fous ?
— Je vous suce le doigt, monsieur. »
Et l'homme part dans un fou rire qui me laisse interdite.
« Tu plaisantes ! crie-t-il. Ah, le doigt !
— C'est mon premier jour, monsieur.
— Tu me suces la bite, ma petite.
— Mais c'est dégoûtant.
— Alors ça, on ne me l'avait jamais fait. Une pute qui ne suce pas ! »
L'homme continue de rire.
« On dit "fille de joie", monsieur, murmuré-je.
— C'est vraiment ton premier jour, ou tu racontes ça à tout le monde ? m'interroge-t-il.
— Je vous le jure. Demandez à Madame Henriette.
— Je suis le premier homme que tu vas sucer ?
— Oui et je ne sais pas comment faire.
— Eh bien, je vais te montrer. N'aie pas peur. Tu n'es pas vierge au moins ?
— Non. J'ai même eu un bébé.
— Tout va bien se passer, tu me plais tellement... Déjà commence par la renifler ! Tu verras qu'elle est bien propre, pas plus sale que mon doigt. Avec tes bêtises, j'ai débandé, mais ne t'inquiète pas, tu vas la faire grandir. Tu es bien majeure ?
— Oui.
— Tu ressembles à une gamine. Tu aimes les glaces ?
— Oui, l'été à la fête foraine de Givet...

— Quel parfum ?

— Vanille Bourbon et pistache dans un cornet.

— Prends mon sexe dans ta bouche et pense à cette glace. Avec ta langue, tes lèvres, fais pareil. »

Dans ma bouche ouverte, les yeux fermés, je fais entrer son sexe redressé que je tiens dans la main. Et je pense à Givet, à l'été, aux rires des gamins dans la grande roue, aux tourniquets colorés qu'on gagne pour cent sous et au parfum des beignets, des boules de glace à la vanille Bourbon et à la pistache.

Je suce cet homme, je fais de mon mieux. Par instants, il m'appuie sur la tête pour faire rentrer plus profondément encore son sexe. Ma gorge le rejette, le crache. Je tourne la tête tandis qu'il me dit : « Allez, encore, tu te débrouilles drôlement bien. Pense à la glace, aux boules, au cornet, n'oublie rien... Aspire un peu pour coller tes joues et va et viens. Tu aimes la glace, alors tu veux l'avaler le plus profondément, puis tu la sors de ta bouche, tu la regardes, tu baves de désir et tu la suces encore... »

Et je fais ce qu'il me dit encore et encore jusqu'à ce qu'il me crie : « Stop ! C'est trop bon ! Je ne voudrais pas manquer ce joli cul rond qui me fait de l'œil depuis tout à l'heure. Passons aux choses sérieuses maintenant... Assieds-toi sur moi comme sur un manège. Empale-toi bien à fond, tiens-toi à la barre, petite salope... »

Dans son regard, un éclair me fait peur. Cet homme gentil a changé. Je m'assieds timidement, appose son sexe turgescent sur le mien, mais je ne vais pas assez vite. Il empoigne ma taille et me pénètre d'un coup, aussi loin et fort qu'il le peut. Je crie.

« Oui, c'est ça, crie, petite salope. »

Alors je crie, je gémis, je sens mes larmes monter tandis que l'homme va et vient en moi comme un enragé.

« Tu aimes ça ?

— Oui.

— Alors crie-le, vas-y, crie !

— Oui !

— Tu aimes ça, petite salope, hein ? Garce ! Pute ! Traînée ! Alors pourquoi tu me fais languir, hein ? Pourquoi tu fais celle qui n'a pas envie, hein ? Moi, je l'aime ton cul, j'en ai besoin, allez, bouge ! Bouge et crie !

— Oui, oui, oui !

— Tu peux dire autre chose aussi. Parle-moi, petite salope !

— C'est bon, j'aime ça, vous me faites mal mais j'aime ça.

— Elle est grosse, hein !

— Oui !

— Tu aimes les grosses queues !

— Oui !

— Alors crie-le ! Petite garce, salope, traînée... »

C'en est trop. Je m'arrache à son sexe, me couche sur le côté et me mets à pleurer.

« Qu'est-ce qu'il y a, ma petite ? m'interroge l'homme d'une voix radoucie.

— J'ai trop peur. Je suis si triste. Je ne mérite pas tous ces mots. Je n'ai pas envie de faire ça.

— C'était très bien. Tu n'as rien compris, c'est un jeu. Je n'ai rien contre toi, je ne te connais pas ! C'est à ma femme que je parle, à cette vieille garce... Ça fait des années qu'elle ne veut plus baiser. Elle dit que je ne suis pas normal, un animal ! Mais j'ai envie, moi. Je ne suis pas vieux et je l'aime, cette garce. C'était si bon quand on était amoureux. À cinquante ans, elle a décrété avoir terminé son devoir conjugal... Alors je la supporte autant que je peux et je viens voir Martine pour me défouler, pour ne pas la frapper... »

L'homme s'allonge à côté de moi en m'embrassant le front, les joues, les épaules. En me serrant fort, il murmure : « Viens, on recommence. Je vais être doux, j'ai besoin de ce plaisir que tu m'offres, plus que tout. »

Je sèche mes larmes, me rassieds sur l'homme qui me pénètre doucement en articulant à voix basse quelques autres mots grossiers. Il jouit assez vite après avoir claqué mes cuisses d'une force retenue. Il me tend les bras, dans lesquels je me love, m'embrasse dans le cou, puis s'endort, en prononçant : « C'était bon, c'était divin. »

Après quelques minutes, prisonnière près de lui, je dis : « Monsieur ! Il est tard. Vous dormez.

— Merde ! Elle va encore gueuler. »

L'homme se lève d'un bond, se rhabille et s'en va, en laissant la porte ouverte. Je l'entends dévaler l'escalier.

La grosse Henriette me dira : « Bravo, ma petite ! Je ne sais pas ce que tu lui as fait, mais il ne jure plus que par toi ! Il revient dans trois jours et t'a laissé vingt francs en plus. »

J'acquiesce en silence, prends Tommy dans les bras et salue Henriette.

Dans la rue, en direction de la station de métro Madeleine, je pleure encore. J'ai plus de cinq cents francs dans mon sac, un mois de salaire gagné en quelques heures, mais je ne veux plus faire ça. Comment vais-je l'annoncer à Gérard ? Je ne sais pas. Alors je retarde le moment de rentrer et marche jusqu'à la place de la Concorde et au pont Alexandre III.

Bien qu'il fasse nuit, le chevalet de Pierrot est toujours dressé et je l'aperçois, allongé à côté, sur un duvet, sa casquette retournée contenant quelques pièces de monnaie. Je fouille mon sac et glisse dans le cou de Pierrot un billet de dix francs que j'ai plié. Surpris, il se retourne vers moi.

« Mais qui je vois là ? Tu es revenue, ma jolie ? Dix francs ? Tu me gâtes ! Saute à nouveau et je te sauverai !

— C'est ce que j'aurais de mieux à faire... Tu t'occuperais de mon chien ?

— Arrête, quand on veut vraiment mourir, on n'en parle pas. J'en ai vu sauter ici des dizaines qui ne se sont pas ratés.

— Je suis malheureuse.

— Raconte !

— Je ne peux pas.

— Tu veux boire un chocolat ?

— Non merci, je ne peux pas.

— Alors, pourquoi tu viens ?

— Pour te voir, pour te remercier, pour me rappeler que des hommes comme toi existent.

— Tu es amoureuse, c'est ça ?

— Non ! »

Je ris.

« Je ne peux pas, dis-je.

— Tu ne peux pas être amoureuse ? C'est donc vrai, tu es bien malheureuse.

— Peut-être qu'un jour ça reviendra.

— J'espère être là. Tu sais où me trouver.

— Oui... À bientôt, Pierrot.

— À bientôt... Comment t'appelles-tu ?

— Linda.

— Ce n'était pas ce nom, il me semble.

— Si, c'est Linda... »

À Levallois, à peine entrée dans le studio, Gérard se saisit de mon sac.

« Alors, tu as fait combien ?

— Je suis sûr qu'elle s'est bien débrouillée ! » crie le cousin Jeannot derrière lui, assis sur le lit.

Il se redresse et se précipite vers mon sac que Gérard a déjà retourné sur la table. Ensemble, ils comptent.

« 485 francs ! crient-ils.

— Cinq francs sont à moi, dis-je.

— Ça va ! Ne chipote pas. Tu te rends compte ? Un mois de salaire en quelques heures !

— On va être riches, dit Gérard.

— Non. En tout cas, pas comme ça.

— Pourquoi ?

— Parce que je ne veux pas me prostituer. J'ai essayé mais ça ne me plaît pas. »

Gérard et son cousin éclatent de rire.

« Non mais tu l'entends la paysanne ? Elle rapporte 500 francs et elle fait la fine bouche ! s'écrie le cousin. C'est quoi le problème ?

— C'est dur, dégoûtant. J'ai dû sucer un sexe, subir des insultes, on m'a pénétrée sauvagement...

— Et alors ? Certaines filles font bien pire pour beaucoup moins, répond le cousin.

— Je ne veux plus. Je préfère travailler à l'usine.

— Tu feras ce que je te dirai ! hurle Gérard.

— Non, c'est fini. »

Gérard me gifle si fort que je suis projetée sur le lit. Alors qu'il se rue sur moi, son cousin crie : « Stop ! Arrête ! Je sais qu'elle l'a cherché mais on n'abîme pas la poule aux œufs d'or... Surtout quand on peut s'y prendre autrement... Ta paysanne est une tête de mule. Ce n'est pas comme ça que tu l'auras. »

Le cousin se dirige alors vers la fenêtre qu'il ouvre, puis vers la porte. Je hurle : « Non ! Pas Tommy ! » Il sort de son panier mon bébé qu'il tient par la peau du cou. Parce que Tommy grogne, le cousin le claque fort sur le museau en avançant lentement le bras tendu vers la fenêtre du studio situé au huitième étage.

Gérard me redresse en me tirant par le bras, me forçant à regarder Tommy. Je hurle à m'en casser la voix : « Pas Tommy, mon bébé, non ! »

Tommy grogne à nouveau et se fait claquer.

« Alors, jure que tu vas y retourner ! m'ordonne le cousin.

— Je le jure.

— Que tu vas sucer, te faire baiser, tout endurer, si tu veux revoir ton chien.

— Je le jure ! »

Le cousin rentre le bras et me jette Tommy que j'attrape en manquant de tomber. Je me recroqueville sur lui, sur le lit, en prononçant :

« Tommy, mon Tommy, mon tout-petit...

— T'as pigé ? lance le cousin à Gérard.

— OK.

— Et si tu as besoin de la corriger pour la mater et lui passer ses idées, fais en sorte que ça ne se voie pas.

— Pigé ! »

Le cousin Jeannot s'en va tandis que je reste prostrée sur le lit, en pleurs. Tommy lèche mes larmes. De peur, il a fait pipi sur moi. Si je me lève, Gérard le tuera... Je l'entends refermer la fenêtre, puis boire, manger, le pain craque sous sa mâchoire. Quand il a fini, il se déshabille et se couche en m'ordonnant : « Pousse-toi ! » Je me rapproche du bord du lit tout en restant sur la tache humide laissée par Tommy. Je pleure toute la nuit, jusqu'à ce que Gérard se réveille en furie, allume la lumière et brandisse un couteau qu'il a caché sous le matelas. En pointant la lame sur ma joue, enragé, il dit à voix basse :

« Si tu n'arrêtes pas de pleurer, je te crève les yeux.

— Vas-y ! Tu seras bien avancé avec une aveugle.

— Insolente... Misérable vermine... Petite chienne... »

Tommy se met à grogner.

« Putain, je vais le crever ce clebs ! hurle Gérard en pressant le couteau plus fort sur ma joue.

— Couché Tommy », dis-je doucement en l'écartant de moi.

Gérard, dont la furie culmine, soulève ma frange et fait glisser la lame affûtée du couteau sur mon front qu'il entaille, provoquant en moi une sensation de brûlure. Je regarde cette lame au-dessus de mes yeux sans savoir où elle va aller. À nouveau l'effroi des proies, la sidération, l'ombre de la mort... J'attends. Le sang jaillit et coule sur mes paupières.

« Voilà, comme ça tu pleureras pour quelque chose », crie Gérard en se levant, plantant le couteau sur le parquet. Il attrape une serviette de toilette qu'il me jette au visage : « Essuie-toi et ferme-la ! » Il enfile un pantalon et s'en va en claquant la porte.

Pétrifiée, muette, je suis prise d'une crise de nerfs, de tremblements irrépressibles qui ressemblent à un séisme concentré sur le lit. Les draps, les couvertures sont arrachés, envoyés d'un bord à l'autre. Avec les dents, j'éventre un oreiller dont les plumes retombent dans la chambre comme de la neige. Puis je parviens à me calmer. Je dois maîtriser ma propre violence, sinon je me tuerai. Contaminée par la folie de Gérard, je me jetterai par la fenêtre. Or, je veux vivre pour le tuer, lui et sa pourriture de cousin. Je réunis tout ce que j'ai dispersé en formant un amas, une grosse boule, un être chaud tout rond sans jambes ni bras qui ne peut rien me faire, impotent, un doudou contre lequel je me blottis. La serviette que je presse sur mon front est de plus en plus rouge. Je retrouve le goût de mon sang mais ça n'est pas si grave. Gérard est parti, c'est la nuit. Tout ce que je veux, c'est éteindre la lumière sur cette journée maudite et m'endormir sur mon gros doudou avec Tommy dans les bras.

Quand je me réveille, Gérard n'est pas là et le couteau a disparu. Il a dû repasser pour voir dans quel état j'étais. L'idée que, pendant mon sommeil, il soit venu tout près de moi, avec ce couteau, me fait frémir. Il n'a pas dormi ici, n'a pas touché à Tommy, mais sur la table, il a laissé un mot : « Nettoie-moi ce bordel, les draps, les plumes. Ça pue la pisse de chien. Et retourne à la Madeleine. Pardon pour cette nuit. Tu me rends fou. Pense à l'argent.

À nous. » Il a même dessiné un cœur. Cet homme est fou, complètement fou.

Au-dessus de l'évier, face au miroir que Gérard utilise pour se raser, je nettoie mon visage zébré de coulures de sang, recouvert de-ci de-là de plumes collées grises ou roses... La plaie mesure la moitié d'un doigt. J'en garderai la cicatrice à vie. Un peu séchée, elle reste bien ouverte. J'attrape Tommy sous le bras avec son panier et file à la gare Saint-Lazare sans me changer.

Dans le métro, mon front se met à saigner. J'ouvre mon sac pour ne pas me tacher en regardant un instant les gouttes tomber dedans. J'y trouve vingt francs que Gérard m'a laissés et la carte postale pour mes parents que j'essuie du coude avec mon pull-over : rouge sur mauve, ça ne se verra pas.

Dans la pharmacie, j'ai de la chance, la dame en blanc est là. Je la vois tout de suite derrière le comptoir m'adresser un petit signe.

« Bonjour, madame. Je me suis blessée.

— Je le vois, ma pauvre petite. Qu'est-ce qu'il t'est encore arrivé ? Fais-moi voir ! » me demande la pharmacienne.

Soulevant ma frange, je lui montre mon front.

« Comment t'es-tu fait ça ? Il faut désinfecter et recoudre !

— Non ! Posez un pansement simplement. Ça n'est pas bien grave, juste la peau.

— Tu ne m'as pas répondu. Comment t'es-tu fait ça ?

— Je suis tombée.

— Arrête de mentir, à ton âge, on tient debout !

— Je ne peux pas vous le dire, madame.

— Sais-tu que je suis tenue au secret professionnel ?

— Alors je ne suis pas tombée, mais soignez-moi, je vous en supplie.

— Viens derrière, dans le laboratoire. »

Au fond de la pharmacie, pendant qu'elle réunit ses ustensiles et ses produits, la dame en blanc me demande d'un ton qui m'apporte un peu de joie :

« C'est quoi ton prénom ? Moi, c'est Bernadette. Allez, viens, approche, soulève tes cheveux.

— Je m'appelle Linda...

— Ça n'est pas courant comme prénom. Tu viens d'où ?

— Linda des Ardennes. »

Lentement, Bernadette applique sur ma peau un à un des petits pansements fins qu'elle découpe, en veillant à resserrer les bords de la plaie. La dame en blanc commente ce qu'elle fait. Puis elle colle sur le tout un grand pansement couleur chair qui me recouvre le front, et replace ma frange méticuleusement.

« Ça n'est pas très profond, en effet... Mais il faudra revenir demain pour que je refasse ton pansement.

— Bien, madame.

— Tu pourrais porter plainte, tu sais ?

— Porter plainte. Mais où ?

— À la police !

— Ils tueront Tommy, dis-je en montrant mon chien.

— Qui "ils" ?

— Je ne peux pas vous le dire...

— D'accord... Mais si ça ne va pas, promets-moi de revenir me voir.

— Promis. »

45

Je marche jusqu'à la Madeleine comme un automate, un fantôme. Je fais coucou aux statues ailées de l'Harmonie et de la Poésie en haut de l'Opéra et, la seconde d'après, je plonge dans des brumes épaisses où j'oublie qui je suis, ce que je fais, où je vais. Seuls mes pas connaissent le chemin. Devant Charles Aznavour et ses lettres rouges, à nouveau je fais coucou. Jamais mon nom à moi ne sera inscrit comme ça. Mais quel nom ? Certains brillent et d'autres s'éteignent lentement jusqu'à la fin, en rêvant de briller, au moins pour eux-mêmes. Juste un jour, ressentir de la fierté. Paulette en lettres rouges... Ou couleur de pluie. Couleur de l'ombre. Mes pensées folles se sont envolées. À quoi pensais-je déjà ? À briller ? Ma pauvre Paulette... J'avance le regard morne en direction de l'hôtel pendant que Tommy dans son panier sommeille.

C'est ainsi que j'erre à ce moment de ma vie, prise au piège. Mais je m'en sortirai. Plus tard. Pas maintenant. Chaque chose en son temps. Privée de forces, du moindre élan qui puisse m'emporter ailleurs, je suis incapable de faire confiance à quiconque, à part à mon Tommy. Pas même à la pharmacienne ou au papy gâteau gâteux qui m'ont gentiment invitée chez eux. Au fond, ils m'apeurent aussi. Où aller alors avec mon front tranché, mes vingt francs et mon chiot ? Que faire ? Me plaindre à la police ? Raconter mon histoire à ces hommes fiers en uniforme que je croise avec leurs menottes et leur matraque accrochées à la ceinture comme les colts de cow-boy ? Ils vont me rire au nez, me dire que je l'ai bien cherché, me mettre en prison parce que je suis mineure. Appeler ma mère qui mourra de honte dans mes bras ? Y a-t-il sur terre un endroit où je puisse être en sécurité ? Dans mon état de dénuement, je ne le pense pas. Et j'ai une mission. En sommeil, certes, mais je n'oublie pas ma promesse du pont Alexandre III ! Partir ? Non... On ne combat pas les monstres à distance. Alors ce n'est, comme on dit, qu'un long et mauvais moment à passer. Le printemps forcément viendra.

Dans mon chaos, j'éprouve le besoin de retrouver un cadre, une routine familière, un rituel rassurant nécessaire à l'éducation des enfants et à la vie des hommes et des femmes seuls. Cette habitude, je vais la créer. Levallois-la Madeleine, les tours avec Tommy dans le jardin des Tuileries, le comptoir avec la grosse Henriette et ses poireaux florissants qui n'est pas bien méchante, les chocolats chauds au *Café de Paris*, les croque-monsieur gratinés et les clients fidèles. Certains sont barjots, bien agités du cocotier, séniles ou mourant tout simplement de solitude, mais pas méchants. Pour l'instant. Sainte Marie-Madeleine veille sur moi. Et le soir, en chemin, discrètement dans mon sac, bercée par les vibrations du métro, je compte mes billets avant de les donner. Tout cet argent, c'est moi qui l'ai gagné. Je vaux au moins ce petit magot. Si je le fais suffisamment grossir, ils me laisseront tranquille, le temps que ça dure...

46

Le deuxième jour, quand j'arrive à l'hôtel, un client m'attend déjà devant le comptoir. C'est une connaissance du monsieur d'hier qui lui a dit beaucoup de bien de moi. C'est gentil. Le bouche-à-oreille fonctionne vite. Je réclame quelques minutes pour me laver et reviens sans culotte sous ma jupe, car je n'en ai pas de propre et il m'est impossible de remettre mon sous-vêtement sale. De toutes les façons, à quoi ça sert, puisque dans quelques instants je vais l'enlever. Mon bon sens de fille de la campagne parle.

Dans l'escalier, l'homme derrière moi s'en aperçoit et ça lui fait un drôle d'effet. Il est tout électrisé. Sur le palier, il s'exclame : « Soulève ta jupe ! »

Je m'exécute.

« Ah... Tu m'excites. Viens, viens ! »

Me saisissant par la taille comme pour une danse, il m'embrasse dans le cou, puis me lâche et se met à grimper les marches quatre à quatre comme s'il y avait le feu à son pantalon. Allons bon... Je le suis. Une fois la porte refermée, comme le monsieur d'hier, il me demande de sucer son sexe, à genoux, précise-t-il. Je ferme les yeux, me concentre sur la crème glacée de la fête foraine de Givet mais à peine ai-je posé une jambe à terre qu'un petit flot vif translucide jaillit du bout de son pénis. C'est du sperme, je me souviens. Celui de Gérard giclait bien plus loin.

« Passe-moi la serviette, dit l'homme en râlant un peu. J'étais trop excité mais c'était bon quand même. Je reviendrai demain pour apprécier ta bouche. Mon ami m'a dit quel délice c'était...

— Merci, monsieur. »

L'homme me paie et redescend. S'ils pouvaient tous faire jaillir leur petit flot comme ça, dans leur pantalon ou au pied de la porte, sans que je les touche, ce serait formidable.

Un deuxième client m'attend, puis un troisième, un quatrième, un cinquième... Mon truc de la culotte, ça marche bien. Quand les hommes pénètrent dans la chambre, leurs petites graines sont déjà toutes secouées au balcon. Ils jouissent vite, sans oublier de crier.

« Ah, je jouis ! »

Tu jouis et ça me réjouit, pensé-je.

Ce matin, les attentes de mes clients étaient semblables, monotones. J'ai sucé des cornets de glace jusqu'à l'écœurement.

Je ne connaissais pas l'obsession des hommes pour cet acte. Ma parole, ils en sont fous. Quand leur sexe est dans ma bouche, j'ai l'impression que si je leur demandais la lune, ils me la décrocheraient ! Après. Car dans l'instant, ils prient pour que je n'arrête jamais. Il faut dire que je m'applique. J'aime le travail soigné. Et je fais ce qu'on me dit. J'assimile. Je comprends aux tressaillements du corps, au durcissement immédiat de cet appendice, ce qui fait mouche. Une chose me surprend cependant. Souvent, ils me disent : « Ouvre les yeux, regarde-moi quand tu me suces ! » Et cette vision semble les exciter tout autant que mes caresses. Alors je les regarde, droit dans les yeux. Je leur offre le spectacle d'une fille de vingt ans à genoux, soumise, payée pour les sucer. Je découvre que soumettre une femme apporte du plaisir. L'humilier aussi. Car des noms d'oiseaux accompagnent mon petit numéro, lâchés sans méchanceté, susurrés même parfois, mais distinctement. J'ai droit à « petite salope » et son joli cortège de synonymes...

Est-ce à moi qu'ils parlent vraiment ? Ou bien ça leur fait comme au client hier soir ? La garce, ça ne peut pas être moi. Je ne suis qu'une pauvre fille qui obéit et essaie de leur faire du bien. Alors qui ? Qui est la garce ? Quelle femme mérite de telles insultes ? Qu'a-t-elle fait ? Si vraiment elle existe, je n'aimerais pas la rencontrer. Ce doit être un monstre !

Sur les cinq clients de ce matin, deux seulement m'ont pénétrée, doucement, sans me faire mal. Vers midi, j'ai 350 francs dans mon sac. Je sors avec Tommy pour aller manger dans le quartier de l'Opéra, un croque-monsieur pour moi au *Café de la Paix* et un biberon pour lui avec des biscuits. En chemin, je poste ma carte postale pour les Ardennes dont un coin entier est rougi comme une aquarelle. Jamais mes parents ne se douteront qu'il s'agit de mon sang. Jamais ils ne sauront. Je le jure.

L'après-midi ne ressemblera pas au matin. Il sera initiatique. Je vais découvrir un nouveau monde insolite, insoupçonné, totalement étranger... Celui des fantasmes.

47

J'ai quitté le *Café de la Paix*. Le froid est plus mordant qu'hier. Je tourne sur la place de l'Opéra en vain. Mes sourires ne trouvent pas preneurs. Si seulement Papy apparaissait, il m'offrirait 300 francs, je taperais sur son beau piano et ma journée serait terminée. Derrière un kiosque, j'aperçois le cousin Jeannot qui se précipite sur moi.

« Qu'est-ce que tu fous avec ton chien ? On dirait que tu es sortie pour le promener !

— Pardon... Je vais le ramener à l'hôtel.

— Fais gaffe à toi, on te surveille ! Combien tu as fait ?

— Plus de 300 francs.

— Bien, il te reste l'après-midi pour doubler la mise... »

Je file jusqu'à la Madeleine pour y déposer Tommy et repars vers l'Opéra par le boulevard des Capucines. Après « Charles Aznavour », devant *Le Grand Hôtel*, un homme bien habillé vient à moi.

« Mademoiselle ! Je vous observe depuis hier. Me feriez-vous l'honneur de m'accompagner ?

— Où ça ?

— Juste là, au Grand Hôtel. Je loue une chambre au premier étage. C'est de cette fenêtre que je vous ai aperçue. Je vous ai suivie au *Café de la Paix*, puis perdue.

— Et retrouvée !

— Oui. Alors, vous venez ?

— C'est cent francs, on paie avant.

— Maintenant ?

— Non ! Pas dans la rue... Je vous suis. D'habitude, c'est dans mon hôtel. La grosse Henriette va faire la tête, mais le vôtre est quand même plus joli. »

Le Grand Hôtel est un palace avec un promontoire, un tourniquet et des hommes en livrées qui vous saluent. C'est bien agréable. L'homme que je suis est très respecté. Sur son passage, tout le monde se courbe ou déguerpit. Dans l'ascenseur vitré, qui surplombe le lobby grand comme une cathédrale, le liftier appuie sans qu'on le lui demande sur le bouton cuivré du premier étage.

On aurait pu monter à pied. Mon élégant n'aurait jamais grimpé les étages chez la grosse Henriette.

Nous avançons dans un grand couloir recouvert d'une moquette aux fleurs géantes. Ça sent bon. Nous croisons une soubrette poussant son chariot qui, plumeau à la main, nous fait presque une révérence. Cet homme est-il un prince ? Non, ça n'existe plus, on leur a tous tranché la tête place de la Concorde.

La chambre est belle, chic. Ça ressemble à l'appartement de Papy.

Que va-t-il me demander ? Cet homme est bien muet.

« Assieds-toi, mets-toi à ton aise. Comment t'appelles-tu ?

— Linda. Et vous ?

— Ça ne se demande pas.

— Ah pardon, vous sembliez vouloir me faire la conversation.

— Je peux te faire confiance ?

— Je suis une tombe !

— Tu ne me connais pas mais je suis un homme important. J'emploie des milliers de gens. Si on se revoit, je te dirai, mais pour l'instant, silence... Appelle-moi monsieur le président.

— Bien... monsieur le président.

— Tu voulais cent francs ?
— Oui.
— En voici deux cents. Et peut-être davantage si tu es à la hauteur.
— De quoi ?
— De mon désir.
— Ce n'est que mon deuxième jour. Et c'est quoi votre désir ?
— Prenons un peu de temps...
— Moi, j'aime bien quand ça va vite.
— Tu es si jolie. Fraîche et insolente. Qu'as-tu sous ta frange ?
— Un pansement.
— Tu t'es blessée ?
— Avec un couteau.
— Intéressant... Que souhaites-tu boire ?
— Du champagne.
— Veux-tu prendre un bain ?
— Avec plaisir. Et vous ?
— Tu verras...
— Vous n'êtes pas méchant ?
— Pas avec toi. Va dans la salle de bains et quand tu auras fini, je serai prêt sur le lit. Tu feras ce que je dis sans poser de question, n'est-ce pas ?
— D'accord. »

Dans la salle de bains, je ferme la porte à clé et passe quelques minutes à admirer les lieux. Mon Dieu que c'est beau, toute une pièce en marbre blanc et noir pour se laver ! Dans la baignoire, on peut tenir à trois. Mes frères et moi. Quand je vais dire à Tommy où j'ai trempé, il n'en croira pas ses oreilles. Sur le rebord, il y a des fioles en verre teinté fermées par un joli bouchon doré. Je lis « Guerlain », comme le parfum de Julie, et les déverse toutes dans mon bain. C'est un moment de délice. Une mousse amusante, délicieusement odorante, monte plus vite que l'eau. Je l'attrape avec la main comme on jouerait avec de la barbe à papa.

Après quelques minutes de prélassement et d'oubli, j'entends l'homme appeler.

« Viens, je suis prêt. »

Je sors, sans me rhabiller, vêtue d'un de ces manteaux d'éponge que j'ai trouvés accrochés dans la salle de bains avec écrit en lettres brodées « *Le Grand Hôtel* ».

Je m'approche du lit immense entouré d'un baldaquin et le vois, nu, étendu en croix sur une toile cirée noire, avec un loup posé sur les yeux.

Il a tiré les épais rideaux de la chambre éclairée d'un demi-jour. Aux pieds de l'homme, sur le lit, une mallette fermée en cuir noir comme la toile cirée.

« Déshabille-toi, me dit-il doucement, et ouvre la mallette. »

Je me retiens de crier en découvrant son contenu. L'homme entend ma surprise et fait : « Chut... »

Sur du feutre brun, où chaque pièce a sa place, je vois des aiguilles de différentes longueurs au bout biseauté, une flasque argentée, un petit entonnoir métallique, une sorte de tige avec une lame fine et un paquet de compresses blanches.

« Nettoie tes mains avec l'alcool. »

Je m'exécute.

« Puis prends l'aiguille de ton choix, nettoie-la, et perce-moi le bout des seins en silence, sans me dire ce que tu fais. Je veux le sentir. Que la douleur me surprenne. »

J'ai un moment d'hésitation. J'ai peur. Non pas de lui mais de mes mains qui se mettent à trembler, de ce que je pourrais lui faire.

« Allez, vas-y ! Je te donnerai cent francs de plus. »

Je n'hésite pas longtemps, choisis l'aiguille du milieu, la frotte à une compresse imbibée d'alcool et grimpe à califourchon sur l'homme nu vers ses seins. Je tire l'un de ses tétons et le perce. Ça rentre comme dans du beurre. L'homme gémit en se cambrant.

« Encore... Dessine une croix avec les aiguilles. »

Le sang commence à couler le long de son flanc et sur la toile cirée. Cela ne m'effraie pas. Le sang est courant dans les fermes et les campagnes. Ça me fait penser à cette pauvre biche aux mains des chasseurs... Je dessine une croix en perçant l'homme à nouveau avec – je dois l'avouer – un certain plaisir. Puis je perce l'autre croix. L'homme gémit en se tortillant.

« C'est bien, c'est parfait. Continue. »

Il reste des aiguilles mais où les planter ? Et cet entonnoir, que dois-je en faire ?

« Perce mon gland maintenant... »

Je ne connais pas ce mot d'anatomie mais je le devine par un mouvement du bassin qui fait pointer son sexe dressé, violacé. Si je le perce, le sang va gicler.

« Perce mon gland maintenant », répète-t-il.

Je le perce et le sang s'échappe immédiatement pour couler le long de l'aiguille jusqu'à mes doigts. Un flot rouge, qui marbre ses cuisses et la toile jusqu'aux draps blancs, noie mes mains.

« Ah, dit-il. C'est bon. Je ressens la brûlure. J'ai mal, je pars... Encore. »

Je perce son gland à nouveau dans plusieurs sens. Cela me rappelle les aiguilles dans la trousse à couture de ma mère plantées sur un bouchon de liège. Combien de temps ce cirque va-t-il durer ?

« Vide la flasque d'alcool avec l'entonnoir sur les aiguilles. »

Ça va piquer, ça va être horrible. Je déverse l'alcool goutte à goutte sur chaque aiguille et l'homme se tortille en gémissant de plus belle. J'y prends goût. Quand il s'immobilise, pensant que c'est fini, je reprends mon goutte-à-goutte. La flasque est vide. Il y a du rouge partout. Le cochon est bien saigné. Qu'est-ce qu'on fait maintenant ? Il ne reste que la lame fine au bout de la tige. L'homme ne dit rien. Est-il en train de perdre conscience ? J'ai un instant d'affolement. Comment va-t-il jouir ? Est-ce seulement possible dans ces conditions ? Son sexe reste bien dressé...

J'attends ses instructions plusieurs minutes en vain. Je m'impatiente. C'est étrange. J'essaie de comprendre. S'il ne parle plus et m'a demandé de faire vœu de silence, c'est à moi qu'il revient de l'achever, à moi de le surprendre, de le crever. La rage s'empare de moi. Toute ma rage rentrée contre tous les bourreaux des femmes. Sans trembler, je m'empare du bistouri – j'apprendrai ce terme – et remonte le long du corps de l'homme. Sous son cou, je lui fais sentir la lame. Il gémit. Sur ses joues, je fais de même. Sur son front, j'appuie un peu trop fort, une pointe de sang surgit. L'homme, gémissant commence à trembler. On dirait qu'il attend le bouquet final dont je n'ai pas la moindre idée. Le filet de sang sur son front fait son effet, la furie me prend. Je serre très fort le manche de cette lame. L'homme, sentant ma rage, ne se tient plus de désir. Ces secondes le terrifient et le comblent. D'un coup, j'arrache son loup, je colle mes yeux emplis de rage sur les siens en brandissant le bistouri jusqu'à toucher ses orbites et j'éructe d'une voix blanche de monstre froid : « Jouis, espèce de porc, ou je te crève les yeux ! »

Et l'homme jouit longuement en criant comme si je l'égorgeais.

« Ah, ah... C'est divin, c'est inouï. »

Pauvre fou, pensé-je. Sais-tu seulement que tu as failli mourir ?

L'homme qui se cambrait repose son corps ramolli sur la toile cirée. Lentement, j'en retire chaque aiguille en replaçant tous les instruments dans la mallette.

« Laisse tout sur la toile, il faut les nettoyer. La femme de chambre s'en chargera. Tu as été parfaite, Linda.

— Merci monsieur. À votre service. »

L'homme, encore dans les brumes de son plaisir, se lève avec langueur. Il me tend cinq cents francs, va dans la salle de bains, d'où il appelle la femme de chambre qui accourt si vite que je n'ai pas le temps de me rhabiller complètement. Quand la femme entre avec son tablier noir bordé de blanc, elle me regarde à peine. En découvrant tout le sang sur le lit, la femme impeccable aux cheveux tirés ne montre aucun signe de surprise. Sans un mot, elle ramasse le tout avec méthode, puis patiente devant la porte de la salle de bains jusqu'à ce qu'un billet lui soit tendu.

Quand l'homme me rejoint, souriant dans un peignoir, une cigarette allumée à la main, il me demande :

« Je reviens la semaine prochaine. Tu seras là ?

— Je crois. Je ne vous ai pas fait trop mal ?

— Cela ne te regarde pas. Et ça ne veut rien dire puisque ça me plaît.

— Ah... Je peux vous poser une dernière question ?

— Oui, bien que je ne sois pas certain d'y répondre.

— Quel plaisir y a-t-il à souffrir ?

— Le même qu'il y a à vivre. Quand on souffre, on se sent vivant. »

Un groom avec un drôle de chapeau me raccompagne jusqu'au lobby où du beau monde se presse. Devant le tourniquet vitré, il me salue comme si j'étais une célébrité.

En marchant dans la rue, j'éprouve un vertige *a posteriori*. Le changement de décor est si brutal que je me mets à douter de la réalité de ce que je viens de vivre. Souvent, j'éprouverai ce trouble le soir, quand je rentre avec Tommy par le métro, assise parmi ces gens normaux à côté de moi.

En retrouvant l'église de la Madeleine, à quelques pas de l'hôtel où m'attend la grosse Henriette, les mots de l'homme me reviennent : « Quand on souffre, on se sent vivant. » Quel fou, pensé-je à nouveau, puis, mon Dieu, me voilà bien en vie.

Un client m'attend, puis un autre qui ne sent pas bon, alors je le lave entièrement avec un supplément. Puis j'ai fini, je salue Henriette qui lit les nouvelles du jour en retard. Elle récupère le journal chez le coiffeur à côté, et me surprend en me lançant : « Tu pourrais m'embrasser ! Je ne mords pas. Je m'occupe de ton chien toute la journée. »

Et j'embrasse Henriette, toute contente, et ses poireaux qui piquent, puis je pars promener Tommy dans le jardin des Tuileries. Je lui raconte toute ma journée. Et quand il sent que tel client m'a énervée, il se met à grogner. Le pire, c'est quand je prononce le prénom « Gérard ». Quand il sera adulte, je devrai me méfier. Je crois qu'il a une dent, et pas des plus petites, contre lui.

Dans mon sac, je compte plus de mille francs... Mille francs... C'est une somme. Mes bourreaux vont être contents, mais il me vient une idée. Je vais en dépenser un peu. Sur les Champs-Élysées, une boutique me fait rêver. *Guerlain Paris.* J'entre et achète deux flacons. Shalimar, comme Julie, que je vais offrir à la grosse Henriette pour qu'elle en parfume la cage d'escalier, et pour moi, je choisis L'Heure Bleue, tant pour le nom que pour l'odeur, un nectar de talc, d'iris, d'épices... Avant de retourner à Levallois, je repasse par l'hôtel, où Henriette se met à pleurer quand je lui tends son paquet.

« Oh merci. Tu es une brave petite. »

Et nous pleurons ensemble, dans les bras l'une de l'autre, de bonheur, j'imagine, plus parfumées que mille roses de mai.

Au studio, dans lequel je reviens presque tremblante, Gérard renifle aussitôt mon nouveau parfum.

« Tu sens bon, c'est quoi ?

— Un cadeau d'un client...

— C'est de l'argent perdu !

— Ne t'en fais pas, il m'a payée. J'ai presque mille francs.

— Fais voir ! »

Je lui tends mon sac dont il arrache le petit magot qu'il place dans le pied creux d'une sorte de table ronde en soulevant son plateau.

Il me montre un billet de vingt francs qu'il replonge dans mon sac.

« J'avais déjà ces vingt francs, je n'ai donc rien gagné aujourd'hui ?

— Tu as eu des cadeaux. Fais-moi voir ton front !

— Ça va... Ça ne saigne plus. La pharmacienne m'a fait un pansement.

— Viens dans mes bras ! » me dit Gérard.

Je reste immobile alors que Tommy grogne.

« Si tu ne corriges pas ce chien, je lui ferai la peau !

— Tommy, chut ! dis-je.

— Tu m'en veux ? »

Que répondre ?

« Non.

— Tiens ! Moi aussi, j'ai un cadeau pour toi. »

Gérard me tend un petit paquet avec une étiquette mentionnant « Bijouterie ». Dans un écrin noir, je trouve une broche en forme de cœur avec des perles à l'intérieur. C'est du toc mais c'est joli. De morsures en caresses, ce monstre va me rendre folle.

« Merci. »

Je l'accroche aussitôt sur le revers de mon manteau.

« Ça te plaît ?

— Oui.

— Tu sais ce que ça veut dire un cœur ?

— Non...

— Tu fais la maligne ou tu veux me contrarier ? »

Pour la dernière fois, je veux mettre Gérard face à sa réalité. C'est une erreur que je commets en connaissance de cause. Je lui demande :

« Dis-moi, à chaque fois que tu me feras du mal, tu m'offriras un cadeau ? Je préférerais ne rien avoir, tu sais. Laisse-moi tranquille et je ferai ce que tu voudras.

— Faut toujours que tu gâches tout ! J'ai passé une heure à choisir ce bijou et tu parlementes ! Tu vois, là, d'un coup, je pourrais te frapper.

— Pardonne-moi, pardonne-moi, je t'en prie. Ce cœur est très joli. »

J'échappe de peu à un accès de violence de Gérard qui me fixe comme un boxeur affamé, frappe du poing le mur et déguerpit sans rentrer de la nuit.

Je ne dirai plus à Gérard que ce qu'il veut entendre. D'ailleurs, je ferai pareil avec les hommes qui viennent à moi. Plus une seule question. Pas de curiosité, pas de réalité. Je dois être un rêve, une douceur, un objet de désir, un pur plaisir, comme ce parfum dans mon cou dont la fragrance m'entête encore.

Les jours qui suivent se ressemblent à peu près, à la différence que j'ai décidé de cacher, dans la corniche de l'armoire de la chambre 26 que j'occupe le plus souvent, quelques billets à l'intérieur de la si jolie boîte cartonnée de mon parfum Guerlain.

Le week-end suivant, je retrouve Papy et le monsieur aux aiguilles. Dans un luxe semblable, j'épouse deux rôles opposés. Catherine pianote, les cheveux caressés, tandis que Linda opère, les doigts trempés de sang. Quand j'ai voulu lui crever les yeux, il n'a pas joui, alors j'ai dû lui entailler le sexe. Que devrai-je faire la prochaine fois ?

48

Un lundi, ma petite routine a failli tourner court. J'emploie exprès ce mot « routine » qui pourrait sembler déplacé. Comment peut-on s'habituer à ça ? Se prostituer de manière routinière ? C'est une question habituelle à une femme prostituée. Ma réponse est simple. On s'habitue à tout, y compris au pire. Prenez une chose, la plus abjecte qui soit, la plus anormale, immorale. Sous la contrainte, faites-la une fois. Si vous survivez, toujours forcé, faites-la dix fois, cent fois, mille fois, et cette chose deviendra votre routine. Elle vous hantera, teintera votre âme à jamais, mais vous l'aurez faite, vous vous serez habitué...

Un monsieur âgé mais de belle tenue me propose 300 francs pour faire ce qu'il veut. Je ne pose pas de questions, car il m'a l'air bien inoffensif. Cependant, quand il m'a parlé, une lueur dans ses yeux a brillé. En passant devant Henriette, je lui glisse à l'oreille :

« Il est vieux mais bizarre...

— Monte, j'écouterai à la porte », me répond-elle.

Dans la chambre, le vieil homme s'assied sur le fauteuil, défait son pantalon et me demande, pour commencer, de le masturber. Je lui obéis. Puis il dit :

« Quel âge as-tu ?

— Je suis majeure, monsieur.

— Tu fais si jeune... Disons que tu as douze ans. »

Je ne réponds rien. L'homme entame son scénario.

« Que fais-tu là ?

— Je vous masturbe.

— Mais tu devrais être à l'école.

— Je sais.

— Ah, j'ai oublié ! fait-il. Peux-tu enfiler ça ? »

Le vieil homme se saisit de sa sacoche dont il extrait une paire de chaussettes blanches que je passe et me tend deux rubans pour que je fasse deux couettes à mes cheveux. Puis il m'ordonne : « Suce mon sucre d'orge maintenant, petite putain... »

Dans mon esprit, aucune image qui pourrait m'aider n'apparaît, ni sucre d'orge ni crème glacée. L'écran est noir, et l'école, la fête foraine de Givet, bien lointaines. Je suis à Paris dans la chambre 26, à côté de l'église de la Madeleine, à genoux devant un vieux monsieur dont j'agite le sexe en approchant mes lèvres. Je suis bien une petite putain.

« Suce-moi, petite garce... » insiste-t-il.

Sur la table, il y a 300 francs, plus d'un demi-mois de salaire à l'usine... J'ouvre la bouche quand il prononce l'insupportable : « Déguste mon sucre d'orge, quand je pense que ta maman te croit à l'école. »

Une déflagration se produit en moi, le sang gonfle les muscles de mes bras, de mes mains et je bondis à la gorge du monsieur en serrant du plus fort que je peux.

« Je t'interdis de parler de ma mère. Tu m'entends, vieux porc ? Je t'interdis ! »

Le vieil homme désarçonné se met à tousser, à suffoquer, il ne peut pas parler et je ne peux pas lâcher sa gorge. Je veux que cette voix qui a invoqué ma mère périsse sous mes doigts. C'est plus fort que moi.

À ce moment, Henriette, qui écoutait derrière la porte, entre dans la chambre en se jetant sur moi : « Arrête Linda ! Lâche-le ! Lâche, je te dis ! »

Henriette a besoin de ses deux bras pour s'emparer d'une seule de mes mains. Je continue à agripper le vieux monsieur qui réussit en reprenant ses esprits à se défaire de mon étau. Il se lève, reprend l'argent sur la table et s'en va.

« Rends l'argent, vieux porc ! crié-je.

– Laisse, me dit Henriette en me prenant dans les bras.

– Il a parlé de ma mère, dis-je en m'écroulant.

– Ce n'est rien mon petit, tu sais bien qu'ils ont de drôles d'idées. Tu es fatiguée. Tu te donnes beaucoup de mal. Rentre chez toi pour te reposer et reviens après-demain. Je parlerai à ton homme. Et prends ton argent sur l'armoire. Je te le laisse.

– Tu l'as trouvé ?

– Toutes les filles font comme toi. Alors je passe les chambres au peigne fin. C'est la règle. Je ne suis pas tombée de la dernière pluie, mais je n'ai rien vu !

– Merci Henriette. »

À La Poste, j'envoie tout mon argent à mes parents. Puis avec Tommy, je vais sur le pont Alexandre III chercher Pierrot qui ne s'y trouve pas. Alors je continue mon chemin jusqu'à la tour Eiffel que je n'ai toujours pas vue en entier. Je marche sans m'arrêter jusqu'au Trocadéro en évitant de regarder la Tour, mon petit guide de Paris ouvert entre mes mains. Quand je serai à ses pieds, je me retournerai d'un coup. Quel spectacle ! J'en rêve depuis tellement longtemps.

Je lis. La grande dame de Paris, haute de 324 mètres, conçue par l'ingénieur Gustave Eiffel, n'était pas destinée à rester dressée dans le ciel. Elle aurait dû être détruite à la fin de l'Exposition universelle de 1889. Mais quel gâchis !

Ça y est j'y suis, pont d'Iéna, encore Napoléon et ses victoires. Le dos à la Tour, face au Trocadéro, je me retourne d'un coup. Mon Dieu qu'elle est belle, comme un sapin géant des Ardennes qui voudrait toucher le ciel. Devant elle, je me fais toute petite, recroquevillée à même la terre, sur un banc d'herbe gelée. Dans cet après-midi buissonnier, je fais une prière. J'aimerais que ça s'arrête. Rester à Paris mais arrêter de faire la putain.

Pourtant, le surlendemain, menacée par Gérard avec son couteau, qui veut me crever en commençant par Tommy, puis écrire à mes parents que c'est mieux ainsi, parce qu'ils ont engendré une putain, je retourne à l'hôtel. Ma routine contrainte reprend. Mais quelque chose me dit qu'elle cessera bientôt. Ma prière à la tour Eiffel sera entendue, au moins pour quelque temps...

49

Le mois de mars s'écoule avec un seul accroc de taille.

En pleine passe dans la chambre 26, alors que je repense au rêve que j'ai fait à l'aube – mon ange qui vient vers moi, me montrant encore les quatre croix et le rectangle bleu –, un client vigoureux me retourne subitement sur le lit en s'allongeant sur mes fesses. Il me réclame :

« Tu as de la vaseline ? Je peux t'enculer ?

— Je ne comprends pas.

— T'enculer ? Je peux ?

— Je ne connais pas ce mot.

— Je peux te baiser dans le trou du cul ?

— Non ! Non ! Mais c'est dégoûtant ! »

Je me débats et sors du lit tandis que l'homme se rétracte.

« C'est bon, reviens ! Je demandais, c'est tout.

— Non ! Dans le trou du cul ! Et pourquoi pas dans les oreilles, dans les trous de nez ! Allez, sors d'ici ! Je n'en peux plus.

— Alors, rends-moi l'argent.

— Non ! Je l'ai gagné. »

Plus vite que moi, l'homme attrape les soixante-dix francs qu'il avait déposés sur la table et me gifle en me poussant sur le lit.

« Petite conne ! Petite bonne à rien ! »

Puis il dévale l'escalier. Je le poursuis. Devant le comptoir, il crie à Henriette qui s'est levée en entendant le raffut :

« Elle est folle, la gamine !

— Rends-moi l'argent ! » crié-je du haut de quelques marches.

Henriette tend les bras pour me faire barrage.

« Que s'est-il passé, mon petit ?

— Il voulait m'enculer !

— La belle affaire !

— Dans le trou du cul, Henriette !

— Tu ne vas pas m'expliquer. Tu dis non, c'est tout.

— Je ne savais pas, dis-je en me blottissant dans ses bras. Je n'en peux plus, Henriette, je veux arrêter.

— C'est dommage, tu es douée. Tu imagines tout l'argent que tu fais ? Il ne faut pas te décourager comme ça. Tu connais bien le métier maintenant.

— Je ne veux pas être une putain. »

En avril, je gagne de moins en moins d'argent. Une putain triste ne vend rien. Un soir, Gérard, qui compte le contenu de mon sac, le jette à terre, furieux : « Tu m'as habitué à mieux ! Si tu veux être tranquille et que je ne te touche pas, rapporte de l'oseille ! Ou avec Jeannot, on se chargera de te corriger. Toi et ton clebs ! »

Le lendemain, je vois Papy en le suppliant de me donner deux mille francs pour acheter un piano. Puis quelques jours après, alors que j'aborde un client, je suis interpellée dans la rue, devant « Charles Aznavour ». Deux hommes en uniforme me demandent ce que je fais et réclament mes papiers. Prise de panique, je fais mine d'ouvrir mon sac, puis me mets à courir le plus vite que je peux. Les policiers me prennent en chasse en hurlant avec leur sifflet : « Arrêtez-la ! Arrêtez-la ! »

À bout de forces, sur le trottoir humide, je tombe violemment en criant de douleur. Mon genou est ouvert. Les policiers me transfèrent à l'hôpital où ils m'attendent à l'accueil. Le gentil docteur à qui je dis la vérité a pitié de moi et va leur parler. Ils ne pourront pas m'interroger avant quelques jours, car le docteur suspecte une fracture multiple... Sous morphine, je passe à l'hôpital la meilleure nuit depuis longtemps. Le lendemain, le docteur me relâche avec un gros pansement et une attelle. Il m'a recousue comme une poupée de chiffon.

« Vous n'avez rien de cassé, jeune fille, dix points de suture et une belle entorse.

— C'est quoi un point de suture ?

— De la couture sur les blessures. »

Tandis que je boite dans la rue, mon genou me fait mal et mon esprit s'emmêle. Ce mot « point de suture » tourne dans ma tête. Dans ma campagne, on dit souvent « point » à la place de « pas ». Alors je pense, sur les blessures, point de suture.

Gérard, que personne n'a prévenu, m'attend dans le studio. Dès qu'il m'aperçoit dans la porte entrouverte, il se précipite vers moi en m'interrogeant d'une voix angoissée qui me surprend : « Tu étais où ? Je me suis fait un sang d'encre ! Tu étais où ma petite Paulette ? »

Me tendant les bras, il m'enlace.

« Je tiens à toi, tu sais ? » dit-il en baisant mes cheveux.

Comme on tient à la poule aux œufs d'or, ai-je envie de dire, mais j'ai appris ma leçon.

« Moi aussi, je tiens à toi...

— Oh ma Paulette, que t'est-il arrivé ? »

Je raconte à Gérard tout ce qui s'est passé.

« Tu crois qu'on t'a dénoncée ? me demande-t-il.

— Je ne sais pas. Il y a une fille à l'hôtel, une blonde de trente ans, qui me regarde de travers.

— Il faut que tu changes de quartier. »

Je voudrais dire à Gérard que je veux arrêter mais c'est impossible.

« D'accord mais je dois me reposer un peu. Je ne peux pas travailler avec une attelle.

— C'est cassé ?
— Non.
— Dans deux jours, tu seras sur pied.
— D'accord...
— Surtout, tu ne bouges pas du studio. Je vais te trouver une bonne place aux Halles. Couche-toi et dors maintenant. »

Gérard s'allonge en enroulant son bras autour de moi. Saisissant ma main qu'il presse, puis caresse, puis presse encore, il dit : « Ma petite femme, ma petite femme chérie... »

Je dors mal. Mon genou me lance et il me semble que Tommy gémit dans un coin de la pièce alors qu'il est resté avec Henriette. Au matin, mon ange revient me voir. Ce n'est pas un rêve, j'ai les yeux bien ouverts. Aussi étrange que cela puisse paraître, il ne montre plus que trois croix dans le ciel.

Dès que Gérard claque la porte après avoir embrassé mon épaule, en murmurant « Dors bien, ma petite Paulette », je m'enfuis pour aller chercher mon chien.

Quand j'arrive dans le couloir de l'hôtel, j'entends Tommy aboyer et Henriette crier avant de m'apercevoir :
« Elle est de retour, la vagabonde !
— Oui, Henriette, je suis là mais blessée avec dix points de suture. »

Quand je lui raconte que j'ai été interpellée, elle me crie : « Malheureuse, mais tu n'aurais jamais dû revenir ! Gérard a raison, ils vont te cueillir ici, ce sont des morpions. Comment étaient-ils, ces policiers ? »

Je décris un homme de petite taille avec un très gros ventre, des cheveux gris presque rasés, un nez imposant, des lunettes épaisses et un autre, blond, bien plus jeune, plus vif, plus grand, qui m'avait presque rattrapée.

« Le jeune, je ne le connais pas, ça doit être un nouveau, mais le petit ressemble au gros Dédé. Une sale teigne, un vicieux capricieux qui ne croque pas tout le temps... »

J'interromps Henriette :

« Croque ?

— Oui, qui prend de l'oseille, une enveloppe. Je donne 1 000 francs par mois ici plus quelques petits services... Le gros Dédé arpente le quartier depuis des années, il a ses têtes. Ne reste pas devant le comptoir, viens dans l'arrière-cuisine. Ton chien, j'aurais pu m'en occuper. Je l'aime bien, c'est un bon gardien. Je vais te faire un café. »

Sur la table, Henriette a laissé le journal grand ouvert à sa page préférée, celle des faits divers. Je lis : « Le petit peintre du pont Alexandre III a été jeté dans la Seine. Son corps a été repêché par un marinier au pont de Bir-Hakeim... »

« Pauvre Pierrot ! dis-je, bouleversée.

— Tu le connaissais ? me demande Henriette.

— Oui, il m'a sauvé la vie. Qui a pu faire ça ? Il était si gentil.

— Une gentille canaille, tu veux dire ! Il avait balancé le vieux avant lui. Un jour ou l'autre, on paie l'addition.

— Mais le vieux avait abusé de lui. Pierrot, c'était un gentil. »

Avant de quitter Henriette, je me parfume de la délicieuse L'Heure Bleue dont j'enfouis le flacon dans le panier de Tommy et félicite Henriette pour son Shalimar tout aussi enivrant.

« Tu as raison ! Les clients le remarquent. En rentrant, ils disent : “Au moins ici, ça sent bon...” »

Henriette sort dans la rue pour faire le guet. Elle revient aussitôt entourée de deux policiers que je reconnais, dont le petit gros qui m'interpelle :

« Mademoiselle, je vous arrête pour racolage sur la voie publique et refus d'obtempérer avec les forces de l'ordre.

– Laisse-la tranquille, Dédé ! C'est une occasionnelle, elle va arrêter. Je te donnerai une bonne enveloppe, crie Henriette.

– Tu veux que je t'embarque aussi, la vieille, pour tentative de corruption ? rétorque le policier. Suivez-nous mademoiselle, et tendez vos bras. »

Menottée sèchement, je quitte l'hôtel.

« Prends soin de mon Tommy ! » crié-je à Henriette.

Dans le panier à salade, je ne suis pas seule. Une autre jeune femme pleure. Je tente de la consoler. Elle vient de Bretagne et travaille rue Sainte-Anne, dans le quartier de l'Opéra. Pourtant, je ne l'ai jamais vue. Forcément :

« C'est mon premier jour, dit-elle.

– On fait dans la nouveauté en ce moment ! crie le gros Dédé. Il y a de l'arrivage... »

Dans ce fourgon spacieux qui tressaille sur les pavés de Paris, j'observe à travers les vitres grillagées le défilé sans fin des immeubles semblables. Je reste calme, je me sens même en sécurité. Cette interpellation est peut-être une chance, ces policiers représentent peut-être une opportunité inespérée d'arrêter ma petite activité, ma routine. Mais l'indécrottable innocence qui coule dans mes veines me trompe encore...

50

Au commissariat de police derrière l'Opéra, seule face au gros Dédé qui a insisté pour s'occuper de moi, je refuse de parler. Je m'appelle Linda, un point c'est tout. D'où je viens ? Quel âge j'ai ? Qui est mon maquereau ? Je ne connais même pas ce mot, je ne me souviens plus de rien. Je suis amnésique, comme la jeune fille violée au pied de la citadelle de Givet...

Le gros Dédé s'énerve en frappant son bureau du poing, se lève et arrache mon sac. Il découvre ma vraie identité, prononce mon lieu de naissance et l'adresse de mes parents, des mots qui me tordent le ventre, puis, circonstance aggravante, il se délecte de lire que je suis mineure...

« J'en étais sûr avec ta gueule d'ange ! Ça change tout !

— J'aurai vingt et un ans l'an prochain, monsieur.

— À ce jour, tu n'as pas encore vingt ans ! Tu sais ce que ça rapporte, prostituée à cet âge-là, racolage et refus d'obtempérer ?

— Non...

— Le trou ! Pendant quelques années, comme ça, tu seras majeure. »

Le gros Dédé se met à rigoler alors que je retiens mes larmes.

« Ça faisait plusieurs jours que je t'avais à l'œil. Tu dois bien gagner avec ton air de ne pas y toucher et ta jupe d'écolière. Je suis sûr que tu fais des trucs super. Petite garce... »

Je ne réponds pas.

« Je vais te parler franchement. Si tu me fais plaisir de temps en temps, en commençant maintenant, je te relâche. C'est le tarif à la Madeleine.

— Plutôt crever !

— Petite garce, je t'aurai... Alors au trou ! »

Le gros Dédé appelle son grand collègue blond et lui lance :

« Tu me la fourres au dépôt ! Tout de suite !

— À Saint-Lazare ?

— Au dépôt, je te dis ! »

Le grand blond m'ordonne de me lever. Tirant sur mes menottes comme sur une laisse, il m'emmène dans le pire endroit que je connaisse, là où on entasse, par la loi de la République française, des femmes et des hommes décrétés rebuts de notre société alors qu'ils en sont le fruit.

À leurs côtés, je découvrirai le courage et les drames intimes de ces êtres fragiles, déclassés, abusés dont je suis. À jamais, ces sœurs et ces frères de rue, à la marge, garderont mon amitié. Et c'est avec délice que je prendrai, des années plus tard, par le biais des faiblesses de ses plus hauts dignitaires, une revanche sensuelle et cinglante sur la belle République française.

51

À gauche de la grande gare Saint-Lazare, en montant par la rue de Rome, le fourgon entre dans la cour intérieure d'une immense bâtisse par la porte cochère dont j'entends les lourds battants claquer. Là, je suis déposée avec la jeune Bretonne, Thérèse, qui comme moi n'a pas vingt ans, devant une porte munie d'un guichet, entrouvert par une femme en uniforme gris.

« En voilà deux autres ! lui crie le policier. Tu peux compter sur une douzaine aujourd'hui. À plus tard ! »

Le fourgon redémarre tandis que la femme dépourvue d'expression nous fait entrer. À côté d'une autre porte verrouillée, au fond de la pièce, deux hommes sont postés. Nos papiers d'identité sont réquisitionnés, puis nous avançons, passons une autre porte, plus épaisse encore, dont la manipulation des serrures provoque un vacarme métallique qui résonne sous le plafond haut. Là, les deux hommes nous enlèvent nos menottes et ouvrent la porte.

« Entrez ! On viendra vous chercher...

— Quand ? demandé-je.

— Quand tu seras sage ! » s'amuse l'un des deux hommes.

La pièce gigantesque dans laquelle nous pénétrons ne possède pas de fenêtre. C'est un hall de gare sans trains, sans départ. Ses néons sont éteints ou grillés, à l'exception d'un seul en plein milieu dont la lueur nous permet de marcher. Autour de nous, à même le sol, des hommes sont allongés. Je crie quand l'un d'eux tend le bras en tentant d'attraper ma jambe.

« Par ici, ma jolie... » murmure-t-il.

D'un coup de pied, je me dégage en serrant fort la main de Thérèse qui se tient derrière moi.

L'odeur est pestilentielle. Ces hommes et ces femmes que j'aperçois un peu loin, recroquevillés, sur des banquettes, ont dû faire leurs besoins dans un coin. Y a-t-il seulement des toilettes ? Les hommes sont des clochards, des sans-toit, des marginaux, des fous qui parlent tout seuls et les femmes des prostituées, comme nous, dans l'attente d'un recensement, d'un contrôle médical, d'une douche et du passage, selon les fautes commises, à la liberté sur le trottoir de la rue de Rome ou dans une autre bâtisse, plus épaisse encore, plus verrouillée, plus effrayante, une prison de transition. Combien de temps allons-nous rester là ? Je n'en ai pas la moindre idée.

Nous continuons d'avancer alors qu'un homme vomit à nos pieds, puis un autre se lève pour nous attraper. Thérèse et moi courons jusqu'à une banquette placée sous le néon.

« Nous sommes en enfer..., murmure Thérèse en pleurant.

– Arrête de pleurer ! lui dis-je. À quoi ça sert ? Tu ne vois pas que c'est la jungle ici ! Gueule, crie, frappe, mais arrête de pleurnicher ! »

Thérèse se tait en serrant ma main plus fort. Alors j'entends la rumeur misérable et rampante de tous ces êtres autour de moi. Tous les bruits qu'un homme peut faire, je les perçois. Il n'en manque qu'un seul, le chant. J'entonne donc le seul air que je connaisse par cœur : *Bambino* ! « Les yeux battus, la mine triste et les joues blêmes, tu ne dors plus, tu n'es que l'ombre de toi-même... Seul dans la rue, tu rôdes comme une âme en peine... »

En pleine chansonnette, des mots criés me coupent dans mon élan : « Mon chaton ! Ce n'est pas vrai ! C'est toi ? Mon petit chou ! »

Assise sur une sorte de lit de camp adossé au mur, je reconnais cette femme si belle qui agite les mains dans ma direction.

« Nicole ! C'est bien ça ?

— Gagné ! Mais qu'est-ce que tu fous là ? Je savais que je te reverrais ! »

Nicole, qui s'est levée, m'embrasse comme du bon pain.

« Tu te souviens ? Le croque-monsieur au grill de l'*Ève de Paris* ?

— Bien sûr, je ne mange plus que ça !

— Oh, mon chaton. Qu'est-ce que tu t'es fait au genou ?

— Je suis tombée quand ils m'ont arrêtée... Combien de temps allons-nous rester là ?

— Je suis arrivée un peu avant toi. Il y a quoi ? Cent personnes... On va passer la nuit ici, et demain matin, on sera dehors.

— Mais le gros Dédé m'a dit que j'irais au trou ?

— Qu'est-ce que tu as fait ?

— Je suis mineure...

— Ah, c'est vrai... Pas moi ! rigole Nicole. C'est la première fois. Ça m'étonnerait que tu ailles au trou mais tu vas devoir patienter le temps qu'on vienne te chercher. Ils ne peuvent pas relâcher une femme mineure dans la rue.

— J'ai peur.

— Mais non, je suis là. C'est qui ta copine ?

— Thérèse. Je l'ai rencontrée dans le fourgon.

— Asseyez-vous avec moi. J'ai deux sandwiches à partager. Personne ne nous emmerdera, je suis connue ici ! Je vais faire garde d'enfants, ça va me changer... »

Je confie toute mon histoire à Nicole que Thérèse, à qui j'ai ordonné d'arrêter de pleurnicher, écoute, les yeux secs, d'un air de dire « Faites ce que je dis, mais pas ce que je fais », en me voyant pleurer quand j'évoque mon bébé.

« C'est bien triste, mon chaton, j'en ai les larmes aux yeux. Moi aussi, je connais la sauvagerie des hommes. C'est l'Espagnole qui t'a avortée ?

— Oui, c'est elle qui a tué mon bébé. Tu la connais ?

— Tout le monde ! C'est une garce au cœur de pierre mais elle fait du bon travail. Son nabot de mari était pire encore. Une vraie saloperie, il vient de crever, d'ailleurs.

— Ah bon ?

— Place Pigalle, ivre mort, renversé par un bus.

— Il n'en reste plus que trois alors...

— Qu'est-ce que tu racontes ?

— Je comprends le message de mon ange.

— Quoi ?

— Mon ange, mon bébé...

— Il te parle ?

— Oui.

— Tu crois à ça ? m'interroge Nicole.

— Oui.

— Pas moi. Je crois ce que je vois et quand c'est moche, j'oublie.

— Mais je le vois ! crié-je. Il est la plus belle chose de ma vie. Jamais je n'oublierai. »

Dehors, il doit faire nuit. Dans cette pièce immense continuellement éclairée, tout le monde ressent étrangement qu'il est l'heure de dormir, et les ombres se couchent une à une.

« On va se serrer », dit Nicole.

Allongée contre elle, mon front contre le sien, le bras de Thérèse enroulé autour de moi, Nicole me raconte sa vie. Elle est orpheline, née en Auvergne, abandonnée à la naissance sûrement par une fille de joie. De l'Assistance publique, elle a été placée dans une ferme où la mère de famille, qui était gentille, est vite morte d'un cancer affreux. Nicole s'est retrouvée seule à faire la bonne pour le père et ses trois fils, qui dès l'âge de huit ans l'ont violée. Chaque nuit, elle passait de lit en lit. À l'adolescence, ils se mettaient tous sur elle, père et fils. Ça les amusait. Et puis, c'était pratique, pas la peine d'aller au bordel. C'est pourtant là qu'ils l'ont laissée quand elle a eu vingt ans, que deux des fils sont partis travailler à la ville et que le père, pour bâton de vieillesse, a épousé sa jeune voisine. Nicole a souvent été avortée, la première fois à l'âge de quatorze ans. Une autre fois, le père et les fils l'ont rouée de coups dans le ventre pour faire éclater ce qu'il y avait dedans. Nicole a été sortie du bordel, où elle travaillait de midi à minuit, par l'homme avec qui elle est maintenant, un maquereau-client qui faisait du recrutement. Un pied-noir, Philippe, qu'elle surnomme « Philou », qui joue aux courses de chevaux et l'a mise sur le trottoir quand il n'avait plus le sou. Il lui dit qu'elle est belle, la caresse quand elle rentre le soir et partage à 50/50 l'argent qu'elle rapporte.

« Ce n'est pas le paradis, mais ce n'est pas la misère non plus. Et c'est tout ce que je sais faire. Je travaille dans un endroit super chic, où ils n'emploient que de belles filles comme moi, élégantes... La vulgarité, les clients n'aiment pas. Je suis hôtesse à *La Belle Meunière*, rue Pigalle, un bar de nuit sélect où tout Paris se presse, pas loin de l'*Ève de Paris* où nous nous sommes rencontrées... Je t'ai raconté ma vie pour te distraire de la tienne, pour que tu comprennes qu'il y a toujours pire misère. Et pire que moi. Ça m'a fait du bien aussi. Tu as ce talent, Paulette, on aime te parler. Mais fais comme moi, oublie, pense aux jolies choses de la vie. Moi, j'aime la gourmandise, les fourrures, les roses et le soleil.

— Moi, j'aime mon ange, Paris et Tommy.

— C’est qui ?
— Mon petit chien.
— Tu es trop chou.
— Où est-ce qu’elle habite l’Espagnole ? demandé-je.
— Pourquoi ? Avec ce qu’elle t’a fait, tu n’es pas près de retomber enceinte !
— On ne sait jamais...
— Au 12, boulevard de Rochechouart, tout en haut. L’adresse est connue. Le métro aérien fait trembler les fenêtres. J’y ai accompagné plusieurs filles, ça n’est jamais facile... Pour grimper jusqu’à son pigeonnier, l’escalier est tellement raide que j’ai failli me tuer. L’Espagnole plus l’escalier, tu peux être sûre qu’il n’y a plus rien dans le tiroir !
— J’aurai un enfant, tu verras...
— Je te le souhaite... Pour moi, c’est terminé. À l’intérieur, tout est cassé.
— Je suis désolée... Pourquoi tu es ici, toi ?
— Pour un contrôle sanitaire. Ça fait longtemps que je le connais, le gros Dédé. Il m’a emballée place Pigalle. Je ne faisais rien de mal, mais il faut bien qu’il travaille. Autrement, ce serait suspect avec tout ce qu’il croque... Une fois par an à peu près, on va à Saint-Lazare. Mais je serai bientôt libre. Toi aussi. Allez, dors maintenant, mon petit chou. »

Au matin, une femme entre avec un porte-voix. Elle appelle un monsieur et Nicole qui m’embrasse et se dresse aussitôt.

« La quille ! Ça m’a fait plaisir mon chaton. À bientôt, peut-être ! Ça va aller, ne t’en fais pas, tu es belle comme un cœur... Fais gaffe à ton genou ! »

Une heure après, Thérèse est appelée, puis moi.

Sans ménagement, une infirmière sinistre me fait une prise de sang. Dans mes bras trop fins, elle met du temps à trouver mes veines. On dirait que la garce avec sa cornette a plaisir à me percer. Puis : « Assieds-toi là-dessus et écarte les cuisses ! »

J'ai cru qu'elle allait dire « salope ». Avec une spatule qu'elle introduit en moi, l'infirmière fouille et frotte, met le tout dans une sorte d'enveloppe sur laquelle elle écrit mon nom.

« C'est bon ! »

On m'amène à la douche, puis à la femme sans expression qui m'informe que je vais être transférée dans un centre de détention provisoire.

« Ça veut dire quoi ?

— Il n'y a personne pour venir vous chercher, alors le juge va statuer.

— Mais je suis mariée !

— Ça n'est pas écrit.

— Je ne l'ai pas dit.

— Et vous vous en souvenez maintenant !

— J'étais choquée.

— Elle est où votre alliance ?

— Je ne la porte pas quand je travaille... Où est partie Thérèse, la jeune fille avant moi ?

— On va venir la chercher de Bretagne. Donnez-moi le nom et l'adresse de votre mari. En attendant, le transfert est prévu à midi.

— Vers où ?

— La prison de la Santé, un département à part.

— Non ! Pas en prison ! Je vous en supplie.

— Suivant ! » crie la femme aux deux messieurs à côté de la porte qui viennent me chercher.

En avril 1963, je passe trois semaines en prison dans un département soi-disant pour mineures, en partageant la cellule d'une femme de couleur, d'une trentaine d'années. Avant elle, je n'ai pas beaucoup vu de personnes noires. Alors, ça l'amuse de me faire peur en grognant, écarquillant ses grands yeux, gonflant ses narines. Elle s'appelle Marie, de belle corpulence. Elle a cogné, volé, vendu de la drogue mais elle n'aime pas les putes. En prison, tout se sait. Le premier jour, elle me demande de nettoyer le sol et ses vêtements. Je lui réponds : « Fais-le toi-même. » Alors elle se rue sur moi en me faisant avec les bras une clé pour m'étrangler. Elle me fait réciter : « Je vous salue Marie, pleine de grâce, le Seigneur est avec vous. » Et crie : « Stop ! Maintenant, tu sais comment je m'appelle. Tu la fermes et tu fais ce que je dis. » Puis son ton s'est fait gentil. On a parlé de choses et d'autres. On n'avait que ça à faire. Un soir, elle m'a demandé : « Prends-moi dans les bras, s'il te plaît. Je suis triste. »

Sans me dire pourquoi, elle y a pleuré comme un bébé. Alors je lui ai récité le « Je vous salue Marie » en entier. Et ça l'a calmée. Elle a même souri.

Je lui ai dit :

« J'aime bien la couleur de ta peau, on dirait du chocolat. Tu es la première femme noire que je vois...

— Moi, j'ai trop vu de Blancs... »

Maintenant, pendant la promenade, dans le réfectoire ou sous les douches, quand on m'embête, Marie me défend.

Mon cas sera statué par le juge Crespi, à qui j'ai écrit chaque jour pour qu'il me libère.

Ils ont l'adresse de Gérard. Je ne comprends pas qu'il ne vienne pas, lui ou son cousin. Ils savent se débrouiller.

Au début du mois de mai, un matin, on m'informe que je vais être libérée. Quelqu'un s'est engagé à venir me chercher. Le juge Crespi, pourtant très occupé, va me recevoir l'après-midi même dans une salle du palais de Justice.

Dans un boucan du diable, toute sirène hurlante, je suis conduite menottée comme un gangster, un terroriste, un tueur en série, dans le 17e arrondissement qui m'est inconnu. Le bâtiment est impressionnant et la salle superbe, grande, recouverte de boiseries cirées. Je porte mon manteau d'hiver – je n'ai que ça – avec sur le col une broche en forme de cœur ornée de perles. Cela fera plaisir à Gérard.

Je m'entretiens seule avec le juge Crespi et une petite dame en noir qui note tout ce que l'on dit. Il me fait la morale, je lui promets de l'écouter, puis il conclut en me disant : « Vous n'avez pas vingt ans, l'avenir est devant vous, reprenez votre vie en main... » Puis il fait signe à la dame en noir qui prend son téléphone. Quelques secondes après, j'entends qu'on frappe doucement à la porte. Ça résonne dans cette grande pièce en bois.

« Entrez ! » crie le juge.

Et la porte haute à la poignée dorée s'ouvre lentement.

52

« Oh, Maman ! Non !

— Petite-Mère ! »

Impressionnée, ma mère avance lentement, les mains croisées sur la bouche, en répétant « Petite-Mère ». Je vois les larmes dans ses yeux et ça me brise le cœur. J'éclate en sanglots, incapable de me lever, en essayant de cacher ma tête à l'intérieur de mon manteau.

« Calmons-nous, calmons-nous, dit le juge Crespi.

— Pardonnez-moi, monsieur le juge, je suis un peu en retard. J'arrive de la gare de l'Est et je ne connais pas Paris. Comment vas-tu, Petite-Mère ? J'étais folle d'inquiétude, tu sais...

— Pardon, Maman ! »

Ma mère se tient à côté de moi. Je n'ose pas l'embrasser. J'ai l'impression que je la salirais.

« Un instant, monsieur le juge, s'il vous plaît. Viens dans mes bras, Petite-Mère ! »

Je me lève et j'étreins ma mère aussi longtemps que je le peux.

« Madame, mademoiselle, je comprends votre émotion, j'ai besoin de vous parler maintenant... »

Nous nous asseyons.

« J'ai décidé de ne pas vous condamner, mademoiselle. Vous avez déjà passé trois semaines en détention, c'est assez.

— Qu'a-t-elle fait au juste ? » demande ma mère.

Les battements de mon cœur s'arrêtent. Prostitution, racolage, ma mère ne sait même pas ce que c'est.

« Appelons ça “mauvaises mœurs”, chère madame, comme c'est stipulé dans votre convocation.

— Justement, je n'ai pas compris.

— Votre fille a besoin de rentrer dans le droit chemin. Voilà ce qu'il faut retenir. L'année prochaine, elle sera majeure, mais avant, vous pouvez l'aider.

— Bien. Comptez sur moi, monsieur le juge.

— Voilà, vous pouvez y aller, vous êtes libre, mademoiselle. Je vous confie aux bons soins de votre mère. »

Nous signons le procès-verbal et quittons le palais de Justice.

Dans la rue, ma mère m'interroge :

« Qu'as-tu fait ? Et ton bébé ?

— Je l'ai perdu.

— C'est bien triste.

— Oui. J'étais tellement malheureuse que j'ai fait quelques bêtises.

— Ah... Je vois. Mais Gérard, où est-il ?

— Il... a dû rejoindre ses parents dans le sud de la France. Son père est tombé gravement malade, il... ne supportait plus l'air de Paris.

— Le pauvre. Comment va-t-il ?

— Mieux.

— Toutes les lettres que je t'ai écrites à l'adresse de l'Opéra nous sont revenues.

— C'est normal, les parents de Gérard n'y habitent plus.

— Heureusement qu'on a reçu ta carte ! Merci pour l'argent. Vous n'êtes pas mariés alors ? Tu me l'aurais dit ?

— Non... Pas encore.

— En attendant, je vais te ramener au village ?

— Oui, ramène-moi, s'il te plaît.

— J'ai réservé un train demain et un hôtel à côté de la gare pour ce soir. Je ne savais pas combien de temps cela durerait. On dormira ensemble mais il faut que je prenne un billet pour toi. C'est ma première nuit à Paris. Et c'est grâce à toi, Petite-Mère, grâce à tes bêtises ! »

Ma mère sourit, puis ajoute : « Tu sais, j'en ai fait aussi. Il faut que jeunesse se passe... »

Avec les seuls vingt francs qu'il me reste, j'invite ma mère à prendre un café en terrasse, ce qu'elle n'a jamais fait. Je demande des nouvelles de toute la famille et de ma lapine Sidonie. Puis nous prenons le bus vers une destination que je garde secrète. « Surprise ! » dis-je. J'emmène ma mère effectuer avec elle cette chose toute simple dont je rêve depuis que je suis arrivée quand je les vois glisser sur la Seine. Un tour de bateau-mouche ! Au pont de l'Alma, remarquant que je descends vers les berges, ma mère s'inquiète : « Tu sais, Petite-Mère, que je ne sais pas nager ? »

Ma mère me fait rire. Cette phrase contient toute son innocence et la mienne puisque, depuis ma naissance, elle me berce.

« On ne se baigne pas dans la Seine, Maman, mais on peut s'y promener !

— Je ne marche pas sur l'eau non plus ! »

Ma mère rit cette fois. Devant l'embarcadère des vedettes du pont de l'Alma, Maman comprend.

« Oh, quelle bonne idée ! » lance-t-elle.

Nous nous installons sur le pont supérieur à ciel ouvert. Le bateau descend jusqu'à la tour Eiffel, sous laquelle ma mère reste sans voix, puis il remonte vers l'est en traversant Paris. Au passage de chaque pont, Maman baisse la tête, et ça me fait rire. Pourtant, elle a raison, la passerelle est si haute et les arcades si basses qu'en tendant les bras, on pourrait toucher les ponts de Paris. Du doigt, elle me montre des pigeons qui ont fait leur nid. Une fois passé le pont, et son ombre humide, la beauté surgit en pleine lumière. Le pont Alexandre III – « Il est magnifique ! » commente ma mère –, l'Assemblée nationale, la place de la Concorde, le musée du Louvre – « C'est là qu'est exposée la Joconde ! » –, la Conciergerie, l'île Saint-Louis – « J'ai lu que Michèle Morgan habite ici... », puis devant Notre-Dame et sa rosace superbe sur le côté, ma mère esquisse un signe de croix. « Mon Dieu que c'est beau ! Plus beau encore que dans mes pensées et sur les photos. Ce qui est surprenant, c'est que toute cette beauté incroyable n'est pas tombée du ciel, de même qu'elle n'est pas sortie toute seule de la terre. Ce sont les hommes qui l'ont créée, avec bien du courage et de l'inspiration ! » Le commentaire de ma mère me surprend. Elle a raison. Je comprends pourquoi cette beauté m'apaise. Elle semble produire le même effet sur chaque être qui la contemple en le réconciliant avec l'humanité.

Pendant tout ce voyage historique, esthétique, Paris se reflétait dans le regard de ma mère. Son visage émerveillé, ses cheveux flottant dans le vent tiède restent à ce jour mon plus beau souvenir d'elle. À bord, il y avait un guide à la voix déformée par un micro grésillant qui s'emmêlait les pinceaux dans plusieurs langues. Alors en criant, plus fort que le vent, le guide et le remous des hélices, j'ai raconté à ma mère tout ce que j'avais appris dans mon guide sur ces monuments. « C'est bien, m'a-t-elle dit, tu t'es drôlement cultivée, Petite-Mère. »

Le lendemain matin, dès l'aube, j'ai filé à la Madeleine pour embrasser la grosse Henriette baignée de Shalimar et récupérer mon Tommy.

À midi, dans le wagon, face à ma mère satisfaite, j'ai regardé le quai s'éloigner lentement de notre train. Direction Charleville-Mézières, un changement, puis Givet.

53

À la gare, c'est Padidi qui vient nous chercher, tout seul, avec sa Renault 4 CV. Tout le monde travaille. Man-Nini à l'épicerie, mon père et Raymond à l'usine et André à l'école.

« Et Renée ? demandé-je.

— Toujours en études de comptabilité à Charleville-Mézières. Nous ne devrions pas tarder à la marier ! »

Revoir Givet me laisse un goût mêlé, amer et sucré. Le ciel est gris comme les Ardennes en ce jour de juin. Malgré l'atmosphère paisible, la naïveté tranquille de ma mère, assise à l'avant les mains posées sur son sac, la gentillesse pudique de mon grand-père, que je sens pressé de retourner dans son village, dans cette voiture large comme une cage à oiseaux, j'ai l'impression, en traversant le centre-ville, à quelques pas de l'usine, par l'église Saint-Hilaire, la place de la République et la fête foraine qui vient d'être montée en prévision de l'été, d'un retour en arrière. J'éprouve la tristesse et le soulagement d'un soldat malmené, vaincu, qui rentre chez lui. À Paris, tous les monuments célèbrent la victoire, à Givet, chaque rue me parle de ma défaite.

Au sortir de la ville, je retrouve ma campagne et la petite chapelle à la croix dorée où je demande à Padidi de s'arrêter un instant.

« Tu vas prier pour ton bébé ? me demande ma mère.

— Oui », dis-je, sans plus de commentaires, pressée de prendre l'air.

Dans la petite chapelle, à la porte toujours entrouverte, je prie pour mon âme, pour ma mère, pour mon ange, pour cet enfant que je rêve d'avoir, pour les ombres de Saint-Lazare, pour Nicole, pour Julie, pour Henriette, pour Bernadette, pour Pierrot, pour Papy, pour toute ma famille, pour Sidonie, et pour tout ce que j'ai fait.

Le dîner est aussi joyeux qu'insupportable. Man-Nini, qui m'a brièvement serrée dans ses bras, me submerge de questions : et Gérard, et ses parents, et l'import-export, en quoi consistait mon travail, était-il intéressant, et l'appartement des beaux-parents est-il grand, se sont-ils bien occupés de moi, et ce chien d'où vient-il, en avais-je vraiment besoin, et ce mariage, et ce bébé, et cette voiture américaine, et cette marque sur mon front... ? Et d'abord, pourquoi est-ce que je reviens ?

Je mens, je larmoie, je souris, j'en rajoute même en décrivant l'appartement de Papy comme celui des parents de Gérard et *Le Grand Hôtel*, un lieu où j'ai dîné. Je suis tombée dans l'escalier... du palais Garnier. J'ai roulé sur les marches en marbre, abîmé mon front, mon genou et mon ange. « Pauvre Petite-Mère... »

Je ne peux rien dire de ma vérité. Elle est irracontable, immorale, mortelle peut-être, pour moi, pour eux. La honte que j'ai éprouvée n'avait aucun public qui compte. Dans mes brumes, je l'ai acceptée, mais devant eux, devant les miens... Je sens que Man-Nini n'est pas dupe. Quelque chose la contrarie. Elle a cette façon inhabituelle de me fixer sans sourire, de me dévisager quand je parle pour scruter chacune de mes réactions, de mes expressions. Mon visage, mon corps sont-ils d'accord avec ces mots que je prononce sans conviction... Peut-être qu'elle sait, les policiers de Givet qu'elle connaît bien se sont renseignés. Ma mère l'a forcément informée de la teneur de cette convocation chez le juge à Paris. Mauvaises mœurs, elle sait ce que ça veut dire. Mais Man-Nini me laisse faire mon petit numéro. Quand j'aurai terminé, elle va se lever en criant : « Quitte cette table, petite putain ! Tu nous déshonores... »

Bouleversée à l'idée de cette scène imaginée, je me lève :

« Je reviens ! dis-je. Pardonnez-moi, je brûle d'envie de caresser ma lapine Sidonie.

— Vas-y, Petite-Mère, je suis sûr qu'elle t'attend ! » s'amuse mon père.

Dans le clapier du jardin, Sidonie me reconnaît. Un lapin est aussi intelligent qu'un chat. Je lui ouvre la porte, elle se laisse prendre en reniflant mes doigts. Quand je parle à ma lapine, je parle aussi à mon amie dans le ciel. Je m'assieds sur un banc de bois et me confie dans la nuit claire, les doigts glissés dans son pelage.

J'ai besoin de te dire la vérité. Tu sais, Sidonie, je me suis prostituée à Paris. J'ai fait des choses bizarres que des hommes fous m'ont demandées. Il ne te viendrait pas à l'esprit de me dire : « Allez, ma petite Paulette, cloue mes longues oreilles sur le bois du billot ! » Eh bien à eux, si ! Sidonie me regarde attristée. Je ne voulais pas, bien sûr, mais j'étais piégée. J'ai perdu mon enfant et je suis tombée tout en restant debout. Je me suis traînée de rue en rue comme une feuille morte dans le vent de l'hiver. Pourtant, c'est beau Paris, et j'y ai rencontré quelques personnes gentilles. Puis la police m'a arrêtée. J'ai été emprisonnée. Et Maman est venue me chercher. Au moment où je te parle, je ne sais pas du tout ce que je vais devenir. Monsieur le juge m'a dit : « Reprenez votre vie en main... » Mais elle est où ma vie ? J'ai l'impression qu'ici ce n'est plus chez moi. Tout le monde est gentil mais personne ne me pardonne. Quoi ? Je ne sais pas. J'ai l'impression qu'ils savent, mais dans les campagnes, dans ma famille, on ne parle pas. Rien n'est comme avant. Mon père ne m'a posé aucune question. Man-Nini me regarde comme une intruse. Quand j'étais enceinte déjà, ils leur tardaient que je m'éloigne. On dirait qu'ils attendent tous Gérard et sa belle américaine, pour qu'il m'épouse enfin et me reprenne...

Le lendemain je me rends à l'usine. Je ne peux pas rester sans rien faire. Marcel est toujours là, il est sous-directeur maintenant. La dame aux grosses lunettes a été remerciée. Il a besoin de main-d'œuvre pendant l'été et m'embauche sur-le-champ. Quand je quitte son bureau, il me lance : « Tu as toujours le plus beau cul de Givet, Paulette ! »

Je souris et reviens vers lui. Marcel est un beau garçon qui m'a toujours plu, drôle, ambitieux, travailleur, pas méchant, mais très porté sur la chose. On pourrait peut-être s'entendre :

« Il est à toi mon cul si tu promets de m'épouser, lui dis-je les yeux dans les yeux.

— Comme tu y vas... Paris t'a dévergondée ! En voilà une proposition qui se réfléchit. Surtout que je n'ai toujours pas trouvé chaussure à mon pied. Et le mouflet, qu'est-ce que tu en fais ?

— Je l'ai perdu.

— Désolé. Et le géniteur avec son cabriolet long comme une péniche, qu'est-il devenu ?

— Je ne préfère pas en parler.

— Très bien. Ta proposition est donc sérieuse ?

— Oui.

— Tu me cueilles par surprise, ma jolie Paulette. Ce n'est pas l'envie qui me manque de te coucher dans mon lit, depuis le temps ! Mais je te dois une réponse aussi sérieuse que ta proposition. Laisse-moi cette nuit pour gamberger et je te répondrai demain. »

Sur mon vélo, pendant tout le chemin jusqu'au village, puis au dîner et dans mon lit, je pense à Marcel. S'il se comportait bien, je pourrais l'aimer. Avec le temps, l'amour s'apprend et les coups de foudre sont bien rares. De toute façon, maintenant je suis dotée d'un paratonnerre ! Je lui serais fidèle, même s'il courait en mâle chasseur quelques ouvrières. Qu'est-ce que ça peut bien faire ? Je lui ferais de beaux enfants. Trois ! Comme mes frères et moi. Il est sous-directeur, je pourrais être promue. La filature, ça me connaît. Ensemble, nous ferions tourner l'usine du feu de Dieu. Nous serions heureux... Je dois dormir, je me lève tôt pour aller à l'usine.

Avant de me montrer mon poste de travail, Marcel souhaite me parler. Dans son bureau, il referme la porte derrière moi.

« Assieds-toi Paulette, j'ai réfléchi.

— Je t'écoute.

— Je t'aime bien. Te revoir hier m'a mis en émoi, mais je ne pourrais pas t'épouser. Je ne suis pas fort pour les discours mais je suis sous-directeur maintenant. Je peux prétendre à une première main avec du bien.

— Une première main...

— Oui, avec toi, j'aurais l'impression d'avoir une femme d'occasion. »

Devant ma stupeur et la tristesse fulgurante qui me frappe, Marcel se reprend : « Pardonne-moi, je suis sûrement maladroit, mais tu vois ce que je veux dire ! Attends, Paulette ! »

Je sors du bureau et patiente devant la porte.

« Pourriez-vous me montrer mon poste de travail, monsieur le sous-directeur, s'il vous plaît ? dis-je.

— Bien sûr... Suis-moi... »

Les jours à Givet se ressemblent, lents, mornes, gris malgré le ciel d'été qui souvent éblouit la campagne.

Je travaille, je fais des heures supplémentaires, je n'ai pas perdu la main. Avant de rentrer, parfois je bois un café ou un chocolat chaud, seule, sur la place de la République, pour regarder passer les gens, en remballant tous les garçons qui osent me parler, comme aucune fille de Givet ne sait le faire.

L'autre jour, tranquillement assise en terrasse, mon cœur et son paratonnerre bancal ont été foudroyés. J'ai vu Jean traverser la rue, tendre les bras pour laisser passer la femme à ses côtés qui poussait un landau.

Maintenant, après le travail, je retourne au village sans perdre de temps. Je m'arrête parfois à la petite chapelle pour faire une prière, puis je file aider ma mère et jouer avec Tommy.

Dans le jardin, je le dresse, car quand mon jeune frère André, bel homme maintenant à qui on pourrait prêter une certaine ressemblance avec Gérard, s'approche de mon chien, Tommy se met à grogner en montrant les dents. Alors je lui mets un bâton dans la gueule, je crie « Qssse » comme le sifflement hargneux d'un serpent. « Attaque Tommy, attaque ! Qsse ! » Et je tire sur le bâton de bois jusqu'à ce qu'il cède, puis le morde encore. Mais quand je crie le prénom d'André et « Gentil ! », je me roule dans l'herbe en jouant avec Tommy.

Le 14 juillet, j'accompagne Renée et son gentil chéri qui vient d'être diplômé de comptabilité pour admirer le feu d'artifice à Givet. Sur les bords de la Meuse tranquille, la foule s'est massée. Parmi les « oh », les « ah » criés à chaque pluie d'étoiles dans le ciel noir, je reste silencieuse.

« C'est beau, hein, ma Paulette ? s'écrie Renée.

– Oui. Très beau », dis-je d'une voix monocorde que Renée n'entend même pas, la tête reposée sur l'épaule de son homme.

Dans la nuit, je rêve de mon ange, son ombre argentée traverse ma chambre et il vient se coucher à côté de moi. Par la fenêtre il s'envole vite. Sous les ponts de la Meuse, il fait des cabrioles, puis file loin, vole à tire-d'aile tout en haut de la tour Eiffel d'où il me tend les bras. Derrière lui, dans le ciel, il y a toujours trois croix dessinées dans un rectangle. Le rêve est si puissant qu'il me réveille, et pendant une seconde, je vois son visage endormi sur mon oreiller. Je crie ! Cela réveille ma mère. Je l'entends monter par l'escalier et toquer à ma porte.

« Ça va, Petite-Mère ?

— Oui, j'ai fait un rêve, entre. »

Ma mère s'assied sur le lit.

« Quel genre de rêve fais-tu qui te fasse hurler ?

— Je rêve de mon bébé perdu...

— Gérard t'en fera un autre, Petite-Mère, tu n'as que dix-neuf ans, bientôt vingt. Tu n'es pas encore majeure. C'est étonnant que Gérard mette tout ce temps pour venir te chercher. Il sait où te trouver pourtant... Tu ne me caches rien, dis-moi ?

— Non, Maman, dors tranquille. »

En septembre, le jour de mes vingt ans, Gérard m'envoie un télégramme que je lis tout haut à table en tremblant : « Ennuis. Retardé. Viendrai Noël. Joyeux anniversaire ma petite femme. »

« Ah quand même ! s'écrie Man-nini, tout s'arrange. »

54

En décembre, alors que tombent les premières neiges, peu avant le dîner et les sept coups au clocher de l'église, un klaxon puissant et victorieux retentit plusieurs fois devant notre maison. Ma mère bondit la première, comme avant, en regardant par la fenêtre.

« Formidable, Petite-Mère ! C'est Gérard, il a tenu parole. Je ne sais pas pourquoi il ne sort pas de voiture... Je vais l'appeler !

— Laisse, Maman, j'y vais ! » dis-je.

Malgré mes prières, je savais qu'il reviendrait. Gérard est prêt à tout, rien ne l'arrête.

Je sors, tape à la vitre, il m'ouvre la portière.

« J'ai besoin de te parler, dit-il.

— Comment oses-tu venir ici après le mal que tu m'as fait ?

— Ne commence pas ! crie-t-il. Je suis plein de bonnes intentions.

— Je t'écoute...

— Je ne peux pas vivre sans toi. Pardonne-moi. J'étais sous mauvaise influence.

— Tu ne vois plus ton cousin ?

— Il est parti en Allemagne pour les affaires et pour un bon bout de temps... Je suis revenu pour t'épouser et te faire un enfant.

— À Givet ?

— Oui.

— Tu veux vivre ici ?

— Le temps qu'il faudra pour que tu comprennes que je t'aime.

— Et après ?

— On verra. Mais pour l'instant, laisse-moi te retrouver calmement. J'ai besoin d'une seconde chance. La grosse Henriette te passe le bonjour.

— Je ne sais pas quoi te répondre.

— Alors, ne dis rien.

— Si, je dois au moins t'informer des mensonges que j'ai dits à ma famille... »

Dans une ambiance irréelle, qui m'arrache quelques sourires et la seconde d'après me donne l'envie de vomir, le retour de Gérard est fêté par toute ma famille. Quand je vois mon père tapant sur son épaule, lui servant des verres du meilleur vin de Man-Nini que Padidi a été chercher dans sa cave, je pense en frissonnant que si je livrais la vérité au creux de l'oreille de mon père, il abattrait Gérard d'un coup de fusil sans le moindre sentiment, comme il tuerait un vulgaire renard menaçant son poulailler. Il ne resterait plus alors que deux croix pour venger mon bébé mais la vie de mon père serait brisée, et celle de ma mère, de mes frères, de mes grands-parents, de tous les témoins joyeux de cette soirée qui n'en finit pas.

« Alors, Gérard, dites-nous, quels sont vos beaux projets ? demande ma mère.

— La vie à Paris est une folie. Et mes parents se portent mal. Avec Paulette, nous n'avons même pas eu le temps de nous marier. Je suis revenu pour l'épouser et vivre parmi vous, dans vos belles Ardennes, au moins le temps que mes parents se rétablissent. Je veux travailler et fonder une famille...

— Formidable ! répond ma mère.

— Pourquoi attendre ? intervient Man-Nini. Fixons dès ce soir la date de votre mariage. Ce serait plus clair pour le village, et nous pourrions faire d'une pierre deux coups !

— À quoi penses-tu ? demande ma mère.

— Marier Petite-Mère et Renée le même jour puisqu'elles se réclament sœurs ! »

Renée, absente, apprendra prochainement la date de ses noces, au printemps, le dimanche 3 mai 1964.

Dans la semaine qui suit, Man-Nini trouve un travail pour Gérard, chauffeur-livreur au service d'un de ses grossistes. Toute la journée, mon futur époux parcourt les routes ardennaises selon un parcours chronométré pendant que moi, je trime à l'usine, enchaînant la confection de bobines à un rythme effréné pour montrer tout ce que je vaux et gagner un maximum d'argent. Qu'au moins la fête soit belle...

Gérard dort dans mon lit. Pour me faire croire à sa tendresse nouvelle, il me caresse avec maladresse, me serine que je suis jolie, sa petite femme pour la vie. Mais quand il approche ses yeux d'acier des miens pour m'embrasser, l'ombre de son couteau passe et me fige.

« Qu'est-ce que tu as ? Tu ne m'aimes plus ? »

Alors, je récite ma petite leçon de paix, dire aux hommes ce qu'ils veulent entendre : « Si, si... »

Pour se faire pardonner, effacer le passé, comme si les âmes étaient remplaçables, il veut me faire un enfant. Alors chaque soir, dans le silence parfait de cette maison familiale, je me tourne sous les draps en tendant à Gérard ma croupe dénudée. Après quelques instants de saillie fougueuse, de claques étouffées sur les fesses, de questions rituelles chuchotées – « Ça te plaît ? Tu aimes ça ? Hein, dis-moi que tu aimes ça, oui, oui. » –, le plaisir secoue normalement Gérard dont les lèvres serrées retiennent les râles, tandis que mon corps de pierre, doux comme la soie, ne ressent rien, pas le moindre frisson, la plus petite sensation d'agrément. Je crains que cette enveloppe de chair qui plaît tant aux hommes ne soit à jamais fermée au plaisir, à la jouissance. Ce Graal qui fait ramper le monde ne sera jamais le mien. Je joue la comédie, bien sûr. Je gémis, ma bouche fait écho aux assauts de Gérard. Mais l'insensibilité de mon corps m'effraie. Non pas que le désir et le plaisir me manquent, je sais où ils sont enterrés. Ce qui m'effraie, c'est qu'aucun enfant ne vienne plus jamais se lover dans mon ventre mort.

55

Tous les premiers mois de l'année 1964, le soir quand ma famille est couchée, avant de me prendre pour se défouler, Gérard se plaint dans notre chambre. Le travail est trop dur, il n'en peut plus de ces ordres, ces contrôles, ces routes qui se ressemblent toutes et ce salaire de misère qui lui est tendu chaque semaine dont il ne sait que faire.

« Je ne suis pas un larbin, tu comprends ? Toi non plus ! Tu t'abîmes dans cette usine. Vivement le retour dans la capitale.

— Tu veux donc y retourner ?

— Bien sûr, j'avais besoin de me mettre au vert et de te retrouver. »

Le dimanche 3 mai, je subis un affront, vis une déchirure, apprends une vérité dont les brûlures ne sont que légèrement apaisées par la joie évanescente d'être éventuellement enceinte. Depuis mars, je n'ai plus mes règles et garde ce secret.

Le matin tôt, dans la grande salle de bal où nous avons tant dansé, Man-Nini, qui s'est chargée personnellement du choix et du règlement du fournisseur, nous fait découvrir à Renée et à moi, dans des boîtes enrubannées, nos robes de mariée. Celle de ma sœur, dont je vois avec bonheur que l'amour a transfiguré le visage, se compose d'un ravissant bustier brodé de petits nœuds, ouvrant sur de belles dentelles formant une noble traîne avec un long voile muni d'un peigne argenté à accrocher dans les cheveux. Renée, posant immédiatement sa robe blanche sur le buste, s'écrie : « Oh merci, Maman chérie ! Elle est magnifique... Ma Paulette, ne reste pas à me regarder comme si tu me voyais pour la première fois. Montre-moi aussi ta tenue. »

Je défais le paquet en tout point semblable à celui de Renée, même forme, mêmes rubans, même nom de couturier... Et le couvercle cartonné dans les mains, je m'écrie : « Mon Dieu, non ! Pourquoi mauve ? Pourquoi ce mauve criard et cette forme ? »

Ma robe est de la même couleur que ce pull que j'ai porté chaque jour autour de la Madeleine.

« Enfin, tu le sais, Petite-Mère, rétorque Man-Nini. Nous sommes de tradition chrétienne. Cette robe est très jolie, elle m'a coûté cher. Ta mère aussi s'est mariée en rose.

— Je m'en fous ! Je rêvais d'une belle robe blanche.

— Ne me parle pas sur ce ton, tu m'entends ? Notre famille est respectable, nous ne sommes pas des voyous, des sauvages. Tu sais tout ce qu'il est arrivé, je n'ai pas besoin de te le rappeler ! Dans la vie, dans la société, il y a des règles, notre famille se doit de les respecter.

— Si vous saviez vraiment ce qui s'est passé, ce n'est pas en mauve ni même en rose que je devrais m'habiller, mais en rouge sang ! Qu'êtes-vous donc tous ? Aveugles ? Hypocrites ou indifférents ?

— Comment oses-tu me parler avec autant d'insolence ?

— Tu es ma grand-mère. J'aime ma sœur Renée, et je t'aimais, mais tu préfères la société et les voisins ! Par ce mauve, tu vas dire à tout le monde ce qu'ils pensent déjà, comme tu l'as fait pour ma pauvre mère qui, depuis, se terre derrière sa fenêtre. Par ce mauve, tu me renies alors que je souffre tant que tu ne le sauras jamais. »

Me taisant, jetant un vaste silence dans la salle de bal, je regarde Man-Nini et Renée, puis cours me réfugier dans le jardin pour caresser Tommy et Sidonie.

Là, à côté du clapier, je retrouve une promesse, faite à ma mère, matérielle et symbolique, vengeresse. Je m'achèterai des centaines de robes, plus belles les unes que les autres, jamais voyantes, jamais criardes. Je serai élégante, quoi que je fasse, une fille d'aquarelle qui vit avec style.

Aux neuf coups de cloche sur la place, il faut se préparer. Sans broncher, j'enfile ma robe de ville mauve sans manches, assez longue pour couvrir mes genoux, et place sur mes épaules l'écharpe assortie. Nous nous rendons dans la mairie d'un village situé à quelques kilomètres de notre maison.

Par la bouche de monsieur le maire, je découvre éberluée mon nouveau nom d'épouse qui ne ressemble en rien à celui que Gérard m'a toujours donné. Depuis notre rencontre, il me fait croire à une autre identité. Sourde à la litanie de l'édile, je comprends pourquoi monsieur le juge n'a jamais retrouvé Gérard quand je lui ai donné son adresse à Levallois... Quand je m'extrais de mes pensées lointaines, je vois Gérard, muni d'une bague, s'emparer de ma main et articuler : « Par cette alliance, je deviens ton mari, je te promets amour, soutien et fidélité... » À ces mots, je me mords la langue jusqu'à crier pour ne pas rire et prendre conscience qu'il s'agit bien de ma réalité.

Après la mairie, nous retournons au village familial. Sur la grande place de l'église, notre haie de badauds nous attend. Sortant de la Buick, la portière ouverte par Gérard pour la première et la dernière fois, je lui donne la main pour aller assister avec le reste de la famille au mariage religieux de Renée. Devant ma haie de déshonneur qui jacasse à propos de la voiture et de la couleur de ma robe, je regarde dans les yeux chacun de mes censeurs. En pensée, je les interroge. Comment va votre morale ? Est-elle vêtue de blanc ? La rumeur dans le village crie pourtant que depuis des années vous êtes plus présents au bordel de Charleville-Mézières que dans vos foyers... Mais vous, vous êtes des « hommes », dont le plus courageux face à moi ne garde le regard levé que le temps d'un battement de cils. Tous tournent la tête, comme s'ils m'entendaient, je peux marcher tranquille.

Au fond de l'église, assise sur le banc le plus éloigné de l'autel, j'observe monsieur le curé, que je n'ai pas revu depuis des années, faire ses signes de croix et répandre l'encens pour la bénédiction des jeunes mariés. En fin de compte, c'est bien ainsi. Je n'aurais jamais pu me tenir devant lui.

Malgré les signes de ma mère, je refuse de communier. Alors que tout le monde fait la queue dans l'allée centrale, les mains jointes, l'air contrit, pour gober l'hostie qui fait fondre dans la bouche le pardon divin si précieux, je prie pour le bonheur de ma sœur et la mort de monsieur le curé qui adviendra peu de temps après.

Dieu, immense et miséricordieux, fait preuve de bon sens.

La fête est joyeuse. Je ne quitte pas Renée. Dans cette salle de bal, où nous évoquons en riant tous nos souvenirs, nous buvons ensemble autant de champagne qu'il est possible. Pendant quelques heures, l'alcool et les bulles me pansent le cœur jusqu'au clou de la soirée, quand *Bambino* retentit, cette danse langoureuse et endiablée, que ma sœur et moi effectuons en l'honneur de tout l'amour que nous nous portons.

Ivre, bouleversée, portée par Gérard qui s'amuse de mon état et me jette avec attention sur le lit, je lui fais ce cadeau, deux mots fous de révolte et de soumission, qui l'enflamment et scellent ma perdition : « Baise-moi ! »

56

L’été ne vit pas longtemps dans les Ardennes, comme les cigales qui y chantent sans que personne ne le sache. La *Cicadetta cantilatrix*, amoureuse estivale d’épicéas chauds. La saison finie, les arbres ne se changent pas. Privés de feu et d’or, ils gardent leur robe verte, et le ciel, sans complications, passe du bleu au gris.

L’été ne vit pas longtemps, comme l’ovule fécondé en moi que j’expulse au début du mois de juillet dans les toilettes. Un gros caillot sanguin, en dégradé de pourpre mauvais, glisse sur la cuvette à côté de mes larmes avant que je ne tire la chasse d’eau.

En septembre, je fête mes vingt et un ans, puis l’hiver arrive à toute vitesse. Il neige tôt et les routes entravées agacent Gérard le chauffeur-livreur.

À l’usine, Marcel, dont le nouveau pouvoir chauffe la tête et le sang, m’appelle dans la réserve éteinte pour me sauter dessus dans l’obscurité. Je lui échappe en le frappant intimement avec toute ma hargne et les jambes musclées de mon corps d’occasion.

Le lendemain, je dois supplier Gérard, qui lui casse le nez dans la rue, de ne pas le tuer.

Ma mère prend du poids. Elle mange beaucoup sans se dépenser et boit, par petits verres vite avalés, la bouteille qu’elle cache toujours sous son fauteuil à côté de la fenêtre. Elle tricote, moins qu’avant, et tire les cartes presque chaque jour. Un soir, elle refuse d'aller se coucher. J'entends mon père l'appeler inlassablement : « Alice, viens au lit... »

Alors dans la nuit je vais trouver ma mère.

« Va te coucher, Maman, dis-je, il est tard.

— Non. J'ai vu dans mes cartes que je mourrai allongée, foudroyée. Alors je reste assise. Ton père peut bien m'appeler. Je ne ferai pas de vieux os, tu sais, Petite-Mère.

— Qu'est-ce que tu racontes ? Tu n'as pas cinquante ans !

— Aussi vrai que je m'appelle Alice... Prends bien soin de toi. Je vois toujours de la difficulté mais beaucoup d'argent et, bien plus tard, la carte Azur.

— Tu vas rester assise ici toute la nuit ?

— Oui.

— Alors laisse-moi caler ta tête avec un oreiller... »

Ma mère ne s'est jamais plus allongée.

Début décembre, après un an de purgatoire passé dans mes Ardennes, Gérard reçoit un télégramme mystérieux qu'il ne veut pas me lire. Nous devons rentrer à Paris. Il est temps.

Lors du dîner, Gérard, l'air solennel, informe ma famille que ses parents sont mal en point et son devoir de fils unique l'appelle. Je me retiens d'applaudir son numéro parfaitement exécuté que toute la tablée apprécie, tout en regrettant avec un air de circonstance, aussi feint que celui de Gérard, l'état de santé de mes beaux-parents. Dans cette comédie, ma mère, enfant naïve à vie, est la seule qui ne joue pas. À l'oreille, elle me dit :

« Il est si gentil ce Gérard, si responsable. Tu es bien mariée, Petite-Mère. Je ne comprends pas mes cartes et cette tempête que je vois. Je dois sûrement me tromper. Ne va surtout pas lui dire... À moins que ce ne soit un autre homme... Car il y a deux méchants autour de toi ! Pauvre Petite-Mère, tu me promets de faire bien attention ?

— Promis, Maman... »

Dans l'intimité de notre chambre, j'interroge mon mari exemplaire, ma tempête. Que vais-je faire à Paris ? Où allons-nous habiter ?

« Ne t'inquiète pas, ma petite femme ! Il y a toujours des solutions », me répond-il.

La veille de notre départ, Padidi demande à me parler seul dans le jardin.

« Ma petite fille, je ne te l'ai jamais dit mais je tiens beaucoup à toi. L'année dernière, je t'ai donné mon dictionnaire et ta mère m'a dit que tu t'étais beaucoup cultivée à Paris. Cette fois, c'est mon livre d'histoire de France. Cela complétera tes connaissances. Ne le perds pas. Je ne le dis qu'à toi, n'en parle à personne, mais entre les pages, j'ai glissé des billets... »

J'embrasse mon grand-père en lui promettant de lire son livre et de n'utiliser l'argent qu'en cas d'extrême nécessité.

« Tu es une brave petite, ma Paulette. »

57

Quasiment deux ans, jour pour jour, après mon faux départ, sur les routes glacées des Ardennes, dans la belle américaine, Gérard et moi quittons le village. Je n'ai rien à y faire, plus rien à y trouver. Cette campagne, ce village que j'aimais me sont devenus hostiles. Ma mère me salue tristement en relevant le rideau de sa fenêtre qui retombe. Derrière ce petit pan ajouré de coton blanc qu'elle a brodé, je la vois se signer.

Cette fois, c'est pour longtemps, je le sais. Je ne reverrai plus Sidonie, la place de l'église, ses badauds et monsieur le curé. Je n'irai plus avec mon vélo prier dans la petite chapelle à la croix dorée. Je ne retournerai jamais à l'usine, ni à Givet où la femme de Jean et son landau me guettent...

Tommy, installé à l'arrière du cabriolet sur une couverture pliée, est grand maintenant. Il a la taille d'un beau berger et ne grogne plus quand il entend « Gérard », mais quand je crie « Qssse ! », il se transforme en lion.

À mesure que ma campagne vallonnée aux sapins vert et blanc disparaît, mon cœur s'emplit d'une douce nostalgie. Pour m'aider à vivre, à avancer, ma mémoire effectue un travail remarquable. Elle choisit naturellement mes souvenirs heureux pour en recouvrir les autres et teinter mon enfance de joie calme. Les images de tristesse ne sont pas effacées mais je dois faire l'effort de les retrouver. Et dès ma concentration envolée, la joie calme reprend sa place dans mon passé. Petite-Mère court pour rencontrer Fanette dans la forêt ; sous la grange, son père lui confie qu'elle vaut deux garçons ; à l'école, l'instituteur lui dit qu'elle est intelligente et le dimanche, chez Man-Nini, on mange des tartines géantes à s'en faire craquer le ventre ! Et le reste de la semaine, mon chat, mon merveilleux Marcel qui porte le nom de mon instituteur, ronronne sans jamais cesser sur mon oreiller, couvrant le souffle léger de mon petit Raymond et de mon petit André...

Tommy qui ressent tout en moi, avec ses grands yeux dorés, vient frotter son museau dans mes cheveux. Je le caresse. Je sais que tu es là mon chien, mon bébé, et tu me garderas dans Paris qui approche.

58

Gérard et moi avons rendez-vous place Pigalle. Nous ne dormirons pas *Au Bon Logis* mais retournerons à Levallois où personne en notre absence n'a voulu de notre taudis. Mais c'est provisoire, bien sûr !

Place Pigalle, nous rendons la Buick au cousin que je ne salue pas.
« Toujours pimbêche, la paysanne ?
— Toujours en vie, le cousin ?
— Oui, pourquoi ?
— Comme ça... Les anges tirent des flèches...
— Mais qu'est-ce qu'elle raconte ? répond le cousin en interpellant Gérard. Ta poule a perdu la boule ! »

Dans le métro, Gérard me parle :
« Tu ne devrais pas lui en vouloir. C'est du passé. Il se démène pour te trouver du travail.
— Pute ?
— Non ! Beaucoup mieux.
— Et toi ? Qu'est-ce que tu vas faire ?
— De bonnes affaires, tu vas voir, on va vivre avec style.
— À Levallois ?
— C'est provisoire. »

Le cousin m'a déniché « une place en or », très bien rémunérée, que Gérard s'évertue à me vanter avec force ruses : « Tu ne peux pas faire ouvrière, caissière ou femme de ménage, pas avec ta beauté, ta sensualité, n'est-ce pas ? Tu n'as pas d'éducation, pas de diplôme. Cette place est une chance. Fais-moi confiance, elle est très convoitée. Mais ils n'embauchent que des jolies princesses comme toi, ma petite femme. »

La « place en or » pour une poule aux œufs du même métal se trouve à *La Belle Meunière*, rue Pigalle, un bar de nuit très chic qui a l'avantage d'employer celle qui deviendra mon amie pour la vie – truculente, exceptionnelle, irremplaçable, drôle, à l'âme si belle, une survivante plus abîmée que moi –, ma Nicole.

En début de soirée, nous effectuons sur place un repérage discret. D'abord de l'extérieur. Pour la première fois, Gérard a l'air de se méfier de son cousin. J'apprécie. De la rue, ça ressemble à une jolie taverne de campagne, paisible, sans enseigne voyante. Rien de clinquant, pas de lettres rose vif qui clignotent mais un nom écrit d'une belle écriture sur toute la devanture en bois et verre fumé, *La Belle Meunière*, dont on chercherait presque le moulin qui vend farine blanche et biscuits fins à prix d'or...

Puis Gérard dit : « On va entrer, je connais le nom de la propriétaire ! » Mais n'entre pas qui veut à *La Belle Meunière*. Il faut montrer patte blanche à King Kong, un colosse métis, patibulaire, qui fait barrage à l'entrée.

« Nous avons rendez-vous avec Madame Gégé, dit Gérard.

— De la part ?

— De Gérard et Linda. »

Madame Gégé est occupée mais elle va nous recevoir. Nous entrons. J'aime bien cette ambiance feutrée aux lumières tamisées par des lustres en perles de verre colorées avec des canapés élégants en moleskine noire, ornés de coussins brodés au parfum exotique.

J'avance le long du comptoir de style Art déco qui n'en finit pas, ponctué de tabourets hauts assortis aux canapés. Derrière, trois messieurs costumés servent du champagne comme s'il en pleuvait. Et au bout, à côté de la caisse enregistreuse en cuivre – oh surprise ! –, un petit singe s'agite.

« Mon Dieu qu'il est joli ! Comment s'appelle-t-il ? demandé-je à l'un des messieurs.

— Whiskiky, mais attention, jeune fille, il a ses têtes ! »

Je tends la main à l'animal inconnu et Whiskiky me grimpe aussitôt sur l'épaule. Gérard derrière moi veut le caresser. Whiskiky crache en ouvrant une gueule de fauve qui fait faire à Gérard un bond en arrière.

« Saloperie ! crie-t-il.

— À qui parles-tu ? lui demande une dame élégante qui s'est levée d'un canapé.

— J'ai eu peur, madame, dit Gérard. Vous êtes Madame Gégé ?

— Dans le mille !

— Je viens de la part de Jeannot. Je vous présente ma femme, Linda.

— Enchantée, tourne un peu, jolie Linda, que je te voie mieux ? » me demande la dame.

Je fais un tour sur moi-même avec Whiskiky sur la tête.

« Il t'a adoptée ! C'est bon signe. Tu es superbe, jeune fille, une vraie beauté. Mais il faudra revoir ta tenue. L'école est finie... Tu ne connais pas Sheila ? Il faudrait que tu voies Lola, elle t'arrangera ça.

— Oh mon chaton ! crie Nicole en passant. Toi ici ? Tu es ma nouvelle collègue de bureau ? Celle que tu remplaces était une peste, hein Madame Gégé ?

— Tu la connais ? dit la dame à Nicole.

— Oui, c'est un chou.

— Alors, c'est OK, Linda. Tu es bien majeure ?

— Oui, madame.

— Viens samedi, avec tes papiers d'identité, un peu plus tôt, vers 19 heures, pour ta tenue.

— Oui, madame. Qu'est-ce qu'il faut faire ici ?

— Passer un bon moment entre gens bien élevés, si possible fortunés. La misère me déprime... Ivresse, splendeur et bonne humeur ! Voilà ma devise.

— Moi, c'est vivre avec style, s'aventure Gérard.

— Je m'en fous, jeune homme, et si tu me permets, pour l'instant, ça n'est pas flagrant. »

Gérard pâlit. Je ne l'ai jamais vu aussi vexé.

« À samedi, Linda, conclut la dame.

— À samedi, madame.

— *Ciao*, mon chaton, à bientôt ! » crie Nicole en s'éloignant.

Dans le métro du retour, Gérard n'a toujours pas digéré la remarque de Madame Gégé.

« Je ne l'aime pas cette bonne femme. Quel toupet ! marmonne-t-il.

— Elle a dit “pour l'instant”.

— C'est vrai, ça va changer ! Alors tu es rassurée ? Tu as vu, il n'y a pas de chambres.

— J'ai vu Nicole, le singe et Madame Gégé. Je l'aime bien, moi.

— Tant mieux. C'est toi qui vas te la coltiner, pas moi. On va être riches ! » s'écrie Gérard en retrouvant des couleurs.

59

Le samedi, j'arrive seule, vêtue de ma jupe plissée, de mon pull mauve et de mes uniques chaussures à lacets et petits talons, bien cirées.

Auparavant, j'ai déposé Tommy à la Madeleine chez Henriette qui l'a accueilli joyeusement.

« Comme il a grandi... Il me rassure ton chien et ça me fait de la compagnie ! Alors comment vas-tu ? On m'a dit que tu avais été promue ? Tu fais dans le beau linge maintenant ?

— Les nouvelles vont vite !

— J'ai vu ce trou du cul de Jeannot hier.

— Que faisait-il ici ?

— Si on te demande, tu diras que tu ne sais pas ! Allez, file avant que tes clients ne te réclament ! »

À *La Belle Meunière*, Madame Gégé n'est pas arrivée mais King Kong me sourit alors qu'il m'ouvre la porte.

« Si t'as un problème, tu m'appelles, ma jolie. Avec King Kong, pas de problème, dit-il avec cet accent joyeux des îles.

— Merci King Kong. »

La Belle Meunière est presque vide. Une femme bien en chair, au teint mat et aux grands yeux dorés, m'accueille.

« Je suis Lola. Madame Gégé m'a parlé de toi. J'ai des robes à te montrer, du temps où j'étais hôtesse. Maintenant, je n'y mets plus qu'une cuisse alors que toi, tu as une taille de guêpe. Je m'occupe du vestiaire, des coiffures et du maquillage. »

Dans la réserve, derrière le vestiaire où Lola m'emmène, il y a une table de maquillage avec un grand miroir bordé d'une kyrielle d'ampoules. Sous cet éclairage de fête, Lola me montre ses robes plus belles les unes que les autres. J'en choisis trois, mon rêve se réalise déjà. Une longue en lamé argent au décolleté croisé, légèrement fendue sur le côté, très star de cinéma, une autre toute noire, en velours, décolletée dans le dos, dont Lola me montre l'étiquette :

« Tu as vu ? Yves Saint Laurent !

— Je ne le connais pas.

— Ah... La première, c'est moi qui l'ai confectionnée. Elle te va à merveille, on dirait une sirène, et la troisième, tu t'en fous mais je te le dis quand même, c'est Balmain.

— Ma préférée ! » dis-je en tournant devant le miroir.

Elle est longue, vaporeuse, en mousseline bordeaux avec des épaulettes, des manches fines qui descendent en pointe sur mes mains blanches et un décolleté plongeant en V comme une lame qui touche la taille.

« Il faudra me les payer !

— Mais je n'ai pas d'argent.

— T'inquiète, tu vas t'en faire ici. J'ai l'œil ! Je vais te faire un prix et tu me régleras en plusieurs fois. Et ça, c'est cadeau ! Parce que tes godillots, tu vas les garder pour le métro. C'est ta taille, j'ai l'œil, je te dis. Pour ta culture, ça s'appelle des escarpins à brides et bouts ouverts. Un ongle de doigt de pied joliment verni, ça peut rendre fou. »

J'attends au comptoir, maquillée, coiffée par Lola, dans ma robe bordeaux. Quand Nicole arrive, elle s'écrie : « Mon chaton, mais qu'est-ce que tu fous là ? J'appelle tout de suite Hollywood ! Fais-moi voir ! Qu'est-ce que tu es belle ! J'ai presque envie de te croquer. Hein, messieurs ? » Nicole se retourne vers les serveurs qui acquiescent. « Va falloir que je mette le paquet si je veux vendre du champagne ! Autrement, avec toi à côté, j'aurais le gosier sec !

— Je peux m'éloigner, tu sais.

— Je plaisante ! Tiens-toi bien, mon chaton. Nicole n'a pas dit son dernier mot, mais tu es tellement jolie que je pourrais te mater toute la soirée sans faire une thune. De toute façon, la fête a besoin de beauté. Je vais te mettre au parfum maintenant, pour que tu ne te fasses pas rouler... »

Nicole m'explique que nous sommes rémunérées à la bouteille :

« Faut que les clients boivent, y a pas à tortiller, et pas de la limonade. On a tout à y gagner. Quand ils sont ivres, les hommes sont les rois du monde et tu es leur merveille. S'ils deviennent agressifs, c'est rare, tu appelles King Kong. Quand ils veulent monter, ils ne font pas grand-chose, et là, jackpot ! On n'est plus au compteur. Tarif libre... Je me fais des couilles en or ici. Bientôt, j'achèterai cash ma maison de campagne, en ayant filé la moitié de mon pognon à mon Philou, tu vois le truc ?

— Il faut monter ?

— Ben oui ! C'est pas un club de bridge. Tu n'es pas obligée, mais si tu joues trop longtemps les vierges effarouchées, tu seras vite mutée aux Galeries Lafayette !

— Monter où ?

— À l'hôtel à côté, un trois-étoiles très bien, très propre, qui appartient à la mère Gégé.

— Ah je vois...

— Tu seras heureuse ici, mon chaton, on est tous gentils, et regarde-toi, tu es magnifique. Tu vas rencontrer des gens de la haute... Maxime ! Mets-nous deux coupes, chéri, c'est la première de la petite. »

Quand la mère Gégé arrive, elle n'en revient pas de me voir aussi « élégante et sexy ! », crie-t-elle dans tout le bar. Alors que je m'installe sur le premier tabouret, elle s'exclame : « Ah non, Linda, pas au premier rang, c'est pour les invendus ou les promotions. Toi, tu es une rareté, assieds-toi en retrait à côté de Whiskiky ! »

Madame Gégé dispose ses hôtesses avec soin comme un capitaine place ses soldats sur un champ de bataille. Elle vérifie chaque tenue, la propreté des canapés, l'ordre des coussins, la disposition des bouquets, la brillance du bar et même celle du poil de Whiskiky. Puis, touche finale, elle nous renifle dans le cou et nous asperge, si elle le je juge nécessaire, d'un « philtre d'amour », mélange dont elle a le secret, à dominante de patchouli, qui immédiatement me rappelle Sidonie.

« Toi, c'est parfait, me dit-elle. Tu sens le bonbon, le talc et l'iris. C'est quoi ?

– L'Heure Bleue de Guerlain.

– Raffiné... Tu iras loin ma petite ! »

Nous sommes cinq hôtesses au total. Je regarde avec curiosité celle qui devra s'asseoir sur le premier tabouret. C'est Dany, une jeune habituée aux jolies boucles rousses, « mignonne, pas méchante, mais conne comme la lune », me dira Nicole.

Mon premier client est un grand avocat d'assises qui semble soulagé que je ne le reconnaisse pas. Nous buvons trois bouteilles de champagne Dom Pérignon alors que Madame Gégé passe régulièrement nous saluer en m'adressant des clins d'œil discrets. L'avocat, bel homme, charmant, à la voix de professeur, passe la soirée à pleurer sur mon épaule en coupant son discours d'une expression qui m'est inconnue – « *Carpe diem*, joli cœur » –, dont je chercherai la signification dans le dictionnaire de Padidi. Des nuits entières, il reviendra me voir, sans monter, pour me raconter la même histoire qui le hante depuis quelques mois en me répétant « *Carpe diem*, joli cœur », profite du jour présent. Avec l'éloquence virtuose de son métier et le cœur brisé, le grand avocat d'assises me décrit cette épreuve qui me fait froid dans le dos, une peine capitale, l'exécution à mort par guillotine de son dernier client qu'il n'a pas pu sauver, intervenue à l'automne dernier dans les sous-sols de la prison de la Santé, où j'ai séjourné. Tel un virus, ses mots me contaminent. Cette scène partagée, entendue maintes fois, il me semble que je l'ai vécue. Longtemps, sans pouvoir m'en défaire, elle me hantera.

Entre le réveil du condamné au lever du soleil et son exécution, quarante-quatre minutes s'écoulent. Trois quarts d'heure d'effroi. L'avocat doit marcher – c'est la loi –, à côté de son client pour recueillir ses dernières volontés qu'il n'a pas. Les deux aides armés du bourreau qui entourent le condamné menotté dans le dos lui proposent de le détacher pour fumer une cigarette ou boire un café qu'il refuse. Ils échancrent alors le col de son pyjama bleu avec une paire de ciseaux spéciale et s'y reprennent à deux fois, car l'un n'est pas d'accord.

« Le cou n'apparaît pas assez. La lunette le prend jusque-là, tu vois ? » dit l'un à l'autre, la main sur le condamné.

Puis on marche dans des couloirs sans fin comme on va en enfer. Une porte s'ouvre et la guillotine apparaît, haute, ancienne, entretenue. Le condamné se retourne vers son avocat, avec dans les yeux une expression qu'on ne voit qu'une fois.

« Tout est dans les yeux, tu sais. Jamais je n'oublierai son regard ! Tu m'entends Linda ? Jamais... »

À côté de la guillotine, un long panier en osier est posé avec un seau pour le sang. Le bourreau, dressé fièrement, s'agace parce que ça ne va pas assez vite. Alors ses aides se précipitent pour allonger et attacher le corps sur la poutre creusée. Avec précision, le bourreau positionne le cou sur la demi-lunette en bois qu'il referme avec l'autre. Dans le silence absolu, le condamné se met tout à coup à hurler. Pas longtemps. L'avocat détourne le regard, le couperet tombe, la tête roule dans le panier, le sang gicle dans le seau et les aides nettoient en passant un jet d'eau.

« Tu comprends, joli cœur ?

— Oui, dis-je en me caressant le cou sans cesse. Mais vous n'y êtes pour rien, c'est la justice.

— Il était sauvable, tu m'entends, sauvable...

— Vous ne pouvez pas gagner à tous les coups. Vous ferez mieux la prochaine fois ! »

Mon client éploré s'esclaffe :

« Ah ! Ah ! Mieux la prochaine fois ! Si tu n'existais pas, joli cœur, il faudrait t'inventer.

— Merci, monsieur le grand avocat, *carpe diem*, une petite coupe ? Si je commettais un meurtre, vous me défendriez ?

— Ah ! Ah ! Avec ta gueule d'ange, qui pourrait te condamner ? »

Mon deuxième client est un grand industriel cravaté aux tempes grises. Après une bouteille de champagne, il veut déjà monter. Je n'en ai pas envie.

« Désolée, je suis indisposée, dis-je.

— Juste une petite fessée, me répond-il à l'oreille, je te paierai bien.

— Ah, il fallait le dire ! »

Je découvre l'hôtel confortable où mon client me suit, cramponné à une mallette en cuir qui me rappelle de mauvais souvenirs. Il est hors de question que je joue à l'infirmière avec ma robe en mousseline. Quand il ouvre son attaché-case d'hommes d'affaires, je suis soulagée. Drôles d'affaires quand même ! Alors qu'il se dénude pour s'allonger sur le lit, je suis ses instructions. D'abord les menottes aux poignets dans le dos et aux pieds, il ne manque que la guillotine. Puis un collier clouté autour du cou, un autre plus fin enserrant ses parties intimes et me voici, cravache à la main.

« Punis-moi ! »

Mais avec plaisir. Dieu que j'y vais de bon cœur ! Moi, incapable de fouetter un baudet entêté...

« Arrête ! crie-t-il. Je ne vais plus pouvoir marcher. »

Je me fige soudain, cravache en l'air. Ai-je handicapé un pilier de l'économie française ?

Je ne compte plus le nombre de puissants, de tout-puissants même, que j'ai fessés avec diverses variantes. Ces êtres complexes, sous leurs beaux costumes, qui siègent tout en haut de la pyramide, mi-hommes, mi-dieux, ont parfois envie d'en retrouver la base. Ces hommes qui contraignent, humilient parfois, aiment, selon une sorte de loi d'équilibre, être contraints, humiliés à leur tour pour partager la souffrance de leurs esclaves, revivre le chemin qu'ils ont parcouru et cet instant mystérieux, intime, qui leur appartient, quand est née leur volonté de pouvoir. Et quoi de plus humiliant pour un puissant, amateur d'extrême, que d'être fessé par une prostituée ? « Fessé » ne constituant qu'un amuse-bouche.

« Va chercher la soubrette et dis-lui de faire la chambre ! me réclame mon grand industriel.

– Je vous détache, alors ?

– Non ! Surtout pas ! La soubrette, maintenant je te dis ! » se met-il à crier.

À deux heures du matin, pas de femme de chambre à l'étage ni à la réception. Le veilleur de nuit me conseille : « Retourne au bar, les filles savent. »

À *La Belle Meunière*, Nicole, me voyant désemparée, m'interroge :

« Qu'est-ce qui t'arrive ?

– J'ai un client attaché qui réclame une soubrette...

– Ah d'accord, j'arrive ! »

En deux temps trois mouvements, Nicole se change derrière le vestiaire pour réapparaître en soubrette parfaite. Elle monte faire la chambre, pousse des cris d'orfraie en faisant la poussière et s'enfuit en réclamant du secours. Mon client se masturbe et jouit. C'était parfait. Fin de la nuit.

À *La Belle Meunière*, Madame Gégé me félicite et paie cash. Je peux rentrer chez moi, j'ai bien travaillé, des billets plein les poches. Nicole me dépose avec sa voiture. Elle habite à Meudon, pas très loin de Levallois, « à la campagne, dit-elle, dans un pavillon sans prétention avec un jardin pour cultiver mes roses ».

En chemin, nous rions. Elle me raconte la fois où, ivre de champagne, elle avait oublié son client bâillonné, menotté au radiateur, délivré le lendemain midi par sa femme escortée de deux gendarmes qui ont pris des photos comme sur une scène de crime.

« Dommage, soupire Nicole, il était riche comme Crésus. Maintenant, quand j'ai du lait sur le feu, je mets ma montre à l'envers, comme ça, je n'oublie pas, vu que je la regarde tout le temps !

— Le temps te paraît long ?

— Parfois, alors je pense à mes roses, à cette maison de campagne au soleil que j'achèterai. Et toi, tu penses à quoi ?

— À mon ange... et à toutes les robes que je porterai !

— Quand tu travailles, tu penses à ton bébé ?

— Souvent. C'est lui qui vient à moi. »

60

On n'oublie pas son premier orgasme.

Aujourd'hui, pour changer, je porte ma robe argentée de sirène. Madame Gégé me félicite ainsi que Nicole. Seul Whiskiky, qui m'envoie des coups de patte, ne l'apprécie pas. Je sais pourquoi. Au-dessus de la caisse, une boule à facettes renvoie sur ma robe des reflets métalliques qui l'aveuglent.

« Change de place, Linda ! me dit Madame Gégé. Autrement, il va t'embêter toute la soirée. »

Je change de tabouret et Whiskiky me suit, loin de la clochette qu'il doit secouer quand un client achète un magnum. Madame Gégé crie : « Whiskiky, clochette ! » Whiskiky crie, la clochette tinte, tout le monde rit et boit encore.

Un couple vient à moi, élégant, bourgeois. L'homme, la soixantaine, avec une belle montre en or, la femme, quinze ans de moins, avec un ras-de-cou en diamants qui brille plus que la boule.

« C'est votre singe ? me demande-t-elle.

— Non, c'est Whiskiky !

— On peut lui offrir des cacahuètes ?

— Il préfère les magnums de champagne.

— Qu'à cela ne tienne ! »

Je fais signe à madame Gégé qui crie : « Whiskiky, clochette ! » Pendant que notre ami court faire son numéro, je m'assieds avec mon couple de clients sur un des larges canapés en moleskine. Ce sont de grands commerçants du nord de la France, fabricants de meubles de luxe. Elle est douce, attentionnée, le visage fin, lui ne parle presque pas mais ses yeux me dégustent.

« C'est mon mari qui vous a choisie. Appelez-moi Madeleine. On peut se tutoyer, n'est-ce pas ? Nous ne sommes pas familiers de ce genre d'endroit.

— Bien sûr. Moi, c'est Linda. »

Nous parlons de choses et d'autres, puis le champagne aidant, Madeleine en vient à l'essentiel.

« J'ai besoin de toi, Linda.

— Je t'écoute.

— Mon mari vient de fêter ses soixante ans. Il avait une maîtresse que j'ai évincée, non sans peine, ça a duré vingt ans. Elle lui faisait des trucs, tu vois ?

— Quoi, il y a le choix !

— Une fellation.

— D'accord.

— J'aimerais que tu me montres comment on fait.

— Là, tout de suite ? J'ai encore soif !

— Mais bien sûr ! »

Et Madame Gégé s'égosille : « Whiskiky, clochette ! »

Le champagne me tourne la tête et j'en ai besoin. Un instant, je repense à mes noces au village. Sans champagne, j'aurais hurlé. J'aime bien cette femme, sa douceur, l'amour éperdu qu'elle porte à son homme.

« Vous aimez les glaces ? lui demandé-je.

— La crème glacée ? Non, je préfère le salé mais je n'ai pas faim.

— Mince...

— C'est un ami de mon mari qui nous a recommandé *La Belle Meunière*. Il y a des chambres à côté, je crois ?

— Oui... Mais j'ai besoin de boire encore.

— Bien sûr, chère Linda... »

Dans un état second, j'emmène mes clients à l'hôtel, à deux pas. King Kong me propose de m'aider à marcher.

« Non, non. C'est gentil. Ça ira. »

Je me dis tout bas : « Ce n'est qu'un mauvais moment à passer ». Et je me trompe.

Le couple commence par se doucher, puis l'homme s'assied nu sur le bord du lit recouvert d'un édredon fin, rose pâle avec un bord frangé. Ce fond colore mon esprit. La femme s'installe, nue elle aussi, juste à côté de son mari, lui caressant le cou, embrassant son épaule. L'homme est excité, ses yeux luisent. Devant lui, j'enlève seule ma robe de lumière. La femme se propose de m'aider sans se lever.

« Le spectacle est si joli, n'est-ce pas mon chéri ? »

L'homme acquiesce en silence, le regard absorbé par mes courbes, ma bouche, mes cheveux que je déploie. C'est une robe confectionnée par Lola, professionnelle au sens pratique : la boucle de la fermeture Éclair comprend une chaînette de strass facilitant sa préhension dans le dos. Ma robe glisse, mes écailles s'évanouissent, la sirène fait sa mue. Sur un coussin que je place par terre, je m'agenouille aux pieds de l'homme et commence mon travail en le regardant bien dans les yeux. Soupirant, il se penche en arrière, accoudé sur le lit, sans rater une seconde de mon ouvrage. La femme glisse du couvre-lit et me rejoint au sol, si près que ses cheveux me frôlent, comme son souffle. Elle observe chacun des mouvements de mes lèvres, de ma langue, de mes joues creusées, de ma gorge visitée et le jeu de mes mains. L'homme gémit en fermant les yeux tandis que la femme me pousse doucement sur le côté, avalant à son tour le sexe de son mari qui n'y voit que du feu. Les yeux trempés d'effort et de plaisir offert, radieuse et essoufflée, elle me fait signe de la remplacer, puis revient. Par instants, d'une main délicate, elle tourne mon visage et m'embrasse pendant que son mari gémit les yeux fermés. Nos bouches s'unissent, parsemées de sourires, pour le plaisir de l'homme, et pour celui de cette femme au visage voilé de mèches de cheveux, ouvert comme une fleur, épanoui. Quand la cambrure de l'homme annonce sa jouissance, j'oriente la tête de sa femme pour l'accueillir. Alors il ouvre les yeux, la voit et semble émerveillé.

Reconnaissant, désireux encore de ce plaisir qui finit, il interroge sa femme :

« Tu souhaites que Linda s'occupe de toi aussi, chérie ?

— Tu crois ? dit la femme d'une voix langoureuse et timide.

— Oui, Madeleine. Je veux que tu ressentes ce plaisir que tu m'as donné.

— Linda ? » me demande le mari dans un sourire, la voix affirmée.

Toujours ivre, je réponds :

« C'est en extra.

— Bien sûr ! »

L'homme cède sa place à Madeleine, qui s'allonge en ouvrant ses cuisses et me dit : « Viens... »

À l'instinct, affolée par le champagne et l'argent qui m'est promis, touchée par ce mari qui s'inquiète du plaisir de sa femme, je m'immisce sur le lit, à la façon d'un chat, douce, hésitante, caressante. C'est ma première fois. J'embrasse tout ce corps que je trouve beau, dessiné par quelques années, élancé, opulent, blanc, aimant, ce corps de femme que je connais mais découvre intime, frémissant, autre. Madeleine ressent ma tendresse de novice, alors elle répète « viens », puis empoigne d'une main directive ma tête qu'elle fait descendre jusqu'à son sexe.

Je pense alors très fort à un dessert délicieux, inconnu, avec une cerise si précieuse posée dessus. Je n'ai pas le souvenir de m'être masturbée mais il m'est arrivé, bien sûr, de toucher mon sexe, de l'effleurer, ne serait-ce qu'en me lavant. Je connais sur moi ce point si sensible, je sais précisément où se trouve la cerise que j'entreprends de lécher, titiller, aspirer d'une langue gourmande, assidue, aidée par mes doigts. Madeleine ne gémit pas, elle crie, se tortille, en maintenant ma tête aux creux d'elle-même, sur cette île fertile, mystérieuse, humide, que peu d'hommes ont foulée.

C'est un feu d'artifice auquel j'assiste en continuant ma besogne, mon délice. Puis Madeleine fait silence tandis que son mari lui caresse le bras tout en se masturbant. Ils échangent un regard voluptueux, amoureux. Du haut de son nuage, Madeleine, généreuse comme une femme heureuse, me murmure : « À toi, mon ange... »

Se redressant, elle vient à moi en me tendant la main. J'ai peur de ce plaisir que je n'ai jamais pris. Interdit aux hommes, je l'avais verrouillé, oublié, nié. Abreuvée de caresses, en confiance, en présence d'un homme qui ne jouit plus que des yeux, je me laisse guider, je vais m'abandonner à toi, Madeleine, tout oublier, vivre cet instant, je suis ta poupée. *Carpe diem*.

Madeleine, habile et passionnée, me fait jouir. Ça vient comme une vague qui s'entête, lancinante, et explose. En quelques cris, moi, muette, je fais trembler les murs de l'hôtel qui touche *La Belle Meunière* au point que King Kong m'entend.

Quand, quelques instants plus tard, alors que je passe devant lui, il me questionne :

« C'était toi dans la chambre du premier avec le couple ?

— Oui, dis-je, encore sous le coup de ma découverte.

— Eh ben... Je serais curieux de voir ce que tu leur as fait !

— Dans tes rêves, King Kong, dans tes rêves. »

Madeleine et son mari Bernard me rejoignent et nous buvons encore. Un magnum ! Clochette, Whiskiky !

61

Madame Gégé me surnomme « la fée clochette » et les autres filles « la star »... de *La Belle Meunière*, mais star quand même.

Certains clients me redemandent. Un vrai marquis m'offre de vraies perles certifiées par Lola qui démasque le plastique en les croquant. Un grand patron me fait livrer une voiture aux chromes étincelants avec un nœud sur le toit, que je ne peux pas conduire et revends. Mon avocat éploré m'emmène avenue Montaigne où l'on m'ouvre la porte pour choisir une robe splendide... Et Madeleine et Bernard reviennent chaque vendredi soir.

Pour moi, ils parcourent trois heures de route. En suis-je flattée ? Oui. Plus que désirée, ce qui me plaît, c'est d'être unique. Ils me veulent moi, et personne d'autre, la fée clochette, la starlette de Pigalle.

Un vendredi, Madeleine arrive plus tôt et seule dans une robe longue qui dénote dans le jour finissant. Après quelques coupes, elle commande un taxi.

« Nous n'irons pas à l'hôtel cette fois. Ne t'inquiète pas, je paierai. »

Dans un appartement de quelques pièces, tout en haut d'un immeuble haussmannien, sur un lit donnant par la baie vitrée sur le majestueux parc Monceau, nous faisons l'amour.

Quand Madeleine se lève du lit, elle s'exclame avec joie :

« C'est ici que tu vas vivre désormais ! Nous paierons tout, nous viendrons te voir plus souvent. Tu nous apportes tellement de bonheur, Bernard n'est plus le même. Il a trente ans et il m'aime. Puis... Je dois t'avouer quelque chose Linda. Je suis amoureuse de toi.

— Mais je suis mariée, dis-je. Et c'est mon travail. Je t'aime bien, mais je ne t'aime pas. Une cage reste une cage, ici ou à Levallois. Pour l'instant, je vais bien, mon mari me fiche la paix, je gagne de l'argent et je... ne suis pas homosexuelle.

— Moi non plus, me répond Madeleine. Mais ce plaisir que tu me donnes est si rare.

— C'est pareil pour moi, mais je ne vivrai pas ici. Si tu m'aimes, tu dois le comprendre, ou alors tu ne vaux pas mieux que les autres qui croient qu'aimer, c'est posséder. Et je ne veux pas que tu te lasses de moi comme d'un objet.

— Jamais !

— Oh si. Même le plaisir lasse, on en change.

— Mais je t'aime !

— Tu me désires, mais un jour, tu te lasseras et je me trouverai bien bête dans ma cage dorée. Le vendredi soir, crois-moi, c'est parfait. »

Madeleine a disparu. L'amour a vécu.

Si proche de ces couples, de ces hommes mariés, parfois je m'interroge. La vérité m'obsède, moi qui n'aime pas. Combien sont-ils à s'épouser l'un l'autre épris d'un amour vrai ? Combien recherchent sous les voiles blancs, leur ration de plaisir, de confort, d'habitude, promise à vie ? Et quand l'ennui se pointe, ils viennent voir Linda, Nicole, Julie, Dany, Sidonie... Petites marchandes de plaisir, de fantaisie, de bulles de vie.

Souvent, on me dit que j'ai du talent. À ces mots prononcés comme un compliment, je réponds « merci ». Mais au fond de moi, je sais qui je suis. Une ouvrière fière et appliquée qui veut être la meilleure, une femme piégée par sa saloperie de mari et l'obsession souterraine de ne jamais revivre la misère dans laquelle elle est née.

Gérard est impressionné par l'argent que je rapporte chaque fin de nuit, qui remplit à ras bord le pied de la table basse.

« Bientôt, nous pourrons acheter ce studio, à un bon prix, m'annonce-t-il.

— Tu parles ! Personne n'en veut.

— On est tranquilles ici. C'est une bonne planque en dehors de Paris pour notre magot qui grossit. »

Tous les mois, sans un mot à Gérard, j'envoie 500 francs à ma mère avec une carte postale de la capitale, jamais la même. J'en achète deux, dont une que je garde, pour ne pas me tromper. Avec moi, Maman fait le tour de Paris. Je l'imagine à sa fenêtre poser son tricot, lire et relire mes cartes, le sang et les joues chauffés par la liqueur, les yeux tournés vers le lointain à travers le rideau, bien au-delà de la place de l'église.

Le dimanche et le lundi, *La Belle Meunière* referme ses portes. Nous sommes de repos. Souvent, je vais chez Nicole à Meudon, quand son mari Philou n'y est pas, habillée en paysanne, pour découvrir la culture des roses. Il faut la voir, sécateur à la main, humer chaque bouton, saluer chaque fleur, vérifier le vert des feuilles sans taches, les tiges sans pucerons, et vaporiser le tout d'une solution soufrée.

« C'est fragile une rose. La plaie, c'est l'oïdium. Les boutons deviennent blancs, comme givrés, recouverts d'une toile d'araignée et plus rien n'éclôt...

— Qu'est-ce qui te plaît tant ?

— Dans une rose ? Ma pauvre... C'est ma passion, un rêve vivant ! As-tu déjà bien observé cette merveille ? C'est parfait, unique, subtilement enroulé. Aucune ne

se ressemble, alors que les tulipes, les marguerites, quel ennui ! Douce comme le velours, parfumée à s'en damner avec quelques épines pour un brin de danger. La rose est la femme idéale.
— Pour moi, tu es une rose...
— Arrête, mon chaton ! Tu me fais du gringue ? »

Nicole regorge de talents. Elle est une cuisinière hors pair. « Quand tu as grandi dans une ferme, esclave de quatre hommes, tu sais tout faire ! » Sa spécialité, c'est les desserts, et particulièrement les îles flottantes qu'elle moule comme un sein, décoré d'une spirale de caramel, et dépose, une à une, dans un saladier plein de crème anglaise aux œufs du jour de son poulailler.
« Moi aussi j'ai mes poules !
— Oh Nicole, c'est divin et tellement joli, dis-je.
— Tu le sais bien, on se régale d'abord avec les yeux. J'adore les îles bien rondes, et la texture, le goût de cette crème onctueuse. Tu vas rire, mais elle me fait penser au lait maternel ! Moi qui n'ai jamais connu la poitrine d'une mère et n'allaiterai jamais d'enfants...»

Quand je ne vais pas chez Nicole, je me promène dans Paris, inlassablement avec Tommy, quel que soit le temps, selon le même parcours : métro direction la Concorde, puis marche à travers le jardin des Tuileries et le long de la Seine d'un côté ou de l'autre. C'est Tommy qui choisit, jusqu'à ce que je n'en puisse plus. Un jour, j'irai visiter le musée du Louvre pour y admirer la Joconde dont ma mère me parlait, mais ils n'acceptent pas les chiens. Et les murs sont si grands que cela m'impressionne. Il faudrait toute une vie pour en faire le tour et s'intéresser à chaque trésor...

Un après-midi, Nicole m'emmène au cinéma voir *La Dolce Vita*. C'est le titre qui l'attire, « la douce vie » en italien. Ce film de Federico Fellini est curieux mais j'en ressors comme Nicole, éblouie. Les acteurs sont si beaux, Marcello Mastroianni, Anita Ekberg et une petite Française au joli nom, Anouk Aimée. J'adore la scène où l'héroïne se promène voluptueusement avec un chaton niché dans les cheveux. Et surtout j'éprouve un véritable coup de foudre, je veux vivre dans cette ville où la vie est si douce que l'on peut se promener à demi-nue dans les fontaines... À Rome !

« Qu'est-ce qu'on irait foutre en Italie ? C'est rempli de mafieux ! »

Nicole me ramène sur terre.

« Pas la peine d'aller si loin pour avoir chaud ! ajoute-t-elle. Tu connais la Côte d'Azur ?

– Non.

– C'est tout bleu, baigné de soleil, et quand les gens parlent, on dirait qu'ils chantent. Un jour, j'irai vivre là-bas. Ma maison de campagne, c'est au bord de la mer Méditerranée que je l'achèterai, tu verras... »

62

Dans l'arrière-salle de maquillage de *La Belle Meunière*, convaincue d'être enceinte, Dany est en pleurs.

« Tu devrais mettre des éponges ! » lui conseille Lola.

Sur un bout de papier, Nicole lui écrit l'adresse de l'Espagnole que je connais par cœur depuis qu'elle me l'a dite au dépôt de Saint-Lazare.

Une semaine après, Dany pleure toujours.

« Tu n'y as pas été ? l'interroge Nicole.

— Elle est morte ton Espagnole ! lui répond Dany. Qu'est-ce que je vais faire ?

— Morte ? Mais comment ? s'étrangle Nicole.

— On l'a retrouvée au bas de son escalier, la tête fracassée. Faut dire qu'il est rudement raide ! La concierge me l'a montré. Il y avait encore des traces sur les lattes. Le sang ne part pas sur le bois, m'a-t-elle dit.

— Quand ? insiste Nicole.

— Je ne sais pas, il y a quelques jours. Pourquoi, c'était ton amie ?

— Non, mais elle travaillait encore le mois dernier.

— Ça arrive de tomber... dis-je.

— Pas l'Espagnole. Elle n'était pas vieille et elle connaissait son maudit escalier... »

Nicole me regarde.

« Ne fais pas ton innocente. On n'est pas chez les poulets. C'est toi qui as fait le coup ?

— Quelle idée !

— Tu en serais bien capable sous tes airs sages !
— Tu es folle, ma Nicole, je ne veux pas aller en prison.
— Je te crois assez maligne pour ne pas te faire prendre.
— Ça suffit ! m'énervé-je.
— OK, OK, mon ange..., dit Nicole d'un ton appuyé. Ne t'en fais pas Dany, j'ai une autre adresse pour toi. »

Le soir, en me couchant, seule dans le studio de Levallois que nous louons toujours, tandis que Gérard passe la plupart de ses nuits dehors, j'allume une bougie. Je n'ai qu'à fermer les yeux, je l'appelle et il vole autour de moi. « Plus que deux croix », lui dis-je.

Par devoir et par amour, pour m'endormir, je lis le livre d'histoire de Padidi dont j'ai caché soigneusement tous les billets de banque. C'est long l'histoire de France, et toute cette violence, ces guerres me donnent la nausée. Je suis déçue, seuls les hommes sont rois. Pourquoi ? Les quelques pages qui me captivent évoquent deux femmes d'exception, chacune à sa manière.

Sainte Jeanne d'Arc, incroyable ! Dix-neuf ans, jouant dans les champs, les anges lui parlent, elle soulève une armée ! Et les hommes n'en croient pas leurs yeux. La pauvre gamine accusée de sorcellerie finit sur le bûcher. C'est où Domrémy ? Pas très loin des Ardennes, pardi !

Jeanne-Antoinette Poisson, devenue marquise de Pompadour, maîtresse du roi ! C'est un métier ? Ça rapporte en tous les cas ! Jeanne-Antoinette avait beaucoup de talent. Partie de rien, elle achète le palais de l'Élysée... Férue d'arts et d'architecture, elle participe à l'agencement de la place Louis XV, son chéri, devenue place de la Révolution puis... de la Concorde ! Et stupéfaction, faisant œuvre de mécénat, elle promeut Jean-Baptiste Pigalle, grand sculpteur du XVIIIe siècle à qui elle commande son joli buste en marbre... C'est là que je travaille ! Plus que tout, la marquise de Pompadour aime le champagne. En son honneur, les premières coupes sont moulées sur son téton parfait.

Sur la carte postale illustrant ma place préférée que j'envoie à mes parents, j'y mentionne la prestigieuse adresse de *La Belle Meunière* : 75, rue Jean-Baptiste-Pigalle, « sculpteur royal », ajouté-je entre parenthèses, Paris 9e arrondissement, aux bons soins de Madame Gégé.

C'est là que, quelques mois plus tard, deux gendarmes, provoquant un frisson de peur dans tout le bar, me réclament.

63

« Nous recherchons Paulette X. C'est bien ici qu'elle travaille ? »

Les gendarmes m'appellent par mon nom de jeune fille.

« Oui, c'est moi », dis-je, Whiskiky gigotant sur l'épaule.

— Madame, votre père n'arrive pas à vous joindre. Le téléphone ici est sur liste rouge. Il faut rentrer chez vous, votre mère est très malade. »

Une heure après, je suis à la gare de l'Est. Vers minuit, j'arrive au village en taxi. Une lueur inhabituelle perce la fenêtre de la salle à manger. Je regarde par le carreau, des bougies sont allumées.

Mon petit frère André m'ouvre la porte, les larmes aux yeux.

« Maman est morte hier, m'annonce-t-il.

— Mais les gendarmes m'ont dit qu'elle était très malade !

— Papa ne voulait pas t'affoler. Il sait que tu travailles.

— Où est-elle ?

— Dans sa chambre. Tu peux aller la voir. Papa est épuisé, il dort à l'étage. »

J'avance vers la porte, sur laquelle je toque dans un réflexe idiot, en attendant peut-être que Maman me réponde : « Entre Petite-Mère, je t'attendais. »

Allongée sur un drap blanc, dans son unique jolie robe qu'elle portait à mon mariage, les mains jointes, mêlées à un chapelet, elle se repose, le visage fatigué. Ses cheveux ne sont pas bien mis alors je les peigne. J'ai tout ce qu'il faut dans mon sac. Sur ses joues et sur ses lèvres, j'appose un peu de rose, et sur ses cils, je dessine un léger trait noir. Puis je saisis mon parfum que je vaporise dans son cou jusqu'à voir des gouttes se former. Je veux qu'elle soit belle. Elle est bien jeune pour mourir, pensé-je, en embrassant son front froid. Alors une foule de souvenirs me revient, que je chasse. Je veux juste embrasser ma mère, garder mes lèvres sur elle quelques secondes comme une éternité, un adieu, lui dire ce qu'on ne dit jamais ici, que je l'aime, qu'elle a fait de son mieux, que je n'ai pas eu le temps de lui offrir de jolies robes, une moto, un voyage, que j'attends patiemment ma carte Azur et que je compte sur elle pour veiller sur mon ange.

De retour à Paris, Madame Gégé, qui a prévenu Gérard, me laisse une chambre de l'hôtel pour me reposer quelques jours. « Aussi longtemps que tu le voudras, ma fée clochette. »

Le premier jour, je dors, je pleure. Toutes les heures, Nicole vient m'embrasser. Le deuxième, je fais une balade avec Tommy avant de le laisser à Henriette pour aller admirer la Joconde, qui me déçoit. Petite et moche, on ne peut pas l'approcher. Le troisième soir, je suis de retour à *La Belle Meunière*. J'ai besoin de champagne, de Nicole, de Lola, de King Kong, de Whiskiky et de la mère Gégé.

Je passerai dans ce bar de nuit chic trois années que je ne peux pas nommer heureuses, car malgré le standing, la bienveillance de Madame Gégé et une certaine liberté, je les ai bien passées à me prostituer. Si je n'en avais pas été chassée, j'y serais restée plus longtemps. Bien que mes repères en matière de bonheur soient maigres, je dois avouer quand même qu'elles n'étaient pas malheureuses, si je fais abstraction de quelques incidents...

64

Quelques mois avant l'événement qui provoquera mon exclusion de *La Belle Meunière*, la tension est palpable lorsque j'arrive un soir au bar. Madame Gégé me salue à peine, ce dont elle n'est pas coutumière.

« File t'habiller, ils arrivent bientôt et j'ai l'intuition que ce sera toi qu'ils choisiront !

– Qui ?

– Les sbires de notre plus gros client ! File ! »

Dans la salle de maquillage, Lola m'informe qu'il s'agit d'un membre d'une famille royale du golfe Persique.

« Une fortune immense, le pétrole, tu sais... »

Non, je ne sais pas. L'élue n'ira pas à l'hôtel à côté mais dans un palace et gagnera en une nuit ce qu'elle récolte d'habitude en quinze jours de gai labeur. C'est-à-dire – je fais rapidement le calcul dans ma tête – dix fois le salaire mensuel de mon petit frère Raymond... Intéressant... Mais où est le loup ?

« C'est un horrible monstre ? demandé-je.

– Non ! s'amuse Lola, bel homme au contraire mais... spécial. Disons qu'il a ses humeurs, ses exigences.

– On peut refuser ?

– Pas si tu veux rester à *La Belle Meunière*. »

Je pense, une nuit dans un palace à faire des galipettes avec un prince, puis je prends une semaine de vacances.

Pour compléter ma collection, mes trois tenues payées rubis sur l'ongle plus mes cadeaux de l'avenue Montaigne,

Lola me présente une nouvelle robe plus belle encore. Elle ressemble à celle couleur argent façon or. Lola ne voulait pas s'en séparer mais puisque je suis réglo et qu'elles me vont si bien, ça lui fait plaisir de me la céder.

« Mesdemoiselles, s'il vous plaît ! Prêtes pour les mille et une nuits ? » s'impatiente Madame Gégé.

Nous prenons toutes place. Moi, toujours à côté de la caisse enregistreuse et de Whiskiky qui m'envoie des coups de patte, car ma robe jette encore plus de feux que celle argent.

« Attention, ils arrivent ! » crie Madame Gégé.

Une limousine noire stationne devant le bar en mordant le trottoir. Deux hommes en sortent, salués par Madame Gégé telles des divinités. Le pétrole, ça change tout. Si seulement mon père avait pu en trouver dans le jardin...

Le prince, resté dans son palace, a toute confiance en ses conseils qui connaissent ses goûts et me désignent du doigt à distance comme on choisit une vachette au marché à bestiaux. Bingo, Linda !

Je passe devant Nicole qui lève son pouce en murmurant un « Courage, chaton... » qui ne présage rien de bon, tandis que Madame Gégé m'accompagne jusqu'à la portière et m'informe que j'ai entre mes mains, « enfin entre les cuisses », se reprend-elle amusée par son jeu de mots, la réputation de *La Belle Meunière*.

Les deux conseils m'entourent sur la banquette arrière en cuir de cette voiture avec chauffeur au silence inouï, dotée de miroirs éclairés, cerclés de ronce de noyer et d'une jolie statuette au bout du capot.

Direction l'église de la Sainte-Trinité, l'Opéra, la rue de la Paix, la place Vendôme et le *Ritz*. On m'ouvre la portière, on pousse le tourniquet et on m'escorte jusqu'à une suite de la taille d'un appartement, située au bout d'un couloir, où est assise une rangée de gardes du corps visiblement armés.

Dans un salon, l'un des deux conseils compte devant moi les billets au montant astronomique qu'il me remet dans une enveloppe, en désignant une porte.

« À demain matin », me dit-il.

Les yeux écarquillés, tenant l'enveloppe, je m'interroge : que vais-je devoir faire pour mériter autant d'argent ? Soudain, j'ai peur. L'effroi des proies encore...

Dans la chambre immense, j'avance dans la pénombre en apercevant le beau profil d'un homme, semblant jeune, habillé d'un peignoir, assis dans un fauteuil.

« Viens par ici », me dit-il, d'une voix feutrée monocorde avec un léger accent.

À côté de lui, posé sur une desserte éclairée par une lampe de chevet, un plateau d'argent luit. L'homme se sert un toast qu'il garnit d'un mets sombre, disposé dans une soucoupe en verre, à l'aide d'une cuiller minuscule qui brille comme de la nacre. Puis il avale d'un trait un petit verre d'alcool et dit en ouvrant son peignoir sous lequel il est nu : « Déshabille-toi et suce-moi à quatre pattes. »

Je fais glisser ma robe d'or et m'abaisse. Au revoir princesse. Mes lèvres avancent ouvertes vers le sexe épais de l'homme et je fais mon travail alors qu'il continue de boire et de déguster son mets, paraissant indifférent à mes caresses.

« Ça vous plaît, monsieur ? demandé-je.

— Ne parle pas », répond l'homme en m'attrapant par les cheveux pour replacer ma bouche là où il veut.

Puis, me saisissant de la même façon, il dégage son sexe qu'il s'amuse à enduire des petits granulés mordorés dans la soucoupe en verre en me demandant :

« Tu aimes le caviar ?

— Je ne sais pas.

— Ne parle pas, je te dis, hoche la tête, et goûte... »

J'ouvre la bouche, lèche. Il s'agace.

« Plus vite ! crie-t-il d'une voix contenue en se servant un autre verre, plus vite... »

Après quelques minutes, il se lève, le sexe dressé perçant son peignoir, pour allumer un cigare.

« Reste par terre ! m'ordonne-t-il quand il me voit me relever. Ne fais rien que je ne t'ai pas demandé. Marche dans la chambre, à quatre pattes, vas-y ! »

Sans penser, je marche comme un chien vers le lit où j'aimerais m'allonger.

« Ramasse ma chaussette avec les dents, rapporte-la-moi et reviens me sucer », lance-t-il en se rasseyant dans le fauteuil.

C'en est trop ! Il peut garder ses billets, son pétrole, sa suite où l'on se perd et sa bite qui sent le poisson. Une envie de meurtre me vient qui me fait trembler. Ça y est, je suis folle, ça craque dans ma tête, mon sang chauffé depuis la salle de maquillage monte à ébullition, je vais fracasser cette bouteille de vodka et la planter avec plaisir dans cet homme qui croit que l'on peut tout acheter, qu'une prostituée n'est pas une femme mais une esclave qui fait tout, absolument tout, que ça n'est qu'une question de billets. Je me relève brusquement en me dirigeant vers ma robe.

« Par terre, je te dis ! m'ordonne l'homme sans crier.

— Non, toi, lèche mes pieds de princesse ou je te crève. »

D'abord secoué par un rire nerveux, l'homme se rue sur moi. Il me gifle, me tire par les cheveux et me jette sur le lit. « Je vais t'apprendre à obéir », crie-t-il à l'oreille.

De ses bras puissants, il me retourne, s'allonge sur mon dos, crache dans ses doigts et fouille mon anus. Sans hurler comme lui, je dis : « Non ! S'il vous plaît, monsieur... Monsieur le roi ! »

Je me débats si fort que je parviens à rouler sur les draps en soie. L'homme me rattrape, comme un chat une souris. Il immobilise mes poignets et s'allonge sur moi en contemplant les larmes dans mes yeux qui semblent le ravir... « D'accord... » dit-il comme on gracie un condamné, puis brusquement, d'un seul coup qui me fait crier, l'homme pénètre mon sexe tout au fond, va et vient longuement en embrassant mes seins, mon cou, mon front avec avidité, mais jamais ma bouche. Il voudrait me happer, jouir tout en faisant disparaître l'insupportable objet de son désir.

Après la jouissance, paralysée dans le lit, je m'enroule lentement dans un drap et attends. L'homme se lève pour se servir un autre verre de vodka et me dit : « Va dormir à côté. C'était bien. Je viendrai te réveiller. » Je ramasse ma robe, attrape l'enveloppe que j'avais déposée sur une commode et fuis dans le salon attenant où je ne dors pas de la nuit. J'ai l'impression d'être emprisonnée dans un autre pays où les lois sont changées. Je suis à la merci de cet homme. Inutile d'essayer de sortir, une dizaine de gardes aux ordres me barreront le passage. Que vaut la vie d'une pute pour un roi du pétrole, pour le directeur de ce palace, pour Madame Gégé, Gérard, le cousin Jeannot, les gens de mon village et pour l'humanité ?

Au matin, l'homme revient. Il me baise encore avec la même volonté vorace de soumission, de jouissance et de disparition. Repu, d'une tape sur l'épaule, d'un hochement du menton, il me congédie.

Je m'habille de ma robe d'or, me coiffe et me remaquille dans le reflet d'un grand miroir. Deux gardes m'escortent jusqu'à la sortie, mais dans le lobby, il me vient une idée, un besoin vital. Je m'arrête, et dans un sourire, je les remercie d'une tape sur l'épaule moi aussi, en me dirigeant dans ma robe or, qui dénote au matin, vers un monsieur qui m'observe, amusé sous son haut-de-forme, portant sur le col de sa veste de costume deux petites clés dorées.

« Bonjour, monsieur. C'est combien la chambre ici ?

— Bonjour, mademoiselle. Vous êtes une connaissance de Son Altesse ?

— Exactement.

— Vous souhaitez que j'appelle son conseil ? Cela peut être offert.

— Non ! Je veux payer. C'est important, monsieur. »

L'homme entend ma voix brisée et me donne un prix dérisoire pour une jolie chambre au *Ritz*.

« Ce n'est pas une suite, précise-t-il.

— Tant mieux, je me perds quand c'est trop grand ! »

L'homme aux petites clés dorées appelle l'un de ses grooms bien élevés pour qu'il m'accompagne.

Je passe vingt-quatre heures dans cette chambre superbe, grande comme notre studio de Levallois, avec un petit balcon sur le toit de zinc qui donne sur l'arrière de l'hôtel, la rue Cambon, d'où je peux apercevoir un bout de la tour Eiffel et la basilique de Montmartre où je ne suis pas encore allée.

Après une crise de larmes incontrôlée, je me noie dans un bain délicieusement parfumé dont la mousse généreuse, collant aux mains et aux pieds, m'amuse. Encore et encore, je me lave dans ma salle de bains en marbre. L'argent obsédant qui rend fou, dont l'absence affame et marque une vie au fer rouge, ne recolle pas une âme brisée et ne la remplit jamais assez, mais il peut la consoler comme aujourd'hui, l'enivrer, la flatter, lui redonner un peu de son éclat, de sa fierté, le temps que dure le plaisir qu'il permet.

Vers midi, on sonne à la porte.

« Qui est-ce ? crié-je à nouveau dans mon bain.

— Le room service, mademoiselle, votre déjeuner.

— Mais je n'ai rien commandé !
— C'est offert, mademoiselle.
— Ah, entrez alors ! »

Habillée de mousse et d'une serviette vite attrapée, je contemple le spectacle unique de ce groom détournant le regard, poussant lentement une desserte nappée de blanc jusqu'au sol, couverte de cloches argentées, d'un seau à champagne et d'un bouquet de roses...

« Waouh ! C'est offert par qui ? demandé-je.
— C'est anonyme, mademoiselle, répond le groom.
— Dommage, je l'aurais remercié. C'est drôlement gentil. »

Je ne quitte pas ma chambre de la journée. Je rêve d'y passer le reste de ma vie. Il y a assez de place pour Tommy et moi, et de ce balcon, je peux toucher le ciel. Vers la fenêtre ouverte, je pousse un fauteuil à la forme étrange, appelé méridienne, pour m'y prélasser dans mon peignoir blanc face à l'azur. Là, je murmure mon appel, viens mon ange, viens voir Maman. Parfois, il ne se passe rien, mon ange doit jouer avec d'autres anges, mais parfois, les yeux grands ouverts, je vois sa silhouette se déplacer. Il peut marcher, voler, sourire ou me tendre les bras. C'est mon signe du ciel, mon espoir de magie, mon baume, mon moment de grâce qui ne me blesse plus, car ma promesse sera tenue.

Demain, j'irai chercher Tommy chez Henriette. J'aurai une drôle d'allure en marchant dans le jour rue du Faubourg-Saint-Honoré avec ma robe or.

Je dors comme un bébé. Au matin, le téléphone sonne. Une voiture m'attend, la même, avec la statuette qui m'emmène chez Henriette.

« Tu te promènes en Rolls, maintenant ! s'exclame-t-elle.
— Ce n'est pas à moi !
— J'imagine, gamine. Faut pas pousser ! »

Tommy me saute dans les bras, grimpe dans la limousine direction Levallois où nous sommes déposés, portière ouverte, au pied de notre taudis.

Comme souvent, Gérard est absent. Heureusement, sans cela, il aurait volé l'enveloppe épaisse que je dois apporter à Madame Gégé. Je ne sais pas ce qu'il fabrique et je m'en fiche. Nous nous croisons. J'imagine qu'il va voir d'autres filles, car quand je travaille, je ne veux pas qu'il me touche.

L'argent dans la table ronde a disparu mais j'y trouve autre chose qui me choque, un revolver, un vrai, que je prends par la crosse délicatement. Je l'observe, puis l'empoigne franchement, en direction du petit miroir posé sur l'évier. Je tends les deux bras joints, l'arme au poing, et je crie « boum, boum ». Plus qu'une croix...

À *La Belle Meunière*, en s'emparant de l'enveloppe, Madame Gégé me félicite.

« Il t'a gardée deux jours ?

— Non, je me suis reposée.

— Tu as bien fait. Il revient dans un mois, son conseil était content.

— Tant mieux... »

Pendant le maquillage, Lola et Nicole me demandent comment ça s'est passé.

« J'ai failli le tuer, puis ça s'est arrangé.

— Le tuer ? rétorque Nicole. Qu'est-ce qu'il t'a fait ?

— Je préfère oublier.

— Mais dis, enfin !

— Il m'a fait marcher comme un chien par terre, il a voulu m'enculer et m'a violée.

— Violée ?

— Oui, je voulais partir.

— On ne viole pas une pute, ma petite, dit Lola. C'est juste un coup dur, ça passera, et tu étais au *Ritz*. Tu t'es fait un max de fric. Madame Gégé est ravie, Son Altesse aussi. Il t'a déjà réservée pour la prochaine fois.

— Je sais », dis-je.

Mais un mois plus tard, quand l'altesse reviendra, je serai à l'hôpital.

65

Une ou deux semaines après le *Ritz*, je me réveille poignardée par d'atroces douleurs dans le ventre qui ne passent pas. Le docteur de quartier que je consulte diagnostique des règles douloureuses et me prescrit des antalgiques qui font effet quelques heures, mais arrivée à *La Belle Meunière*, je suis prise de vomissements et de fièvre. Madame Gégé m'ordonne de rentrer chez moi : « Soigne-toi, tu es blanche comme un linge et ton front est brûlant. J'espère que tu n'as pas attrapé la chtouille, ma fée clochette ! »

Laissant Tommy chez Henriette, je retourne à Levallois en taxi où je trouve Gérard qui me reproche d'être douillette. Il aimerait me renvoyer au travail mais en me voyant pliée sur le lit grelottant de fièvre, il n'insiste pas. Plus tard dans la soirée, je lui demande :

« Tu peux m'emmener à l'hôpital, s'il te plaît ? Je ne vais pas bien.

— Attends demain, ça va passer. Le doc eur t'a dit que ce n'était pas grave ! Je suis claqué, j'ai eu une grosse journée... »

J'avale d'autres cachets, j'essaie de dormir mais vers minuit, je crie : « Je vais mourir, Gérard, je vais mourir. »

Inquiet, il se tourne vers moi dans le lit et touche mon front : « Tu es brûlante, merde ! Qu'est-ce qu'on va faire ? Je ne sais même pas où t'emmener. Tu n'as pas de Sécurité sociale... Je descends appeler Jeannot et je reviens vite, ma petite femme. »

Quand Gérard quitte le studio, j'ai une apparition de nature puissante, inhabituelle, effrayante. Ce n'est pas mon ange qui plane au-dessus de moi mais la mort. Je n'oublierai jamais cette vision que j'aurai deux autres fois dans ma vie. Un voile mouvant, blanc, gris, posé sur le visage d'une femme invisible s'assombrit lentement à mesure qu'elle s'approche de moi. Dans un courant d'air froid, mon corps et mon esprit semblent se vider, s'évaporer, je disparais. Un instant, en bonne paysanne dure au mal, je tente de résister, je veux vivre encore, je n'en ai pas fini. Alors, je cherche en moi les quelques forces qui me resteraient. En vain. Sous la douceur glacée du voile qui grandit, je me rends, je suis prête, pensé-je. Prends-moi comme tu as pris ma mère et mon fils. Que tout cela finisse... Doucement, mes yeux se ferment. Je perds connaissance, puis tombe dans le coma.

Quand il me voit inanimée en travers du lit, le visage relâché, Gérard se met à hurler. Il m'enroule dans une couverture et m'emmène à toute vitesse dans sa nouvelle voiture chez les meilleurs docteurs de Paris, là où son cousin se fait soigner et les paiements en liquide sont acceptés, à l'Hôpital américain de Neuilly. En chemin, me croyant morte, Gérard me racontera avoir pleuré. J'en doute.

« Sauvez ma petite femme ! » hurle-t-il à l'accueil. Ça, c'est sûrement vrai. Sauvez ma tirelire, ma meilleure poule, devait-il penser. Sa nature impatiente et volcanique fait de l'effet. Je suis prise en charge immédiatement. Souffrant d'une péritonite typhique avancée aux multiples origines possibles, je dois être opérée sur-le-champ.

« C'est vraiment grave, docteur ? demande Gérard juste avant mon transfert au bloc opératoire.

— Votre femme est dans le coma. À une heure près, elle décédait. La péritonite s'est transformée en septicémie.

— C'est-à-dire ?

— Une infection généralisée du sang. Son abdomen est rempli de pus. Nous allons essayer de la sauver... »

Gérard me racontera avoir prié. J'en doute.

Lorsque je me réveille le lendemain midi, intubée, perfusée à plusieurs endroits, apeurée par l'écho incessant du bip-bip de machines inconnues autour de moi, je vois Gérard dans une forme de brume caresser mon bras en souriant. Il paraît heureux de me voir. Suis-je bien sur terre ? Il me raconte dans le détail le déroulé de mon hospitalisation et ce tracas qu'il s'est fait.

« Je t'aime ma petite femme, tu le sais ? »

Dans la brume, ces mots ne trouvent aucun écho.

« Il te faut du repos, a dit le docteur, on va partir en vacances tous les deux avec ma nouvelle voiture. »

Je hoche la tête, referme les yeux en prononçant mes premiers mots :

« Et Tommy ?

— Il est chez Henriette. Nous l'emmènerons si ça te fait plaisir. »

Après une semaine alitée à Neuilly, à faire de plus en plus de pas dans les couloirs, agrippée aux rambardes, puis dans le jardin, je suis autorisée à rentrer chez moi. En écrivant son ordonnance de sortie, le médecin m'interroge dans la chambre où Gérard vient d'arriver, habillé en costume et mocassins cirés comme s'il allait à la fête.

« Vous travaillez, madame ?

— Oui...

— Votre métier ? »

Je veux dire la vérité pour que le docteur au regard vif comprenne ma situation et les risques possibles pour ma santé mais le mot ne sort pas de ma bouche. Alors je me tourne vers celui qui est mon mari pour qu'il réponde à ma place.

« Hôtesse d'accueil... aux Galeries Lafayette ! » affirme-t-il avec aplomb.

Le docteur acquiesce sans regarder Gérard.

« Pendant au moins un mois, il va falloir éviter la station debout, madame, le temps que votre cicatrice sèche. Sous le pansement, il y a vingt points de suture.

— Je pourrai quand même avoir un bébé ? demandé-je.

— Ça n'a rien à voir, répond le docteur.

— Ma femme n'est pas souvent debout », conclut Gérard.

Le sourire qu'il esquisse me fait fermer les yeux. Alors que toute la semaine Gérard m'a répété qu'il m'avait sauvé la vie, l'envie me reprend d'abréger la sienne.

L'air désolé, le docteur semble avoir compris. Pourquoi la mort ne m'a-t-elle pas prise ? Dans ces moments fragiles où ma vie s'entête, je commence à croire à un destin, un chemin de croix, une coupe que je dois boire jusqu'à la lie, en attendant le dénouement bleu.

À la fin du mois de juin 1966, sur le parking de l'Hôpital américain, Gérard décapote son nouveau cabriolet, une Sunbeam Alpine rouge. L'argent que je gagne contribue à l'essor de l'industrie automobile. En trois ans, cette Sunbeam doit être sa cinquième voiture. Joyeusement, fièrement, il me demande :

« Où veux-tu aller ?

— Au studio.

— Non ! En vacances, là tout de suite, où rêves-tu d'aller ?

— Sur la Côte d'Azur, dans un palace, pour vivre avec style.

— En avant pour le Sud, je vais passer quelques coups de fil, mais pour le palace... Ce cabriolet m'a plumé ! Nous n'avons plus beaucoup d'argent.

— Et le studio de Levallois, quand est-ce que nous l'achèterons ?

— Jamais, tu as raison, il est sordide, alors que ce bolide ! Tu vas voir. »

Dans le coffre, Gérard a déjà rangé quelques affaires. Nous passons prendre Tommy qui fait des bonds en me voyant, puis s'assied sagement à mes pieds, car la voiture ne compte que deux places.

« Nous allons voyager jusqu'à la Côte d'Azur le toit ouvert ? demandé-je.

— Ben, oui, qu'est-ce que tu crois ? Un cabriolet, c'est fait pour ça. »

Sous un soleil de plomb, assourdie par le bruit du vent qui fait battre mes cheveux, je caresse Tommy sans cesse. Il m'a manqué. J'entoure sa gueule qu'il garde posée sur mon ventre de mon unique foulard, car ses oreilles claquent. Ainsi affublé, son visage presque humain me fait rire.

« On dirait ta grand-mère ! crie Gérard dans le vacarme du cabriolet.

— N'importe quoi... »

Après une journée de voyage, pendant laquelle j'ai vu, curieuse, émerveillée, la France changer de couleur, de paysage, nous arrivons dans les Bouches-du-Rhône. À l'est de Marseille, au sommet de la corniche pierreuse qui surplombe les calanques de Cassis, la mer bleue jaillit dans une baie immense. Hérissée par quelques vagues blanches, on dirait un miroir posé sous l'horizon, reflétant le sillon des nuages.

« Comme c'est beau, infini... Regarde Tommy, nous sommes au paradis ! dis-je en relevant mon chien. C'est la première fois que je vois la mer.

— Moi je l'ai vue, rétorque Gérard. En Algérie, de l'autre côté, en enfer... Tu vois la grande grue là-bas, Paulette ?

C'est le chantier naval de La Ciotat. Notre hôtel est juste à côté, au bord d'une petite plage. »

Il fait chaud, le soleil ne nous a pas quittés. Je découvre, dans notre chambre ombragée qui donne sur le parking et le cabriolet, mon visage, mes épaules et mon décolleté brûlés. Dans la nuit, j'ai mal, ne supportant même pas le poids d'un drap. Dès le lendemain, tel un insecte déposant sa chrysalide, je décolle de mon corps de fins lambeaux de peau. Anxieuse, j'interpelle Gérard :

« Regarde, je suis toute brûlée !

— Tu pèles, patate ! C'est juste un coup de soleil. »

Dans cette petite crique du Mugel, adossée aux hangars du chantier naval dont les sirènes retentissent matin et soir, nous passons une semaine tranquille, presque agréable. Protégée par un parasol, enduite de crème solaire de la tête aux pieds, je lis ou je tricote sur la plage, à côté de Tommy, en regardant Gérard nager, plonger dans l'eau translucide.

« Tu tricotes en été ? se moque Gérard.

— Oui, une écharpe de coton pour le retour. »

Gérard, au physique sportif, se prend d'une nouvelle passion, le tennis. Il aime ce jeu qu'il trouve chic tout comme les amateurs qui le pratiquent. « Ils ont du fric, dit-il, et vivent avec style. » Dans les années 1960, c'est un sport élitiste.

Quand Gérard va dans son cabriolet Sunbeam Alpine au tennis-club de la ville de La Ciotat, qui s'étend sur plusieurs kilomètres le long de la mer, il me dépose dans le centre historique au-dessus du port où j'aime bien me promener. J'achète ce qu'il faut pour mon tricot, de la nourriture pour Tommy et me paie même le luxe, puisque c'est l'été des premières fois, de me faire coiffer dans un salon chic. « Le meilleur de la ville ! » me renseigne une passante élégante, parlant avec ce fort accent du Sud qui me fait rire. « Mais je préfère vous prévenir, il est tenu par des homosexuels, très gentils », précise la dame en me saluant. Effectivement, Michel et Bernard, hommes extravertis et hauts en couleur comme on peut en croiser à Pigalle, dont les prénoms figurent fièrement sur la devanture du salon, m'accueillent avec force manières et attentions, me coiffent comme une princesse et m'offrent une crème pour le visage parce que je rougis comme une tomate. Ils m'appellent « la Parisienne » et me chargent de dire à mon mari qu'il a de la veine de m'avoir ! Quand je raconte l'anecdote à Gérard, qui me trouve bien coiffée, il réplique :

« Tu vas chez les pédés maintenant ?

– Je m'en fiche. Ils étaient très gentils et ne font de mal à personne. »

Dans l'ordonnance du docteur de l'Hôpital américain me sont prescrits des antibiotiques, des antidouleurs à base de morphine et des gouttes pour mon état nerveux. Ce cocktail, mélangé à la lumière aveuglante et à mes pensées vagabondes, produit un drôle d'effet. Tantôt je suis mélancolique, dans les vapes, avec les larmes aux yeux, tantôt je suis joyeuse, pleine de vie, pas très loin du soleil. Dans cet élan, la veille de notre départ, j'interroge Gérard :

« Tu ne voudrais pas vivre ici ? Nous pourrions ouvrir un commerce, un petit restaurant, avoir des enfants, mener une vie normale ?

– Tu plaisantes ! Une vie normale ? Faire le larbin, servir des pizzas à des cons de touristes ? Plutôt crever ! C'est agréable en été mais l'hiver il fait très froid, il neige comme tu ne peux même pas imaginer, et on s'emmerde encore plus que dans ta campagne.

– Ah bon ? Je croyais qu'il faisait beau toute l'année et qu'on pouvait se baigner dans les fontaines.

— Qui t'a raconté ces conneries ?
— Personne. Je l'ai vu dans un film.
— Tu vas au cinéma, toi ?
— Deux fois. »

Avant de partir, j'envoie des cartes postales, une pour mon père et mes frères, une pour Henriette et une autre pour Nicole à *La Belle Meunière,* dans laquelle j'écris : « C'est beau, c'est bleu la Côte d'Azur mais le soleil m'a brûlée, et l'hiver, il neige, tu t'es trompée, les fontaines sont gelées... Il faut aller à Rome ! »

Sans attendre la fin du repos recommandé par le docteur, trois semaines après en être partie livide, je reviens le teint légèrement hâlé à *La Belle Meunière.*

Dans un jour de brume mélancolique, Gérard, aussi déterminé et autoritaire que je peux être affaiblie, m'a convaincue, sans que je sois capable de m'opposer à quoi que ce soit, que je possédais dans ce bar chic une place en or, que je m'y plaisais et que ce travail était fait pour moi.

« Tu ne peux qu'être d'accord ! Quelle autre place t'apporterait autant de succès ? Quand nous aurons suffisamment d'argent, nous déménagerons. Nous mènerons la vraie, la grande vie ! Compte sur moi. En attendant, il nous faut travailler... »

Cela me fait plaisir de retrouver Nicole, Lola, King Kong et même la mère Gégé, qui m'accueille les bras ouverts, en me serrant longuement sur sa forte poitrine parfumée de patchouli.

Dans la salle de maquillage, Nicole me montre ma carte postale de La Ciotat.

« Merci, mon chaton ! Pour ton information, Marseille est la ville la plus ensoleillée de France ! Qui t'a raconté qu'il neigeait l'hiver ?

— Gérard.

— Mon pauvre chou, tu gobes tout... »

Lola m'apprend que Dany a eu des soucis de santé. Ça s'est mal passé avec Son Altesse du golfe Persique. En faisant le chien, elle a craqué et l'a mordu. Il l'a punie. On a dû lui recoudre l'anus.

« La pauvre ! » dis-je.

Tu parles d'une place en or, pensé-je.

Je ne resterai plus très longtemps à *La Belle Meunière.* Quelques événements vont précipiter ma sortie de la « prostitution de luxe ».

Un soir, éreintée, ivre, sans m'être changée ni démaquillée, marchant vite dans ma belle robe pour attraper le dernier métro, je suis emballée par le gros Dédé et un nouveau collègue.

« Je n'ai rien fait de mal ? protesté-je avant de monter dans le panier à salade.

— Qu'est-ce que tu fous habillée en starlette sur les trottoirs de Pigalle ? Tu vends des crêpes ?

— Je rentre chez moi, monsieur.

— Non, c'est ton cul que tu vends à *La Belle Meunière* ! Tu donnes dans le beau linge, mais c'est le même métier, tu sais. Tu m'as manqué, Linda ! Allez hop, au commissariat pour un petit contrôle.

— Espèce de salaud !

— Un ton en dessous, je te conseille, si tu ne veux pas retourner au trou ! »

L'interrogatoire en pleine nuit mené par le gros Dédé libidineux, sous la lumière blafarde de son bureau humide où traînent quelques cafards, et la menace récurrente qu'il brandit de me renvoyer à Saint-Lazare me font perdre la tête. Pour de bon cette fois. Dans mon sac, imitant les mesures d'hygiène de Nicole, j'ai des lames de rasoir que j'achète au bar-tabac pour raser tous les poils de mon corps à l'exception des bras. Discrètement, j'en extrais une de son étui métallique et la tends au gros Dédé en tremblant.

« Ne fais pas de conneries », me dit-il en reculant sa chaise.

Lentement, tout en le fixant, je m'entaille les veines sous son nez. Le sang gicle, Gégé blêmit. Emmenée en urgence à l'hôpital, je suis libérée quelques heures après. La blessure est superficielle. Comme l'infirmière de Saint-Lazare, je n'ai pas trouvé mes veines.

Gérard, qui vient me chercher à l'hôpital, m'engueule. Une fille au poignet recousu, ça fait désordre. Il m'ordonne une semaine de repos supplémentaire, car il me trouve bizarre depuis mon opération du ventre, et surtout, il m'interdit de recommencer. « Ou bien ne te rate pas cette fois ! » gueule-t-il en colère.

C'est pendant cette semaine de convalescence que nous sommes invités Gérard et moi à un dîner qui va sceller notre sort à tous les deux pendant quelques années.

66

Puisque Gérard et moi sommes mariés depuis plus de trois ans, « que nous travaillons dans le même business et que j'ai passé ma période d'essai », dit-il à Gérard, mais aussi pour vérifier de près mon état général, physique et mental depuis mon opération, le cousin Jeannot nous invite à dîner chez lui, en famille, sur la butte Montmartre. Dans la voiture, Gérard me prévient, c'est un dîner rare, une marque de confiance, « à l'italienne », qui est la nationalité de Francesca, l'épouse officielle de Jeannot qui tenait à me rencontrer. Les femmes restent entre elles dans la cuisine et on ne pose pas trop de questions. Bien. Je connais ma leçon.

Avec femme et enfants, le cousin habite un bel appartement à côté de la Basilique d'où l'on peut admirer tout Paris.

La présence du cousin Jeannot, que je ne fais que croiser, provoque toujours en moi une réaction de crainte et de dégoût entraînant mon recul lorsqu'il me parle. Une bouteille de vin pétillant italien à la main, il s'exclame : « Tu bois un coup, la paysanne ? » En effectuant un pas en arrière, je me cogne dans le mur. Ça le fait rire, pas Gérard, qui lui aussi se souvient à vie de l'origine de ma peur.

« Sois tranquille, c'est un dîner familial. Un peu de détente, ma femme voulait te connaître », me lance le cousin Jeannot.

Devant mon silence et mon regard de biais, il dit : « Je sais que tu ne m'aimes pas mais ça peut s'arranger. La table, ça sert à ça. Gérard est très content de toi, et... ce que j'ai fait, c'était pour ton bien ! Allez, bois un coup, la paysanne ! »

À ces mots, je me sens bouillir alors que la soirée ne fait que commencer. Gérard, sentant ma fébrilité, me lance un regard noir. Alors je tends mon verre pour boire, pour m'enivrer, comme à *La Belle Meunière*, boire pour endurer.

« Francesca ? Viens ma petite femme ! Viens saluer tes cousins ! »

« Ma petite femme... » Gérard dit cela aussi. Il fait tout comme lui. Le diable pour modèle. Et la femme du diable, comment est-elle ?

Lorsque cette petite femme mince et brune entre dans le salon comme un animal craintif, je ressens pour elle une sympathie immédiate. J'observe son visage triste, vieilli, qu'elle éclaire d'un joli sourire en me saluant.

« Bonjour Paulette, j'ai beaucoup entendu parler de toi.

— Bonjour, madame.

— Je suis plus âgée, mais tu peux m'appeler Francesca ! »

Le visage marqué de Francesca dénote avec son accent chantant typique du pays où l'on peut danser dans les fontaines. Elle m'invite à la suivre dans la cuisine pour que ces messieurs puissent parler entre eux de leurs diverses affaires.

Dès ses premières paroles et ses regards fuyants, rivés à une grande casserole qui chauffe devant elle, je comprends l'histoire de Francesca. Elle vient d'un petit village de Calabre, une région du sud de l'Italie, dans le coup de pied de la botte. Elle rêvait de venir en France, car la Calabre est belle mais pauvre, infestée par la mafia qui a tué son père. C'est au cœur de l'été, dans un bal à Tropea, petite ville de pierre sur la falaise, qu'elle a rencontré Jeannot il y a presque vingt ans. J'écoute Francesca qui semble avoir plaisir à me raconter sa vie. Quand elle évoque sa ville natale, son joli sourire renaît. Elle s'amuse même à mêler au français quelques mots d'italien :

« Pour se marier, Jeannot a descendu toute la côte depuis la France avec son cabriolet. Il était tellement... *Come si dice brutto* ?

— Brute, brutal ?

— *No !* rit-elle. *Brutto*, c'est... pas beau, moche ! C'est ça, il était tellement moche qu'il a roulé longtemps, *molto*, jusqu'à Tropea, tout en bas. Après c'est l'Afrique, mais il était drôle, sûr de lui, et ma grand-mère disait qu'il valait mieux être *brutto* que beau, ça dure plus longtemps. Alors j'ai quitté l'Italie, je suis montée dans le cabriolet avec Jeannot... *Intuito femminile !* On dit la même connerie en français, *no ?*

— Oui.

— Tout va bien les filles ? demande le cousin Jeannot en rentrant dans la cuisine avec la bouteille de vin pour nous resservir et nous écouter. C'est bientôt prêt, Francesca ?

— *Si. Cinque minuti...* »

Quand Jeannot repart, Francesca sourit en me faisant chut avec le doigt.

« Je parle trop, soupire-t-elle en remuant la cuiller en bois dans la casserole. Mais ça me fait du bien et c'est la famille. Et j'adore le prosecco, ajoute-t-elle en buvant d'un trait son verre.

— Et toi ? me demande-t-elle. Tu as été malade. Ça va mieux ?

— Oui. Avec des hauts et des bas. Je travaille à *La Belle Meunière*.

— Je sais. Tu as de la chance, les passes sont chères.

— Tu travailles aussi ? »

Francesca pose sa cuiller et me sonde du regard avant de répondre.

« Oui, rue de La Reynie, aux Halles. C'est dur, mais il y a du travail... C'est bientôt prêt », dit Francesca pour clore notre conversation.

Mais aidée par mon verre de prosecco que je vide, j'ose :

« Combien de temps vas-tu rester rue de La Reynie si c'est dur ?

— Ce n'est pas moi qui décide. Je fais ce qu'on me dit.

— C'est Jeannot ? Il me terrorise.

— Pourquoi ?

— Il a tué mon bébé.

— C'est impossible ! Jeannot ne touche pas aux enfants ! s'enflamme Francesca.

— J'étais enceinte de six mois.

— Ah, il t'a avortée. C'est les risques du métier.

— Je voulais mon enfant ! Je devais me marier et travailler à Paris dans l'import-export.

— Et moi dans les fleurs à Marseille... C'est Jeannot. *È la vita...* Il est né très pauvre comme moi, c'est un orphelin de l'Assistance publique. Depuis qu'on a les enfants, et lui, d'autres filles, ça va...

— D'autres filles ?

— Oui, comme tous les hommes... C'est son business !

— Gérard aussi ?

— Demande-lui. »

Je reste un instant sans parler.

« Tu pourrais t'arrêter ? demandé-je.

— Pourquoi ? Je travaille comme on va au bureau. Jeannot me donne plus d'argent et je ne sais faire que ça.

— C'est ce qu'on nous dit mais peut-être que ça n'est pas vrai !

— Trop tard. On s'arrête jeune ou jamais.

— Moi, je m'arrêterai !

— *Bene... E quando ?*

— Quand j'irai mieux. J'ai mon idée... »

Francesca a deux fils, de onze et treize ans, bons élèves, qui sont sa fierté. Elle les a élevés tout en travaillant.

À la fin du dîner, les enfants en pyjama sont appelés par leur père dans le salon pour manger avec nous un morceau de gâteau. Ivre, je pense, à quoi ressemblent les fils du monstre ? Quand je vois arriver deux jeunes garçons ensommeillés, tout mignons, qui me tendent leurs lèvres, je suis bouleversée. Avant d'effacer une croix de plus, je vais devoir attendre quelques années...

67

Dès le lendemain de ce dîner, Gérard change radicalement d'humeur. Quelques soirs plus tard, il rentre dans la nuit totalement ivre en éructant : « Je vais t'enculer, salope ! Avec le manche à balai ! Ma bite, c'est trop d'honneur ! » Il se jette sur moi, me frappe. Je le supplie. Tommy sort de sous le lit. Gérard se lève pour se saisir du balai en gueulant : « Couché, Tommy ! » Mon chien reste figé, alors je siffle : « Qssse ! Qssse ! »

Tommy se jette sur Gérard et le mord sans lâcher au mollet. Gérard hurle de douleur en cherchant son couteau. En chemise de nuit, les pieds nus, je me précipite vers la porte en criant : « Arrête, Tommy, viens. Viens mon chien ! »

Nous dévalons l'escalier alors que j'entends Gérard courir derrière nous. Dans le hall de l'immeuble, juste avant la rue, la jambe en sang, il nous rattrape. La rage brûle dans ses yeux quand il pointe vers moi, puis vers Tommy grognant que je retiens par le collier, son revolver tremblant. Je ferme les yeux, car Gérard peut tirer. Ma vie ne tient qu'à un mouvement du doigt.

« Remonte immédiatement !

— Tue-moi ! Je préfère. »

Gérard tire. Ça claque. La balle m'a frôlée pour se planter dans la porte cochère derrière moi.

« La prochaine, c'est pour toi », articule Gérard.

Pointée par son arme, je marche vers l'escalier en tenant Tommy et retourne dans le studio au huitième étage, où je m'allonge dans le lit, mon chien entre les bras. Tremblant de peur.

« Si tu pars, je te bute. Toi et ton chien ! Où que tu ailles je te retrouverai et je te crèverai ! »

Gérard attrape mon sac et une serviette dont il entoure son mollet, puis s'en va en boitant, fermant la porte à clé.

Je passe la journée enfermée sans rien dire ni crier. À quoi ça servirait ? Nous sommes seuls dans cet immeuble vide, pourri, avec un vieux gâteux au premier étage et une bande de jeunes voyous au quatrième.

Tommy gêné doit faire ses besoins dans un coin de la pièce.

En fin d'après-midi, Gérard revient, dessaoulé, avec le cousin Jeannot.

« Ça pue ! dit-il en entrant. Alors comme ça, tu veux arrêter ? me demande-t-il. C'est Francesca qui nous l'a répété. Tu sais qu'il te faut notre permission ? »

Je reste silencieuse avec Tommy dans les bras.

« On a bien réfléchi avec Gérard. Les filles comme toi, ça attire les ennuis et on n'aime pas ça. On aime la vie tranquille, pas vrai Gérard ? »

Il acquiesce.

« On a changé d'idée, reprend le cousin Jeannot. On va te vendre !

— Me vendre ?

— Oui ! crie Gérard.

— Mais tu ne peux pas vendre ta femme !

— On va trouver, répond le cousin. En attendant, va bosser, et si tu ramènes ce putain de clebs ici, on le fout par la fenêtre. »

Ils s'en vont, je m'habille, dépose Tommy chez Henriette et file à *La Belle Meunière*.

68

« Te vendre ? s'exclame Nicole dans la salle de maquillage. Madame Gégé, écoutez ça, le mari de Linda et son cousin veulent la vendre.

— Ah bon ? répond Madame Gégé, je vais me renseigner. »

Je ne revois pas Gérard avant plusieurs jours.

Une nuit, il rentre avec du sang partout sur sa chemise. Sans un mot, il s'allonge dans le lit, m'embrasse sur l'épaule et s'endort.

Un autre soir, il revient avec un bouquet de fleurs, du saumon fumé et du champagne.

« Tu sais que je t'aime ma petite femme. Si tu n'étais plus là, tu me manquerais.

— Tu ne me vends plus ?

— Non. »

Le lendemain, à *La Belle Meunière*, la mère Gégé vient me trouver.

« Alors, c'est arrangé ?

— Oui, il ne me vend plus.

— Tout s'arrange toujours avec Gégé, ma fée clochette. »

Puis, une nuit, je rencontre Fritz.

69

Fritz est beau, blond, élégant, héritier d'une des plus grandes familles de l'industrie allemande. Son nom est connu même en France, inscrit sur quelques équipements modernes de cuisine ou de salles de bains bourgeoises. Toutes les femmes doivent se pendre à son cou, mais il aime venir à *La Belle Meunière* pour son ambiance festive, grivoise, unique, ses hôtesses superbes, son champagne raffiné, et pour Whiskiky qui lui rappelle son enfance.

« Dans le parc du château de mon père, il y avait un zoo.

– Ah... J'adore les animaux moi aussi. »

Fritz m'emmène à l'*Hôtel de Crillon*. Ça ressemble au *Ritz*, mais avec vue sur le centre du monde, la place de la Concorde... Dans un lit de conte de fées, il me fait l'amour, lèche la glace et la cerise avec gourmandise et me fait jouir. Au matin, j'implore : « Emmène-moi avec toi, s'il te plaît, sauve-moi. »

Fritz me sourit, puis sérieusement :

« Je suis marié, mais pourquoi pas ?

– Moi aussi. »

Quand il repart dans son pays, à Düsseldorf, il me fait livrer trente roses rouges Baccarat qui enivrent *La Belle Meunière* d'un parfum sucré.

« Dis donc, me lance Nicole, tu lui as tapé dans l'œil à ton Boche ! Il a toutes les qualités sauf que ça me ferait chier de porter le nom de ma machine à laver. »

Mon bouquet fait aussi son effet à Levallois.

« Qui t'a offert ça ? m'interroge Gérard.

— Un admirateur.

— Qui ? Réponds !

— Fritz...

— Le chat ? se moque-t-il.

— Non, la chatte !

— C'est qui ?

— Un client, un prince allemand, riche, très riche », dis-je en jetant sur le lit le contenu de mon sac, des liasses de billets qui luisent aussitôt dans les yeux de Gérard.

Et le silence se fait. Quand Gérard compte, il se tait.

Chaque jour, je pense à Fritz. C'est fou mais plus fort que moi. Peut-être est-ce lui ma carte Azur ? Après deux semaines, je reçois un signe annonciateur qui me fait bondir de joie dans *La Belle Meunière,* tandis que Whiskiky, pour m'accompagner, crie en faisant sonner sa clochette. Un fleuriste du faubourg Saint-Honoré me fait livrer trente roses Baccarat que je distribue autour de moi en chantant :

« Mon prince revient !

— Magnifique ! s'exclame Madame Gégé. Qu'est-ce qu'on ferait sans toi ? Whiskiky ! Clochette ! »

Quand Fritz séjourne à Paris, je ne travaille que pour lui. Nous passons nos soirées à *La Belle Meunière,* abreuvés de champagne Cristal de Roederer, qu'il préfère au Dom Pérignon, trop commun, et dormons à l'*Hôtel de Crillon.*

Tous les après-midi, je cours avec Tommy dans le jardin des Tuileries en oubliant Gérard qui, lui, ne m'oublie pas. Il se pointe au bar avec son cousin, escorté par King Kong.

« Qu'est-ce que vous voulez ? intervient Madame Gégé en prenant à part nos intrus. Ça n'est pas un endroit pour vous.

— Bonsoir, madame, on s'inquiète pour la petite, répond le cousin. Ça fait une semaine que son mari ne l'a pas vue ! Vous savez qu'il en a la responsabilité légale.

— Et mon cul ! Tu l'as vu ? Ma fée clochette est en pleine forme. Loin de la vermine, elle s'épanouit !

— Je ne vous permets pas, madame ! s'énerve Gérard.

— Tout doux, blanc-bec, ou King Kong vous sort par la peau des fesses... Allez, viens voir ta femme, si ça peut te rassurer ! Vous buvez une petite coupe et vous me débarrassez le plancher ! Entendu ? »

L'escouade bariolée formée par Madame Gégé, tout en strass rose, King Kong, le cousin et Gérard vêtus de lin crème, s'approche de la table d'où j'observe la scène, blottie contre Fritz.

« Alors c'est vous ? lui demande Gérard.

— Moi ? répond Fritz.

— Oui, les roses comme des pommes et le kidnapping !

— Tout doux, Gérard, s'agace Madame Gégé.

— Ce n'est rien. À qui ai-je l'honneur ? demande Fritz.

— Au mari de madame », dit Gérard, bouillonnant comme un homme jaloux.

Je ne l'ai jamais entendu parler comme ça, comme un malheureux qui voit sa femme avec un autre. Je crois rêver. Il a les larmes aux yeux. De nerfs ou d'amour ? De rage !

« King Kong, s'il te plaît ! dit Madame Gégé. Tu peux emmener nos invités au bar ? »

Gérard et le cousin s'éloignent et s'asseyent sur les seuls tabourets libres, à côté de Whiskiky, qui a la mémoire d'un éléphant et envoie des coups de patte à Gérard.

« Saloperie ! Allez, viens, Jeannot, on se tire, crie-t-il à son cousin.

— Je t'attends à Levallois, Paulette ! me dit Gérard en repassant devant notre table. Messieurs-dames ! »

Je me lève subitement pour lui poser une question. À son cou, je dis :

« Je peux revenir avec Tommy ? Il ne te mordra plus, c'est promis. Il est malheureux sans moi.
— D'accord... Bonne soirée. »

Quelques jours plus tard, Fritz repart et je rentre chez nous.

Je ne connais pas de changement plus brutal que le passage du luxe unique et soyeux de l'*Hôtel de Crillon* à la misère poisseuse de notre studio de Levallois. En quelques petits kilomètres, je franchis une frontière invisible qui me marque à jamais entre deux continents, deux humanités, deux cages, l'une dorée, l'autre moisie, injustement séparées sur une même terre. Dans le taxi qui longe la Seine, je me surprends à penser que je serais bien embêtée si je devais choisir pour le reste de mes jours entre l'opulence insensée dont je rêve et la pauvreté du monde où je suis née.

Sans se satisfaire des liasses que je lui tends, Gérard me harcèle de questions alors que Tommy file silencieusement dans son panier. Gérard veut tout connaître, le nom, l'adresse, la profession de Fritz, et d'où il tient son fric. Je refuse de parler. Sans me toucher, car il a reçu des consignes claires d'amis de Madame Gégé qui veut que sa fée clochette, sa gagneuse, reste toujours belle, il me lance d'un ton exaspéré : « Je trouverai, je trouverai... »

Gérard fouille mon sac, qu'il retourne sur le lit, ouvre le tiroir et la porte de l'armoire contenant mes quelques affaires, puis aperçoit dans un coin de la pièce un peignoir en éponge épaisse qui porte l'écusson de l'*Hôtel de Crillon*...

« C'est là que tu crèches avec lui ?
— Oui ! Mais toi, tu ne pourras jamais y entrer. »

Je me trompe, je sous-estime Gérard, le caméléon ambitieux qui aime le luxe, les costumes Smalto ou Hugo Boss, les voitures de sport et les tennis-clubs chics. Vêtu de manière appropriée et mû par son aplomb naturel, il réussira à rencontrer Fritz lors de son prochain séjour, dans le bar de l'*Hôtel de Crillon*, accompagné par son cousin, pour y effectuer une tractation particulière.

En avril 1967, dans la fraîcheur d'un petit matin gris, alors que Fritz est reparti en Allemagne, un bataillon de police défonce la porte du studio de Levallois pour arrêter Gérard. Aussitôt Tommy bondit sur la table basse au pied creux, en grognant.

Brandissant un mandat de perquisition, les agents de police passent notre logis au peigne fin, sans rien trouver. Je connais la planque de Gérard. J'ai la mienne aussi avec quelques billets dont ceux de Padidi, mais pas dans le studio. J'ai retenu la leçon d'Henriette. Les voleurs comme la police recherchent toujours à l'intérieur. J'ai choisi le palier, sous le paillasson, une latte de bois. Celle de Gérard est à l'intérieur, Tommy, mon chien magnifique, est assis dessus. Intrigués par son comportement, les agents me demandent de maîtriser mon chien. La table libérée, ils en décrochent le plateau et trouvent dans le pied creux une grosse quantité d'argent liquide et un flingue.

Nous sommes emballés, ensemble, dans le panier à salade. Pour la première fois, Gérard baisse les yeux quand je lui dis : « C'est ça, vivre avec style ? » Devant ma tristesse, mon incrédulité, il harcèle les policiers comme il sait le faire, pour en savoir plus.

« Traite des Blanches ! lui lâche un des agents à bout, vous verrez bien. »

Aussitôt Gérard comprend. Il sait que nous allons être séparés. Alors il me dit :

« Je t'aime ma Paulette.

— On ne parle pas ! crie l'agent.

— Vous n'allez pas me coffrer parce que je dis à ma femme que je l'aime ?

— Drôle de façon d'aimer », rigole un autre agent.

De l'autre coin du fourgon, Gérard me regarde. Il semble aussi triste que moi. Au moment de descendre, il murmure en me frôlant :

« On voulait juste piquer du fric à ton Boche.

— Ta gueule ! » hurle un agent à l'oreille fine.

Au commissariat, nous retrouvons le cousin Jeannot, le visage éprouvé, qui a été menotté devant Francesca et ses deux enfants qui criaient : « Papa ! »

Un héros est tombé, les monstres sont démasqués, arrêtés, Gérard et Jeannot inculpés pour « proxénétisme et traite d'êtres humains », directement incarcérés.

Lors de la rencontre à l'*Hôtel de Crillon*, Gérard et le cousin Jeannot ont proposé à Fritz de m'acheter. Fin négociateur et, je l'espérais, amoureux, Fritz a vu dans cette proposition de piètres voyous, des bleus, une opportunité à saisir. Il a accepté et effectué un premier versement pour preuve, en faisant enregistrer par la banque les numéros des billets, retrouvés dans la table du studio et chez le cousin. On n'est pas numéro un pour rien de l'électroménager de luxe. Puis il a porté plainte. Compte tenu de son envergure, tout a été très vite. La presse même s'est emparée de cette affaire. Un fameux quotidien a titré, en préservant l'anonymat de Fritz : « Ils voulaient vendre la belle Linda... ». Puis en plus petits caractères : « à un magnat de l'industrie allemande ». Tout le monde a lu et relu l'article, Nicole, Henriette, la pauvre Francesca, et même la mère Gégé, en versant quelques larmes enragées.

L'avocat réputé, qui défend Gérard et son cousin, plaide l'escroquerie, refusant l'accusation de « traite d'êtres humains ».

« Mais enfin, monsieur le juge ! Qui pourrait vendre sa propre femme ? »

Ben, Gérard, ballot ! Et surtout son cousin. C'est le pire de tous, le diable en personne, un ogre qui tue les bébés et ratisse les campagnes de France et d'Europe. Mais interrogée, je ne dis rien de tout ça. Je ne suis pas une balance, moi, et ces gens qui font du cinéma dans leurs habits noirs ne m'inspirent pas confiance. Paulette règle ses comptes elle-même.

Bénéficiant de la clémence accordée aux jeunes possesseurs d'un casier judiciaire vierge, Gérard est condamné à deux ans de prison ferme. Son cousin, qui n'est pas mon mari, et donc pas mon souteneur direct, écope d'une peine de dix-huit mois. C'est pourtant lui le monstre en chef ! Heureusement que Paulette a le sens de la justice.

Quant à moi, je suis blanchie, libérée sur-le-champ mais congédiée de *La Belle Meunière*, car Madame Gégé – malgré sa grande peine... à perdre sa gagneuse ! – n'aime pas les histoires et les articles à scandale dans le journal. Quand la réputation de *La Belle Meunière* est en jeu, la mère Gégé a un cœur de pierre.

À la rue, je sollicite l'aide de Nicole mais son mari Philou refuse de m'héberger, car lui non plus n'aime pas les histoires.

« Deux filles à la maison, ça fait beaucoup. Il a peur de tomber, tu comprends ? » me confie mon amie, navrée. Mais Nicole me promet, comme je le lui demande, de me trouver un travail normal. Je veux changer de vie...

« Qu'est-ce que tu sais faire d'autre ? me demande-t-elle.

— J'ai travaillé cinq ans dans une filature.

— Une quoi ?

— Une fabrique de soie.

— Ah... »

Par l'intermédiaire de son avocat, Gérard me fait passer la véritable adresse de ses parents avec un petit mot vite écrit : « Vas-y, ils savent. Attends-moi, Paulette, on changera de vie. Je t'aime. »

À côté de Paulette, il y a un autre mot raturé que je lis en plaçant le morceau de papier sur une lampe. Il avait d'abord écrit « Linda ». Mais elle n'existe plus Linda, morte, vendue, portée disparue.

Grâce à ses multiples relations, Nicole me déniche rapidement un emploi aux Galeries Lafayette, comme l'avait prédit Gérard, dans le rayon « Décoration, rideaux et tissus d'ameublement ». Je vais vivre dans la soie, le satin et les voilages en crêpe de Chine. Si heureuse, à *La Nouvelle Ève*, où je la rejoins au milieu de la nuit, j'embrasse Nicole telle une sainte aux pouvoirs miraculeux.

« Calme-toi mon chaton, tu n'as pas gagné à la loterie ! Attends-toi à un salaire de misère. Le prix de deux bouteilles et trois galipettes... Mais si c'est ce que tu veux ! Quand tu en auras ras-le-cul, tu reviendras me voir, je te dégoterai une petite place, jamais loin de moi. Oh, tu vas me manquer, mon chou ! Si tu voyais la tronche de la mère Gégé. Même Whiskiky te cherche ! Il renifle tes robes dans la salle de maquillage. Tu m'appelles, hein ? À Meudon, vers seize heures, je suis fraîche, et Philou fait sa sieste. Promis ?

— Promis, ma Nicole. Embrasse Lola, King Kong et Whiskiky. Prends soin de mes robes ! Je passerai les prendre quand j'aurai un logement. Pas de nouvelles de Fritz ?

— Non. Le prince des lave-linge a disparu corps et âme... Mon pauvre chaton, souviens-toi qu'au plaisir les hommes préfèrent toujours la tranquillité. »

Pendant quelques jours, Henriette m'héberge gratuitement dans son hôtel de la Madeleine. Habillée telle une bonne sœur, je fais quelques tours de la place de l'Opéra. Si seulement je pouvais y trouver Papy, il m'hébergerait dans son grand appartement. Mais quand je croise le regard perçant du client aux aiguilles qui fond sur moi comme un aigle du *Café de la Paix* en criant « Linda ! », je prends mes jambes à mon cou, et cours, cours...

Sans autre choix, un jour où il pleut dru, je me rends à l'adresse des parents de Gérard au 12, rue Rodier dans le 9e arrondissement, à quelques pas de *La Belle Meunière*. Je vais enfin rencontrer mes beaux-parents, voir à quoi ressemblent ces êtres de légende, maîtres dans l'import-export, possesseurs d'une Buick, qui demeuraient dans un quartier chic. Quelle cruche je fais, pensé-je, en marchant sur le trottoir trempé sous mon parapluie aux baleines pliées, suivie par Tommy qui semble aussi perdu que moi, gourde ou si pure que je ne concevais pas que l'on puisse mentir.

70

À l'automne 1967, sur le palier, au deuxième étage de cet immeuble sombre dont la peinture dans la cage d'escalier est écaillée, j'hésite devant la porte au moment d'appuyer sur la sonnette. Ne suis-je pas de retour dans la gueule du loup ? Ces gens sont les parents de celui qui m'a avortée, prostituée, vendue, battue, menacée, tranché le front. Si cette méchanceté coule dans leur sang, ils vont m'achever.

« Qu'est-ce que tu en penses Tommy ? » dis-je.

Le poil collé par la pluie, on dirait que mon chien a rétréci. Je dois le sécher.

« Je sonne ? »

Oui, Tommy gratte à la porte.

Ce sont de braves gens qui m'accueillent, Antoinette et Léon, surtout la femme. Il n'y a pas une once de mal chez la mère de Gérard. Quand elle me voit avec mes sacs et mon parapluie cassé, Antoinette s'écrie :

« Mais regardez-moi ce chat écorché. Tu es toute menue, ma fille. Tu manges au moins ? Oh, il y a un chien !

— Un chien ? reprend Léon, attablé derrière.

— Oui, c'est mon Tommy, dis-je.

— Eh bien, entre, ne reste pas là ! Il faut te sécher, tu vas attraper froid. »

Attentionnés, un peu gênés, abasourdis par ce ciel qui leur tombe sur la tête – leur fils unique est en prison –, Antoinette et Léon me servent à manger, me disent qu'ils m'attendaient en me montrant un lit de camp installé dans un coin de ce grand studio dans lequel ils vivent paisiblement depuis trente ans.

« C'est ici que Gérard a fait ses premiers pas, ici qu'il a vécu jusqu'à l'armée, dit Antoinette émue. Toi, tu sais pourquoi il est en prison ?

— Non.

— Et Jeannot, aussi. On n'a jamais su ce qu'il faisait, hein Léon ?

— On avait des doutes quand même, par rapport à la voiture et à l'appartement à Montmartre, répond-il. Mais bon, on n'est pas de nature à poser trop de questions.

— Tu peux rester ici aussi longtemps que tu le voudras. Tu es notre belle-fille après tout. Viens que je t'embrasse encore ! » me dit Antoinette.

Quand Léon veut imiter sa femme en tendant les bras, Tommy se met à grogner.

« Arrête, Tommy ! Pardon, il est possessif, surtout vis-à-vis des hommes.

— Ton chien ne mord pas au moins ? s'inquiète Léon.

— Non.

— Qu'est-ce que tu vas faire ? me demande Antoinette.

— J'ai trouvé du travail aux Galeries Lafayette. Je pourrai vous aider pour le lit et la nourriture. »

Alors qu'Antoinette fait non de la tête, Léon répond :

« Ce n'est pas de refus, ma femme ne travaille pas, et moi, je ne suis qu'un ouvrier.

— Comme mon père et mon frère, monsieur, dis-je.

— Appelle-moi Léon ! Tu commences quand ?

— Demain. »

71

Le rayon « Décoration, rideaux et tissus d'ameublement » se situe au quatrième étage du bâtiment central des Galeries Lafayette. Pour les formalités de mon embauche, je me suis entretenue avec une dame dans les bureaux tout en haut, en passant par la rue de Provence, sans pouvoir saluer l'ami de Nicole qui m'a obtenu cet emploi. « C'est un ponte, très haut placé, m'a-t-elle dit. Tu ne le verras pas, il est discret... »

Je n'ai jamais osé entrer dans les Galeries Lafayette. Pourtant, je travaillais à deux pas, à la Madeleine et à l'Opéra. J'avais l'impression que ce lieu n'était pas fait pour moi mais réservé à une clientèle élégante, décente. Aujourd'hui, par le boulevard Haussmann, je pénètre dans ce temple du commerce moderne et chic, le plus beau des grands magasins parisiens. Mon Dieu, mais c'est magnifique ! Sous la coupole de verre, gigantesque puits de lumière, où je me sens minuscule, tel un moineau tombé de ces arcades métalliques, je tourne sur moi-même le nez levé, en admirant tous ces vitraux sertis, et autour, ces balcons d'opéra drapés de stuc. Dans mon guide, j'ai lu que pendant la guerre, la coupole avait été entièrement démontée, pour ne pas blesser, en cas de bombardement, les clients sous une pluie d'éclats tranchants. Si belle, la coupole aurait été meurtrière.

À la « Déco », comme on dit ici, il y a Jacquot qui porte des foulards et parle comme une femme, Jeannine, habillée tout en noir parce que c'est simple et distingué, « comme Édith Piaf », précise-t-elle, et Maxime, le responsable de rayon qui passe de temps en temps nonchalamment pour connaître le chiffre d'affaires du jour. Par quelques mots hésitants, je lui décris mon parcours, ouvrière à la filature, vendeuse dans l'épicerie de ma grand-mère, femme au foyer. Mais il n'écoute rien et fixe mes lèvres continuellement. Tout à coup, il me lance : « Tu as les lèvres pulpeuses, ma chère Paulette. »

À *La Belle Meunière*, quand je ne comprenais pas certains compliments recherchés de clients, sur les conseils avisés de Nicole, pour ne pas rester coite, je répondais de ma voix la plus suave et courtoise : « Vous également... ! » Et ça faisait mouche à chaque fois ! Je connais ce terme « pulpeuses », mais je lui réponds :

« Vous également, monsieur !

– Quoi ? Moi j'ai des lèvres pulpeuses ? Ah, ah ! Tu es un numéro, toi ! »

Le chef de rayon rit et continue son tour à l'étage.

Jeannine me montre tous les tissus, les outils de mesure, les techniques de pose, de couture et les façonnages principaux, le carnet de commandes et la petite cabine vitrée, munie d'un téléphone, où l'on se relaie pour prendre les commandes à distance. Dans ce grand magasin en vogue, qui fait référence dans le monde entier, je découvre vite l'exigence et l'impatience des clients, à majorité féminine, et l'étendue, pour l'instant, de mon inculture.

Quand vient mon tour de répondre au téléphone, Jeannine me conseille : « Si tu ne sais pas, dis que tu es nouvelle. On voit ensemble et tu rappelles. »

Dès ma première cliente, dont la voix assurée et distinguée m'impressionne, j'entends :

« Bonjour, mademoiselle. Je voudrais commander des doubles rideaux. Vous pourriez m'envoyer des échantillons de velours ? Bourgogne ou carmin, mais pas pourpre, c'est sinistre ! Vous voyez ?

— Euh... Oui. Pourquoi doubles ? demandé-je.

— Pardon ?

— Nous avons des rideaux, mais doubles ? Je vais me renseigner.

— Enfin, mademoiselle, vous avez forcément des doubles rideaux !

— Des simples, oui, des rideaux. Désolée, je suis nouvelle.

— Vous n'êtes pas nouvelle, mademoiselle, vous êtes sotte !

— Je vous rappelle. »

Jeannine est un moulin à paroles, gentil et utile. Je note tout ce qu'elle m'explique, de même que j'écris tous les mots que je ne connais pas et je les recherche le soir, rue Rodier, dans le dictionnaire de Padidi. Je n'ai pas fait d'études et n'en ferai jamais, mais je sais lire.

Un autre jour, ma franchise, mon expérience et mon bon sens ardennais se retournent contre moi quand une cliente me demande conseil :

« Notre chambre à coucher est trop classique. On y meurt d'ennui mon mari et moi. J'aimerais l'égayer, en faire une sorte de boudoir, raffiné et joyeux. Vous voyez, mademoiselle ?

— Un boudoir raffiné et joyeux...

— Exactement ! Que proposez-vous ? »

J'ignore ce qu'est un boudoir. Vu le contexte, je présume que ça n'est pas un endroit pour bouder. J'en ai ras le bol de passer pour une cruche devant ces élégantes alors que j'ai des compétences.

« Si vous me permettez, madame, ce n'est pas en changeant la couleur de votre chambre que ça va mieux se passer avec votre mari.

— Vous perdez la raison, mademoiselle ?

— Non, la joie est dans le cœur, pas dans le tissu.

— Vous passez les bornes !

— Je voulais juste vous aider. Désolée, je suis nouvelle. Je vais vous rappeler.

— Mais je suis là, mademoiselle ! »

Jeannine s'amuse de mes bourdes à répétition. Jacquot me surnomme « la paysanne », comme le cousin Jeannot, mais il n'est pas méchant et m'aide aussi autant qu'il le peut. Alors je m'accroche... et je vends, même si quoi que je fasse, quoi que j'apprenne, je ne me sens jamais vraiment à ma place.

Maxime, le chef de rayon, redouble de compliments auxquels je ne réponds plus. Après mes lèvres pulpeuses, mes courbes sont enchanteresses, mes pieds de jolie Chinoise et mes mains délicates... Tu ne les veux pas dans ta gueule ? pensé-je en souriant. Et mon chiffre d'affaires ? Il s'en fout ! Quand il m'invite à boire un verre ou un café après le travail, je m'arrange toujours pour me trouver un empêchement.

Un après-midi, une femme superbe aux cheveux blonds, laqués et aux grands yeux bleus irréels de personnage de conte de fées, me suggère : « Vous êtes ravissante, mademoiselle, vous devriez faire du cinéma ! » Ma réponse fuse : « Non, merci ! J'en fais assez toute la journée ! »

La belle dame blonde rit aux éclats et s'en va, avec son adorable petit chien dans les bras, suivie par un monsieur en gris qui porte ses paquets. Jeannine accourt et me dit :

« Tu l'as reconnue ?

— Non...

— Mais enfin, c'est Michèle Morgan !

— Ah c'est elle ? Je sais où elle habite, sur l'île Saint-Louis. Ma mère l'adorait. »

Peu avant Noël, une silhouette que je reconnais avance vers moi. Et plus elle se rapproche, plus je frémis.

« Bonjour Linda, tu travailles ici maintenant ?

— Oui. Bonjour Madeleine. »

Je ne l'ai pas revue depuis sa déclaration d'amour dans le bel appartement sur le parc Monceau. Tout à coup, je me sens extrêmement gênée, comme dénudée. Madeleine m'invite à boire une coupe de champagne lorsque j'aurai fini ma journée. Prête à tout pour qu'elle disparaisse, là maintenant, et laisse Paulette travailler, j'accepte sa proposition et la rejoins dans son hôtel.

Au bar, après quelques mots aimables, Madeleine en vient droit au but. Elle n'a jamais plus joui comme avec moi, m'a cherchée à *La Belle Meunière* sans m'y trouver et ce hasard est miraculeux. Elle est prête à me donner beaucoup d'argent, pour me revoir une fois par semaine, que toutes les deux.

« Non merci, dis-je.

— S'il te plaît !

— Non, Madeleine.

— Qu'est-ce que je vais devenir ?

— Tu me remplaceras, tu verras. J'ai tourné la page.

— Tu parles bien.

— J'apprends et je lis autant que je peux.

— Et le soir ?

— Je lis ou je tricote.

— Tu n'as pas d'amoureux ?

— Non, je suis mariée.

— Ah... »

Après une foule de coupes transformant nos émois en éclats de rire, j'embrasse Madeleine dans le lobby et la laisse me serrer autant qu'elle veut.

« Ne reviens pas me voir au travail ! dis-je.

— Promis, Linda.

— Paulette, je m'appelle Paulette. »

Depuis la rencontre fortuite avec Madeleine, je suis prise d'une légère angoisse qui grandit, grandit. J'ai peur qu'on me démasque, qu'un homme vienne à moi et me crie : « C'est combien l'amour ? » Alors je me cache de plus en plus, derrière les rideaux, les voilages. Je tente de disparaître, je change de coiffure, et je prends le plus possible les commandes par téléphone dans la petite cabine vitrée.

Jusqu'au jour où je vois Maxime discuter en riant avec un monsieur que je ne reconnais pas mais qui hoche la tête en me dévisageant à quelques mètres de distance. Je m'enfuis aux toilettes. Lorsque je reviens, Maxime m'attend dans la petite cabine où il m'appelle.

« Tu ne m'as pas tout dit sur ton parcours. Tu tapinais à la Madeleine ? C'est combien pour ces lèvres pulpeuses ? »

Sans un mot, je quitte le rayon, rentre rue Rodier où je pleure sur mon lit de camp en cauchemardant toute la nuit.

Le lendemain matin, tremblante, je me force à retourner travailler, mais dans l'après-midi, n'y tenant plus, Maxime tente de me violer dans la réserve où il m'attend. Je le frappe violemment et lui échappe. Le lendemain, je suis licenciée pour insubordination. Je pourrais appeler Nicole pour qu'intervienne son ami, mais c'est mieux ainsi. Je ne peux pas travailler si près de l'endroit où j'ai été Linda. Pour refaire sa vie, Sidonie avait changé de région, mais je ne le peux pas. Alors j'enchaîne des boulots à la journée que je trouve dans les petites annonces du journal ou sur des bouts de papier affichés chez la boulangère ou le boucher du quartier. Je livre des paquets, promène des chiens, remplace une concierge et finis par faire des ménages. C'est plus tranquille. À genoux sur une serpillière, je ne vois personne mais c'est épuisant, sale. L'eau noire grise ma peau.

Un jour, très tôt, dans un escalier d'école que je nettoie marche par marche avant que les enfants n'arrivent, le mari de la concierge, qui aime se planter en contrebas pour me regarder, me lance :

« Avec le cul que tu as, tu pourrais faire bien mieux !

– Vous également », dis-je.

Quand je manquais de courage à *La Belle Meunière*, je m'abreuvais de champagne. Alors je bois, avec Léon, son petit vin blanc bon marché dont je lui fournis quelques bouteilles. Et je tiens comme ça, sans réfléchir, pendant des mois en pensant à mon ange qui, certains matins, vient voler autour de moi, dans un instant de grâce qui vaut tous les tourments, et en lisant, en tricotant toujours, des bonnets, des écharpes qu'il m'arrive de vendre. Je me suis inscrite à la bibliothèque. Chez mon marchand de livres d'occasion place Blanche, j'ai acheté un recueil de poésie et chaque mois, dans un style plus prosaïque, je lis la lettre que Gérard m'envoie, tendue par Antoinette qui reçoit aussi la sienne. Les messages du prisonnier se répètent, je lui manque, il m'aime, nous changerons de vie, mais cette fois, il ajoute, nous achèterons un pub à Bruxelles. Il nous faut de l'argent.

« Il te parle de la Belgique à toi aussi ? me demande Antoinette.

– Oui, d'un pub.

– C'est quoi ?

– Une sorte de bar à la mode, dis-je.

– C'est une bonne idée de partir un peu pour voir autre chose, tu ne trouves pas ? »

Je souris sans répondre. Dans la lettre suivante, il écrit qu'il me fera un enfant et ça me fait pleurer.

« Qu'est-ce que tu as ? Mon Dieu, des mauvaises nouvelles ? s'écrie Antoinette.

– Non, je suis émue.

— Ne sois pas triste, me répond-elle, le temps passe vite, il ne reste que six mois. »

Hélas, pensé-je.

Parfois, le week-end, je vois Nicole à qui je ne raconte rien.

« Ça va toujours aux Galeries Lafayette ?

— Oui.

— Tu m'épates ! Je ne te donnais pas trois mois avant de rendre ton tablier. »

Nicole m'invite à déjeuner et nous allons aux courses ensemble, à l'hippodrome d'Auteuil ou de Vincennes. Sidonie adorait cela aussi, elle jouait. Pendant un bref tour de piste, le temps éclair que dure le concours, quand les chevaux galopent en avalant le turf, le corps étiré presque à l'horizontale, tout devient possible. Les passionnés hurlent, se lèvent dans les tribunes, sautent, battent des mains et perdent la tête en espérant quand même que la fortune soit au bout.

La première fois, je parie trois francs, en gagne cent et crie aussi fort que les autres.

« Quel cul tu as, mon chou !

— Je sais. »

Nous rions.

« C'est la chance des débutants ! Je ferais bien d'arrêter si je veux acheter ma maison de campagne. »

En mai 1968, alors que je continue mes ménages, Paris est gagné par une fièvre nouvelle. Des étudiants, puis des ouvriers se révoltent contre l'ordre établi, bourgeois, liberticide, et le patronat cupide, en criant : « Sous les pavés la plage ! » Ils ont bien raison, j'en rêve. Si seulement c'était vrai, je les retirerais un à un en commençant par ceux de la rue Frochot. Plusieurs soirs, je marche jusqu'au Quartier latin que je ne connais pas. Sur le boulevard Saint-Germain, c'est la révolution. Les forces de l'ordre affrontent en bataille rangée des jeunes gens dressés sur des barricades de fortune. Pour seules armes, ils jettent des cailloux et lancent des hordes de mots. À l'abri d'une porte cochère, le poing levé, je les répète : « Non à l'État policier ! », « Faites l'amour, pas la guerre ! », « Nous sommes tous des enragés ! »

Les pavés volent et les gaz lacrymogènes me font pleurer. Il n'y a pas de sable dans le Quartier latin, pas de mer chaude. Plus tard, le bitume recouvrira ses artères, scellant les pierres, les jeunes insurgés deviendront des bourgeois et le boulevard Saint-Germain, une adresse huppée pour privilégiés.

72

L'année suivante, au printemps 1969, un dimanche sans courses, sans Nicole, alors que je reviens d'une balade avec Tommy, le cousin Jeannot m'attend au 12, rue Rodier.

« N'approche pas ou je lâche mon chien ! » crié-je.

Tommy se met à grogner.

« Amuse-toi et je le descends. »

En soulevant son blouson, le cousin me montre son flingue. Il a l'air plus méchant qu'avant, si c'est possible. Ce doit être la prison.

« Il faut que je te parle.

— Je t'écoute.

— Pas ici ! »

Je le suis au café.

« Ton mari sort dans quelques mois. Il te passe le bonjour.

— Je sais, je reçois ses lettres.

— Tu ne lui écris pas beaucoup, m'a-t-il dit.

— Pour lui dire quoi ?

— Tu as le cœur bien dur, la paysanne !

— La faute à qui ? Tu n'es pas venu jusqu'ici pour me lire mon courrier.

— J'ai embrassé mon oncle et ma tante. Je les aime bien.

— Moi aussi, répliqué-je.

— Gérard va sortir et il a besoin d'argent.

— Qu'il le trouve lui-même !

— En taule, il a rencontré du lourd, des gros bonnets de Belgique, de Lyon, de Marseille. Il t'a écrit qu'il veut acheter un pub à Bruxelles. Il compte sur toi pour le fric. Tu vois ce que je veux dire ?

— Qu'il aille se faire foutre !

— Je te conseille de baisser d'un ton, la paysanne.

— Je fais ce que je veux, le cousin.

— Tu as toujours une tête de mule !

— Tu as toujours ta gueule de con ! »

Le cousin Jeannot lève le bras dans le café et se ravise parce qu'il y a du monde.

« Tout va bien, mademoiselle ? me demande le serveur de derrière le comptoir.

— Oui, dis-je.

— Antoinette m'a dit que tu faisais des ménages, reprend Jeannot.

— Exact.

— Elle aussi en faisait avant... Elle était bonne à tout faire, femme de ménage et cuisinière chez des bourgeois.

— C'est pour ça qu'elle cuisine si bien et brique le studio du matin au soir. La pauvre n'arrête pas, elle est très gentille avec moi, je l'aime beaucoup. C'est à se demander si elle est vraiment la mère de Gérard...

— Le lendemain de sa nuit de noces, continue le cousin Jeannot, le bourgeois chez qui elle trimait l'a violée. Il l'a laissée vierge jusqu'au mariage, puis il ne l'a plus lâchée. Quand Léon s'en est mêlé, parce qu'elle pleurait tous les jours, elle a été virée. Et ton mari est né quelques mois plus tard, plein de rage dès l'enfance, comme moi, abandonné à l'Assistance publique.

— Pauvre femme. Je l'aime encore davantage...

— Arrête tes boulots de misère ! Tu vaux bien plus cher. Je t'ai trouvé une place avec ma petite femme, rue de La Reynie, chez la mère Camille. Tu travailles quelques mois, tu gagnes un max de pognon et tu te refais une santé à Bruxelles avec Gérard. Qu'est-ce que tu en dis ?

— Va te faire foutre, soupiré-je.

— Souviens-toi, pute un jour, pute toujours !

— Laisse-moi tranquille.
— Réfléchis bien, la paysanne... »
Toute la nuit, je réfléchis. « Pute un jour, pute toujours. » Et par instants, je me verse un petit verre de vin blanc dont j'ai planqué la bouteille sous mon lit de camp.

Une semaine après, le cousin est là, dans la rue, même heure, même endroit.
« Tu as réfléchi ?
— Oui... Ton truc, ça marche aussi avec les maquereaux ?
— Quoi ?
— Mac un jour, mac toujours ?
— Je te ferai passer ton insolence ! » me menace le cousin Jeannot.
J'ai du mal à contenir Tommy qui tend sa laisse. Jeannot s'en va en jurant qu'on se reverra.

Quelques jours plus tard, piquée de rage par le cousin, je pousse dans l'escalier le mari de la concierge qui me frôle d'un peu trop près. Il roule et se casse la jambe. Je dois encore chercher un nouveau travail. J'avoue être tentée d'aller trouver Nicole. Je vais pour la guetter aux abords de la *La Belle Meunière*, mais j'erre dans la direction opposée vers Notre-Dame-de-Lorette, l'Opéra et la Seine, et reviens dans la nuit.
Quand j'ouvre la porte du 12, rue Rodier, je sens qu'on me pousse violemment dans le dos. Deux petites frappes qui m'attendaient m'attrapent par la taille, les bras, les cheveux. L'un me bâillonne en plaquant sa main sur ma bouche pendant que l'autre s'empare de mes jambes. Ils m'entraînent sous l'escalier, dans la cave qui sent l'humidité, la terre et la pisse de rat. Là, chacun leur tour, me gardant bâillonnée, ils me violent sans un bruit pour que, au-dessus, les quelques voisins qui ne dorment pas encore n'entendent rien. Leurs saloperies terminées, l'un d'eux allume une cigarette dont il me crache la fumée au visage

puis, avant que le mégot ne s'éteigne, il l'écrase sur mon épaule.

« Arrête ! crie l'autre.

– On s'en fout, c'est une pute... »

Je m'évanouis de douleur. Ma joue glisse sur le sol en terre battue.

73

Sur l'épaule, je conserve cette marque que tant d'autres femmes avant moi ont portée. Et je les salue toutes, mes sœurs brisées, j'entends leurs cris. La barbarie leur était infligée par ceux-là mêmes qui jouissaient d'elles. Au Moyen Âge jusqu'à l'Ancien Régime, souvent en place publique, on imposait la flétrissure en gravant au fer rouge un *P* ou une fleur de lys sur le sein, le front ou l'épaule de femmes convaincues de « putanisme ».

Dans la cave de la rue Rodier, c'est un gentil rat curieux qui me réveille en se faufilant entre mon cou et mes cheveux. Des cousins des Ardennes ont dû lui dire ce que j'ai fait pour eux jadis sous la grange.

Quand elle me voit apparaître au milieu de la nuit tel un épouvantail, ma bonne Antoinette s'alarme.

« Mon Dieu, dans quel état tu es ! Qu'est-ce qu'il t'est arrivé ?

— Rien, je suis tombée. »

Au coin de mon dos, sans me poser la moindre question, elle applique de la crème en traçant autour du point brûlant de petits ronds, tandis que Léon ronfle.

Tout le lendemain, je reste prostrée sur mon lit de camp. Antoinette et Léon sortent Tommy. Ils l'aiment bien. Mon chien ne veut pas me quitter mais je lui dis : « Va te promener mon Tommy. »

Le jour suivant, je sors seule en pleine nuit. Fondue dans l'ombre, j'ai besoin d'aller hurler sur le pont Alexandre III. En marchant, j'oublie ce que je vais y faire. J'ai peur mais je continue. Je sens bien que ma raison se fendille. J'avance sur un fil tendu jusqu'aux bords de la Seine, ma grande Meuse. Personne n'est là pour moi, et ce vide me creuse. Ma mère et le petit peintre sont morts. Il ne me reste que toi, mon ange. Si seulement tu pouvais me guider encore. Mais tu dors, rien ne se passe.

Sur le pont désert que je foule, sous les gros bouquets de tournesols sans soleil, ma première pensée est de me jeter. Pourtant, autour de moi, je cherche Pierrot. Je veux mourir mais... j'aimerais qu'on m'en empêche, qu'on me dise que la vie est devant moi – même si cette nuit, j'ai cent ans –, que ma carte Azur viendra. Dans le silence, je commence à parler tout haut comme les fous. Incompris, ils doivent crier plus fort : « Alors tu es bien mort mon Pierrot ? Qu'est-ce qu'on t'a fait à toi ? » Pierrot reste muet. « Maman ? Tu me vois ? Ça existe alors la vie après la mort ? »

Sous le ciel noir je n'entends que Paris qui dort. La vie après, si je plonge, je le saurai, et la vie avant ?

À l'autre bout du pont, j'aperçois un couple enlacé qui avance.

Ce n'est pas à moi de mourir. Ici même, je me suis fait une promesse... Pour la raviver, je l'énonce encore.

La femme qui se rapproche aux côtés de son homme a la tête tendrement penchée sur son épaule.

Mon dos me brûle, je me mets à hurler : « Je suis une pute ! Une putain, c'est gravé sur mon épaule... Quoique je fasse, je le reste... »

À quelques pas, le couple me dévisage. Leur présence ne me calme pas. Je me fous de ce qu'ils pensent. Ils sont si différents de moi. Dans leurs yeux interloqués, je suis une curiosité, une chose incongrue dans leur nuit romantique.

« Oui ! Messieurs-dames, crié-je lorsqu'ils passent. Pute un jour, pute toujours... Au service des hommes, des femmes et des couples. »

La femme serre le bras de son amoureux. Ensemble, ils pressent le pas, j'entends : « Laisse cette pauvre folle. »

Le lendemain, je vais voir Nicole à Meudon.

« J'ai besoin d'un flingue.

— Ah bon, mais pour quoi faire ? Ils ne sont pas sympas aux Galeries Lafayette ?

— Depuis l'arrestation de Gérard, je n'arrive plus à marcher dans la rue. J'ai peur tout le temps. Ça me rassurera.

— Je peux te prêter le mien le temps que ça aille mieux. Attention, j'y tiens beaucoup. Mais qu'est-ce que tu as mon chaton ? Je sens que tu me caches des choses. Parle-moi !

— Rien, je n'ai rien... Rien du tout. Je n'ai que toi. »

Dans les bras de Nicole, je pleure comme une madeleine.

« Arrête mon chou ! Je t'en supplie. J'ai besoin d'avoir le cœur joyeux. Regarde comme il fait beau et j'ai des îles flottantes dans le frigo. »

Puis Nicole a ces mots qui retentissent en moi : « Ça ne te réussit pas d'arrêter le tapin. Tu as une tête de déterrée ! Je te préférais dans ta robe de sirène à siroter du champagne. »

Nicole affirme cela sans malice, le cœur et les yeux ouverts. Depuis l'adolescence, elle se prostitue. Comme pour beaucoup de filles, ce métier est le seul qu'elle connaisse. Pourquoi voudrait-elle autre chose, puisqu'elle ne connaît que ça ? Nicole accepte les coups de temps en temps, la dépendance, le mépris, la spoliation de son argent, puisqu'elle ne connaît que ça. Et ce n'est pas moi, avec ma tête de déterrée, mes cinq ans d'usine et mon petit malheur qui vais la faire changer d'avis. Un jour,

Nicole m'a dit que ce qu'elle voyait, à travers leurs maris, de la vie des autres femmes ne lui a jamais donné envie de leur ressembler.

Pour faire plaisir à Nicole, pour un peu de joie et de sucre, j'engloutis une île flottante. Puis elle me montre comment fonctionne son arme. Un joli pistolet chromé avec une crosse nacrée et un chargeur dans le manche contenant huit balles, qu'elle retire et remet d'un geste leste, comme une tueuse à gages, une espionne. Ça fait « clic, clic » !

« Je l'adore mon Beretta for Lady, un vrai petit bijou offert par un chou d'amant du quai des Orfèvres. Surtout, laisse bien enclenchée la sécurité et entraîne-toi avant ! Dans la forêt, je m'amuse avec. J'ai tiré une seule fois pour de vrai avec mon Beretta for Lady, tu verrais comme ça remue !

— Sur qui ?

— Philou pardi, mais je l'ai raté. C'est mieux comme ça, j'aurais fait du trou, et lui vieillit... Parfois, la pire des punitions, c'est de vivre. »

J'arpente Pigalle avec le joli flingue de Nicole dans mon sac sans trouver le cousin. C'est mieux comme ça. Ces choses-là se préparent, se pensent dans le détail, le coup de sang passé. Je ne veux pas retourner en prison, pas pour ce monstre. J'attendrai. Je sais très bien attendre.

En passant devant *Au Bon Logis*, à nouveau la folie me pique. Je hurle en cognant sur la porte. D'une fenêtre, Julie sort son nez.

« C'est quoi ce bordel ? Oh, qu'est-ce que tu fous là ? Tu deviens folle ?

— Non. Je rôde, je me promène. Ça me fait plaisir de te voir. Ça va, toi ?

— Ouais. Sauf que le vieux Frochot est en train de clamser.

— Bonne nouvelle !

— Mais je ne sais pas où aller...
— Va voir Nicole de ma part, à *La Belle Meunière*. Tu es si jolie !
— À bientôt, ma Julie. Je t'embrasse.
— À bientôt ! Comment tu t'appelles déjà ? J'ai une mémoire de moineau !
— Je ne sais plus. »

La nuit, sur mon lit de camp, Tommy enroulé sous moi, les images dans la cave me reviennent. « On s'en fout, c'est une pute... » Ils ont mon adresse. Quand on est prise au piège, les loups ne lâchent pas. Je n'ai plus d'argent, plus de travail, j'ai essayé de faire autre chose. « Ça ne te réussit pas d'arrêter le tapin », m'a lancé Nicole. Dans sa dernière lettre, Gérard m'a promis de belles choses si je gagne de l'argent.

Dans ma tête, tout s'emmêle, tout s'agite. Pour me calmer, je bois du vin blanc à même la bouteille que je repose sous mon lit avant de la reprendre. Tommy s'agace de mon manège, d'un coup de patte il la fait tomber comme une quille. Ivre, je laisse ce qu'il reste de vin s'écouler sur le parquet. J'aime cette odeur d'alcool mêlée au vieux bois. Je sais ce que je vais faire. Quelques mois de travail pour l'argent et j'irai à Bruxelles. Nous y achèterons un pub et j'aurai un enfant. Éreintée, je m'endors.

Vers midi, sur l'esplanade de la gare Saint-Lazare, ma bonne Bernadette me confectionne un pansement sur l'épaule. Elle est heureuse de me voir et a tout compris. En découvrant mon dos, elle dit simplement :
« Ne me raconte pas que tu es tombée, cette fois.
– Non. »

Alors que je pars, elle me livre avec émotion ces mots que je comprendrai quelques mois plus tard : « N'hésite pas à revenir aussi longtemps que tu auras besoin de moi. Je ne te poserai aucune question, je souhaite juste t'aider. Cela me fait du bien. J'aimerais que tu vives... »

Une heure après, j'arrive d'un pas lent rue de La Reynie, située entre les anciennes Halles et le large boulevard de Sébastopol qui monte de la Seine jusqu'à la gare de l'Est. Je porte ma petite jupe plissée, mon pull mauve aux manches raccourcies et un peu de rouge à lèvres pour avoir bonne mine. De cette petite artère populaire où passe un flot nourri d'ouvriers, on peut entendre la rumeur des Halles, le plus gros marché couvert de France, le « ventre de Paris » comme on l'appelle, dont les étals débordent dans les rues adjacentes, où tout ce qui se boit, se mange, s'abat, se cueille, bien au-delà de nos frontières, est vendu, importé, échangé. On y trouve tout, des poulardes de Bresse zigouillées, emmaillotées comme des bébés, de la farine, du sucre, des rats heureux, des poules qui gloussent en attendant le pot, du beau chou-fleur de Brest, du thé précieux de Chine, du vin fin et du gros qui tache, du café vert d'Amérique latine, de la lavande odorante de Provence et des tulipes, de petites roses de Hollande ficelées en bottes dont le parfum s'est évaporé en chemin.

Je repère facilement l'hôtel de la mère Camille. Sa porte en bois, continuellement ouverte, donne sur un couloir étroit le long d'un escalier, où des filles que l'on voit de la rue, un pied contre le mur et le sourire forcé, attendent. Je reconnais Francesca, à qui j'adresse un bref salut, et marche jusqu'au fond, au comptoir, où est assise la mère Camille. Comme à *La Belle Meunière*, il y a une cloche en cuivre, mais couverte de vert-de-gris, qui sert à appeler les filles et récompense au bout de la nuit celle dont le nom est crié, celle qui a le plus gagné. Car la mère Camille tient les comptes, un bâtonnet par passe tracé à la craie sur un tableau noir accroché derrière elle. Au tintamarre de la cloche qui sonne vers deux heures du matin la fin de la soirée, la gagnante récupère en bonus un billet pour elle-même, se voit gratifiée du décompte précis de ses passes qui résonne dans l'escalier et d'une embrassade poisseuse de la mère Camille, qui lâche sa cloche fiévreusement agitée.

Je commence sur-le-champ. Une serviette propre élimée, une clé numérotée, un bâtonnet à la craie, un homme qui dit « Tu montes ? » et des marches qui grincent comme un vieux grenier vers une chambre louée au quart d'heure. La passe est à 15 francs, le plus bas tarif de Paris, et le commerce incessant. À peine ai-je le temps de redescendre que je remonte. Les passes sont rapides, répétitives, pas le temps et le décor pour l'alambic des fantasmes, une toilette de chat, une pipe assise ou à genoux les yeux dans les yeux, quelques secousses à quatre pattes sur le lit simple, et c'est fini. Souvent, ça éclabousse dès l'escalier où, usant de ma ruse, je montre mes fesses pour éviter les jouissances tardives. Dans un sourire angélique, je soulève ma jupe et fais en silence cette promesse interdite, sismique, tu vas me baiser mon gars, ce cul que tu reluques est pour toi. Dès la porte refermée, une caresse de la main bien appliquée suffit, sans la moindre pénétration, au jaillissement des râles et des petites graines, du sperme qui me dégoûte toujours autant.

Cette substance reste pour moi un liquide intrus, hostile, un outil de souillure dont rien ne me plaît, ni la couleur, ni la consistance, ni l'odeur, ce qui me pose un problème dans l'activité que je mène. Certains clients réclament que je les « suce à fond », ils veulent que j'avale leur sperme. Cet acte contre nature les excite fortement. Je dois déguster leur jouissance, m'en nourrir, m'en salir, engloutir leur sperme et leur dire que j'aime ça comme le miel, la crème anglaise, le pop-corn des petites graines, la nourriture des chiennes. Mais rien n'y fait, ni les billets, ni l'argumentation, mon dégoût ne passe pas. À *La Belle Meunière,* pour me convaincre, un grand chirurgien m'avait vanté les vertus médicinales de sa sève, véritable nectar de jouvence, de bonne santé. Ça rendait les dents blanches, faisait pousser les cheveux, protégeait des maladies, de la vieillesse et de la dépression, car c'était un concentré de vitamines. C'est cela oui. Prends-moi pour une conne. Faut le vendre en pharmacie ton truc, à prix d'or, en remplir des fioles pour les marchés, faire fortune dans l'export. « Non merci, docteur, je préfère une orange pressée », avais-je répondu.

Alors, quand on me dit « suce-moi bien à fond », je fais un geste flou de la tête et dans une moue souriante, sans rien promettre, je m'attelle à ma tâche. Puis au dernier moment, lorsque ma langue sensible détecte le gonflement ultime, juste avant que le coup ne parte, pendant ces quelques secondes où le mâle reste entièrement asservi à l'éructation de son plaisir, j'esquive en tournant la tête, je caresse, fais des petits bisous, gémis en chœur, et la balle va mourir ailleurs.

Je conserve cette manie de nettoyer le sperme comme une salissure, immédiatement, totalement, à l'endroit où il tombe, mais aussi en moi. En une minute, d'un index aguerri, recourbée sur mon sexe, je me fouille, me lave de toutes taches, traquant chaque goutte.

À quelques exceptions près, les clients avec peu de moyens ne sont pas compliqués. Ils veulent baiser, vite et bien, calmer le feu en eux, sans bla-bla ni civilités. Ce sont des ouvriers, des chauffeurs-livreurs, des petits marchands des Halles, le fleuriste à la sauvette qui sent toujours bon et m'offre quelques violettes, le vieux garçon de café du coin de la rue, et ma spécialité, les curés.

« C'est ton petit air d'ange qui les attire ! » s'amuse la mère Camille. Mon air d'ange ou ma jeunesse, souvenir de sacristie, car bien que je sois âgée de vingt-cinq ans, on me demande encore si je suis majeure. C'est malheureux à dire, mais plus on fait jeune, adolescente, à la frontière de l'interdit, plus on attire.

Les curés, je les repère tout de suite. Ils avancent comme une ombre, jamais loin du mur, le regard baissé, les gestes entravés, en cachant sous une écharpe ou une main posée leur col blanc ou la petite croix perçant le revers de leur veste. La première fois qu'à la base du cou le col romain clérical m'est apparu, ça m'a fait comme un éclair déchirant la nuit, le diable surgissant sous le Bon Dieu. J'ai eu peur et j'ai reculé. Si les bigots voyaient l'œil luisant qui éclaire les habits gris, les églises fermeraient. Puis je me suis dit, ce n'est qu'un homme aux vœux pieux, je préfère qu'il vienne à moi plutôt qu'il déverse son irrépressible désir sur des enfants transis dans la sacristie. Mais un jour, en redescendant l'escalier raide derrière monsieur le curé, soulagé et tout pressé de sortir de cet enfer, j'ai éprouvé à mon tour une irrépressible envie – mais d'une force... inouïe ! –, celle de le jarreter, le dégager d'un grand coup de pied musclé, pour qu'il se fracasse, que la vérité s'immisce dans sa paroisse, qu'à mots couverts il s'y murmure que monsieur le curé, parangon de piété, expert en sermons, qui exhortait ses brebis à ne pas pêcher, est mort au bordel. J'ai retenu mon pied miraculeusement, par la grâce d'une âme qui passait par là – mon ange, ma mère ou Sidonie me soufflant : « Tu ne vas quand même pas crever un curé ! » – ou par peur du trou tout simplement. Il y avait des témoins. On n'était jamais tranquilles dans l'escalier de l'hôtel borgne de la mère Camille. Puis je suis allée boire un verre de vin blanc au café du coin, chez Michel, un de mes fidèles, qui pour me remercier de mes bienfaits verse dans mon ballon un peu de liqueur de fruits, comme celle que buvait Maman, à l'alcool concentré et sucré. Rue de La Reynie, le champagne est tari, mais on y sert un petit kir bien frais avec le sourire qui fait tenir.

La mère Camille me surnomme « la bonne sœur ». Ça la fait rire, et découvrir ses chicots jaunis. Comme les temps changent. Avant, j'étais la fée clochette.

« Vous n'oublierez pas de vous confesser, monsieur le curé ? dis-je en souriant à un habitué, la chose finie.

— Tous les vendredis, mon petit, répond-il amusé en caressant ma joue d'un doigt que je repousse. Toi aussi ! ajoute-t-il.

— Moi ? C'est différent, je travaille !

— Tu travailles ? Ne me dis pas que tu n'y prends pas du plaisir, petite coquine.

— Pardon ? Du plaisir ? »

Quand monsieur le curé m'a dit cela, j'étais estomaquée, bouche bée !

C'est l'occasion de réduire à néant cette idée réconfortante qu'une prostituée, mi-femme, mi-chienne dans l'esprit de la plupart des gens, prendrait du plaisir à ce qu'elle fait. Jamais. Au contraire, c'est l'absence de plaisir qui permet d'exercer ce métier comme on va à l'usine. Une femme prostituée qui jouirait deviendrait folle. Certes, ses cuisses sont ouvertes, mais à l'intérieur, tout est verrouillé, pétrifié. Ça remonte à loin, aux abus de l'enfance, de l'adolescence, à l'effroi des proies, des premières fois, aux peurs rabâchées des mères, des grands-mères, qui avertissent, depuis la nuit des temps et ses testaments, obsédées par la virginité et le sexe sale. Attention au serpent, ma fille, surtout ne te fais pas pénétrer, ne croque pas la pomme rouge, mauve... Pas avant qu'à l'église, sous un voile blanc, ton mariage ne soit célébré. Tu dois choisir, pieuse ou pute.

Personne ne m'a jamais dit : « Tu sais, Paulette, ma Petite-Mère, dans les bras d'un bel amoureux qui caressera ton corps comme un fruit délicieux que l'on rêve de cueillir, un trésor, tu connaîtras l'extase, l'abandon, la fin de la peur et tout le bonheur que l'on peut se donner. Tu feras l'amour, ma fille. » Non. Le plaisir des femmes est bien malmené.

Après la douleur du traumatisme vient l'insensibilité, comme une anesthésie à jamais. Alors les cuisses peuvent bien s'ouvrir, le plaisir est mort.

Rue de La Reynie, je connais la prostitution d'abattage. Le soir, mon sexe est douloureux. Ma bonne Bernadette me fournira de gros ovules bruns qui répandent à l'intérieur un peu de baume.

Rue de La Reynie, puisqu'il s'agit de mon travail, je veux être la meilleure, comme à la filature. Le besoin d'être unique, reconnue, autrement dit, appréciée, aimée, ne disparaît jamais. Même en marge de la vie normale, dans l'ombre, la fange, diraient certains, dans l'immoralité, on veut se distinguer. Je me pique d'un défi. À la fin de chaque nuit, la cloche sonnera pour moi. Je veux être une championne, une gagneuse, un modèle pour mes collègues et une fille irremplaçable pour la mère Camille. J'y arrive, épuisée, avec la force de ma jeunesse qui chaque jour vieillit, aidée par quelques kirs à la mûre et ma volonté de fer, gagner, même si parfois je pense que j'ai tout perdu.

La cloche sonne : « Linda, 31 ! »

Beau début, peut mieux faire encore.

Le lendemain : « Linda, 55 ! » Avec la cloche, retentissent quelques applaudissements.

Le jour d'après : « Linda, 76 ! » La mère Camille m'étreint et agite la cloche, plus fort, plus longtemps. C'est un record, que je bats vite.

Jusqu'à cette nuit où j'entends : « Linda, 101 ! » Record absolu. Silence de mort dans l'escalier. Les filles sont larguées. J'ai pris le large, je disparais, je me tue à la tâche.

Avec le nombre croissant de passes, même à quinze francs, je découvre la fascination qu'exerce l'affluence d'argent. Dès le début, j'en ai gagné, beaucoup à *La Belle Meunière*, mais il disparaissait entre les mains de Gérard. Là, il s'entasse. Chaque matin, je le remets, comme me l'a demandé le cousin, à Léon et Antoinette qui le comptent et le recomptent à même la toile cirée de la table ronde, les yeux écarquillés, puis l'empilent soigneusement par petits tas déposés sur une étagère de l'armoire en écrivant le montant et la date dans un petit carnet.

« Tu gagnes beaucoup, c'est formidable, me félicite Antoinette.

— Dis donc, tu as fait jackpot ! » renchérit Léon sans qu'aucun de mes beaux-parents ne m'interroge sur l'origine de cet argent.

Ils sont au courant que j'ai arrêté les Galeries Lafayette et les ménages. Ils savent de toute façon puisque Léon, tous les après-midi lorsqu'il travaille en décalé, me dépose avec sa Renault 8 sur le chemin de l'usine au coin de la rue de La Reynie. Quand je descends avec ma petite jupe et mon pull raccourci, en remettant du rouge à lèvres, en direction de l'hôtel que l'on aperçoit, il me dit d'un ton monotone : « Travaille bien, à demain. »

Et au matin, quand il calcule avec sa femme mon butin, je vois bien dans leurs yeux la fascination de l'argent qui rend muet, aveugle, et n'a pas d'odeur. Que leur belle-fille tapine sous les ordres de leur fils et du cousin, ça ne pose pas de problème du moment qu'ils n'ont pas la vue sur mon cul et que le fric afflue.

« C'est pour le pub en Belgique, me dit un matin Antoinette. Gérard sera content quand il te retrouvera.

— Oui, je l'espère, je me donne du mal. »

Quand la cloche sonne, je pense au record et à l'argent, c'est vrai.

Je n'étais pas faite pour en gagner autant. J'ai grandi dans la misère, j'ai eu froid, j'ai eu faim, j'évoluais sur les rails d'une vie ouvrière, alors gagner en quelques jours ce que j'aurais dû amasser en plusieurs mois me grise, me donne le sentiment d'être libre alors que je suis enchaînée. Dieu sait que cet argent n'est pas facile, mais il me fascine, me donne de l'importance, j'aime l'instant où, le regard ébloui, Antoinette joue à la caissière. Je suis certaine qu'elle recompte pour le plaisir. Dans ses yeux, je revois ma mère, quand elle clamait « on est riches maintenant », en faisant voler les billets des soldes de mon père, de mon frère et de moi-même. Je ne peux pas exprimer ce que cet argent représentait pour elle, mais je sais qu'il la rendait joyeuse, plus légère comme quand elle buvait. L'argent et l'alcool ont ce pouvoir commun d'alléger la vie et d'apporter l'oubli. Comme Gérard, je possède la volonté farouche de troquer la misère contre l'opulence. Les passes chez la mère Camille ne dureront pas. Je veux m'acheter des centaines de robes. C'est peut-être futile, imbécile, mortel, mais je l'ai promis à ma mère et j'en rêve. De toute façon, je mourrai, mais avec de l'argent et un enfant heureux, sous un coin de ciel bleu dégagé sans croix.

Julien, le petit fleuriste, m'avoue qu'il est marié à la femme la plus gentille et jolie qui soit.

« Alors pourquoi est-ce que tu viens me voir ?

— Elle n'aime pas faire l'amour, et quand elle y consent, elle ne veut rien tenter. Tu vois ?

— Comme quoi ?

— Elle refuse de me sucer.

— D'accord, mais toi, est-ce que tu la suces ?

— Non. Je n'y ai même pas pensé, elle ne me l'a pas demandé non plus.

— Alors caresse-la longuement et donne-lui d'abord ce plaisir que tu attends.

— Mais je ne sais pas comment, montre-moi. »

Depuis Madeleine à *La Belle Meunière*, je refuse de donner des conseils. À celles et ceux qui m'en réclament, je réponds : « Mes clients baisent, vous devriez faire l'amour, ce que je n'ai jamais fait. » Mais parce que Julien est tendre, généreux, amoureux de sa femme, exceptionnellement, pour une bulle de douceur rue de La Reynie, je lui dis : « Déjà, il faut partir de loin, comme en croisade, fouler les vallées avant de rejoindre la rivière, aller chercher les creux du cou ou de la plante des pieds, à l'origine du frisson, surtout pas de flèche dans la cible, le chemin du plaisir féminin est sinueux, embrumé, changeant. Il n'y a pas de techniques à proprement parler, mais des suggestions, car la chose est subtile. Je m'allonge sur le dos en fermant les yeux. Il me faut donc avoir confiance, m'abandonner. Voilà le plus difficile. Je n'ai pas besoin de voir Julien. Croiser son regard entre mes cuisses ne me fait pas frémir. Je souhaite le deviner, le réinventer, suivre sur ma peau le tracé de ses lèvres. J'imagine un autre décor que cette chambre minable, lumineux, aérien, sous un autre ciel et surtout en préambule, j'énonce :

« N'attends rien de moi en retour. Pas maintenant. Donne et tu recevras. Prends ton temps. Pour ta fidélité, la mère Camille nous offre une demi-heure. Je dois ressentir ton désir, ton adoration, tu comprends ?

— Oui.

— Tu me désires ?

— Oui. »

J'aime la peau humide de Julien, sa gentillesse et ses tremblements timides.

Julien entame son voyage en embrassant mes joues, mes oreilles. Une autre fois, il sillonnera un autre hémisphère. Il descend sur mes seins qu'il lèche en caressant mon ventre, ou remonte le long de mes cuisses en effleurant mes jambes, l'arrière de mes genoux. Sa bouche et ses doigts dessinent sur ma peau des rubans, un labyrinthe de rubans. Puis lentement, il arrive à ce point qu'il cherchait sur mon parchemin, par de petits coups de langue, il le déniche, le fait durcir, bander en imaginant qu'il touche à la chose la plus précieuse de la terre, de mon corps, fragile et puissante à la fois, un bijou, la cime d'un arbre fin, un cœur battant. Là, il va changer de rythme, me surprendre, me soulever, lécher mon sexe en entier, l'aspirer, agacer ses lèvres, le pourtour, les racines du plaisir, puis reprendre le titillement, la caresse du doigt, douce, fougueuse, changeante comme l'âme d'une femme. Pas d'acharnement, pas de performance, mais de l'amour, de l'harmonie, du désir, que je veux entendre, ressentir, partager. Si ta bouche me happe, d'un doigt léché, tu peux me pénétrer pour chercher, pas très loin, comme en symétrie, d'autres terres sensibles.

« Suis mon onde maintenant, les mouvements de mon corps que je ne connais pas moi-même. Quand je soulève les hanches, accélère avec ta langue, quand je me tortille, imite-moi, quand je resserre les cuisses, attends un peu que je reprenne mon souffle, et si je gémis, ralentis, mais surtout n'arrête pas, tu approches.

— Tu viens ?

— Ne parle plus. L'instant est fragile, écoute-moi. Suis-moi. Aime-moi.

— Mais je ne t'aime pas, murmure-t-il embarrassé.

— Imbécile, je joue ta femme.

— Ah pardon ! fait Julien en relevant la tête.

— Allez, reprends depuis le début et dis-moi que tu m'aimes quand même.

— Je t'aime quand même !

— Imbécile. »

Je ris. Julien aussi. Il revient, lancinant, obstiné. Dans un parfum de violette, je jouis.

Après un mois de leçons particulières, Julien m'a quittée. J'ai perdu un client mais sa femme a connu le plaisir. Lui aussi, m'a-t-il avoué. Quand il passe à côté de l'hôtel, mon ancien élève entre furtivement. S'il m'aperçoit dans le couloir, Julien me tend quelques fleurs.

75

Rue de La Reynie, je parle très peu à Francesca qui répète tout au cousin, mais je rencontre Judith et Rita.

Judith est une belle brune de trente ans, volubile, plantureuse, aux seins énormes, yeux mordorés et longs cheveux noirs, d'origine marocaine, et Rita, on dirait sa sœur jumelle, plus gracile, effarouchée, venue du Portugal. Judith a une particularité, elle est totalement folle, sans limites, elle envoie balader les clients et les balade aussi avec une laisse et un collier de chien en sautillant nue dans l'escalier. « Aboie ! » crie-t-elle. Et le client aboie.

Je suis surprise d'entendre à quel point la voix humaine reproduit bien celle du chien et du chat, du mouton, du coq..., car, la cigarette au bec et la voix sèche, Judith s'amuse dans les couloirs avec ses clients. Parfois, dans l'hôtel, sous des volutes de fumée, c'est toute une ménagerie qui résonne. Je me croirais au village, de retour chez moi dans le jardin. Judith agace la mère Camille, car ce n'est pas le style de la maison, mais elle plaît. Et surtout, c'est sa belle-fille, alors elle ferme les yeux. Son fils, le mac de Judith, une belle saloperie au minois de poulbot, vit à Nice, tranquille. De temps en temps, il remonte pour la contrôler. Sans décoincer un mot, il la suit comme un flic dans l'hôtel, écoute aux portes, la coince entre deux clients, et le lendemain, Judith apparaît, dévastée, le visage tuméfié sous son maquillage, et ça me remplit de rage.

« Ne t'en fais pas, ma Linda ! Un jour, je serai libre, me dit-elle à voix basse. J'aurai mon studio. Je ferai des trucs de dingue, des tortures, tu piges ? J'ai un cœur de maîtresse et il y a de la demande. De l'or en barre, je vais me faire, sans ce connard ! »

Rita est plus disciplinée, normale, voire romantique, dotée d'un petit accent exotique dont elle joue. Un bon petit soldat sans histoires, toujours gracieux, de bonne humeur, qui envoie à ses clients fidèles, lorsqu'ils partent, de petits baisers en disant qu'elle les aime. Son mac la laisse tranquille, une bonne pâte qu'on appelle « l'artiste », le fils de Madame Momo, une tenancière de la rue aux Ours, un peu plus haut sur le boulevard de Sébastopol. Rita gagne bien sans jamais me dépasser. Elle a un cœur de comptable et sait au franc près combien elle gagne. La mère Camille ne peut pas la gruger, car « elle en serait bien capable ! » m'assure-t-elle. Du coup, je compte aussi.

Rue de La Reynie, pour la première fois, j'attrape une chose immonde. Sur mon sexe rasé, en me fouillant pour me laver selon mon petit rituel spermicide, je n'en crois pas mes yeux. Des bêtes rampent comme de minuscules araignées ! Et ça me gratte à m'en arracher la peau ! Je sors de la chambre en criant : « Au secours ! Je suis envahie. » De morpions. Horrible. Les filles rigolent et Bernadette me fournit un produit huileux qui brûle et m'en libère. Mais depuis, chaque midi avant le travail, armée d'une pince à épiler et d'une loupe de détective, je guette l'envahisseur. Et quand je fais les toilettes de chat de mes clients, dans les poils pubiens, je le guette aussi.

Une sale journée de printemps, vers minuit, quand les premières chaleurs restent dans les chambres, l'horreur frappe rue de La Reynie. Occupée avec un client, j'entends des cris au-dessus de ma tête. C'est la voix de

Rita. « Non ! Non ! » Et des coups de feu. « Bang ! Bang ! » Je suis effrayée. Ça court dans l'escalier. « Arrêtez-le ! Arrêtez-le ! » Je reconnais Judith qui accourt et se met à hurler si fort que ça me glace le sang. Je me blottis dans les bras de mon client tout nu, qui comme moi n'ose pas sortir de la chambre. La mère Camille, de son pas lent et lourd, arpente l'escalier. Quand elle arrive à l'étage où se trouvent Rita et Judith, elle aussi se met à crier : « Oh mon Dieu ! Oh mon Dieu ! » La pauvre vieille s'égosille. « Appelez la police ! » Puis, elle se ravise : « Non ! Ne l'appelez pas ! » Puis : « Si ! » Elle ne sait plus, mais Judith à côté d'elle hurle sans arrêter : « Appelez la police, appelez une ambulance... »

Rita a été assassinée, tirée comme un lapin à bout portant par un client. Trois balles, deux dans le ventre et une autre qui a fait exploser sa tête. Il y a du sang partout et des morceaux de crâne collés au mur. Le client est connu, il était fou d'elle. Elle lui disait qu'elle l'aimait mais il a oublié son argent. Judith a tout entendu. De sa voix douce, Rita la comptable a affirmé :

« Pas question.

— Je te paierai demain, lui a-t-il répondu.

— Non, retourne chez toi et reviens.

— C'est loin !

— Je m'en fiche, je ne fais pas crédit.

— Mais tu m'aimes, Rita... »

Et Rita a ri. Le client est rentré chez lui, puis il est revenu.

La mère Momo de la rue aux Ours accourt tout de suite avec son fils, choqué mais plus encore embêté par les complications et l'arrivée de la police qui tarde. La mère Camille leur répète : « Ça ira, je les connais. »

La mère Momo et son fils repartent vite dans la nuit. En me voyant pleurer sur le palier, elle me dit : « Ce sont les risques du métier, jeune fille. Sois prudente. Tu es bien trop jolie pour rester ici, toi. Viens me voir rue aux Ours, on s'arrangera. »

Les agents de police sont venus en sachant pertinemment où ils mettaient les pieds. Nous avons témoigné. Ils sont repartis avec une grosse enveloppe tendue par la mère Camille. Le client n'a jamais été retrouvé. L'a-t-on seulement cherché ? Le corps de Rita a été placé dans une housse en plastique sur un brancard métallique que j'ai vu descendre dans l'escalier. L'hôtel a fermé trois jours. La femme de ménage a tout nettoyé mais le sang ne part pas sur le bois.

76

À la fin de l'été 1969, Gérard m'écrit qu'il sera bientôt libéré. Il a été transféré à la prison de Lyon où je devrai aller le chercher.

« Habillée d'une belle robe, précise-t-il, j'en rêve. Avec dans un panier, du bon pain, du beurre et du saumon fumé. Mes parents me disent que tu travailles bien. Merci ma petite femme. »

Un midi, Antoinette me tend une lettre de Man-Nini qui me fait pleurer. Padidi est mort d'un cancer foudroyant, ma grand-mère n'a pas voulu me déranger à Paris. La mère Camille me donne deux jours pour aller me recueillir sur la tombe de mon grand-père.

Au village, Man-Nini m'explique que dans les derniers jours Padidi délirait. Il avait de la fièvre et souffrait tout le temps. « C'était étrange, me dit-elle. Il parlait à sa mère, mon pauvre mari... Comme s'il la voyait ! Jusqu'au dernier jour, il a réclamé de tes nouvelles. Qu'est-ce qu'elle fait Petite-Mère ? Pourquoi elle ne vient plus me voir ? Il s'inquiétait pour toi. “Je suis sûr qu'elle a des ennuis et qu'elle n'en parle pas”, criait-il. Le pauvre homme délirait, alors on le rassurait. »

Je retrouve Renée qui me tombe dans les bras. Elle est si triste, son père était gentil. Renée s'est installée en Belgique avec son mari. Comptables tous les deux dans une grande société, ils mènent une vie tranquille, heureuse bien qu'ils n'arrivent pas à avoir d'enfants.

« Et toi, que fais-tu ? me demande Renée.

— Je... travaille aux Galeries Lafayette, dis-je en éclatant en sanglots.

— Ah ma sœur... Comme moi, tu l'aimais ton Padidi... »

Pour le dîner que nous prenons ensemble chez Man-Nini avec mon père et mes frères, je descends à la cave pour y chercher une bouteille de vin. Devant les casiers métalliques impeccablement rangés, je m'assieds sur le petit tabouret de bois de Padidi. Il aimait venir ici, demeurer dans le silence de cette pièce voûtée au sol en terre battue toujours fraîche. Au-dessus de ma tête, l'ampoule se met à vaciller, puis s'éteint. Malgré ma peur du noir, je m'étonne de rester tranquillement assise. Quelque chose se passe autour de moi qui remplit l'air. Comme une joie invisible, un vent doux.

« Tu es là ? » dis-je, quand la main de mon grand-père vient se poser sur mon épaule. Je ressens sans étonnement sa poigne ferme de paysan. Padidi ne me répond pas, mais sa présence me calme, j'ai l'impression d'entendre en silence : « Je veille sur toi, Petite-Mère. »

Je ressors de la cave bouleversée. Quand je tends la bouteille de vin à Man-Nini, elle m'interroge :

« Tu fais une drôle de tête ?

— Il était là, dans la cave.

— Qui ?

— Padidi

— Ah bon... C'est vrai qu'il aimait bien s'asseoir sur le tabouret, tu te souviens ? » me répond ma grand-mère en pressant, avec son mouchoir, le coin de ses yeux.

De retour à Paris, il ne me reste plus qu'un mois à travailler rue de La Reynie. Je vois toujours régulièrement Nicole pendant mon jour de repos. Un de mes derniers lundis, je l'emmène au musée du Louvre où elle n'a jamais été. Comme moi, elle est déçue par la Joconde.

« On dirait un mec ! Tout ce foin pour un travelo ? Ils feraient mieux d'accrocher une vraie femme, la Nicole ! Ou la Linda ! Hein mon chaton, on postule ? Vous ne trouvez pas ? » crie Nicole en interpellant les badauds autour d'elle.

Plus loin, dans la salle majestueuse des statues grecques et romaines, Nicole s'approche intriguée par les corps superbement galbés :

« C'est quelle époque ça ? me demande-t-elle.

— Gréco-romaine.

— Les temps changent. Tu as vu les zizis ? On dirait des sexes d'enfant. J'aurais dû naître à cette période. En plus à Rome, en Grèce, au soleil... Moi, je dis toujours aux clients, les petites bites, c'est mon bonheur. »

Nicole parle fort et attire l'attention. En dépit de mes rires, je lui fais chut avec le doigt.

« Ben quoi ? Je ne dis rien de mal, mon chaton. Messieurs-dames ! fait Nicole en tournant sur elle-même.

— Moi, je leur dis toujours qu'elle est grosse, murmuré-je à son oreille.

— Mais toi, tu es une maligne, me répond Nicole, avant de me toiser, l'air tout à coup sérieux.

— Tu leur disais..., me reprend-elle. Tu travailles bien toujours aux Galeries Lafayette ?

— Oui. Bien sûr.

— Mais qu'est-ce que tu y fais exactement pour avoir une tête pareille ? À chaque fois que je te vois, tu dépéris un peu plus !

— Rien.

— Comment ça, rien ?

— Un travail normal, je veux dire.

— Mais quoi précisément ? Où ? Tu mens mal, mon chaton ! Dis-moi la vérité.

— Non. Laisse-moi.

— Où est-ce que tu travailles ?

— Au rayon “Décoration, rideaux et tissus d’ameublement”, dis-je sans trembler.

— Tu es sûre ?

— Certaine. Je te l’avais dit mais tu ne t’en souviens pas.

— Ah bon. »

Dans la salle des peintres impressionnistes, Nicole reste en arrêt devant une toile de Paul Cézanne représentant la montagne Sainte-Victoire et la mer au fond.

« Ça, c’est magnifique ! Regarde-moi cette lumière, ces couleurs, on entend les cigales ! Et le commentaire, tu as lu ? C’est en Provence. J’imagine que ce n’est pas à vendre ?

— Non.

— Dommage, ç’aurait fait joli dans ma maison de campagne au soleil.

— Tu l’achètes quand ?

— Bientôt. Là, j’ai un petit contretemps. »

S’asseyant sur un banc, face à sa toile préférée, Nicole me confie qu’elle s’est fait virer de *La Belle Meunière*, frappée par la limite d’âge et parce que la mère Gégé n’apprécie pas que Nicole continue de me fréquenter.

« Qu’est-ce que tu vas faire ? lui demandé-je.

— Surtout pas comme toi avec ta tronche de zombie. Sérieusement, tu m’inquiètes, mon chaton !

— Ne t’en fais pas, je vais bien...

— Pas la peine en tous les cas de me chercher un poste aux Galeries Lafayette. Philou va me trouver une place, il est sur un coup. Tu connais la rue aux Ours ?

— Non, dis-je sans sourciller.

— Chez la mère Momo, c’est pas *La Belle Meunière*, mais c’est confortable. Tu devrais venir avec moi, on ferait un carton et tu aurais meilleure mine !

— J’ai arrêté, je te dis. »

77

Quelques jours après la visite au Louvre, dans la cage de l'escalier, rue de La Reynie, alors que je descends d'une chambre derrière un client, j'entends :

« Elle est où cette petite conne ?

— Qu'est-ce que tu veux ? répondent quelques filles.

— De qui parlez-vous ? s'écrie la mère Camille derrière son comptoir.

— Je cherche Linda ! Linda ? Montre-toi, mon chaton ! Je vais te trouver. Tu ne resteras pas une minute de plus dans ce taudis !

— Hé doucement, gueule la mère Camille. Pourquoi, tu tapines où, toi ? Au *Ritz* ?

— À *La Belle Meunière* ! Linda ? hurle Nicole. Montre-toi ou je te cogne !

— Je suis là, dis-je en passant la tête par-dessus la rambarde.

— Pauvre petite conne. Mon chaton... Mais qu'est-ce que tu fous ici ? Allez, prends tes cliques et tes claques et tu viens avec moi. C'est fini les conneries. Des passes à quinze francs ! Mais tu veux crever ? Allez, bouge-toi les fesses avant que Nicole s'énerve. »

La mère Camille se lève de son comptoir pour s'interposer, mais rien ne peut arrêter Super Nicole.

Je n'ai pas d'affaires, juste mon sac. Nicole me tire par le bras vers la sortie comme par l'oreille et dit à la pauvre vieille interloquée :

« Mon mari passera. Philou, il vous expliquera, la mère Momo aussi.

– Ça va chauffer pour ta gueule ! crie la mère Camille. Jeannot, ce n'est pas un tendre. Hein, Francesca ? »

Francesca, qui observe la scène en silence, sous l'escalier, acquiesce.

« Je n'en ai rien à foutre, la vieille, c'est clair ? Ma Linda, ici, c'est de la confiture aux cochons ! Philou va tout arranger. Bonne journée mesdames et surtout bon courage. Vous avez toute mon admiration !

– Tu vas où ? me crie Judith de l'étage au-dessus.

– Je ne sais pas ! Je reviendrai te voir, dis-je.

– Allez, on file, mon chaton. Tu enverras une carte postale ! » me crie Nicole.

Au café du coin, où j'ai mes habitudes, Nicole demande à Michel deux coupes de champagne.

« Je n'ai que du mousseux, répond-il. Mais Linda boit du kir.

— Tu m'étonnes, à quinze francs la passe ! Va pour deux kirs, monsieur. »

Nicole boit son verre cul sec sans me regarder, puis elle plante son beau regard bleu dans mes yeux en me bombardant de questions :

« Je pensais qu'on était amies. Tu n'as pas confiance ? Tiens ! Rends-moi mon flingue, tant que j'y pense avant que tu fasses une autre connerie. Tu veux vraiment crever ? C'est ton mec qui t'a forcée ?

— Son cousin.

— Quel enculé ! Je vais lui parler, il ne me fait pas peur l'épouvantail !

— Tu le connais ?

— Jeannot ? Ben, bien sûr, ça fait dix ans qu'il tourne à Pigalle avec son cabriolet long comme un jour sans pain. Il a ses quartiers au *Balto*, un bar où il tripote en bas de la rue Frochot. Il a même essayé de me mettre le grappin dessus. Avec Philou, il est tombé sur un os. Il faut me dire la vérité si tu veux que je t'aide. Tu comprends ?

— Oui. Pardonne-moi.

— Tu sais, je tiens à toi, mon chaton. Dans ce métier, on n'a pas d'amis. Mais toi, ce n'est pas pareil. La nuit où tu t'es pointée à l'*Ève de Paris*, j'ai cru voir un ange.

Je me suis dit, si j'avais eu une fille, j'aurais voulu qu'elle ressemble à cette gamine. Garçon ? s'interrompt Nicole, vous nous remettez deux kirs, s'il vous plaît ?

— Il s'appelle Michel.

— Merci Michel ! Et pas des portions de fillettes !

— Bien, madame !

— Nicole pour les intimes, je ne suis pas sa mère ! Nous n'avons que dix ans d'écart. À propos... » Nicole se retourne vers moi. « Comment elle s'appelle déjà la carte dans le jeu de ta mère ?

— La carte Azur.

— Voilà ! Tu n'y crois plus ?

— Si.

— Alors tu arrêtes les conneries, c'est clair ?

— Oui.

— Si tu veux rebosser, tu me demandes. Rue aux Ours, tu serais très bien.

— C'est gentil, mais dans une semaine, je pars à Lyon chercher Gérard.

— Ah, ça y est, il sort ?

— Oui, et on va changer de vie. Il me l'a promis.

— Changer de vie, tu le crois, toi ?

— On va acheter un pub à Bruxelles et Gérard va me faire un enfant.

— D'accord, mon chaton. Il va se mettre au vert quoi, mais sache qu'à Paris, il y a Nicole. Michel ? L'addition, s'il vous plaît !

— Bien, madame.

— Nicole ! Je vous ai dit. »

79

Le 20 novembre 1969, j'arrive de la gare Lyon-Part-Dieu en taxi devant la grande porte arrondie bleu gris de la prison Saint-Joseph, au sud de Lyon. J'ai dans une glacière du beurre frais et du saumon fumé acheté place de la Madeleine, et sous le manteau de laine que Gérard m'avait offert, ma robe argent de *La Belle Meunière*, que j'enfile à l'arrière de la voiture en offrant au chauffeur un spectacle qui l'étonne autant qu'il le ravit.

Après deux heures passées dans le froid et le jour qui s'en va, sur le banc de l'arrêt de bus sans toit, où j'ai dû éconduire sèchement plusieurs hommes intrigués par ma robe de soirée, je vois sortir Gérard, qui aussitôt m'avise et traverse la rue en courant. En dix-huit mois, il semble avoir vieilli de plusieurs années. Je lui en donnerais au moins trente. Son corps tout entier a changé, il est encore plus imposant qu'avant.

Telle une poupée de plumes, il me soulève : « Ah, ma petite femme, comme tu es belle, une vraie sirène ! Tu m'as manqué, tu sais ? C'est l'enfer là-dedans ! Et moi, je t'ai manqué ? »

Et je réponds :

« Oui.

— Vite à l'hôtel ! Je n'en peux plus.

— Mais je t'ai acheté du saumon.

— C'est gentil, mais là tout de suite, j'ai envie d'autre chose... »

Dans une petite chambre qui donne sur la gare, avec un vaste miroir accroché devant le lit dans lequel je nous vois comme dans un film, Gérard me prend plusieurs fois en effectuant quelques pauses de « saumon fumé ».

« Je suis au paradis maintenant, répète-t-il. C'est fou, tu pousses une porte et tu changes de monde. J'ai tellement rêvé de ce jour ».

Le corps de Gérard m'impressionne. Il est beau dans le miroir, comme une statue du Louvre, tissé de muscles saillants, mouvants.

« Tu es plus fort, dis-je, plus puissant encore.

— Tu as vu ! Je n'ai pas arrêté de faire de la gymnastique pour me défouler et pour me défendre. Si tu ne veux pas te faire enculer dans un coin, vaut mieux être musclé. J'en ai presque tué un ! Sans ce connard, je serais sorti avant pour bonne conduite. Je me tenais à carreau. Mais cet enculé voulait que je le suce. Tu imagines ? Il n'a pas été déçu, six mois d'infirmerie ! Moi, le sucer. Espèce de détraqué ! »

Gérard ne décolère pas. Il frappe si fort le matelas que des volutes de poussière montent dans l'air pour retomber lentement autour de la lampe de chevet.

« Après, il y a des bons côtés ! reprend-il. J'ai fait des rencontres extra ! C'est comme ça qu'on va à Bruxelles. D'ailleurs, demain soir, on a un dîner. Avec des amis ! Des gens importants.

— On ne rentre pas à Paris ?

— Après-demain. Et hop, à Bruxelles ! Et toi, comment ça va, ma petite femme ? La famille ? Alors tu t'es entendue avec les vieux ? Ils t'aiment bien, tu sais ! Moi aussi. »

Gérard a changé, et pas seulement de corps, il a terminé sa mue. De lui émanent une énergie, une force, une rage plus denses encore qu'il y a dix-huit mois. J'ose à peine lui répondre de peur de le contredire. La violence qu'il contenait à l'intérieur de lui, éructant par moments, a éclos. Elle s'est déplacée, à fleur de peau, instable, inflammable dans l'air. Je la sens dans chacun de ses gestes maîtrisés, de ses regards perçants, agités. Bien qu'il s'efforce de me montrer un rien de tendresse, j'éprouve le sentiment d'être dans la cage d'un fauve.

Et dès le lendemain soir, j'en aurai la certitude.

Une fois arrivés en fin de journée devant le haut portail d'une belle maison bourgeoise de la banlieue lyonnaise, Gérard se tourne vers moi, la main posée sur la grille : « Tu te tiens bien, hein ? C'est important. »

Pour toute réponse, je hoche la tête.

Dans un décor de palace, autour d'une table élégante éclairée par des chandeliers en cristal qui enchantent Gérard, je comprends que nous avons basculé dans un autre monde, celui où règnent les caïds, les princes de la pègre, du grand banditisme. Je me demande à quoi va ressembler notre vie à Bruxelles dont ces messieurs costumés sont les instigateurs, dans quel cadre, quelle atmosphère cet enfant que je rêve d'avoir va grandir. À l'hôtel, après « l'amour », je n'ai pas lavé mon sexe, exprès. Je suis restée allongée en regardant le plafond comme si c'était le ciel, en récitant une petite prière : pourvu que je puisse encore être mère. Mais quelle vie allons-nous offrir à cet enfant ? Je saisis des bribes de conversation. Entre les expressions codées que je ne comprends pas et les sous-entendus animés d'un sourire feutré, quelques mots me parviennent, répétés plusieurs fois, calmement, simples, « un gros coup », « du très lourd ». « Tu es toujours partant ? » Impressionné par ces inconnus à la vie de pacha, Gérard fait oui de la tête. La flamme des chandeliers se reflète dans ses yeux étoilés. Il dit oui à tout, sage comme un enfant ébloui sous un feu d'artifice.

Ce pub à Bruxelles qui sonnait comme un espoir pourrait se transformer en cauchemar. Bouleversée, sentant la main du destin se refermer sur moi, je m'enivre de ce vin délicieux miroitant dans des carafes ciselées dont je me sers moi-même puisque les femmes réunies sur une moitié de table semblent rationnées.

Au dessert, j'interviens en haussant la voix. Je ne peux pas laisser ma nouvelle vie et celle de notre enfant être mises en danger, piétinées avant même qu'elles n'aient commencé. Je dis : « Pardonnez-moi, messieurs, mais mon mari sort de prison. Vous êtes sûrs que c'est le bon moment ? » Et toute la table me dévisage, y compris les femmes, dans un long silence inoubliable, tandis que Gérard le malin me fusille du regard. Agile, il lance une pirouette provoquant les rires et la conversation reprend comme si je m'étais tue.

Dans le taxi, le visage figé par une colère froide, il me dit : « Tu m'as fait honte. » Et ces mots me font trembler. À l'hôtel, dès la porte de la chambre refermée, je veux filer dans la douche pour disparaître mais Gérard m'attrape par les cheveux et me frappe à la tête, avec le poing, si violemment que je m'évanouis. Je me réveille en pleine nuit, maculée de sang séché, la lèvre éclatée, plusieurs dents cassées roulant sous ma langue comme des graviers, la pommette ouverte et enflée, dans l'écho entêtant de mon cœur battant entre mes tempes. J'attrape mon sac sans même regarder comment je suis habillée et je sors, en laissant la porte ouverte pour ne pas la claquer. Sur le boulevard, je cours en boitant avec une seule chaussure. Je vais n'importe où, mais je pars, je m'enfuis. Je n'irai ni à Paris, ni à Bruxelles, ni en enfer. Je vais marcher tout droit dans cette ville inconnue, toute la nuit jusqu'à tomber, je m'endormirai à un coin de rue ou sous un pont et au matin, je reprendrai mon chemin. Quelques instants plus tard, Gérard court derrière moi en hurlant. Sa voix résonne dans le boulevard désert. Sous une porte cochère, il me stoppe en serrant les deux mains autour de mon cou. Je suffoque.

« Une dernière fois, Paulette. Mets-toi bien ça dans ta petite tête, tu es à moi à vie, jusqu'à ton dernier souffle. Tu m'obéis ou je te crève. Ne t'enfuis pas, ça ne sert à rien. Où que tu ailles, je te retrouverai. »

Par le bras, Gérard me traîne jusqu'à l'hôtel devant quelques passants, apeurés ou indifférents, qui regardent une jeune femme abîmée, pleurant dans une robe argent entre les mains d'une brute.

Au matin, nous rentrons à Paris. Dans le train, une écharpe me voile. Avant de nous rendre rue Rodier, Gérard me laisse aller consulter Bernadette qui me serre dans ses bras, à l'arrière de l'officine, des trémolos dans la voix. Elle veut m'accompagner au commissariat de police, immédiatement ! Je la supplie de me soigner, juste de me soigner.

« S'il vous plaît, dis-je, en baisant sa main.

— Il faut que je te dise..., me répond Bernadette. Tu ressembles à ma fille, que j'ai perdue quand elle avait vingt ans. Depuis que je t'ai vue avec ton chiot dans les bras, j'y pense souvent. Alors, toi, il faut que tu vives ! Je ne te laisserai pas t'abîmer comme ça.

— Je vivrai, je vous le promets, je vivrai ! » dis-je en m'enfuyant.

Dans le studio, quand elle me découvre sous mon écharpe, Antoinette stupéfaite s'énerve pour la première fois.

« Ce n'est pas Dieu possible ! Tu n'es pas encore tombée ! Gérard, ce n'est pas toi qui as fait ça quand même ?

— Non, Maman ! Je te le jure. Paulette, me crie Gérard dans un regard noir, dis à ma mère la vérité !

— Je... C'est un client de l'hôtel qui m'a frappée.

– Ma pauvre petite ! s'exclame Antoinette en m'enlaçant dans ses bras. Heureusement qu'à Bruxelles votre vie va changer !

– Oui, dis-je, tandis que Tommy collé à mes jambes se met à grogner.

– Pourquoi tu grognes, toi ? s'étonne Antoinette.

– Parce qu'il comprend tout, mon chien », dis-je.

Au plus vite, abrégeant toute conversation, Gérard plonge l'argent de l'armoire dans un grand sac-poubelle et nous prenons la route vers Bruxelles, dans le cabriolet Sunbeam Alpine, capote fermée, Tommy à mes pieds. Gérard a voulu que nous laissions mon chien avec ses parents. De toutes mes forces, je m'y suis opposée, mais c'est Antoinette qui a tranché : « Non, Gérard ! Nous aimons beaucoup Tommy mais tu ne peux faire ça à la petite. Son chien, c'est tout pour elle. Tu devrais le voir la nuit quand il s'approche de la fenêtre. Tu peux être sûr que Paulette n'est pas loin, et lorsqu'il reconnaît son pas dans la rue, il devient fou et se met à danser, à tourner comme un singe, sans un bruit puisque nous dormons, puis il se colle à la porte. Ça me réveille, bien sûr, mais c'est tellement beau... »

81

Le voyage vers Bruxelles se passe normalement. Je ne dis presque rien. Gérard s'excuse pour le coup de poing en posant la main sur ma cuisse. Ce geste fait se dresser Tommy. Certaines choses mettent Gérard hors de lui. Je dois les connaître et comprendre ce qu'il a traversé pendant que moi j'étais libre. « De me prostituer », devrais-je ajouter. Désormais, tout ce que Gérard entreprend, c'est pour nous deux. Il a l'occasion unique de devenir riche, très riche, c'est ce qui compte. Il va pouvoir vivre avec style et m'en faire profiter. Pour l'instant, je ne peux pas travailler, car ce serait trop dangereux pour lui. Je vais l'aider au pub pour qu'il ne tombe pas, pour proxénétisme aggravé cette fois, vu qu'il est mon mari. Mais Gérard ne prononce pas le terme. Pendant le procès, l'avocat me l'avait dit. Dans un long monologue, Gérard répète que jamais il ne retournera au trou.

« Jamais ! hurle-t-il en frappant le volant à le décrocher, tandis que Tommy grogne. Faut qu'il arrête ce foutu clebs ou je vais le balancer de la voiture.

— Gentil, mon Tommy, tout doux, dis-je.

— On sera tranquilles à Bruxelles, tu verras », conclut Gérard.

Tranquilles ? Depuis les projets secrets entendus lors du dîner de Lyon, je me dis que c'est la meilleure façon de retourner en prison. Gérard a peur de tomber à cause de moi, mais pas de voler, de se faire prendre, de mourir. Il est tellement sûr de lui. J'arrête de penser, cela ne sert à rien, et me laisse bercer par le long défilé des traits blancs de l'autoroute neuve. C'est la première en France, m'a dit le monsieur de la station-service. « A1 », c'est inscrit sur les panneaux que je regarde passer, la tête plaquée à la vitre. Au bout de cette large voie plane et grise, il y a la frontière avec un autre pays, une autre ville au nord, capitale, l'inconnu encore.

Pour l'enfant, Gérard me dit qu'il tiendra sa promesse, même si au fond il n'en a pas envie, car en prison il a réfléchi. Un gosse, ça pose un couple, ça fait sérieux, normal. Une femme doit être mère, au moins une fois, c'est la nature. Mais je devrai m'en occuper, car lui aura trop de travail. Je ne demande que ça mais, moi, je doute que la nature me procure cette joie.

À Bruxelles, Gérard me donnera de l'argent pour me gâter un peu – je le mérite, j'ai bien gagné – et pour réparer mes dents.

« Elles seront plus belles qu'avant ! » dit-il en souriant.

Nous allons passer sept ans en Belgique, moi, un peu moins, pigeon voyageur bien dressé retournant toujours au bercail un peu plumé.

82

Le pub que nous louons dans la banlieue de Bruxelles n'a pas de nom et peu de clients. Le rez-de-chaussée comprend trois salles en enfilade, une première avec quelques tables et chaises, une deuxième moins éclairée, plus étroite, avec en son centre un billard, et une dernière, plus sombre encore, dans laquelle je n'ai pas le droit d'entrer, le bureau de Gérard.

Au sous-sol, se terre une cave tentaculaire, insoupçonnable, humide, à laquelle on accède par un monte-charge dissimulé dans le sol et une échelle coulissante accrochée à une trappe. Lorsque j'y descends pour la première fois, je m'y sens mal à l'aise, oppressée. Je ne sais pas ce qui s'y est passé, mais ce vide autour de moi éclairé par une malheureuse ampoule semble vouloir me parler de choses qui me font remonter.

À l'étage se trouvent deux grandes chambres où nous vivons et quatre autres accessibles de l'extérieur par un escalier, qui servent à accueillir les amis de passage de Gérard. Depuis la prison de Lyon, il a beaucoup de nouvelles connaissances et les amis des amis de Gérard sont ses amis, pour qui le pub de Bruxelles, petit bistrot à l'allure banale, forme un refuge idéal, une planque, un dépôt, une petite plaque tournante de je ne sais pas quoi. D'ailleurs, l'accès à la cave m'est vite interdit, ce qui m'arrange, je redoute cet endroit.

Je ne peux pas en dire beaucoup plus sur le pub de Bruxelles et les êtres qui l'ont fréquenté, car je ne suis pas une balance. Disons que j'y ai croisé nombre de visages connus, de stars du crime, de portraits-robots affichés à la une des journaux, montrés à la télévision, qui s'animaient sous mes yeux en chair et en os, parfois souriants, bien plus beaux que sur ces dessins ingrats. Je ne suis pas une balance et, compte tenu de ce que j'ai vu des forces dites « de l'ordre », l'idée de leur livrer quiconque et quelquc information que ce soit ne m'a jamais effleurée. En côtoyant des êtres corrompus au plus haut niveau de diverses hiérarchies, j'ai éprouvé le vertige que le seul ordre qui existait était celui que l'on se créait soi-même.

Quant aux voyous, aux huiles, aux cadors hors-la-loi, dont certains n'ont jamais fait couler de sang, je dois avouer, en toute immoralité, que nombre d'entre eux étaient charmants, charismatiques, touchants, brillants dans leur genre, respectueux de leur ordre et de moi, incroyablement libres lorsqu'ils n'étaient pas en prison ou morts.

Deux figures m'ont marquée, dont une connue. Quand cet homme retirait devant moi, pour m'amuser, son postiche, son faux nez et sa fausse barbe, qu'il me réclamait un sourire et un Chivas sans glace pour le réconforter, je me surprenais à le trouver beau. Dans ses yeux, je voyais que je lui plaisais mais on ne touche pas à la femme d'un autre. Un Noël enneigé qu'il a passé au pub tandis que Gérard était en « voyage d'affaires », comme il aimait dire, je lui ai offert, emballé dans du papier cadeau rouge et doré, un pull-over dont chaque rang avait été tricoté en pensant à lui.

« Tiens ! Ça te tiendra chaud et te portera chance », ai-je dit.

Quand cet homme a découvert mon présent, il a ressenti en le caressant tout ce que cette laine douce comportait d'amour muet et l'homme, traqué, recherché, fatigué, les yeux brillants, m'a fougueusement embrassée avant de disparaître. Lorsque j'ai vu les images floues de sa mort, imaginant son corps criblé de balles et mon pull troué qu'il portait souvent, j'ai pleuré.

L'autre figure que j'ai aimée était un tueur à gages, talentueux, implacable, élégant, et l'homme le plus doux, le plus attentionné qui soit. Comment un être aussi gentil pouvait-il, de sang-froid, commettre tous ces assassinats ? « C'est mon métier ! me répondait-il. Je fais cela comme une secrétaire tape un courrier, mais parfaitement, sans la moindre bavure d'encre, la plus petite virgule déplacée. Attention, j'ai des limites ! Je n'élimine que la vermine. » Mais c'était qui pour lui la vermine ? Et pour moi ? J'en avais une idée assez précise.

L'homme s'était forgé une spécialité, l'arbalète. Pourquoi ? « C'est chic, plus précis qu'une balle et ça fait Robin des Bois !

— Qui ?

— Un justicier de légende. »

Devant son attirail d'armes incroyablement fourni, qu'il aimait me montrer comme on se dénude, en le désenroulant d'un drap noir épais, taillé sur mesure, comportant une poche pour chaque instrument, je lui ai demandé :

« Et combien ça coûterait un petit flingue pour moi ?

— Pour toi ? Rien du tout ! Mais dis-moi, tu as des ennuis Paulette ? Je peux t'aider ?

— Non merci, c'est gentil. Juste de vieux souvenirs que j'effacerai moi-même comme une secrétaire tape un courrier !

— Tu apprends vite », m'a-t-il répondu en avançant sa main vers ma joue et la retirant juste avant qu'elle ne touche sa cible.

J'ai fait rire Robin des Bois, et par amitié, parce que je lui concoctais le meilleur des cocktails qu'il aimait, servi avec des frites croustillantes, du saucisson d'Auvergne et des câpres géantes, il m'a offert un joli revolver à la crosse gravée. « Ma secrétaire », pouvait-on lire, comme un code secret. C'est ainsi qu'il m'appelait. Robin des Bois aimait plaisanter.

« Comment va ma secrétaire ?

— Bien.

— A-t-elle tapé ses courriers ?

— Pas encore. »

Puis Robin des Bois s'est fait descendre en pleine gare de Bruxelles – « Rien de mieux que la foule pour disparaître », disait-il pourtant –, par un autre tueur qui lui aussi avait ses limites. Il n'éliminait que la vermine.

Ce que je retiens des années à Bruxelles, c'est la gentillesse des Belges que j'ai rencontrés, leur candeur, la douceur de leur accueil dont profitent souvent les brigands. J'aime les Belges avec qui je partage mes belles Ardennes.

Ce que je retiens des années à Bruxelles, c'est ce miracle qui intervient un an jour pour jour après la libération de Gérard – incroyable coïncidence –, la naissance de mon deuxième bébé, ma fille, mon amour. Quand on me demande combien j'ai d'enfants, je réponds trois : mon ange, mon amour de fille et mon Tommy.

Comme le pub de Bruxelles, dans ce livre, ma fille n'a pas de nom. Je ne peux pas l'appeler autrement et je ne souhaite pas qu'elle se reconnaisse ou du moins que son doux prénom choisi d'après une si jolie chanson soit mêlé à ce récit. Alors ce sera « ma fille » ou « mon amour », mon bébé magnifique de 51 centimètres, 3 kilos 300 grammes, dont j'accouche seule, sans grande douleur, pendant que Gérard voyage.

83

« Comme une lettre à la poste ! a commenté la sage-femme. Vous êtes faite pour enfanter, madame. » Quand elle a posé ma fille sur mon ventre, avant de m'abandonner au déferlement de joie pure qui m'assaillait, je n'ai cessé de lui demander si tout allait bien, si ce bébé qui remuait sur mon ventre était bien vivant. J'avais besoin d'entendre que ce n'était pas un autre rêve d'ange.

« Plus vivante, ce ne serait pas possible, madame ! s'est amusée la sage-femme. Quelle voix elle a ! Vous ne l'entendez donc pas ?

— Si. Si. »

Et plus ma fille criait, plus je pleurais. La sentir s'étirer, se réveiller sur moi, observer ses mains, ses pieds miniatures, ses yeux entrouverts comme après un long sommeil, reste le moment de bonheur de ma vie.

Au médecin qui est entré dans la chambre pour ausculter mon bébé, à nouveau, j'ai réclamé :

« Tout va bien, docteur ? Elle est en bonne santé ?

— Tout va bien, madame ! Une pure beauté ! Dix doigts et dix orteils, six et quatre ! »

Le docteur a ri, pas moi. Devant ma tête attristée, il s'est repris : « Je plaisante bien sûr ! D'habitude, ça fait rire. Vous avez le plus beau bébé de la maternité ! Le plus sonore aussi. »

Les pleurs de mon enfant ne m'ont jamais insupportée. Au contraire, c'est son silence qui m'angoissait. Je voulais entendre ma fille, encore et encore. J'ai passé des dizaines de nuits, la tête plongée dans son berceau, à baiser ses joues, effleurer son nez, son crâne souple, ses doigts de poupée, à scruter son souffle léger en remerciant Dieu. Pendant des mois, chaque heure, j'ai eu peur que mon bébé meure.

Ma fille a les yeux bleus, comme son père, comme cette carte Azur qu'elle me tend depuis sa naissance.

Quand Gérard l'a vue pour la première fois, j'avais allongé mon enfant à côté de moi pour la présenter à Tommy impatient, curieux, un peu jaloux. Du bout du museau, il l'a reniflée longuement, doucement. Attendri, Tommy a immédiatement compris sa nouvelle mission. Protéger et aimer ma fille comme moi. Dans un souffle long, il s'est sagement couché au pied du lit, ne se redressant que lorsque Gérard est entré dans la chambre. Le père de ma fille n'a pas souhaité la prendre dans les bras. Il s'est contenté de se pencher pour l'observer alors que Tommy semblait prêt à bondir.

« Elle est belle, n'est-ce pas ? ai-je dit.

— Ouais. C'est un bébé quoi ! »

Après des mois d'extase azuréenne, un événement a fait éclater ma bulle. La nuit, la mort et son grand voile gris étaient venus à moi comme à l'Hôpital américain. Quelque chose allait se passer, c'était certain. Au matin, sans rien dire à Gérard qui m'aurait traitée de folle, j'ai posté Tommy devant la porte de la chambre verrouillée où dormait ma fille et j'ai attendu derrière le comptoir, mon revolver avancé dans le tiroir, en tremblant, pas pour moi, mais pour mon bébé. Qu'allait-il devenir si je mourais ?

Avant midi, deux hommes cagoulés et armés se sont engouffrés dans le pub vide en réclamant Gérard. J'ai crié qu'il n'était pas là, mais ils ont filé tout droit dans son bureau. Des coups de feu ont retenti et j'ai disparu, pétrifiée, sous le comptoir sans même me saisir de mon arme. Après quelques secondes, les hommes sont repartis, l'un en courant, l'autre en boitant, hurlant, la jambe en sang. Puis j'ai entendu Tommy courir, sortir et se jeter sur eux. Une balle est partie, Tommy a gémi. Je me suis relevée en courant vers lui, hurlant : « Tommy ! »

Allongé sur le parking, mon chien geignait, tandis qu'à bout portant un canon agité me faisait face.

« Ne tirez pas, monsieur, s'il vous plaît, j'ai une petite fille », me suis-je entendue prononcer calmement.

Pendant que l'homme blessé montait dans la voiture, l'autre me tenait en joue. Devant son regard sombre perçant sa cagoule, j'ai fermé les yeux en imaginant le bruit qu'allait faire la balle en pénétrant mon crâne. Puis il a couru, les pneus ont crissé, la voiture a disparu.

Quand il nous a rejoints, Gérard était indemne.

« Brave chien ! a-t-il dit à Tommy. Tu n'as rien, toi ?

— Non, mais mon Tommy ! ai-je hurlé.

— C'était les crevures de l'OAS, ils voulaient me racketter.

— Tommy !

— Arrête de gueuler ! Laisse-moi regarder ! »

Gérard s'est agenouillé en caressant mon chien.

« Ce n'est pas grave, la cuisse est touchée, on va le soigner », a-t-il dit.

Quand les pleurs de ma fille ont résonné par la fenêtre de la chambre, il m'a ordonné : « Occupe-toi de la petite, je m'occupe du chien. Nettoie le sang et ne bouge pas. Rentre à l'intérieur et ferme tout. »

Après avoir bercé ma fille longuement, j'ai lavé le sang avec une serpillière et une bassine dont l'eau rougissait, en pensant fort à Tommy.

Le lendemain, Gérard est revenu avec mon chien, la cuisse bandée, qui trottinait cahin-caha.

« C'était superficiel ! m'a-t-il dit.

– Oh mon Tommy ! Tu en as mis du temps, Gérard. Qu'est-ce que tu as fait ? J'ai eu si peur.

– Ne me pose pas de question, s'il te plaît. »

84

À compter de cet événement, j'ai été prise d'une angoisse naissante, d'une obsession qui n'a fait que grandir les mois passant. Je voulais que ma fille, mon amour, échappe à ma vie misérable, dangereuse, à mon sort de damnée, à moi-même.

Le jour où ma fille m'a dit « maman », je me suis effondrée. La honte, que je n'avais pas ressentie depuis longtemps, m'a frappée. Les enfants ont ce pouvoir, ils chassent l'oubli. Tout me revenait, de ma propre enfance jusqu'aux passes rue de La Reynie. À chaque fois que j'enlaçais ma fille, j'avais l'impression de la tacher, de la souiller de sperme et de sang par mes baisers. Ma fille méritait une meilleure mère que moi, une femme éduquée, respectable, propre. Alors je me suis mise en quête de lui trouver une nounou, mais celles qui me plaisaient coûtaient trop cher selon Gérard. Il m'avait prévenue, il ne dépenserait rien de superflu pour « la gosse ». Quand je l'ai menacé de retourner vivre chez mon père, il a trouvé une pauvre femme dans ses prix, n'habitant pas trop loin, aimable mais perdue parmi une ribambelle d'autres bébés qui piaillaient. Quand nous avons laissé ma fille dans la salle à manger sinistre de cette piètre nourrice, je n'en ai pas dormi de la nuit. Alors j'ai pris la voiture de Gérard, car j'ai passé mon permis de conduire à Bruxelles, et j'ai roulé, roulé, jusque dans les Ardennes, à deux heures du pub, à Namur, où j'ai confié mon amour à ma tante Éliane, si bonne, si tendre, la sœur de mon père qui n'a jamais pu avoir d'enfants, tellement heureuse de me rendre ce service. Sur le chemin du retour, une fontaine de larmes a coulé, mais j'étais convaincue d'avoir pris la bonne décision. Ma fille ne pouvait pas avoir meilleure nounou que ma tante Éliane, diplômée du baccalauréat, femme au foyer dévouée, aux gestes doux, qui l'a adorée pendant sept années.

À mon retour, la seule chose qui intéressait Gérard, c'était l'état de sa voiture, un nouveau cabriolet Mercedes-Benz.

« Mais tu es folle ? Tu sais combien ça coûte ?

— Alors achète-moi une auto. »

Le lendemain, m'attendait sur le parking une vieille Renault 4L orange, dont le plancher était en partie rouillé, mais le moteur tournait comme une horloge.

Tous les jeudis et les dimanches, j'allais passer la journée à Namur chez ma tante Éliane voir ma fille grandir, ma merveille. J'étais toujours élégante dans les robes de *La Belle Meunière* que j'avais retaillées. En arrivant, je cachais ma vieille voiture et j'apparaissais bien coiffée, avec toujours un petit cadeau pour Éliane et pour ma fille. Si je ne pouvais être une vraie mère, je devais inventer un personnage pour mon amour qui marque sa mémoire, son imaginaire, une sorte de fée clochette, une Maman Cadeaux, toujours souriante, joyeuse, aimante.

Gérard, lui, pouvait passer des mois sans voir sa fille, sans même réclamer de ses nouvelles. Accaparé par ses diverses activités opaques, il voyageait en Belgique, en France, en Allemagne, jusqu'en Espagne.

« Qu'est-ce que tu vas faire si loin ? osai-je lui demander un soir qu'il semblait de bonne humeur.

– Je fais grandir mon cheptel ! avait-il répondu en riant. Il ne faut pas mettre tous ses œufs dans le même panier ! »

Je me suis souvenue des mots de Francesca. Comme son cousin, Gérard devait avoir d'autres filles que moi en plus de ses diverses missions.

Quand mon enfant a eu trois ans, à Namur, en me voyant apparaître dans le salon les bras chargés de paquets, avec ma robe dorée raccourcie, ma fille a dit à tante Éliane, qu'elle appelait « Ma-Tati » : « Elle est belle, Maman ! » Cela m'a fait plaisir. Je l'ai soulevée en la faisant tourner à bout de bras sur le tapis et lui ai susurré :

« Ma-Maman ! Je suis à toi mon amour.

– Maman ! Maman Cadeaux ! » a répondu ma fille en me pinçant le cœur.

Ces présents, je parvenais à les acheter avec quelques billets que je glanais çà et là au pub, des pourboires, un peu d'argent que je pleurais à Gérard, et cela m'insupportait. Maman Cadeaux devait avoir de l'argent et renouveler sa garde-robe et sa voiture trouée avant que sa fille ne s'aperçoive que sa mère indigne n'était qu'une pauvre femme fauchée.

Aussi, quand quelques jours après, l'hiver de mes trente ans, Gérard est revenu d'un voyage en pleine nuit transpirant, épuisé, le visage creusé, sa chemise déchirée, tachée, qu'il m'a annoncé, en se jetant sur le lit : « Je suis ruiné, il va falloir que tu retravailles ! », j'ai répondu oui, sans réfléchir.

Non seulement Gérard n'avait plus un sou, mais il avait contracté des dettes. Quand je me suis approchée de lui pour caresser son bras, sans accès de tendresse, mais juste pour qu'il me parle, j'ai appris qu'il était possédé par un nouveau démon, celui du jeu. Tout l'argent que son cheptel et ses missions secrètes lui rapportaient s'émiettait en confettis qu'il jetait par grandes brassées sur le tapis vert des casinos et dans les pièces reculées, enfumées, des tripots.

« Où ? ai-je demandé, où veux-tu que je travaille ?

— Pas en France, pas ici, en Allemagne.

— Mais on fait 50/50, pas pour moi, pour notre fille. Ma vie à moi, elle est foutue, mais je peux encore servir. Toi, un jour, tu ne rentreras pas. On m'appellera pour que j'aille à la morgue reconnaître ton corps.

— Qu'est-ce que tu racontes comme conneries !

— Tu sais que j'ai raison. On a déjà failli mourir. Nous n'allons pas passer tout le temps à travers les gouttes. Regarde tes amis, ils tombent comme des quilles. Seulement, nous avons une fille. Je sais que tu t'en fiches, mais pas moi. Je lui dois mes moments de bonheur.

— Je ne m'en fiche pas, j'ai du travail ! Et quand je la prends dans les bras, j'ai peur de la casser. Je l'aime bien, la gosse. Tu ne sais pas tout !

— Elle va grandir. Je veux qu'elle ait une belle vie, qu'elle fasse des études pour devenir une femme libre, heureuse, normale. Ça va coûter de l'argent, mais je vais en gagner.

— Je te vois venir ! Mais moi, j'ai des projets, des envies, des rêves. Tu parles comme si tu étais morte. J'ai trente-deux ans. Ma vie ne fait que commencer et je ne vais pas épargner pour la gosse ! Je n'ai même pas encore de maison ! Moi d'abord, c'est clair ? Elle se débrouillera comme je l'ai fait. Personne ne m'a aidé. On verra de quelle trempe elle est.

— Tu veux que notre fille mène notre vie ?

— Je m'en fiche. Toi, tu as honte, moi pas.

— Tu n'as pas vendu ton cul, sucé des bites à la chaîne en te persuadant que c'était des cornets de glace, fait le chien dans un palace, satisfait les pulsions dégueulasses d'inconnus !

— Parle-moi mieux, s'il te plaît !

— Non, tu as fait pire.

— J'ai fait comme j'ai pu ! Tu m'en veux toujours ?

— On fait 50/50, dis-je.

— Tu ne m'as pas répondu. Depuis Lyon, je ne t'ai plus cognée.

— Oh, merci... Je ne pense plus qu'à ma fille maintenant ! » ai-je conclu.

85

Gérard m'a trouvé une place dans un *Eros Center* à Düsseldorf. C'est une nouvelle formule d'hébergement qu'il me présente comme un club de vacances. Je suis libre de fixer mes tarifs, pas de mère Gégé ou Camille au comptoir, je monte avec qui je veux, quand je veux, dans des chambres agréables, sécurisées et propres.

C'est le nom de Düsseldorf qui immédiatement m'attire. Je me souviens que c'est la ville de Fritz. Cependant, il y a un hic. Pour travailler dans un *Eros Center*, qui est un lieu officiel de prostitution volontaire, il est interdit d'être mariée ou maquée. En arrivant, on signe une attestation et les Allemands ne transigent pas avec la loi. Qu'à cela ne tienne, tel un agent double, j'arrive à la gare de Düsseldorf avec dans mon sac un faux passeport, parfaitement réalisé en un temps record par les amis de Gérard. Je m'appelle Linda Martin, née à Givet, France, en septembre 1943, et je suis célibataire.

De l'extérieur, ça ressemble à un immeuble quelconque de cinq étages, gris, anguleux, sans fioritures ni décor, à cette différence près : sur les deux pans vitrés de la porte à l'entrée, deux cœurs roses adhésifs sont collés. Normal, Eros, c'est l'amour.

La dame sérieuse à l'accueil me fait penser à l'assistante du directeur de la filature de Givet. Elle me demande de choisir entre deux chambres. Je prends celle à l'étage le plus élevé. Les formalités remplies, je dois me rendre à un centre médical tout proche pour y effectuer un contrôle. Déclarée apte à travailler, je suis accompagnée par la dame de l'accueil, comme à l'hôtel, vers mon nouveau lieu de travail au cinquième étage du bâtiment 5, dans une pièce de taille correcte, avec au sol du lino beige facile à nettoyer et un couvre-lit rouge siglé *Eros Center*. Sans trop de mots, puisqu'elle voit bien que je ne comprends rien, la dame insiste sur le plus important, la sonnette d'alarme à côté du lit.

« Alarme ! crie-t-elle en prononçant le *e* à la fin du mot. Alarmeu ! *Verstanden* ?

— *Ja*, alarme ! Et où sont les clients ?

— *Was ?*

— Les clients ? Les hommes ? *Men !* dis-je.

— *Ach... Die Kunden ? In der Hof !* »

In der Hof signifie « dans la cour ». C'est là que tout se passe, dans un patio à ciel ouvert. Les filles tournent en rond dans le sens inverse des aiguilles d'une montre, comme en promenade dans une prison. Certaines sont à demi-nues, très maquillées, sous un manteau plus ou moins épais, d'autres plus timides, rasant les murs, ressemblent à des occasionnelles. Il y a des filles pour tous les goûts, de tous les âges, de toutes les couleurs de cheveux, de peau, de soutien-gorge. Et quand il pleut ? pensé-je. Quand il neige ? Personne ne peut me renseigner, je verrai bien, la météo n'a jamais arrêté le commerce. Mais tout est prévu. Je découvre, dans un coin, un préau avec des bancs étagés où l'on doit s'asseoir comme pour une photo de classe.

Aussitôt, je prends mon tour dans la valse lente de l'*Eros Center*. Je ne tourne pas longtemps.

« *Kommst du mit ?* »

Un geste de la tête suffit à comprendre : tu montes ?

« *Ja.* »

Pendant cinq étages, j'ai le temps de jouer de mes ruses et de faire connaissance. J'applique une instruction de

Nicole, fuir les clients qui ne disent rien, ce sont les pires. Les hommes dangereux ne s'annoncent pas. Mais que leur dire ?

« *Ich !* Linda ! *Französisch !*

— *Ach ja ! Wunderbar !*

— *Gut, gut !* Ardennes ! Ardenneu ! dis-je avec l'accent.

— *Ach gut !*

— Tu as vu mon cul ?

— *Was ?*

— Mon beau petit cul ! dis-je en soulevant ma jupe.

— *Ach ja...* »

Je n'ai jamais fait « pute ». Mon truc, c'est mignonne à tendance angélique, gentille et prometteuse, sexy mais pas « pute ». Je porte mes petites jupes, mes petits pulls, des talons normaux qui surélèvent mon petit cul.

Au sous-sol, une salle de détente polyvalente est aménagée pour les filles. On peut s'y asseoir, se faire à manger, discuter, fumer. Là, j'y rencontre Emma, une jeune Anglaise qui connaît trois mots de français, plus mes trois d'anglais, ça pourrait faire six, sauf que ce sont les mêmes ! *Hello*, *I love you*, *goodbye*, le résumé d'une vie heureuse. Mais nous arrivons quand même à communiquer et prenons nos repas ensemble. Nous nous racontons nos passes : elle en anglais, moi en français. Je ne comprends pas les mots, mais j'entends sa voix, je lis dans ses yeux et je ressens Emma. Quand elle me montre la photo, qu'elle embrasse, d'un petit garçon de deux ou trois ans, je suis bouleversée. Alors Emma me serre dans ses bras, et dans ma chambre, au fond de mon sac, dans la doublure de mon faux passeport, je lui montre ma fille, ma merveille, et mon anglais progresse. J'apprends *beautiful ! cute ! so cute ! gorgeous !* Et je répète ces mots après Emma, puis je dis :

« Toi, ton fils, il est magnifique ! Répète, magnifique !

— Magnifique !

– Il a tes yeux. Répète, il a mes yeux !
– Il a mes yeux. »

Tout se passe normalement à l'*Eros Center*, au travail pourrais-je dire, à l'exception d'un client qui a voulu avec insistance me sodomiser. Bien qu'il me tirait à lui, j'ai réussi à presser la sonnette et, dans la minute qui a suivi, deux molosses des pays de l'Est ont débarqué, ouvert la porte avec leur passe et jeté mon client dans la rue.

Je gagne vite beaucoup d'argent. Mon tarif est supérieur à celui des autres filles, et dans la valse lente, je tourne aux côtés d'Emma.

Un soir, je m'habille de ma plus belle robe – j'y songe depuis mon arrivée –, je coiffe mes cheveux du mieux que je peux, mets du rose aux lèvres et une pointe de bleu argent sur mes yeux. En taxi, je rejoins le bar du plus bel hôtel de Düsseldorf, l'*InterContinental*, pour y déguster une coupe de champagne frais et voir si, à tout hasard, je pourrais y croiser Fritz. Trois soirs, je renouvelle ma tentative en vain. Puis je me procure l'adresse du siège de sa société, là où doit se trouver son bureau. C'est facile, le nom de Fritz brille sur plusieurs enseignes lumineuses de la ville. À l'accueil, je me présente en le demandant. La dame parle à une autre dame au téléphone, puis elle raccroche en me faisant comprendre que je ne peux pas voir Fritz. Alors j'insiste en français, je veux lui parler ! Polie, elle reprend le combiné dans lequel je crois entendre la voix de mon amant.

« Fritz ! crié-je, c'est moi, c'est Linda ! »

Mais la dame raccroche en faisant non de la tête, l'air désolé, et un monsieur de la sécurité me reconduit aimablement vers l'avenue.

Les prostituées allemandes, très soucieuses de leur santé, utilisent des préservatifs. C'est nouveau pour moi, une dépense superflue, je travaille à l'ancienne et plonge en moi des éponges contraceptives, des « mignonnettes » comme on les appelle à Paris.

« *Kommst du mit* ? me demandent les clients.

– *Ja !*

– *Mit Gummi ?* »

Littéralement, cela veut dire avec du caoutchouc.

« *Nein !* À l'ancienne !

– *Ach gut !* »

Les clients préfèrent.

Deux fois par mois, je rentre à Bruxelles, j'embrasse mon Tommy qui me fait des fêtes insensées, me change en fée chargée de petits paquets et nous partons avec ma 4L orange en direction de Namur. Pressée, je la conduis comme une voiture de course.

« Maman Cadeaux !

– Ma merveille... »

J'apporte pour tante Éliane du parfum de marque, des chocolats, de nouveaux vêtements pour ma fille et en partant, discrètement, je laisse une enveloppe sur la cheminée.

Un week-end, ma fille me manquant trop, je retourne un jour plus tôt à Bruxelles. Je trouve la porte du pub fermée et mon Tommy, derrière, dressé, grattant la vitre. J'entre, j'ai les clés, le pub semble vide, mais je perçois des gémissements provenant de l'étage qui s'intensifient à mesure que j'approche de notre chambre. D'un coup, j'ouvre la porte et vois Gérard en train de s'agiter dans le cul d'une fille à quatre pattes. Sans s'arrêter, il me regarde : « Tu es déjà là ? Attends-moi, je finis. »

Je redescends, dépose l'argent sur la table de billard et prends la route. Je savais qu'il avait d'autres filles, mais entre supposer et voir, il y a un monde de réalité.

De retour de Namur, le dimanche soir, Gérard m'explique qu'il est obligé de baiser ses filles, que c'est comme ça qu'il les rend accros, qu'elles le respectent. Elles ont besoin de leur ration, de son beau dard épais dont il est plus fier qu'un diplôme.

« Comment s'appelle cette fille ?

— Pourquoi veux-tu savoir ?

— Comment s'appelle-t-elle, s'il te plaît ?

— Mireille.

— Fais ce que tu veux, mais pas dans notre chambre.

— Je fais ça pour toi aussi !

— Pour moi ?

— Oui, plus mes filles bossent, moins tu as besoin de travailler.

— J'aurai toujours besoin de gagner mon argent. »

Un week-end à Namur, j'apprends par tante Éliane que Man-Nini est morte. Son cœur a lâché alors qu'elle étendait le linge dans le jardin.

« Elle avait beaucoup changé depuis la mort de Padidi et de ta mère », me confie ma tante.

Je n'en sais rien, je ne l'ai pas vue depuis longtemps. Lasse, triste, je pose ma tête sur les genoux de tante Éliane qui caresse mes cheveux.

« Ta fille m'apporte beaucoup de bonheur, tu sais ? »

Sans répondre, je me mets à pleurer.

Libre de mon emploi du temps, je prends trois jours de vacances. Je me suis acheté une nouvelle voiture, payée cash, une Coccinelle que les Allemands appellent « *Käfer* », ce qui veut dire scarabée, orange comme ma 4L, qui est morte sur le bord de la route. Je file directement à Namur, puis à Paris, où j'ai rendez-vous au *Café de la Paix* avec Nicole. Je lui raconte que je m'ennuie en Allemagne.

« Mon Dieu, tu couches avec l'ennemi ! » plaisante-t-elle.

Née avant la guerre, Nicole a été marquée par l'Occupation. Elle n'a rien contre les Allemands, mais rien pour eux non plus.

« Viens rue aux Ours ! crie-t-elle. On s'amusera. Tu sais que Julie m'a rejointe et Judith aussi.

— Vraiment ?

— Oui. Il ne manque que toi pour former un quatuor de choc !

— J'en parlerai à Gérard mais il a peur de tomber si je travaille à Paris.

— C'est oublié ! Et tu sais bien que les poulets m'ont à la bonne. Julie sort avec le grand chef de la mondaine, et moi, avec un gros bonnet du quai des Orfèvres.

— Je verrai. »

Je passe un an à Düsseldorf jusqu'à ce que je retrouve le contenu de mon sac éparpillé sur mon lit. Le motif ? La jalousie des filles puisque Emma et moi n'arrêtons pas de travailler alors que certaines ne « dérouillent » pas de la journée, comme on dit en France. La preuve, rien n'a été volé, sauf mon permis de conduire. Dans un cri, je comprends pourquoi, il y figure mon vrai nom de jeune fille et surtout celui d'épouse. Dans la salle de repos, Emma, paniquée, me prévient qu'elle a entendu parler d'une plainte à la police contre moi. Ils ne devraient pas tarder. Je pars sur-le-champ dans ma Coccinelle orange, juste le temps de dire au revoir à Emma.

« *So you are leaving now ?* me dit-elle.

— *Yes.*

— *Kiss me please, Linda.*

— *Yes.*

— *I'll miss you.*

— *Yes.* Moi aussi. »

Nous nous embrassons longuement, je file.

Gérard n'est pas très chaud pour que je retravaille à Paris, mais il n'a pas le choix, le pub ne rapporte rien, ses amis abusent de lui et tout son cheptel réuni semble gagner moins que moi. À Paris, il le sait, je pourrai gagner encore plus d'argent. Je le rassure, il est loin, vit à Bruxelles, et rue aux Ours, les poulets nous picorent dans la main.

En 1974, j'arrive à toute berzingue rue aux Ours, en klaxonnant comme sur une étape du Tour de France, avec ma Coccinelle immatriculée en Allemagne.

« Tiens, v'là la collabo ! C'est bizarre ce orange, la couleur des soucis. Oh, mon chaton joli, tu ne peux pas savoir la joie que tu me fais ! » serine Nicole en sautillant sur le trottoir.

L'argent que j'ai gagné à Düsseldorf est placé par sécurité sur un compte bloqué pour ma fille en Allemagne. J'arrive à Paris sans le sou. Gérard m'a réservé un petit hôtel minable rue Rambuteau. Les anciennes Halles sont en cours de démolition, les rats qui y logeaient peinards depuis des siècles envahissent affolés les rues alentour. Le soir même, après avoir dîné avec Nicole, Judith et Julie dans un bistrot, lorsque j'allume la lumière dans cette piaule étroite qui sent l'humidité, je pousse un cri en voyant à mes pieds une dizaine de rats gris grouiller dans tous les sens, fuyant le jour soudain. Me précipitant sur le lit, j'y suis vite rattrapée par les plus téméraires qui grimpent le long des pieds en bois jusqu'aux couvertures et aux draps. Tandis que les rats me narguent, en se tortillant sans savoir ce qu'ils vont faire avec moi, je commence à leur parler doucement. Je leur dis que je les aime bien, que je ne leur veux pas de mal, que quand j'étais enfant je les ai même sauvés du piège de l'ogre et du poêle à bois, et ma voix semble les calmer. Lentement, j'étire la jambe jusqu'à les toucher pour les pousser vers le bord du lit. Les rats se laissent faire. Un à un, ils glissent sur le plancher.

Recroquevillée sur le lit, je ne dors que quelques minutes d'affilée avant de me réveiller au moindre couinement. J'ai toute la nuit pour penser. Qu'ai-je fait en vingt ans de vie depuis les rats sous la grange ? Deux enfants dont un s'est envolé, beaucoup de bien aux hommes, mais si peu pour moi-même. C'est normal, je n'en valais pas la peine. Pourtant, les mots de mon père me reviennent : « Je n'échangerais pas ma fille contre deux garçons. » Le dirait-il encore aujourd'hui ? J'en tremble.

Si ! J'ai fait quelque chose d'important pour rafistoler mon âme, ma dignité. J'ai tenu ma promesse mais il me reste deux croix. Bientôt. Chaque chose en son temps. Pendant cette nuit misérable, de retour avec les rats, je me promets aussi de me gâter. Si ma carte Azur ne se dessine pas, je la colorerai moi-même.

Le lendemain, je change de chambre, mais les rats me suivent. Quand il me croise dans les couloirs pour la première fois, le propriétaire, qui connaît mon métier, fait une drôle de tête, lascive, excitée. Quelques minutes après, il toque à la porte de ma chambre. Je ne réponds pas. Il gratte le bois avec les ongles en murmurant qu'il a envie. En échange, le tenancier me fournira une chambre plus grande. Insupporté par mon silence, il se met à tambouriner, puis glisse un passe dans la serrure, mais quand il ouvre la porte, il tombe nez à nez avec mon flingue.

« Va te branler, gros porc, dis-je doucement, ou je te crame et régale les rats. »

J'ai la paix toute la semaine. Je bénéficie même d'une chambre spacieuse, plus lumineuse. Souvent, ma vie ressemble à une jungle dans laquelle règne la loi du plus fort. Même en France, dans une des plus grandes, des plus riches démocraties du monde, cette loi a encore de beaux jours à vivre.

Rue aux Ours, ma fille ne viendra jamais voir Maman Cadeaux, mais mon Tommy, si. Bientôt, il me gardera, ainsi que toutes les filles et la mère Momo qui possède l'hôtel.

87

Rue aux Ours, je découvre « les soupeurs ». Que celles et ceux sujets au mal de cœur s'abstiennent de lire les lignes qui suivent.

Arrivant de Belgique et d'Allemagne, je ne suis pas au fait de l'actualité des programmes télévisés français. Or, un feuilleton remporte un gros succès populaire et son héros aime s'encanailler rue aux Ours avec moi. Bien sûr, je ne le reconnais pas, mais toutes les filles dans l'hôtel en sont folles. La mère Momo, vu la qualité et la fidélité de notre client VIP, me fait même installer la télévision en couleurs dans la chambre qu'elle me loue en étage. La demande de mon client est si particulière que j'ai besoin d'un jour de réflexion et de beaucoup d'argent pour accepter, compte tenu de mon aversion pour le sperme.

À prix d'or, il loue à la journée la chambre adossée à la mienne. L'oreille plaquée sur la cloison, il écoute tout ce qui s'y passe. Là commence son excitation. Quand la passe est finie, le client parti, je ne dois pas me laver, je toque sur le mur et il vient me lécher le sexe jusqu'à la dernière goutte de semence. C'est pour lui un nectar, le comble du plaisir. Et l'opération se répète toute la journée, une trentaine de fois. Notre star du petit écran, qui embrasse sa célèbre épouse dans *Paris Match*, dont se délecte la mère Momo, est au paradis. Au fond, ça n'est que dégoûtant. Où est le mal ? J'espère simplement que cette pauvre femme, si souriante sur la photo, prend des bains de bouche.

Pour me distraire et oublier ce que mon client VIP est en train de me faire, qui ne me procure aucun plaisir physique tant il est assoiffé, je regarde la télévision. Le plus rigolo et le plus jouissif, si j'ose dire, c'est quand il apparaît, don d'ubiquité des personnalités, à l'image et entre mes cuisses. C'est chic quand même de se faire sucer par une star. Je dois avouer une certaine satisfaction à asservir par le plaisir un homme puissant, reconnu, star. Voilà la douce revanche de la petite Ardennaise.

« La star », cette appellation que me vaut mon client célèbre, dont je bénéficiais déjà à *La Belle Meunière*, ne me quittera plus jamais. De ce que je vois des stars, cela ne me flatte pas particulièrement.

88

Nicole m'a déniché une ancienne chambre de bonne, minuscule, mais charmante, toute repeinte en écru avec de jolis voilages, un nid suspendu aux toits de Paris, sur la butte Montmartre, orné d'une fenêtre toute ronde, un œil-de-bœuf, qui observe de la place de la Bastille à la tour Eiffel, la grande ville des Lumières. Au matin, je bois mon café avec un peu de miel en rêvant, cours à grandes enjambées dans le jardin des Tuileries avec Tommy, me baigne dans la Seine, me sèche sur la Tour dans le vent des cimes et reviens finir mon café.

Le matin même de l'anniversaire de la mort de mon ange, je le vois voler dans la chambre, toujours aussi beau, souriant, le visage si fin. Dans un ciel éblouissant, il me montre d'un doigt magique l'unique croix restante.

Ce même jour, conjonction des forces de l'univers, en arrivant rue aux Ours, Nicole m'apprend que le cousin Jeannot s'est fait trucider en pleine nuit en sortant du *Balto*, un bar louche où il avait ses habitudes, en bas de la rue Frochot, à quelques mètres du *Bon Logis*.

« Troué comme un gruyère ! Ils ne l'ont pas raté.

— Tant mieux, c'était une saloperie, dis-je.

— Il avait deux jeunes enfants tout de même.

— Moi aussi.

— Un règlement de comptes, sûrement.

— Sûrement. »

J'appelle Gérard à Bruxelles pour le prévenir et tombe sur Mireille qui décroche en parlant avec un accent provençal. Gérard n'est pas là, il est parti en « voyage d'affaires » à Malaga, au sud de l'Espagne.

« C'est qui à l'appareil ? me demande-t-elle à rebours avant de raccrocher.

– Sa femme.

– Ah », fait Mireille qui se tait.

Je compose le numéro étranger qu'elle m'a dicté et joins une autre femme, espagnole cette fois – Gérard apprécie les chaleurs du Sud –, qui se nomme Carmen. Elle me passe Gérard à côté d'elle, car j'insiste, c'est urgent, important.

« C'est ta femme ! Elle vé té parlé ! prononce Carmen.

– Merde, qu'est-ce qu'elle me veut. Allô ? C'est toi, Paulette ?

– Tu ne manques pas de secrétaires !

– Qu'est-ce qui se passe ?

– Le cousin Jeannot s'est fait dessouder la nuit dernière devant le *Balto*. On l'enterre sûrement bientôt. Appelle Francesca et profite de l'Espagne.

– Paulette ? »

Je raccroche. Au prix de la minute internationale, mieux vaut être concise.

Quand on est prostituée comme moi dans une rue du quartier des Halles, on est au plus près du peuple. Il me semble que les années 1970 étaient plutôt heureuses en France. Il y avait peu de misère, peu de mendiants, peu de chômage, peu d'insécurité, beaucoup de liberté, de penser, de créer, de jouir après 1968. Et si je peux parler pour moi d'années sans malheur, elles ont commencé avec Nicole, Judith et Julie, rue aux Ours où j'ai travaillé quatre années dans une sorte de fraternité chaleureuse. Unies comme des sœurs de rue, nous avons fait contre mauvaise fortune bon cœur. J'ai rapporté beaucoup d'argent à Gérard qui a continué son business en se concentrant sur les filles, parce que le grand banditisme était trop dangereux. Gérard voulait jouir de la vie longtemps. Et j'ai épargné pour ma fille. Alors que Nicole a finalement acheté la bergerie de ses rêves dans l'arrière-pays varois, une maison basse en pierres sèches et vieilles tuiles, à retaper au gré de ses finances, au milieu d'une oliveraie et de massifs de lavande, j'ai le projet d'acquérir dans quelques années un appartement ou une maison, en mon nom, qui reviendra à ma fille, payé rubis sur ongle. Alors Maman Cadeaux, qui continue d'aller l'embrasser avec assiduité à Namur toutes les quinzaines, pourra lui dire, comme mon père : « Sois heureuse mon amour, tu as un toit. »

En 1978, les « hôtels » assimilés à des bordels tombent à Paris comme des dominos. Les enveloppes épaisses de la mère Momo tendues aux grosses huiles qui venaient habillées en civil, c'est terminé. La hiérarchie des forces de l'ordre s'est piquée de « nettoyer » Paris. Comme beaucoup d'autres, l'hôtel de la rue aux Ours ferme ses portes. Ça ne durera pas longtemps, les grosses huiles aiment trop le sexe et l'argent.

Les filles ne sont pas inquiétées, juste au chômage, dispersées dans la vaste cité. Quand j'en informe Gérard pour qu'il me trouve du travail, contre toute attente, il s'y oppose. Sa mère, qu'il adore, se porte très mal. Il va venir habiter à Paris avec moi et notre fille, qui a huit ans maintenant, que je dois aller chercher. Il faut donc que j'arrête quelque temps puisque je reste sa femme et qu'on ne peut plus acheter les poulets. Je soupçonne Antoinette d'être à l'origine de ce regroupement. Elle a dû émettre une dernière volonté, celle de voir son fils aimé vivre normalement, en bon père de famille épanoui. De plus, elle s'est plainte de n'avoir vu que de rares fois son unique petite-fille.

Quelques jours après, Gérard débarque avec ses valises et son cabriolet rue Rodier où son père vit seul pendant que sa mère est hospitalisée.

89

À Namur, sur le grand canapé en velours de la tante Éliane, j'assiste à une scène déchirante que je n'avais pas imaginée dans le cloisonnement organisé de ma vie et de ma pensée. Ma fille et sa tatie d'amour, en larmes, gémissant, criant, n'arrivent pas à se défaire des bras l'une de l'autre. Je suis mortifiée. Devant moi, s'anime tout l'amour que je n'ai pas pu donner. Maman Cadeaux habillée élégamment, qui rapporte de l'argent et sa tendresse à mi-temps, regarde les yeux crevés de pleurs sa fille, son unique trésor, dire au revoir à la femme qui l'a bercée depuis ses deux ans et qu'elle aime sûrement le plus au monde à cet instant.

Tante Éliane, qui comprend la situation, lui répète le cœur et la voix brisés :

« On va se revoir, ma chérie. C'est normal que tu ailles vivre avec ton papa et ta maman.

– Non ! »

Perdue, j'appelle Gérard pour prendre conseil. Il est formel : « Tu te ramènes avec la petite, illico. »

Dans la voiture, Tommy qui m'accompagne fait sourire ma fille à force de la lécher et de la chercher avec son museau.

« Tu te souviens de Tommy, il est très gentil, il va rester avec toi. Dans ta nouvelle école à Paris, tu vas te faire des amies. Ton papa et tes grands-parents sont très heureux de te voir.

— Mais je ne les connais pas. »

En conduisant sur l'autoroute A1 que j'ai sillonnée dans tous les sens, je me promets de me rattraper. Puisque je ne travaille plus, je passerai tout mon temps avec ma fille. Je songe même à un défi, devenir une mère modèle.

90

Rue Rodier, ma fille se demande où elle a atterri et ne quitte pas le cou de Tommy. Elle refuse de manger et embrasse son père et son grand-père parce que c'est un ordre. Sans hausser la voix, Gérard sait faire résonner son autorité naturelle. Avant de pouvoir inviter la tante Éliane à Paris, il va falloir que nous trouvions un logement digne de ce nom. Nous ne pouvons pas nous partager, avec une enfant, entre un studio et une chambre de bonne.

Rapidement, nous emménageons dans un grand appartement cossu à côté de la gare Montparnasse, prêté par une connaissance de Gérard qui vit à l'étranger. Trois semaines par an, nous devrons débarrasser le plancher, mais le reste du temps, nous sommes chez nous.

Gérard compte sur moi pour le ménage puisque je n'ai « que ça à faire » pendant que lui passe ses journées à l'hôpital auprès de sa mère et dans d'autres endroits de la capitale. Lorsque Antoinette, bénéficiant d'une rémission passagère, rentre chez elle rue Rodier, nous allons, ma fille, Tommy et moi lui rendre visite chaque jour de cet été 1978, pendant que Gérard reprend à tire-d'aile sa vie d'oiseau migrateur volant de nid en nid, aimanté par le Sud. Au cas où, il me laisse toujours des numéros de téléphone à Lyon, à Marseille, à Nice, à Malaga...

En septembre 1978, je fais ma première rentrée des classes. Habillée en mère modèle du quartier de Montparnasse, j'accompagne, la main tremblante, ma fille jusqu'au portail. Avant d'entrer dans cette école qui lui est inconnue, ma fille, pour se donner du courage, me réclame un bisou. « S'il te plaît, Maman », dit-elle en tendant les bras.

Quand j'entends qu'elle m'appelle Maman et non plus Maman Cadeaux, je m'effondre en larmes à tel point que la maîtresse, qui prend pitié de moi, vient me rassurer : « Je vous la rends dans quelques heures, madame. D'habitude, ce sont les enfants que l'on console. Allez, viens ma petite et embrasse ta maman une dernière fois. »

Je me souviens de ce jour comme le premier d'une longue et triste série. Devant ma fille, au prix d'un effort surhumain, j'ai arrêté de pleurer, mais dès que la grille s'est refermée, quand la sonnerie de la cour a retenti, je me suis retrouvée perdue, vide, inutile, errant dans les rues. Pendant deux années, le chagrin m'a reprise sans me lâcher, sans que je sache pourquoi. L'amour de ma fille ne suffisait pas à chasser ce mal-être qui me paralysait.

Dès que je me retrouvais seule, dans le silence, inoccupée, je recherchais l'obscurité de l'appartement pour me cacher. Repliée sur moi-même, des heures entières, je pleurais avec la sensation de glisser dans un abîme sans fond.

Jusqu'en décembre, j'ai caché mon état, usant de toutes mes ressources pour jouer la comédie. Bernadette m'a prescrit du magnésium, de l'huile de foie de morue et des pilules contre la spasmophilie, en me serrant toujours dans ses bras comme si c'était la dernière fois.

Gérard, absent la plupart du temps, ne s'est rendu compte de rien. Mais lorsque, à Noël, il m'a trouvée, un après-midi, prostrée dans le noir, le regard hagard, il m'a fait ausculter par un ami médecin venu au chevet d'Antoinette, hospitalisée à nouveau dans un état désespéré.

« Ta femme souffre d'une dépression nerveuse sévère.

— Merde ! Et c'est quoi, ça ? Un truc de gonzesses ? »

Gérard n'a pas eu le temps de s'apitoyer sur mon sort. Dévasté, il a veillé sa mère, dormant au pied de son lit à l'hôpital, jusqu'à son dernier souffle en janvier. Pour la première et la dernière fois, je l'ai vu pleurer de vraies larmes. Je n'ai rien pu pour lui, car je m'enfonçais moi-même chaque jour un peu plus, malgré le Doxépine, un antidépresseur qui m'était prescrit avec du Témesta. Ce qui me rongeait, me hantait, était bien plus fort que cette chimie.

Peu après le décès d'Antoinette, mon Tommy qui, depuis sa naissance, se portait comme un charme, s'est mis à boiter du jour au lendemain, à traîner l'arrière-train, puis il n'a plus voulu quitter ma chambre. Le vétérinaire chez qui je l'ai emmené dans un landau m'a dit :

« Votre chien n'est pas malade, madame. Il est vieux, c'est déjà miraculeux qu'il ait duré aussi longtemps...

— Vous voulez dire qu'il va mourir ?

— Oui, c'est normal, madame. C'est la vie...

— Non, pas Tommy ! »

Pendant que ma fille était à l'école, j'ai passé plusieurs jours, allongée à côté de Tommy à lui parler : « Tu te souviens quand je te donnais des biberons comme à un bébé ? Non, tu ne te souviens pas, je suis bête... Quand je pense à cette saloperie de cousin qui voulait te foutre par la fenêtre. Tu as vu ce qui lui est arrivé... Et quand tu as mordu Gérard ? Tu te souviens ? Et de cette brave Henriette, tu te souviens, mon chien ? Tu sais que tu es mon enfant ? »

Je pleurais, car je voyais bien dans son regard triste que Tommy était épuisé. Son souffle devenait court, haletant. Pourtant, je sentais qu'il luttait pour ne pas me quitter.

Une nuit, mon chien incroyable s'est hissé sur mon lit. Il a posé sa tête chaude sur mon ventre et ne s'est plus réveillé. Au matin, je n'osais pas bouger. Je n'arrivais pas à croire que le vent dans son museau s'était arrêté.

Je l'ai veillé trois jours, lavé, peigné, parfumé, étendu sur la table du salon sous un beau drap blanc sur lequel j'ai brodé « Tommy ». Ma fille pleurait avec moi. Gérard est revenu d'Espagne exprès pour s'occuper d'elle et m'aider à enterrer Tommy, qu'il aimait bien après tout ce temps, dans le jardin du cabanon que ses parents possédaient près de Chartres. Comme mon père l'avait fait pour Marcel, j'ai fabriqué une belle boîte en bois pour mon chien et j'ai écrit son nom sur une croix.

Pendant ces temps noirs, Nicole ne m'a jamais laissée tomber. Quand Gérard s'absentait, elle venait à Montparnasse pour me cuisiner un bon steak frites avec des îles flottantes que je mangeais pour lui faire plaisir. Elle jouait aussi avec ma fille et lui apportait des cadeaux. Nicole m'a même trouvé une étudiante sérieuse pour venir la garder et la distraire.

Moi qui déjà étais mince, j'ai perdu tellement de poids que Gérard m'appelait « la loque ». Et pourtant, l'année suivante, la loque noyée dans ses brumes s'est aperçue qu'elle était enceinte de quatre mois. L'avortement était légalisé, mais j'avais dépassé le délai.

Tante Éliane est venue garder ma fille pendant que je me suis rendue toute seule à Londres pour avorter. Dans cette clinique à côté de l'aéroport, où l'on entendait le ballet incessant des avions, lorsqu'une autre Française à côté de moi s'est plainte grossièrement que son fils condamné ne cessait de s'agiter, j'ai eu un déclic. Persuadée qu'on ne la comprenait pas, elle criait fort : « Il n'arrête pas de gigoter ce petit con ! Tu vas t'arrêter, oui ? Je te promets que tu vas arrêter ton cirque ! »

Ses mots et sa voix criarde posés sur ce vacarme lointain d'avions m'ont rappelé Gérard. Il a resurgi là dans la bouche de cette pauvre fille, dans ma tête vide et mon corps émacié comme un fantôme, un épouvantail, un démon qui me narguait. Avec lui, ma haine m'a envahie, obsédée, vivifiée. Dans cette clinique, avant d'être avortée, j'ai décidé de la date de la mort de mon mari, de l'effacement de la dernière croix, sans lequel je ne pourrais pas vivre. C'était lui ou moi. Au vingtième anniversaire de ma fille, le temps pour elle de comprendre qui il est, Gérard disparaîtra.

91

Guérir le mal par le mal. Voilà ce que j'ai décidé en revenant de Londres, pour Gérard et pour moi. J'allais reprendre mon métier, je ne pouvais pas rester sans rien faire et je ne savais faire que ça, comme disait Francesca, la femme du cousin Jeannot.

Je crois que l'on devient une prostituée professionnelle quand on pense cela, quand on décide la tête froide, sans violence ni contrainte, si ce n'est celle de gagner sa vie, de continuer ou de reprendre ce métier qui ne devrait jamais en être un, parce qu'on fait ce constat, on ne sait faire que ça, on sait faire jouir un homme ou une femme, leur apporter tout ce qu'ils ne trouvent pas dans la société normale et on méprise son corps abusé.

Je devais retravailler sans attendre que Gérard daigne me donner un peu d'argent, continuer d'épargner pour ma fille, pour ses études et cet autre destin dont je rêvais pour elle, loin de Paris, des Halles et de Pigalle. Quand me prostituerais-je de nouveau ? Je ne le savais pas mais j'en connaissais les conditions, loin de ma fille, auprès de Nicole, en studio, libre de choisir mes clients, de disposer de mon argent et de me gâter de temps en temps en m'achetant quelques robes de fées pour oublier mes petites jupes plissées.

Dans le quartier Montparnasse, concentrées rue d'Odessa, il y avait des femmes prostituées que l'on nommait « les Bretonnes », parce qu'à peine arrivées de leur campagne avec leurs longs jupons elles étaient mises sur le trottoir par des cousins Jeannot, des Gérard endimanchés et hâbleurs qui les cueillaient directement sur l'esplanade de la gare.

Un jour d'été si beau que ma fille ne supportait plus de rester cloîtrée dans notre appartement, nous trompant de chemin jusqu'au jardin du Luxembourg, nous avons traversé de bout en bout la rue d'Odessa. Suspendue à mon bras, ma fille qui allait avoir dix ans dévisageait ces femmes accoutrées, coiffées, maquillées différemment, dont certaines attendries lui souriaient.

« Qu'est-ce qu'elles font les dames, Maman ?

— Elles travaillent...

— Elles sont belles.

— Ah bon ?

— C'est quoi comme travail ?

— Je ne sais pas ma chérie. Elles attendent, dis-je en pressant le pas et la main de ma fille.

— Des messieurs ?

— Peut-être... »

Au bout de la rue, en se retournant une dernière fois, ma fille s'est écriée : « C'est bien comme travail, c'est mieux que d'aller à l'usine ! »

Mon sang n'a fait qu'un tour.

« Mais qu'est-ce que tu racontes ! Qui t'a parlé d'usine ?

— Toi, Maman.

— Qu'est-ce que je t'ai dit ?

— Que c'était dur. »

Agenouillée, tremblante, j'ai crié : « C'était dur mais c'était bien, une vraie vie normale ! Maman t'a dit des bêtises, mon cœur, et jamais, tu m'entends, jamais, tu ne feras comme ces dames... »

Le soir même, je téléphonais à Gérard qui séjournait dans un hôtel à Nice avec une de ses filles.

« J'ai bien réfléchi. Je vais crever si je continue comme ça. Je dois retravailler.

— Toi ? Mais tu t'es vue ? Tu ne vas pas faire un franc...

— Tu verras bien.

— Où ?

— Avec Nicole et les filles. Elles se sont installées rue Saint-Denis dans des studios.

— Et la petite ?

— Je vais te l'emmener là où tu es tout le temps fourré au soleil. Je paierai le loyer, la nounou, les billets de train de tante Éliane, et c'est tout. Le reste, ce sera pour ma fille et pour moi. Je viendrai vous voir au moins une fois par mois, bien habillée en madame, en maman. Je veux que ma fille grandisse au soleil, loin de moi. Et toi, tu auras une vie de pacha. S'il te plaît, Gérard...

— Arrête de dire “ma fille”. Tu ne l'as pas faite toute seule que je sache.

— Tu t'en fous !

— Non ! J'y pense à la gosse mais quand je la prends dans les bras, j'ai l'impression qu'elle ne m'aime pas. Ce n'est pas mon truc, je te l'avais dit, mais je ne lui ferai pas de mal...

— Je veux juste que notre fille grandisse au soleil.

— J'ai pigé !

— Je ne veux plus qu'elle me voie dans cet état et je ne peux pas travailler dans la ville où elle sera. Je m'en occuperais mal et je ne pourrais pas l'embrasser le soir... Elle est intelligente notre fille, elle comprend tout, j'ai l'impression qu'elle lit dans mes pensées et ça me fait peur. Je vis pour elle, je veux qu'elle réussisse ce que j'ai raté. Un jour, peut-être, je serai fière...

— OK... Quand ?

— Le plus vite possible, pour la rentrée, je dois l'inscrire à l'école.

— Occupe-toi de tout parce que moi je dois aller à Lyon, à Marseille, en Espagne... C'est pas mal ton idée. On va se la jouer bourgeoise en fait. Ça fera bien, ça va me poser, affirme Gérard.

– Quand on sera tous les trois, on ressemblera à une famille normale, juste quelques années, le temps que notre fille grandisse. Ça passera vite...

– Pigé, ma Paulette ! Toi, tu arrêtes ta connerie de dépression et tu nous trouves un bel appartement avec une grande terrasse, vue sur la mer, et un tennis-club à côté ! Pas loin de Nice, j'aime bien ici. C'est beau, c'est chic, ça fait italien. On ne dirait pas la France et l'aéroport est pratique.

– Je m'occupe de tout, merci...

– De rien ! »

Le lendemain, nous avons pris le train jusqu'à Fréjus, invitées dans la bergerie de Nicole avec l'accord de Philou. À la gare, quand je l'ai vue sortir de son Austin Mini blanche, sous un soleil radieux, sans maquillage, avec de fines sandales aux pieds, une robe en toile de coton pastel, ses cheveux blonds défaits, une rose sur l'oreille, j'ai cru à une apparition. Nicole était une autre femme dans une autre vie. C'est exactement ce que je voulais pour ma fille et moi. Tellement surprise, je suis restée sans voix, subjuguée.

« Qu'est-ce que tu as mon chaton ? On dirait que tu ne m'as jamais vue !

– Pas comme ça...

– Ah ! C'est mon look Saint-Tropez, très Brigitte Bardot. Ici, je suis une dame, une star au repos, une bergère qui cueille des brassées de lavande ! Nicole éclate de rire. Avec mon mari, nous habitons une bergerie du XVIIIe siècle restaurée avec soin et surtout beaucoup de goût ! continue-t-elle en singeant un accent snob.

– Nini ! crie ma fille les bras tendus.

– Oh, ma toute belle. Tu as encore grandi, mais quel chou ! Fais des bisous à Tata Nini... Et puis, toutes les deux, vous allez me faire le plaisir de prendre un peu le soleil. Vous êtes blanches comme un cachet d'aspirine ! »

Après le dîner, quand le taiseux Philou est allé se coucher, nous sommes restées dehors sur la grande terrasse dallée de terres cuites. Avec la nuit venait le silence, le répit des cigales. J'ai installé ma fille dans un hamac suspendu entre deux pins et j'ai raconté mon projet à Nicole, enthousiaste. « Je savais que tu reviendrais ! » s'est-elle écriée. Elle m'a proposé de me prêter de l'argent le temps de trouver un appartement pour Gérard et de m'installer rue Saint-Denis avec elle, Julie et Judith. Elle devait voir avec une autre fille qu'elle n'aimait pas trop dans l'immeuble pour qu'elle me libère son studio.

Quelques jours après, nous avons pris toutes les trois le bateau à Sainte-Maxime pour longer la Côte d'Azur jusqu'à Monte-Carlo, aller-retour. Cette mini-croisière était un enchantement. Il faisait tellement beau. Les reflets argentés sur la mer du ciel chauffé à blanc m'aveuglaient. À bord, le guide énumérait toutes les villes qui passaient au loin. En arrivant à destination, où nous avions prévu de passer l'après-midi, le guide a prononcé ce nom qui a résonné en moi comme un coup de foudre par temps clair, un signe divin :

« Et au-dessus de la principauté de Monte-Carlo, la ville provençale de Beausoleil...

— Il plaisante ? dis-je.

— Non, pourquoi ? répondit Nicole.

— Beausoleil, ça existe vraiment ?

— Bien sûr, mon chaton.

— Quel nom magique ! C'est là que je veux habiter. Le ciel doit y être toujours clair...

— Calme-toi mon chou, c'est le nom de la ville, pas la météo. Si tu vas par là, à Bourg-la-Reine, on fait quoi ? On bosse ? »

Ivres de soleil et d'embruns au sel, nous avons débarqué à Monte-Carlo dans un long fou rire.

« Pourquoi tu ris, Maman ? » me demandait ma fille. Et nous riions davantage. Dans la clarté limpide du Sud, je me défaisais de deux années d'obscurité.

Le jour même, j'ai signé un bail. En 1980, la Côte d'Azur était abordable et mon argent liquide, très apprécié. J'étais déterminée. C'était Beausoleil ou rien. Je me suis révélée bonne négociatrice, promettant trois mois d'avance pour un bel appartement de trois pièces en étage élevé, avec une grande terrasse, une vue plongeante sur la mer Méditerranée, les tours monégasques et au loin le Rocher princier, à deux pas d'un tennis-club.

En fin de journée, nous nous sommes promenées place du Casino. Sur le parvis du majestueux *Hôtel de Paris*, des élégantes en tenue de soirée se glissaient dans des limousines pour aller dîner.

« Regarde-les bien, me dit Nicole à l'oreille, avec leur tête d'ange, leur robe de *La Belle Meunière*, et papy au bras, elles non plus ne couchent pas gratuit ! »

Puis, nous sommes descendues jusqu'au port en courant pour attraper le dernier bateau.

L'appartement a plu à Gérard qui l'a baptisé « son aire » du nom du nid des aigles. En quête de respectabilité, Gérard voulait se cultiver. Je le surprenais à lire des livres, un manuel de culture générale, des magazines. Il employait de nouveaux mots. Gérard s'est inscrit au tennis-club, très chic, où il ne se rendait qu'en short et polo blancs immaculés, à bord de son nouveau cabriolet.

Un jour, notre fille lui a demandé :

« C'est quoi ton travail ?

— Je suis dans les affaires. Dans l'immobilier plus précisément ! Les hôtels, les studios, comme ta mère... »

C'est ce que Gérard répondait également quand on lui posait la question dans les rues de Beausoleil, au tennis-club ou au bar de l'*Hôtel de Paris* où il aimait déguster un cappuccino avec quelques canapés, habillé comme un pape. C'était un très bel homme, je dois l'admettre, au physique de play-boy, un caméléon qui aimait se fondre dans la lumière unique et le luxe de la Côte d'Azur. Sa présence physique, magnétique, imposante, semblait galvanisée par le soleil du Sud. Quand il était à Beausoleil, Gérard se reposait en jouant son rôle préféré, celui d'un homme d'affaires élégant, cultivant une part de mystère, vivant avec style, effectuant une halte azuréenne parmi ses nombreux voyages européens.

Quand j'arrivais à Beausoleil, je n'étais pas loin de lui ressembler. Débarquant en taxi de l'aéroport de Nice, habillée d'un tailleur de marque ou d'une robe de soie, impeccablement coiffée avec de longues boucles laquées, le regard dissimulé sous de grandes lunettes de soleil Emmanuelle Khanh, j'étais Mme X de Paris, la femme de Gérard, le monsieur à la Mercedes blanche, et la mère de la si jolie jeune fille qui disposait, comme les petites princesses au sourire triste, d'une nourrice à temps plein. Nous dînions au tennis-club avec les nouveaux amis de Gérard qui n'y voyaient que du feu, un chirurgien esthétique qui drapait ostensiblement les joues de ses riches clientes, leur conférant à toutes un air de ressemblance, un banquier d'affaires, un chef étoilé en surpoids, un fleuriste en gros, un avocat monégasque et le jeune commissaire de police tout fringant de Beausoleil, qui me faisait discrètement de l'œil. La comédie du soleil, bien rodée, s'est jouée pendant des années. Je jurerais que personne ne s'est jamais douté, sauf à son enterrement, que Gérard et son épouse Paulette étaient des agents doubles.

Tante Éliane est venue passer les premiers mois avec ma fille jusqu'à Noël, puis ce fut la ronde des nounous, Juju, Franfran et Évelyne, une femme admirable qui fleurait bon Shalimar, comme Julie, et ressemblait aux petites fées de *La Belle au bois dormant* que ma fille aimait tant. Évelyne, qui comme Éliane n'avait pas eu d'enfants, conservait en elle des réserves insondables d'amour. Aidée par ma tante qui revenait régulièrement, elle s'est occupée de notre trésor jusqu'au baccalauréat. Je dois beaucoup à ces mères de cœur qui ont enveloppé ma fille d'un amour doux, profond, la protégeant des absences, des errances, du fracas des vies à distance de ses parents. Je n'ai pas été une mère présente, j'ai vite repris mon titre de Maman Cadeaux. Ma fille en a sûrement souffert. Nous n'en avons jamais parlé, de même que je n'ai jamais, bien évidemment, évoqué avec elle ma vie. Il me semble cependant qu'elle sait. Ma fille est trop intelligente, trop sensible pour ignorer la façon dont Maman Cadeaux se procure l'argent avec lequel elle la gâte depuis tant d'années. Je l'ai compris rue d'Odessa.

Ma fille a respecté cet accord tacite qui peut perdurer à vie entre deux êtres confrontés à l'indicible. Je crois aussi que l'on peut nier l'évidence, s'accommoder du silence pour préserver les apparences, s'éviter d'inutiles souffrances.

Pourtant en 2020, à soixante-dix-sept ans, alors que le jour décroît, ce non-dit me pèse. Dans cette double vie façonnée que je mène encore, je reste morcelée. Pour être aimable, j'ai dissimulé ma part détestable. Mais est-ce encore nécessaire ? N'ai-je pas purgé ma peine ? J'aimerais partir en paix, entière, ne plus mentir, ne plus taire, dire à ma fille non pas qui je suis mais ce que j'ai fait, car je ne suis pas une pute, je suis une fillette des Ardennes qui s'est perdue, une femme, une mère, avec un cœur, une âme, qui se prostitue. Mon sang est dilué de larmes et de l'eau de la Meuse mais il coule dans un corps en vie, pour elle. J'imagine la scène. Je prendrais ma fille dans les bras et je lui dirais que je l'aime plus que tout, plus que moi-même, que je l'ai attendue bien plus longtemps que neuf mois. Depuis que mon ange de Pigalle s'est envolé, je n'ai cessé de penser à sa naissance, à son existence. Personne ne pouvait désirer un enfant autant que moi. À l'examen des mères, j'ai sûrement failli, mais en amour, en pensées de Paris, chaque jour loin de toi, personne n'aurait pu mieux faire. Tu sais, après ces mots, je rêve du baiser que tu pourrais me donner.

En 1980, quand j'ai laissé ma fille à Beausoleil aux bras de tante Éliane pour rejoindre la capitale, elle m'a demandé :

« Pourquoi tu pars, Maman ?

— Je dois travailler, mais je reviendrai vite mon cœur. Tu vas être bien ici.

— Ton travail, tu ne pourrais pas le faire à Beausoleil ?

— Non, ma chérie. Mon travail est à Paris. Mais ici, je serai tout à toi.

— D'accord... »

À moi, ma fille ne m'a jamais demandé quel métier j'exerçais. Elle avait cette façon de dire « ton travail » qui me serrait le cœur.

Dans son carnet de correspondance, chaque année elle écrivait la même chose : père et mère, homme et femme d'affaires dans l'immobilier, et dans la case « personnes à contacter en cas d'urgence », elle inscrivait les noms d'Évelyne et d'Éliane avec leur numéro de téléphone fixe. J'appelais ma fille chaque jour mais j'étais difficilement joignable, tout comme son père. Les agents doubles ne laissent pas d'adresse.

Ma fille a grandi dans le confort matériel et l'aisance, en mangeant à sa faim tout ce qu'elle aimait. Pour moi, en soi, c'était une réussite. La nuit, au-dessus de sa tête, les rats avaient cédé la place aux pas feutrés d'une vieille dame chapeautée toute l'année, qui portait des rangs de perles si lourds qu'ils la faisaient plier quand elle sortait de l'ascenseur, tirée par deux caniches taillés comme des buis.

J'ai brisé l'atavisme de la misère familiale mais pas le silence qui unissait ma mère, mon père, mes frères et moi. On peut passer une vie ensemble, côte à côte, sans se dire l'essentiel.

Raymond et André se sont mariés, diversement heureux. Ils ont eu des enfants. Raymond avec une gentille femme dévouée, colombophile, qui le vénérait ; André avec une peste, qui l'a fait suer chaque jour de sa vie, au point que mon petit frère, si sage, a pris une maîtresse pour un peu de plaisir. Peut-être s'est-il fait consoler par une prostituée...

À Paris, je tremblais toujours de peur d'être reconnue par la famille ou par des connaissances du Sud. Je me plaçais légèrement en retrait de la rue Saint-Denis sans me défaire de mes lunettes de soleil qui collaient à mon surnom de « star ».

Un jour, j'ai frôlé le malaise en apercevant ma sœur Renée, au bras de son mari. Elle regardait de part et d'autre de la rue Saint-Denis comme si elle me cherchait. Je me suis enfuie dans l'escalier et, par la fenêtre du studio, je l'ai regardée se fondre dans la foule qui montait vers le boulevard. Quand elle a disparu, la main tendue dans sa direction, j'ai prononcé son nom, Renée... J'aurais voulu l'embrasser mais c'était impossible.

J'ai revu ma sœur à Givet, lors d'événements tristes, espacés de quelques années. Elle a eu finalement des enfants, des petits-enfants, et mené une vie rangée. À chaque fois que nous nous rencontrions, nous nous prenions dans les bras longuement sans trop parler, nos cous enlacés. Elle ne m'a jamais dit qu'elle souhaitait me rendre visite à Paris et je ne le lui ai jamais proposé. Nous avions conscience, sans en connaître le détail, que nos vies divergeaient. Par nos sorts différents, nous nous sommes perdues de vue, mais je n'ai cessé de penser à elle, à cette part heureuse de ma vie, fragile comme une bulle, avant mes vingt ans.

J'ai gardé intacts dans mon souvenir les acteurs de mon bonheur et chaque fois qu'au hasard d'un phono, d'une radio, j'entends *Bambino*, Renée danse dans mon cœur.

92

La veille de reprendre mon travail rue Saint-Denis, je me suis rendue à la Sécurité sociale, dans un grand bâtiment à côté de la place de la République. J'ai attendu longtemps avant de parler à une dame taciturne, visiblement accablée par sa tâche, posée comme un pot de cactus derrière son guichet en verre troué : « J'exerce la profession de prostituée et j'aimerais savoir comment cotiser pour ma retraite. » La dame a ri, par surprise ou mépris, puis elle a bredouillé : « Je vais me renseigner auprès de mon supérieur. »

Et le chef des cactus s'est pointé, un grand monsieur fin en veston anthracite aux allures de curé, tout émoustillé par les renseignements que j'avais fournis à la dame. Aimablement, il a vérifié que mon dossier administratif était à jour, puis il a fait un rapide calcul. Je devrais travailler jusqu'à soixante-quinze ans pour une retraite à taux plein... Lui aussi a ri avant de s'excuser, en me demandant l'adresse de mon lieu d'exercice et en inscrivant sur une feuille de papier le nom du centre des impôts dont je dépendais ainsi que l'appellation administrative de mon métier, qui restait à être confirmée : « autres professions libérales ».

En 1980, j'ai commencé à déclarer mes revenus dans la case « bénéfices non commerciaux », en tenant mes comptes précisément dans un agenda, comme Man-Nini dans son épicerie. J'ai réglé ma contribution financière à l'État pour l'entretien des routes, des écoles, des hôpitaux, et même la rétribution de la police. J'en avais besoin pour avoir le droit d'être française et, si je le recroisais un jour, pouvoir dire au gros Dédé qu'il me devait le respect.

Rue Saint-Denis, je loue un studio sur le même palier que celui de Nicole. À l'étage au-dessus habitent Judith et en dessous Julie. Pour assurer notre sécurité, nous avons recruté King Kong qui a dû s'enfuir de *La Belle Meunière* parce qu'il avait cassé la tête à un caïd agressif. Près de moi, j'ai toujours l'impression que Tommy peut surgir.

Rue Saint-Denis, nous travaillons à quatre, légèrement en retrait de l'axe principal, entre un sex-shop et un tailleur pour hommes, derrière King Kong et une porte ouverte, dans un couloir propre perpendiculaire à la rue qui mène aux deux cages d'escalier de l'immeuble.

Rue Saint-Denis, au fil des jours et des clients, nous nous spécialisons pour éviter de nous faire concurrence, selon le look et les préférences de chacune et surtout ce que nous refusons de faire. Dans notre couloir parfumé au Shalimar, que Julie consomme de manière effrénée, et aux bâtons d'encens à la rose que Nicole fait brûler, chaque client a le choix entre quatre femmes, quatre aventures, les points cardinaux du désir. À nous quatre, nous couvrons un large territoire.

Nicole est la bourgeoise, l'épouse idéale aux multiples talents, plantureuse, élégante et conciliante ; Judith la maîtresse, le bourreau en latex, spécialisée dans la clientèle sadomaso. Avec hargne et talent, au choix, Judith fouette, opère, menotte, crucifie ou électrocute. Julie, comme elle le crie souvent, « fait tout ! », car « elle s'en fout ! », elle a quitté son corps, indifférente à son sort, conséquence d'une détestation ancienne d'elle-même. C'est la plus fragile de nous quatre mais aussi la plus douce, la plus sensible, la plus joyeuse. « Dans ma tête, je suis un oiseau ! » chante-t-elle souvent en montant, descendant l'escalier. Nous la protégeons. Il nous arrive de refuser à sa place des clients que sans nous elle aurait acceptés. Quant à moi, je suis d'humeur changeante. Un jour star, un autre ange, disons que je cache mon jeu. La comédie fait passer le temps, mais dans mon esprit, comme Julie, je m'échappe et danse dans le ciel ou sur la plage à Beausoleil. Rue Saint-Denis, je peux être écolière égarée en jupe plissée, car je fais toujours plus jeune que mon âge, ou vamp, toujours à l'opposé de qui je suis, une femme simple.

Rue Saint-Denis, je travaille avec des femmes que j'aime. Je gagne de l'argent, j'apporte du plaisir, voire du bonheur, à mes clients, tout en découvrant, curieuse, encore et encore, ce que je pourrais appeler l'envers du décor...

Il existe une espèce d'hommes que je respecte au même titre que toutes les autres, à l'exception des monstres, qui excelle dans l'illusion, la dissimulation de l'essentiel et la maîtrise des apparences. Férus de décors, de décorum, d'apparat et de belles images, ils préfèrent encore davantage leur envers, l'ombre sous la lumière. Ce sont les puissants, de l'art, de l'économie et de la politique. Pendant des dizaines d'années, ils ont formé ma clientèle fidèle de la rue Saint-Denis.

Pour n'offrir aucun indice qui permettrait de découvrir leur identité, je vais faire abstraction de toute notion de temps et de caractéristiques physiques. Si certains sont morts, beaucoup restent bien vivants et je souris en les apercevant parfois à la télévision. Et s'ils se reconnaissent, car il n'y avait qu'une seule Linda rue Saint-Denis, qu'ils soient entièrement rassurés, jamais je ne révélerai leur nom parce que je ne suis pas une balance mais une professionnelle. De plus, je dois avouer que la petite Ardennaise en moi s'est parfois sentie privilégiée de côtoyer ces hommes remarquables. Rien de ce que nous avons fait ensemble n'est condamnable. Ça peut être cocasse, surprenant, inimaginable mais jamais condamnable. Nous n'avons fait qu'un tour dans l'envers du décor.

Cela a commencé par un député qui arborait fièrement l'agrafe boutonnière de sa Légion d'honneur. Puis un ministre qui a dû passer le mot. Pendant plusieurs années, j'ai fessé avec satisfaction, méthode et amusement un homme puissant de tout premier plan qui aimait se regarder, comme les enfants punis pleurent devant la glace, dans les reflets infinis des miroirs de mon studio, le cul nul, bombé, marbré du rouge jaillissant sous mes doigts vifs et inspirés. Je devais le réprimander, répéter qu'il était un chenapan, un vilain garçon qui ne faisait que des bêtises.

« Oui ! Je mérite ma punition ! Je n'ai pas été sage. Claque-moi, claque-moi encore, je le mérite ! » Et je fessais, fessais la République française à m'en faire mal aux mains, à l'épaule. Et cela suffisait à sa jouissance. Il disait que j'avais un don de comédie. « Je m'y croirais ! » criait-il. Où ? Je ne posais aucune question. Nous avions une variante parfumée, qu'il me réclamait selon son stress et la gravité des bêtises effectuées. Je devais le poudrer du talc d'une marque précise que j'achetais pour lui. Il arrivait le même jour de la semaine, pile à l'heure, sans subir le moindre encombrement. Je devais l'attendre dans mon studio en le guettant par la fenêtre. Dès qu'il sortait d'une voiture banalisée, levant la tête sous ses lunettes de soleil, il me lançait un geste furtif avant de s'engouffrer dans le couloir et de grimper pour prendre une bonne fessée.

Un jour, il m'a avoué qu'il ne pouvait plus se passer de moi. Et quand je le découvrais dans un reportage photos, bien sage au milieu de sa famille, jouant la comédie du bonheur, je me surprenais à ressentir des piques de jalousie. Alors, sans un mot sur mes découvertes, je fessais le chenapan plus fort encore de mes mains aguerries. « Doucement ! Doucement, Linda ! Je ne vais plus pouvoir m'asseoir », m'implorait-il, tant cette position était importante dans sa haute fonction.

Prétextant un voyage lointain dont je n'ai vu aucun écho dans la presse, il a disparu du jour au lendemain après des années de fidélité sans faille.

Un autre puissant, du même acabit, est venu s'amuser entre mes miroirs. Lui ne venait que tard la nuit, dissimulé sous un loup ridicule alors que sa voix était bien reconnaissable. « Je suis trop connu », me disait-il. Certes, mais je m'en fichais. Nicole l'appelait « Fantomas ». Il n'avait pas de désir extravagant, si ce n'est de se regarder, masqué, pendant que je le caressais. C'était le lieu, le cadre, la rumeur du trottoir qui l'émoustillaient, cette sensation de s'encanailler dans les bas-fonds de Paris alors qu'il était habitué aux palais. Sur l'échelle sociale, nous nous situions aux stricts opposés mais l'urgence et le mystère de son désir nous réunissaient.

Il avait un fantasme surprenant, qui se jouait à l'extérieur. Un de ses hommes de main m'a priée d'y participer comme un honneur qui m'était fait. Un lâcher de femmes nues dans la forêt, que j'ai refusé, bien qu'il fût payé une brique ! J'avais trop de respect pour les arbres, les animaux sauvages, les Fanette majestueuses et délicates que j'aurais pu y croiser à poil, ridicule, belle des champs paumée et transie de froid, car c'était une fin d'automne. Julie, prête à tout, a accepté la mission qu'elle nous a racontée avec force détails, dont je ris encore. Elles étaient trois, toutes grandes et belles – le puissant avait de l'appétit –, conduites dans une limousine sombre, à l'intérieur de laquelle avaient lieu le règlement en liquide et l'énoncé précis des consignes. Dispersées totalement nues, sans rien, pas même une écharpe ou un verre de vin chaud, les filles devaient errer, batifoler, pas trop loin du point de départ, une demi-journée dans une forêt de la grande couronne parisienne, pourchassées par le puissant également nu, langue pendante. Quand il les attrapait, les unes après les autres, les femmes biches devaient résister doucement en gémissant, réant, grognant, mais surtout sans parler, avant de se laisser prendre à la mode primitive, à même la terre, la mousse humide, les écorces fraîches et les feuilles tombées, à l'état sauvage, comme avant. Julie est revenue pleine aux as avec des échardes aux pieds et une mauvaise bronchite qui l'a gardée alitée et fiévreuse une petite semaine. Le lâcher de femmes biches n'était pas une affaire, j'avais eu du flair.

De nombreuses personnalités ont pénétré dans notre couloir pour y exaucer leurs fantasmes les plus variés, avant de déserter la rue Saint-Denis et les clubs libertins avec l'apparition des téléphones portables.

Dans l'envers du décor, la scène la plus marquante à laquelle j'ai assisté s'est déroulée *Chez Denise*, une boîte échangiste sélect, dans le quartier des Halles, où j'accompagnais fréquemment des clients fortunés. Autour du bar, où je m'enivrais de champagne, il se murmurait qu'une star allait arriver. Vers minuit, je l'ai aperçue, digne, nue sous son manteau de fourrure, et l'ai suivie tant elle était belle, fidèle à sa légende, jusqu'à la pénombre d'un salon où elle s'est s'allongée avec grâce en s'offrant aux membres d'une équipe de sport américaine de haut niveau qui la prenaient à la chaîne. Denise, que je connaissais, la prévenait dès que les « Américains » étaient à Paris pour un championnat, et la star accourait. Entourée par une petite foule muette, respectueuse et médusée, la femme superbe gémissait, criait, jouissait dans une liberté parfaite, et ce spectacle, aussi charnel qu'heureux, m'insupportait tant le plaisir qui irradiait sa beauté m'était étranger.

Dans l'envers du décor, rue Saint-Denis, je me suis cantonnée à des actes de genre classique, m'autorisant parfois quelques fantaisies. Avec une bonne bière, des alèses pour personnes âgées achetées en pharmacie et une toile cirée, j'ai fait pipi sur de nombreux hommes et j'ai découvert, à ma grande surprise, leur point *P*. Si le *G* des femmes demeure pour moi un mystère, le *P* comme prostate existe réellement. En dehors de toute homosexualité, j'ai appris, dans une inversion des rôles appréciable, que la pénétration pouvait transcender la jouissance des hommes.

À part cela, j'ai joué dans divers scénarios, maîtresse d'école vaguement sévère, rien à voir avec Judith, ou maîtresse canine, promenant mon homme-chien dans la rue, le faisant lever la patte en mordant ma langue pour éviter le fou rire, ou policière, menottant des hommes nus sur mon palier, ou ménagère subissant une fuite d'eau appelant son plombier « bien monté » – il insistait sur ce détail qui n'avait aucune réalité. J'ai assisté des clients, femmes et hommes, qui aimaient se prostituer. Je les habillais en fille vulgaire et ils tapinaient à ma place, plusieurs heures, avant de rentrer tranquillement dans leur foyer. J'ai été étudiante en manque de cours particuliers, mère de famille nymphomane et bonne sœur. Monsieur Marcel avait raison, je suis une comédienne née.

Le livre des fantasmes des hommes et des femmes est sans fin, mystérieux, tortueux. Mais rien de ce qui se passe entre des êtres adultes consentants ne me choque ni me surprend. La morale n'est pas là. Le sexe ne mine pas le monde.

93

L'année de ses quinze ans, ma fille, plongée dans les affres et les interrogations de l'adolescence, a souffert de troubles alimentaires. Parce qu'elle était en surpoids depuis quelques années, gâtée par la cuisine délicieuse d'Évelyne, elle a décidé de ne plus s'alimenter. Toutes affaires cessantes, je me suis envolée pour Beausoleil. J'ai passé l'été à prendre soin de ma fille, à dormir à côté d'elle, à lui faire la cuisine. Sur les conseils de Nicole, je l'ai accompagnée chez un psychiatre qu'elle a consulté pendant quelque temps. Il voulait rencontrer son père mais Gérard était absent. J'ai appris qu'il lui arrivait d'appeler sa fille « ma gironde, ma bien en chair, ma boulotte... ». Mais quand il est reparu à l'automne à Beausoleil, c'est une superbe jeune fille amincie qui lui a ouvert la porte. Il n'en est pas revenu. Alors il l'a appelée « ma déesse, ma beauté, ma nymphe... ». Du jour où ma fille est devenue belle aux yeux de Gérard, il a radicalement changé de comportement vis-à-vis d'elle. Il s'est mis à la gâter, à vanter ses qualités autour de lui, car ma fille, ayant des facilités à l'école, promettait d'effectuer de brillantes études.

Je suis retournée gagner ma vie rue Saint-Denis où un nouveau fléau frappait la prostitution et faisait trembler les filles et les clients, le sida. Une maladie contagieuse qui, en quelques mois, transformait un jeune homme vigoureux en vieillard moribond. Au début de l'épidémie, on évoquait la peste des pervers, des putes, des pédés et des toxicos. J'ai même entendu qu'elle avait été envoyée par Dieu. Mais ce virus est vite devenu une menace générale. Toute la rue a été testée. Il se murmurait que quelques filles l'avaient attrapé. Pas nous. Nous avons garni nos studios de saladiers de préservatifs, et les affaires ont repris.

Un an après avoir repris, j'achetais cash le studio que je louais et, sept ans plus tard, l'appartement de Beausoleil, en offrant au vieux notaire, qui m'aimait bien, une jolie enveloppe pour qu'il établisse un contrat de mariage antidaté et l'acte de vente à mon seul nom.

Gérard, lui, dépensait tout son argent. Il le flambait même pour ce luxe dont il avait tant besoin et dans les casinos dont il a dû se faire interdire. Un soir de Noël, il m'a demandé une grosse somme d'argent, car il était en « banqueroute ». « S'il te plaît, Paulette ! Tu gagnes plus que mes filles et je ne peux pas perdre la face... » Indécrottable bonne fille, je lui ai donné.

À Beausoleil, où j'apercevais l'horizon de mon lit, le matin des vingt ans de ma fille, avant que le jour ne se lève sur la mer tranquille, je l'ai vu arriver de l'azur assombri jusqu'à moi : une dernière fois, mon ange est revenu voler dans la chambre où je dormais à côté de Gérard. Je n'en croyais pas mes yeux. Ce n'était pas un rêve. J'étais éveillée et assise. Je me souvenais de ma promesse mais je ne savais pas comment m'y prendre, et Gérard s'était calmé. Pas mon ange. Virevoltant, scintillant, le visage inchangé depuis des années, il m'a regardée de ses yeux d'argent. Mon fils m'interrogeait : « Alors, Maman, ta promesse ? Il le faut... Il est temps... » Puis, du doigt sur le corps endormi de Gérard qui me tournait le dos, il a dessiné un crucifix avant de disparaître.

La scène était tellement forte que j'ai été sonnée toute la journée, y compris lorsque nous avons fêté, dans le restaurant gastronomique de l'*Hôtel de Paris*, les vingt ans de mon trésor qui nous présentait pour la première fois son fiancé monégasque.

« Ça va, Maman ? m'a demandé ma fille avant de souffler ses bougies. Depuis ce matin, tu as l'air ailleurs !

— Ça va, ma chérie. Je n'arrive pas à réaliser que tu as vingt ans... »

Et j'ai fondu en larmes.

« Ah les femmes..., a maugréé Gérard en direction du fiancé qui, sans lui répondre, s'est levé de sa chaise pour réclamer au serveur des mouchoirs en urgence.

— Vous êtes bien gentil, jeune homme, lui ai-je dit.

— Je vous en prie, madame... »

Ma fille, diplômée à vingt ans d'une licence de gestion, après un bac obtenu avec mention, nous a annoncé solennellement qu'elle partait à la rentrée scolaire à Genève, avec son fiancé pour y effectuer un master en finance internationale. Mon Dieu... J'étais comblée. Pendant tout le repas, je n'ai cessé de pleurer.

« Ça va coûter bonbon tout ça, m'a glissé Gérard à l'oreille en goûtant le gâteau.

— Ne t'en fais pas, tu ne débourseras pas un sou...

— Qu'est-ce que vous dites, Maman ? a demandé ma fille.

— Rien ma chérie, nous sommes très fiers de toi. »

94

C'est Marc, un gentil client de dix ans, amoureux, qui m'a aidée à supprimer mon mari. Haut fonctionnaire au ministère du Commerce extérieur, il traitait principalement avec les pays d'Afrique noire. Quand je lui ai fait part de ma promesse et de mon impossibilité de m'en charger moi-même, car j'aurais été le principal suspect, il m'a répondu :

« J'ai une solution pour toi, ma Linda !

– Quoi ?

– Tu as confiance en moi ?

– Totalement.

– Tu crois aux forces de l'au-delà ?

– Oui !

– Moi, je n'y croyais pas, m'a répondu Marc, mais ce que j'ai vu de mes yeux au Mali m'a plus que convaincu, totalement chamboulé... »

Diplômé de l'ENA, réservé mais très attentionné, Marc n'était pas ce qu'on appelle un rigolo. C'était un cartésien ayant expérimenté la magie. Lors d'un voyage officiel au Mali, en plein désert, il s'était cassé le pied. Le médecin qui l'accompagnait était formel. Il devait être rapatrié d'urgence à Bamako. Mais un ministre malien qu'il connaissait depuis des années lui a proposé une alternative. À bord d'une Jeep de l'armée, ils se sont rendus dans un village reculé pour s'entretenir avec un grand sorcier dont la réputation se répandait dans tout le pays.

Sous une tente de peaux, il a réclamé un poulet à qui il a brisé la patte devant Marc en la recouvrant de boue et d'une bandelette. Puis il a appliqué autour de son pied le même pansement en criant des prières effrayantes qui le mettaient en transe. Immédiatement, Marc a pu poser le pied par terre et trois jours après, de retour chez le sorcier, il n'avait plus rien et le poulet non plus. Il courait dans le village. Sous les bandes, les os s'étaient miraculeusement ressoudés. Marc était impressionné. Quand il en a parlé avec ses collègues et le ministre, beaucoup croyaient en cette magie qu'ils avaient vu agir.

« Et où veux-tu en venir ? ai-je demandé à Marc. Je dois aller au Mali ?

– Non ! Laisse-moi faire... J'y retourne la semaine prochaine. »

Quand il est revenu d'Afrique dans mon studio, Marc tenait entre les mains un paquet cabossé en carton et papier, mal fagoté, qu'il rapprochait de moi comme une petite malle aux trésors. Il m'a demandé d'éteindre la lumière et a allumé une bougie. Au moment où j'ai extrait, avec le plus grand soin, du paquet l'objet intrigant, le visage de Marc dans le feu mouvant de la flamme m'est apparu effrayant. J'ai hurlé, la bougie s'est éteinte et j'ai ressenti le vent froid de la mort comme dans le studio de Levallois. Marc a rallumé la bougie, puis il m'a expliqué :

« Ce sont des poupées maléfiques, elles sont rares, confectionnées par le sorcier lui-même. La blanche, c'est la poupée de la chance, la jaune, celle de la maladie et la noire, celle de la mort. Leur pouvoir est grand, mais il s'émousse avec la lumière et le temps. Dès demain, tu dois les apporter au plus près de ton mari, et tous les matins, piquer avec l'aiguille accrochée au socle de bois la poupée de ton choix en prononçant clairement ton vœu et ces mots que je t'ai écrits sur un papier, dont le nom du sorcier...

– Arrête tes conneries. Je suis glacée de peur...

– Fais ce que je te dis. »

Le lendemain, j'ai pris l'avion pour Nice avec les poupées dans ma valise. Elles ressemblaient à des quilles en toile fixées sur une planchette, sans bras ni jambes, les yeux et la bouche dessinés sommairement. Le matin suivant, vers six heures, je suis descendue dans la cave où j'ai installé mes poupées sur une caisse en bois retournée. J'ai allumé une bougie et transpercé la poupée noire en prononçant : « Je veux que cette saloperie de Gérard crève... » Et j'énonçais les quelques mots du sorcier que j'avais appris par cœur. Pour me donner du courage, je pensais à l'aiguille qui avait percé mon ventre dans la chambre du Bon Logis. La sensation que j'éprouvais en rentrant cette tige de fer dans la toile de l'objet venu de si loin était plus qu'étrange. J'étais vite prise d'un mal-être, d'une oppression insupportable qui m'obligeait à ressortir de la cave.

Je suis restée à Beausoleil vingt-neuf jours. Et chaque matin, je perçais ma poupée avec une rage nouvelle.

Au vingt-neuvième jour, alors que je commençais à désespérer, dans le sous-sol où nous prenions la voiture pour nous rendre au tennis-club, quand Gérard a ouvert en grand la porte du garage, j'ai vu la mort et son ombre le recouvrir. Je savais qu'il allait mourir. Le soir même, après une partie de double jouée avec ses amis, il s'est plaint en rentrant d'une douleur vive dans le dos et m'a demandé de le masser. Quelques jours après, la douleur allant croissant, il a consulté un de ses amis médecins à l'hôpital de Monte-Carlo qui lui a diagnostiqué un cancer des os en stade terminal. Je précise que Gérard était sportif, non-fumeur, qu'il buvait très peu et n'avait pas cinquante ans.

Quand il est revenu, j'étais dans la cuisine en train de boire un café. Je savais déjà ce qu'il allait me dire :

« Je suis foutu...

— Tu es sûr ?

— Oui, il ne me reste que quelques mois à vivre.

— Ah bon...

— C'est tout l'effet que ça te fait ?

— Tu veux que je pleure ?

— Tu ne m'aimes donc plus...

— Ça fait longtemps. »

La fin de Gérard a duré trois ans grâce au Metastron que ses amis médecins lui ont prescrit à raison d'une piqûre de 10 000 francs par semaine que je payais. En 1995, trois jours avant sa mort, je l'ai fait hospitaliser, car il souffrait trop. Il m'a réclamé du bon saumon fumé avec du pain de mie et du beurre salé. Notre médecin traitant, venu en urgence, a déclaré que c'était la fin. Il lui a administré vingt doses de morphine et nous a laissés. Dur au mal, Gérard n'est pas mort tout de suite. Il m'a dit : « Merci Paulette pour notre fille, c'est ce que j'ai fait de mieux dans toute ma foutue vie... Prends-moi dans tes bras, s'il te plaît. »

De la tête, j'ai fait non.

« S'il te plaît, Paulette. Je t'aime, tu sais... »

Bonne fille, je l'ai serré contre moi en disant : « Allez dors maintenant, dors... » Je l'ai caressé jusqu'à ce qu'il ferme les yeux. Gérard est mort dans la nuit.

95

Ma fille est arrivée de Genève pour son enterrement à Beausoleil. La veille, j'ai reçu un coup de téléphone de Mireille dont je me souvenais parfaitement depuis que nous nous étions croisées à Bruxelles. Elle était effondrée, mais surtout elle me réclamait son argent.

« Qu'est-ce qu'il a fait de tout mon fric ? Ça fait vingt-cinq ans que je travaille pour lui ! Il me disait, allez ma petite Mireille, encore quelques années et je te donnerai ta retraite. Elle est où ? Je veux mon fric, vous m'entendez ?

— Il n'y a pas de fric. Gérard a tout dépensé. Tout est à mon nom et c'est mon argent, madame.

— Mais ce n'est pas possible ! On s'aimait, il voulait vieillir avec moi.

— Vous avez aimé une cigale, une belle gueule, un beau parleur, un maquereau, Gérard. »

Aux obsèques, l'église était pleine à craquer. C'était une vraie surprise, je connaissais ses amis que j'avais prévenus et m'attendais à une vingtaine de personnes. Toute la pègre de Lyon, de Marseille, de Nice, de Bruxelles a débarqué... Des filles, des caïds, des macs, des petites frappes, une vraie foule bigarrée qui effrayait monsieur le curé et stupéfiait ma fille. Mireille, derrière nous, voilée en veuve noire, n'avait pas réussi à cacher ses gros seins tatoués. Elle pleurait tellement fort que ma fille m'a demandé :

« C'est qui, Maman ?

— Une amie intime de ton père...
— Ah... et tous ces gens ?
— Des amis aussi... Du tennis-club ! » ai-je ajouté en luttant pour ne pas rire.

Le jeune fiancé de ma fille, qui l'accompagnait, issu d'une famille bourgeoise de Monte-Carlo, se retournait sans cesse sur cette faune aussi extravagante que bruyante. Lui non plus n'en croyait pas ses yeux.

À la sortie de l'église, ma fille m'a dit à l'oreille : « Je crois que Papa était un voyou... »

96

Je suis retournée travailler rue Saint-Denis, pour gagner ma vie et parce que les filles me manquaient.

Au fil des années, mes clients ont changé. Ils ont vieilli avec moi, certains sont handicapés. Je suis devenue leur confidente, leur dame de compagnie. Je les flatte, les caresse, les réconforte. Je leur dis qu'ils sont beaux et je les accompagne dans leurs velléités sexuelles. Mais interdit de prendre du Viagra ! Quel cauchemar ! Je fais toujours l'amour mais de moins en moins. Il paraît que ça conserve, je serai donc centenaire. Plus que tout, je crois que mes clients aiment échanger, être écoutés, c'est le secret de longévité de toute relation humaine. Et surtout, je choisis toujours la lingerie que je porte avec soin. J'ai tellement entendu de maris se plaindre au sujet de leur femme : « Je n'en peux plus de ses grosses culottes en coton... »

La rue Saint-Denis aussi a changé. L'insouciance des années 1970 et 1980 jusqu'au sida est définitivement morte. Des réseaux criminels organisés plongent sur le trottoir des femmes de plus en plus jeunes, étrangères, venant de plus en plus loin. Les anciennes comme moi, les « traditionnelles », se comptent sur les doigts de la main. Et il y a les occasionnelles, les jeunes filles qui se prostituent sur Internet, convaincues que c'est de l'argent facile. À ces jeunes femmes aveuglées, j'aimerais dire que si c'était à refaire, jamais je ne quitterais l'usine et Givet. Vendre son corps, c'est prendre le risque d'ouvrir une plaie qui ne se referme jamais.

Quand on vieillit, le plus dur est de voir partir ceux qu'on aime. Ma sœur Renée est morte d'un cancer. J'ai tenu sa main juste avant la fin. Julie aussi, d'un cancer. Le lendemain de ses obsèques, dans la cage de l'escalier de la rue Saint-Denis, des effluves entêtants de Shalimar flottaient. « C'est toi ma Julie ? ai-je crié. Comme tu vas me manquer... »

Nicole est morte quelques mois après avoir pris sa retraite dans sa bergerie, à soixante ans, « comme une ouvrière », plaisantait-elle. Quand elle s'est retrouvée seule avec Philou, elle a été prise de cauchemars, de crises d'angoisse et de paranoïa. La dernière fois que je l'ai vue, elle m'a dit :

« Tu sais, ils sont revenus !

– Qui, ma Nicole ?

– Le fermier avec ses trois horribles fils... Toutes les nuits, ils me violent. Je vais crever... Tu peux appeler la police, mon chaton ? »

Quelques semaines après, Nicole s'est effondrée, victime d'un AVC, dans ses pieds de lavande.

Mon frère Raymond est mort, encore de ce satané cancer, et mon père, de vieillesse. Sur son lit de mort, il m'a dit qu'il m'aimait. Il me reste mon petit frère André, qui est veuf, vit à Givet et vient passer le réveillon chaque année à Beausoleil.

Judith, elle aussi, est bien vivante et en activité, pratiquant la même spécialité. Son studio se trouve toujours au-dessus du mien et Judith a fait de nombreux travaux d'embellissement. Pas chez elle, sur elle. Je ne la reconnais plus. Ses seins, ses lèvres, ses pommettes sont énormes. On dirait la femme du bonhomme Michelin. Mais elle est toujours aussi folle et drôle. On bavarde sans cesse. Moi, je suis restée naturelle, fille du temps, 100 % bio et pièces d'origine. Je dois rester reconnaissable aux yeux de mes clients fidèles, j'aime ma peau en vieux parchemin, et ses plis, comme un éventail se referme.

97

Un soir, à Beausoleil, en revenant du bord de mer avec mes deux nouveaux amours de chihuahuas, couple parfait, Carla et Nicolas, j'ai assisté à une scène qui m'a révoltée. Une femme africaine d'une vingtaine d'années, que j'apercevais de temps en temps, parlant à peine le français, faisait le tapin à l'abribus quand une voiture de flics s'est arrêtée pour la contrôler. Ils étaient quatre autour de cette pauvre fille apeurée qui cherchait ses papiers dans son petit sac. En percevant leurs propos graveleux, leurs sous-entendus, mon sang n'a fait qu'un tour. Je me suis précipitée en leur demandant :

« Qu'est-ce que vous lui voulez ?

– Bonsoir madame, un simple contrôle. Ça ne vous regarde pas.

– Si, ça me regarde, je suis française, je paie des impôts et j'habite à côté. Je connais cette jeune fille, elle n'a rien fait. Alors laissez-la tranquille ou je vais répéter ce que j'ai entendu à votre commissaire. »

Et je leur ai dit son nom, je l'avais fréquenté au tennis-club.

Les flics impressionnés par mon aplomb s'en sont allés.

J'ai pris la jeune fille par la main et je lui ai parlé.

« C'est combien la passe ?

– Trente euros. »

J'ai fouillé dans mon sac où j'ai toujours du liquide et je lui en ai donné 200.

« Tiens ! Ce soir, c'est pour moi. Rentre chez toi et change de place quelques jours. Ce sont des roquets, ils vont revenir. »

Ce n'est pas les filles qu'il faut emmerder, ni les clients qu'il faut pénaliser, mais s'attaquer aux réseaux pour arrêter l'esclavage. En France, en 2020, la misère est au coin de nos rues. Les féministes veulent interdire la prostitution. Beau projet, mais pour que ça marche, il conviendrait d'abord d'éradiquer la pauvreté, la faim, l'asservissement des femmes et la frustration sexuelle. Le chemin sera long. Alors avant, messieurs les politiques, s'il vous plaît, protégez ces femmes dont vous connaissez la vulnérabilité, arrêtez l'esclavage, la violence, la contrainte et la traite des êtres humains. Vous en avez les moyens.

98

Il y a quinze ans, en 2005, ma fille, qui a épousé son fiancé monégasque et mène avec lui une brillante carrière à Genève, a donné naissance à mon petit-fils, et à Mamie Cadeaux par la même occasion. Aux vacances scolaires, il vient me voir à Beausoleil. Chacun de ses sourires m'enchante ! C'est une merveille, un jeune homme bien élevé, travailleur et sérieux qui, l'autre jour, m'a confié timidement sur la terrasse qu'il avait une petite amie.

« Qu'est-ce qu'il faut faire, Mamie Cadeaux, pour la garder ?

– L'aimer, la respecter et la caresser comme une porcelaine.

– Et Papy, il était gentil avec toi ?

– C'était une autre époque, je suis heureuse de vivre celle-ci... »

Un jour peut-être, quelques âmes charitables se chargeront de balancer mon passé à mon petit-fils. C'est pourquoi je préfère l'écrire moi-même. Quand tu seras en âge de lire ces lignes, je serai peut-être partie voler avec mon ange mais jamais loin de toi. J'aimerais simplement que tu me comprennes, que tu ne me juges pas. Tu as la gentillesse et l'intelligence nécessaires pour cela. Souviens-toi, à l'exception des monstres, Mamie Cadeaux n'a fait que le bien, jamais le mal, pas même à un rat. Continue d'être le beau jeune homme que tu deviens, change le cours des choses, c'est la magie de la vie, aime ta femme qui aura bien de la chance, fais-lui de beaux enfants et garde une pensée pour moi.

Il y a dix ans, Marc m'a demandé de l'épouser.

« Vraiment ?

— Oui. Je serais comblé. Cela fait vingt-cinq ans, tu n'as pas de retraite et j'aimerais te léguer une petite assurance vie.

— Tu es certain ? Tu connais mon métier...

— Tu es la meilleure chose qui me soit arrivée, Linda.

— Mais je suis un animal sauvage !

— Je te laisserai libre comme l'air. »

Nous nous sommes mariés en blanc, au bord de la mer. C'était charmant, gai, discret. Puis Marc a vite été touché par cette saloperie de maladie de Parkinson associée à un syndrome démentiel. Bref, il a perdu la tête et l'usage de son corps. Je me suis servi de l'assurance-vie pour le placer dans le seul EHPAD privé, pas trop loin de Vallauris, qui voulait bien l'accueillir. J'ai payé très cher pour pas grand-chose. Toutes les semaines, je le lavais moi-même et lui apportais à manger des fruits frais et du bon jambon que j'émiettais parce que la bouffe était dégueulasse et les soins bâclés.

« On manque de personnel, chère madame ! m'a répété le jeune directeur qui n'en avait rien à faire.

— C'est un scandale ! Je ne suis pas votre chère madame. Avec le fric qu'on laisse, tous ces vieux amaigris qui puent l'urine... Je vous souhaite de vivre la même chose, monsieur. Je me plaindrai à votre direction... Comment font les personnes seules ? Ça m'angoisse de venir ici. Vous vous rendez compte, dans quelles conditions ces pauvres gens vivent leurs derniers jours ? S'il le faut, j'écrirai au maire, au ministre. Vous allez entendre parler de moi... »

Après notre entrevue, le sort de mon mari s'est quelque peu amélioré mais ses jours étaient comptés. Marc est mort dans mes bras, couvert par mes baisers, après que j'ai supplié notre médecin traitant de lui administrer de la morphine parce qu'il étouffait.

99

Rue Saint-Denis, l'été dernier en fin de journée, sous un ciel orageux, j'ai rencontré Jean Arcelin, coauteur de ce livre. Ce prénom biblique diversement porté me poursuit. J'étais assise, en retrait sur mon tabouret dans ma petite allée ombragée, avec ma jupe tigrée et mon haut en dentelles, lorsqu'un arc-en-ciel a inondé la rue. Judith, face à moi, m'a dit : « Fais un vœu ! »

Je l'ai fait. Je veux ma carte Azur et m'arrêter, pouvoir enfin prendre ma retraite...

Jean, qui s'était fait rembarrer depuis des heures par mes consœurs, m'a affirmé qu'il était auteur, qu'il avait écrit avec la comédienne Charlotte Valandrey, dont j'avais lu l'histoire, et qu'il souhaitait rédiger les mémoires d'une femme prostituée. Je lui ai répondu : « C'est une bonne idée, j'y ai souvent songé... »

Je l'ai invité à monter, lui ai offert une bière, et le livre a commencé. Il m'a présenté notre éditeur et nous avons continué nos entretiens dans une bonne brasserie de Paris, le week-end, car Jean travaille en semaine dans l'automobile. À la Toussaint, il a souhaité m'emmener dans sa belle voiture sur mes terres natales qu'il ne connaissait pas. C'était important qu'il voie où j'avais vécu. Alors je lui ai montré Charleville-Mézières, le musée Rimbaud, Givet et mon village, la grande maison de Man-Nini face à l'église, où se donnaient les bals, la nôtre à côté, qui n'a pas changé, et la ferme de mon enfance toujours perdue dans les champs. Sous le toit, où grouillaient les rats, il a observé la fenêtre de la chambre où je dormais avec mes frères, mais la grange a été rasée, remplacée par un parking.

Au moment de reprendre la route vers Paris, il m'a demandé :

« Tu aimerais revoir Jean, ton premier amour ?

— Oh oui... »

Sur Internet, il a recherché son adresse. Jean habitait toujours dans la même rue, à quelques mètres de la maison de ses parents, à côté d'une immense centrale nucléaire blanche qui n'existait pas.

« On y va ? m'a demandé Jean.

— Allez ! »

Devant l'imposante bâtisse de pierre, ceinte d'un beau jardin qu'il avait sûrement construite lui-même, j'ai eu peur. Je n'avais pas vu Jean depuis cinquante ans... Un monsieur qui promenait son chien nous a confirmé qu'il habitait là avec son épouse depuis des années et qu'il était en forme.

« Il vient de fêter son anniversaire ! » a-t-il ajouté.

J'ai sonné. C'est elle qui nous a ouvert, la femme pour laquelle il m'a quittée. Jean, mon coauteur, en se présentant, a raconté des craques :

« Je suis en voyage avec ma tante dans les Ardennes. Nous sommes venus fleurir les tombes de la famille et avant de repartir, elle souhaitait voir votre mari. Un ami d'enfance...

— Bonjour, madame. Jean est là s'il vous plaît ? suis-je intervenue.

— Oui... Entrez, je vous en prie. »

Quand il m'a vue avancer dans le salon, Jean s'est levé du canapé où il regardait la télévision. Il m'a dit :

« Paulette... Mais qu'est-ce que tu fais là ?

— Je suis allée au cimetière sur la tombe des parents...

— Assieds-toi. Vous voulez boire quelque chose ?

— Il nous reste du champagne de ce midi, a dit la dame.

— Joyeux anniversaire, ai-je lancé.

— Tu te souviens ? » s'est étonné Jean.

J'ai souri. Tous les quatre, nous avons trinqué.

« Vous étiez sa petite amie, n'est-ce pas ? m'a interrogée la dame intriguée.

— Oui, et ce monsieur qui m'accompagne n'est pas mon neveu. Il écrit sur ma vie...

— Mais qu'est-ce que tu as bien pu faire pour qu'on s'intéresse comme ça à toi ? m'a demandé Jean.

— Plein de choses...

— Eh bien, moi, je n'ai pas bougé. J'habite la même rue avec la même femme. Nous avons six enfants et quatorze petits-enfants.

— Formidable...

— Et toi ?

— J'ai perdu mon premier fils mais j'ai une fille et un adorable petit-fils. »

Pendant la conversation, Jean a posé furtivement sa main sur la mienne, puis quand nous sommes partis, il m'a prise à part dans le jardin.

« Tu es toujours aussi belle...

— Flatteur ! Ta femme a l'air très gentil et je t'ai reconnu tout de suite.

— Ça me fait très plaisir, tu sais. Quelle surprise ! Pendant que nous parlions, des souvenirs me sont revenus.

— Moi aussi... Tu es le seul homme que j'ai aimé. Si seulement nous avions fait l'amour.

— J'en rêvais... Ça n'est pas trop tard ! s'est amusé Jean.

— Voyou ! Ta femme est à quelques pas... Elle écoute. Ah, les hommes... Si, mon Jean, c'est trop tard, mais je suis heureuse de te voir. Merci pour le champagne, je peux partir en paix. »

Octobre 2020,
à Beausoleil

Tandis que la rédaction de ce livre se termine, quelques jours après avoir fêté mon soixante-dix-septième anniversaire sur cette grande terrasse débordant en tous sens de fleurs et de plantes, où je me trouve assise face à la mer, l'envie me prend de faire le « bilan de ma vie ». Drôle d'expression comptable pour des choses qui ne le sont pas. Il m'en a fallu du temps, c'est vrai, mais le moment est venu. Le regard en arrière, je viens de le poser sur ces pages. Des Ardennes jusqu'à ce jour, j'accuse un large déficit de bonheur. Ma vie a été rude, violente, mais aussi étrange que cela puisse paraître, je ne la regrette pas. Car ma vie, c'est moi, c'est ma fille. Je suis faite de toutes ces blessures et de ces quelques joies. Et peut-être ai-je mal vu mais, pendant toutes ces années, dans la rue, les grandes villes ou sous le soleil, j'ai peu rencontré de gens heureux. À vrai dire, je ne sais même pas où ils sont. Dans les romans ? Dans les films ? Ou parqués, confinés quelque part pour préserver cette espèce rare ! Il faudrait nous les montrer quand même de temps en temps, pour qu'ils prennent l'air et nous inspirent. Je leur parlerais volontiers pour savoir que changer dans ma vie maintenant et leur ressembler.

Ça y est, j'ai arrêté de me prostituer. Mes clients vont me manquer, car ils étaient mes amis, et la vie de la rue aussi, les gens. Mais les choses, bonnes ou mauvaises, ont une fin. Je vais devoir me débrouiller avec mes quelques économies, qui fondent comme neige à Beausoleil, et le minimum vieillesse que la dame des services sociaux m'a promis parce que ma retraite normale, c'est 120 euros... Ce n'est pas avec ça que je vais pouvoir payer le ravalement annoncé de cette résidence vieillissante où je passe le plus clair de mon temps.

Que puis-je faire désormais qui me rende heureuse ? Voilà la grande question impossible que l'on pose aux traumatisés de la vie, comme si, d'une gomme magique, on pouvait tout effacer pour écrire de nouvelles pages. J'ai des projets, je veux rester active. Déjà, c'est décidé, jamais je ne finirai en EHPAD ! J'habite en étage élevé, si la chose est nécessaire, elle sera aisée, je m'envolerai, comme une mouette vers le large. Un ange.

J'aime l'art et la poésie, j'ai besoin de beauté comme de l'air que l'on respire. Je vais donc continuer de lire et de visiter des musées.

Parce que ma famille est attentionnée, je vais prolonger, à la hauteur de mes moyens, mon rôle agréable et confortable de Maman et Mamie Cadeaux, en attendant le moment qui me fait trembler, peut-être avec ce livre, où nous nous parlerons. Et je vais m'occuper autant qu'ils s'occupent de moi de mes adorables Carla et Nicolas.

Par ailleurs, j'aimerais me rendre utile, aider les pauvres gens, tant que je le peux encore, j'en ai tellement vu, et témoigner contre l'esclavage et la prostitution, lorsque je pourrai perdre mon anonymat. On ne s'élève jamais en vendant son corps. Au contraire, on descend toujours plus bas, plus profond « à travers des ténèbres qui puent », comme l'écrit Charles Baudelaire dans ma poésie préférée, « Au lecteur » (*Les Fleurs du mal*), qui évoque l'ennui de ma pauvre mère.

Plus je pense à la question du bonheur, plus il m'apparaît que pour m'en approcher, je devrais commencer par le début. Se réconcilier avec soi-même, retisser le lien à soi. Je suis la seule à pouvoir le faire. Je n'ai rien à oublier, c'est impossible, et aucun pardon à implorer. Je dois juste fermer les yeux devant l'azur, ressentir le vent tiède du vol des anges et laisser la lumière percer mes paupières. Alors je tends les bras à cette fillette qui pleure encore en moi, à cette jeune femme meurtrie qui se débat. Je les enlace et leur dis ces mots que j'ose enfin prononcer : « Sèche tes larmes, Petite-Mère, c'est fini. Et prends soin de toi, Paulette, car vois-tu, je t'aime. »

Remerciements de Jean Arcelin

Merci à Charlotte, ma sublime fille.
Merci à Charlotte, ma sublime cousine.
Merci aux anges.
Merci à Fereshteh, my goldenhearted special friend.
Merci à Nathalie.
Merci à Roberto.
Merci à Super Bénédicte, Sylvia, Édith, Mylène, Bernadette, Évelyne, Arlette, Judith, Laure, Véronique, Sarah, Stéphanie, Renaud et Bruno.
Pour un retour passionnant dans le secteur automobile (« made in France » !), merci à Nadia, Anne, Claudia, Éric, Emmanuel et à la Force picarde.
Tous mes vœux de rétablissement à Françoise, Marion et Dinah.
Bon vol à Stanislas.

Mise en page : Sylvie Denis

FSC
www.fsc.org
MIXTE
Papier issu
de sources
responsables
FSC® C123930

Soucieuses de la préservation de
l'environnement, les éditions XO
utilisent du papier issu de forêts
gérées de manière responsable.

Impression réalisée par CPI BRODARD & TAUPIN
La Flèche (Sarthe), en février 2021

N° d'édition : 4364/01 - N° d'impression : 3040907
Dépôt légal : mars 2021

Imprimé en France